키루스의 교육

크세노폰(Xenophon)
(기원전 430?~354?)

현대지성 클래식 51

키루스의 교육

CYROPAEDIA

크세노폰 | 박문재 옮김

현대
지성

일러두기

1. 이 도서는 그리스어 원전을 완역한 책이다. 번역에 사용한 대본은 Xenophon, *Xenophontis opera omnia*, vol. 4. (Oxford, Claredon Press: 1910)이다.
2. 본문의 각주는 이 책의 역자가 달았다.

차례

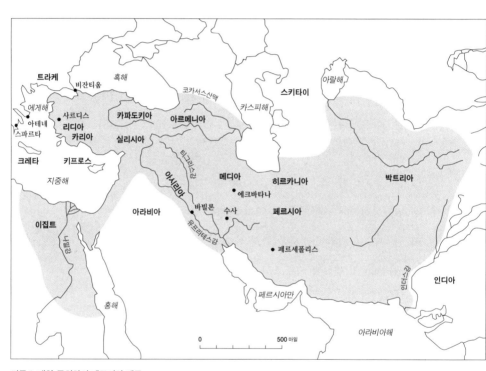

키루스 대왕 통치하의 페르시아 제국

제1권

소년 키루스

제1장

[1] 문득 이런 생각이 들었다. '얼마나 많은 민주정이 다른 정치체제에서 살아보고 싶어 하는 사람들에 의해 무너졌던가. 얼마나 많은 왕정과 얼마나 많은 과두정이 와해되었던가. 얼마나 많은 사람이 참주정을 시도하다가 권력을 잡기도 전에 일거에 완전히 무너졌던가. 그중 얼마 동안이라도 권력을 잡은 이들은 사람들이 놀라워하며 지혜롭고 축복 받은 것으로 여기지 않았던가.'¹

---

1 『키루스의 교육』의 저자인 크세노폰은 고대 그리스 아테네 사람이었다. 고대 그리스는 한 도시가 하나의 국가인 많은 도시국가로 이루어져 있었기 때문에 온갖 정치체제의 실험장이었다. 그래서 고대 그리스의 지식인들이 특히 관심을 가졌던 주제 중 하나도 정치체제였다. 이 책의 제1권 제1장은 서문의 성격을 지니며 저자는 자신이 왜 이 책을 쓰게 되었는지 설명한다. 정치체제는 주권이 누구에게 있는지를 기준으로 국가 체제의 종류를 구분한 것이고, 여기서 주권은 국가의 의사를 최종적으로 결정하는 권력을 가리킨다. 주권이 국민에게 있는 국가는 "민주정"이고, 왕에게 있는 국가는 "왕정"이고, 소수의 유력자에게 있는 국가는 "과두정"이고, 한 사람의 독재자인 참주에게 있는 국가는 "참주정"이다.

각 가정을 유심히 살펴보면서 이런 생각도 했다. '많은 하인을 거느린 집이 있는가 하면, 적은 수의 하인만 거느린 집도 있고, 그 적은 수의 하인조차 제대로 부리지 못하는 주인들도 있구나.'

[2] 이런 생각들 외에도, 소를 키우는 사람은 소의 통치자이고, 말을 키우는 사람은 말의 통치자이며, 온갖 가축을 키우는 사람은 가축의 통치자라 할 수 있겠다는 생각도 했다. 그리고 우리는 사람이 자신의 통치자에게 복종하는 것보다 가축이 자신의 통치자에게 더 기꺼이 복종한다는 사실을 알고 있다고 나는 생각했다. 가축은 주인이 가라고 하는 곳으로 순순히 가고, 주인이 데려간 곳에서 풀을 뜯어먹으며, 주인이 가지 말라고 하는 곳은 가지 않기 때문이다.

가축은 주인이 자신을 키워서 얻은 것을 주인 마음대로 사용하게 한다. 우리는 가축이 서로 힘을 합쳐 주인에게 맞서 대항하거나, 주인이 그들에게서 얻은 것을 사용하지 못하게 한다는 말을 들어본 적이 없다. 도리어 가축은 자신을 통치하고 자신을 이용해 이득을 챙기는 주인에게는 유순하지만, 주인 외의 다른 모든 낯선 사람들에게는 사납게 군다. 반면, 사람은 누군가가 자신을 지배하려 한다는 사실을 알았을 때 서로 힘을 합쳐 그에게 대항한다.

[3] 이런 사실을 숙고해보면, 우리는 인간의 본성이 그러하므로 사람을 통치하는 것보다 다른 온갖 짐승을 통치하는 것이 더 쉽다는 것을 알게 된다.

하지만 페르시아인 키루스[2]가 수많은 사람과 나라와 민족을 얻었

---

2 "페르시아"라는 명칭은 고대 그리스인이 이란 남서부 해안 지역에 사는 사람들을 "파르스" (Fars)라고 부른 데서 유래했고, 라틴어로 "페르시아"(Persia)가 되었다. 이란 민족의 한 분파인 "페르시아인"은 기원전 691년에 지금의 페르세폴리스에서 50킬로미터 정도 떨어진 지역에 안샨 왕국을 세웠고, 이 왕국의 제3대 왕이었던 캄비세스가 메디아 왕국의 공주 만다네와 결혼해 낳은 아들이 이 책의 주인공인 "키루스"(재위 기원전 559-529년)다.

고 그들이 그에게 복종했다는 사실을 떠올려본다면 생각이 바뀐다. 뭔가 노련하게 행하기만 하면 사람들을 통치하는 것이 전혀 불가능하거나 어려운 일이 아니라는 생각이 들 수밖에 없다. 키루스가 있는 곳으로부터 여러 날 걸리는 거리에 떨어져 있는 사람들, 여러 달 걸리는 거리에 떨어져 있는 사람들, 키루스를 단 한 번도 본 적이 없는 사람들, 키루스를 결코 볼 수 없다는 것을 잘 알고 있는 사람들이었지만, 그럼에도 그들이 자원해 키루스에게 복종했음을 우리는 알고 있다.

[4] 이것은 키루스가 다른 왕들, 즉 아버지에게서 왕위를 물려받은 자들이나 스스로 왕위를 쟁취한 자들과 아주 달랐기 때문이다. 예컨대, 스키타이의 왕은 아주 많은 스키타이인을 거느리고 있었는데 다른 민족은 함께 통치하지 못하고 오로지 자기 민족만 통치했다.³ 트라키아인을 거느린 트라키아의 왕, 일리리아인을 거느린 일리리아의 왕⁴, 그 밖의 다른 민족을 거느린 왕들도 마찬가지였다는 것을 우리는 들어서 알고 있다. 적어도 유럽에 있는 민족들은 지금도 여전히 서로에게 간섭을 받지 않은 채 독립적으로 살아가고 있다.

키루스는 아시아에 있는 민족들이 그런 식으로 독립적으로 살아가고 있다는 것을 알고서, 소수의 페르시아인으로 이루어진 군대로 시작한 뒤 추대를 받아 메디아인의 지도자가 되었고, 마찬가지로 추대를 받

키루스는 키루스 2세 또는 키루스 대제로도 불린다.

3 "스키타이"는 기원전 6-3세기에 남부 러시아의 초원 지대에서 활약한 최초의 기마 유목 민족이다. 고대 그리스인은 흑해 북쪽 돈강에서 프루트강에 이르는 초원 지대를 '스키티아'라 부르고 그 초원에 살았던 페르시아계 민족을 '스키트인'이라고 불렀다.

4 "트라키아"는 발칸반도의 남동쪽을 부르는 지명으로, 흑해, 에게해, 마르마라해라는 세 바다로 둘러싸여 있는 지역을 가리킨다. 트라키아인은 기원전 2000년경부터 이 지역에 정착해 살았다. "일리리아"는 발칸반도 서부에 있는 지역으로, 아드리아해를 사이에 두고 이탈리아반도를 마주보고 있다. 호메로스의 서사시 『일리아스』의 무대인 트로이아가 있던 곳이다.

아 히르카니아인의 지도자가 되었다.[5] 그런 다음에는 시리아,[6] 아시리아,[7] 아라비아,[8] 카파도키아,[9] 대(大)프리지아와 소(小)프리지아,[10] 리디아,[11] 카리아,[12] 페니키아,[13] 바빌로니아[14]를 정복했다. 또한 박트리아,[15] 인도,

---

5 "메디아"는 지금의 이란 북서부에 있던 고대 이란인의 국가다. 대체로 오늘날 케르만샤 일부와 아세르바이잔, 하메단, 테헤란, 쿠르디스탄 지방에 해당한다. 수도는 엑바타나 (지금의 하마단)였다. 그 기원과 민족에 관해서는 분명하게 알려지지 않지만, 이란 민족 의 한 분파인 마다족 또는 마타이족으로 우르미아호 남쪽에서 말을 사육한 유목민이어 서 기마술에서 뛰어났다. "히르카니아"는 오늘날 이란의 골레스탄주, 마잔다란주, 길란 주와 투르크메니스탄의 일부를 포함하는 카스피해 남쪽의 영토에 위치한 고대 왕국이었 다. 고대 그리스인은 카스피해를 히르카니아해로 불렀다. 히르카니아인도 유목 민족이 어서 기마술에 뛰어났다.

6 "시리아"는 아시아 대륙의 서쪽 끝에 위치해 유럽과 아시아 두 대륙을 잇는 중간지대로 서 지리적 요충지다.

7 "아시리아"는 중동에서 기원전 2450-609년에 메소포타미아 지역에 존재한 국가였고, 아 시리아라는 명칭은 티그리스강 상류 지역을 지칭하는 말이었다. 키루스 시대에는 세 번 에 걸친 아시리아 제국 중에서 마지막 제국이었던 "신아시리아 제국"(기원전 934-609년) 이 이미 바빌로니아인에 의해 멸망했다. 따라서 이 책에서 아시리아로 지칭하는 제국은 역사적으로는 "신아시리아 제국"이 아니라 "신바빌로니아 제국"을 가리킨다.

8 "사막, 초원"이라는 뜻을 지닌 "아라비아"는 서남아시아에서 홍해와 페르시아만과 인도 양으로 둘러싸인 반도 전체를 일컫는 명칭이다.

9 "카파도키아"는 터키 중부 아나톨리아 중동부를 가리킨다.

10 "대프리지아와 소프리지아"는 소아시아의 중부에서 서부에 걸쳐 있던 지역이다. 북쪽은 에게해와 흑해, 동쪽은 갈라티아, 남쪽은 피시티아, 서쪽은 리디아에 접해 있었다. 기원 전 1500년경에 프리지아인들이 이 지역으로 와서 왕국을 건설했다. 수도는 고르디온이 고, "황금 손"으로 유명한 미다스 왕은 이 왕국을 창건한 고르디오스의 아들이다. 헬레 스폰트에 있던 프리지아는 "소프리지아"라고 불렸다.

11 "리디아"는 소아시아 서북부의 교통 요지에 위치한 고대 왕국으로, 수도 사르디스는 오 아시스로 통하는 '왕의 길'의 종착지다. 소아시아 연안의 그리스 식민 도시들과 활발하 게 교역해 큰 부를 쌓았다. 전성기를 이끈 크로이소스 왕(기원전 660-546년)의 부에 관 한 유명한 이야기가 헤로도토스의 『역사』에 기록되어 있다.

12 "카리아"는 소아시아 남서해안의 이오니아 지방, 프리지아 지방, 리키아 지방에 둘러싸 인 지역을 가리킨다. 키루스 시대에는 리디아 왕국에 복속되어 있었다.

13 "페니키아"는 지중해 동쪽 해안 지대의 고대 지명이자 도시국가였다. 페니키아인들은 지중 해 무역을 독점했고, 지중해 연안의 넓은 지역에 카르타고를 비롯한 식민지를 건설했다.

14 "바빌로니아"는 티그리스강과 유프라테스강 사이 메소포타미아 남동쪽의 지명이다. 키 루스 시대에 "신바빌로니아 제국"의 수도는 바빌론이었다.

킬리키아,[16] 스키타이인,[17] 파플라고니아인,[18] 마가디다인[19]을 비롯해 이름조차 들어본 적 없는 수많은 민족을 통치했다. 아시아에 있는 그리스인[20]도 지배했고, 바다로 내려가서는 키프로스[21]와 이집트[22]를 지배했다.

[5] 이 민족들은 키루스와 동일한 언어를 사용하지 않았고 이 민족들 간에도 서로 동일한 언어를 사용하지 않았는데도, 키루스는 이 민족들을 통치하는 데 아무 문제가 없었다. 키루스에 대한 두려움이 이 땅 전체에 미쳤다. 모든 사람이 그를 두려워해 떨게 함으로써, 아무도 그에게 저항할 엄두조차 내지 못하게 만들 수 있었다. 키루스는 모든 사람에게 어떻게 해서든 그를 기쁘게 해주려고 하는 열망을 심어주어 언제나 그의 뜻과 판단을 따르는 것이 합당하다고 생각하게 만들 수 있었다. 한편, 키루스는 자기가 복속시킨 민족들이 아주 많아 자신의 왕궁에서 출발해 동서남북 어느 방향으로 여행하더라도 자신의 통치 지역을 다 돌아보기가 어려웠다.

[6] 우리는 이 사람이 경이롭고 경탄할 인물이라고 생각해 그의 출신이 어떠하고 그의 타고난 성품과 자질은 어떠하며 어떤 교육을 받았

---

15 "박트리아"는 역사적으로 힌두쿠시산맥과 아무다리야강 사이에 있는 지역으로, 불교의 발상지인 고대 간다라 지방과 마주하고 있다.
16 "킬리키아"는 소아시아의 남동쪽 해안, 키프로스 북쪽의 해안 지역을 가리킨다.
17 "스키타이인"은 이란 민족의 일파로, 유라시아 초원 지역의 북부와 동부에 거주했던 유목민이다.
18 "파플라고니아인"은 아나톨리아의 북쪽 중앙에 있는 흑해 연안 지역을 가리킨다. 남쪽으로는 프리지아, 서쪽으로는 비티니아, 동쪽으로는 폰투스와 경계를 이루는 지역이다.
19 "마가디다인"에 관해서는 알려져 있는 바가 없다.
20 "아시아에 있는 그리스인"은 소아시아에 살고 있던 이오니아인과 아이올리스인을 가리킨다.
21 "키프로스"는 지중해 동부에 있는 섬으로 소아시아와 인접해 있다.
22 키루스 시대의 "이집트"는 제26왕조 시대(기원전 664-525년)였다.

기에 사람들을 통치하는 데 그토록 남달랐는지 연구해보았다. 우리는 그에 관해 알게 된 것과 깨달은 것을 자세하게 설명하려고 한다.

제2장

[1] 키루스의 아버지는 페르시아인의 왕인 캄비세스[23]였다고 사람들은 말한다. 캄비세스는 페리시디아 부족 출신이었다. 페리시디아인[24]이라는 명칭은 페르세우스로부터 왔다. 키루스의 어머니는 만다네[25]였다고 사람들은 이구동성으로 말한다. 만다네는 메디아의 왕이 된 아스티아게스[26]의 딸이었다. 야만인들[27]은 오늘날에도 키루스는 용모가 준

---

23 "캄비세스"(재위 약 580-559년)는 페르시아인이 세운 안산 왕국의 왕으로, 이 왕국을 창건한 아케메네스의 증손자였다. 메디아 왕 아스티아게스를 주군으로 모시고 페르시아를 다스렸고, 아스티아게스의 딸 만다네와 결혼해 키루스를 낳았다.

24 "페리시디아인"은 "페르세우스에게서 태어난 자들"이라는 뜻이다. "페르세우스"는 아르고스 왕 아크리시오스의 딸인 다나에와 제우스 사이에 태어난 아들이다. 메두사의 목을 벤 영웅으로 나중에 미케나이의 왕이 된다.

25 "만다네"는 메디아의 왕 아스티아게스의 공주였다. "만다네"는 "즐거움, 기쁨"이라는 뜻이다. 헤로도토스의 『역사』에 따르면, 아스티아게스가 만다네를 낳을 때 공주의 오줌이 아시아를 물바다로 만드는 태몽을 꾸었는데, 주술사들은 공주가 낳은 아들이 아스티아게스를 폐위시킬 것을 의미한다고 해몽해주었다. 그래서 아스티아게스는 자신의 속국인 안산 왕국의 힘없고 점잖았던 왕인 "캄비세스"를 그녀와 결혼시킨 것이라고 한다.

26 "아스티아게스"(기원전 585-550년)는 메디아의 왕이다. 그는 기원전 585년에 자신의 부왕으로부터 메디아를 물려받아 자신의 여자 형제의 남편들이었던 리디아의 크로이소스, 신바빌로니아 제국의 제2대 왕 네부카드네자르 2세(재위 기원전 604-562년)와 함께 서남아시아를 다스렸다. 그에 관한 고대 사료는 헤로도토스의 『역사』 외에는 거의 전무한데, 거기에는 잔인한 폭군으로 묘사되어 있고, 기원전 550년에 키루스에 의해 폐위된 것으로 기록되어 있다. 하지만 최근에는 헤로도토스의 기록은 왜곡된 것이고 크세노폰의 서술이 더 정확한 것으로 평가되기도 한다.

27 "야만인들"로 번역한 '바르바로스'(βάρβαρος)는 고대 그리스인이 그리스인 외의 모든 민족을 지칭할 때 사용한 명칭으로, 알아들을 수 없는 말을 하는 자들을 의미한다.

수하고 마음이 너그러우며 배우는 것을 좋아했다고 말한다. 그뿐 아니라 대단히 큰 야망을 품고 있었기에 사람들로부터 칭송을 받기 위해 온갖 힘든 일을 도맡아 했고 온갖 위험한 일도 마다하지 않았다고 이야기와 노래를 통해 우리에게 전해준다.

[2] 키루스가 이런 평판을 얻게 된 것은 용모가 준수하고 정신적으로도 뛰어난 자질을 타고 났기 때문이다. 게다가 페르시아 법률에 따른 교육을 받았다. 페르시아 법률의 특징은 대부분의 국가들과는 달리 공동체의 이익을 우선하는 것에서 출발한다는 데 있다.

대부분의 국가에서는 모든 사람이 자신의 자녀들을 각자가 원하는 대로 교육하는 것을 허용하고 성인들도 각자가 원하는 대로 살아가는 것을 허용한다. 그런 다음에는 사람들에게 도둑질이나 소매치기나 강도짓을 하지 말고, 주거침입을 하지 말며, 정당한 권한을 가진 경우가 아니면 사람을 구타하지 말고, 간통하지 말고, 통치자에게 불복종하지 말고 그 밖의 다른 비슷한 것들도 명령하고는, 이 명령들 중 어느 하나라도 어기는 자들을 처벌한다.

[3] 반면, 페르시아의 법률은 국민들이 사악하거나 부끄러운 짓을 할 생각을 아예 처음부터 하지 못하게 미리 조치를 취하는 데 관심을 갖는다. 그 법들이 취한 조치는 이런 것이었다.

페르시아에는 자유 광장이라 불리는 곳이 있다. 거기에는 왕궁과 여러 관청이 자리 잡고 있다. 물건들을 쌓아놓는 것, 상인들, 호객 행위, 상인들이 보여주는 저속한 행위들은 이곳에서 금지되고 다른 장소에서 행해진다. 이는 상인들의 무질서와 혼란이 교양인들의 질서 있고 품격 있는 행위들과 뒤섞이는 일을 막기 위한 것이다.

[4] 관청들로 둘러싸여 있는 이 광장은 네 구역으로 나뉘어 있다. 한 구역은 소년들을 위한 것이고, 다른 한 구역은 청년들을 위한 것이고, 또 다른 한 구역은 장년들을 위한 것이고, 나머지 한 구역은 군복무

를 마친 원로들을 위한 것이다. 사람들은 자신의 나이에 맞는 구역으로 가도록 법으로 정해져 있다. 소년과 장년은 날이 밝으면 자신의 구역으로 가야 했고, 원로는 반드시 참석하도록 정해져 있는 날을 제외하고는 자신에게 편한 때 자신의 구역으로 갈 수 있었다. 청년은 기혼자를 제외하고는 가볍게 무장하고서 관청 주위에서 보초를 선다. 출석해야 한다고 미리 통지된 경우가 아니라면 반드시 거기에 있어야 하는 것은 아니지만, 자주 결석하는 것은 좋지 않게 여겨진다.

[5] 각 구역에는 12명의 관리가 배치되어 있다. 페르시아인은 12개의 부족으로 나뉘어 있었기 때문이다. 소년을 담당하는 관리로는 원로 중에서 소년을 가장 훌륭한 남자로 만들어낼 수 있는 사람들이 선발되었다. 청년을 담당하는 관리로는 장년 중에서 청년을 가장 훌륭한 장년으로 만들어낼 수 있는 사람들이 선발되었다. 장년을 담당하는 관리로는 최고 통치기관[28]이 하달하는 명령과 지시를 가장 잘 수행할 수 있는 사람이 선발되었다. 원로와 관련해서는 이들을 잘 이끌어 주어진 의무를 완수하게 할 수 있는 사람이 원로의 지도자로 선발된다.

이제 페르시아인이 가장 훌륭한 국민이 되고자 얼마나 애쓰는지 좀 더 분명히 알기 위해 각각의 세대가 어떤 의무를 수행하고 있는지 살펴보자.

[6] 소년은 학교에 다니면서 정의를 배우는 데 시간을 들인다. 우리 그리스 소년이 글을 읽고 쓰는 법을 배우기 위해 학교에 가는 것처럼, 페르시아의 소년은 정의를 배우기 위해 학교에 간다. 관리들은 소년들 사이에서 일어나는 문제를 해결하는 데 대부분의 시간을 보낸다. 왜냐

---

28 "최고 통치기관"(μεγίστα ἀρχή, '메기스타 아르케')은 나중에 나오는 "페르시아의 원로 회의"(τό κοινός)와 왕을 가리키는 것으로 보인다. 페르시아인이 세운 안샨 왕국은 12부족으로 이루어진 부족 연맹체였을 것이고, 원로 회의는 12부족장들의 의결기관이었을 것이다.

하면 소년들도 성인들과 마찬가지로 절도, 소매치기, 폭행, 사기, 비방을 비롯해 여러 가지 비행을 서로 고발하기 때문이다.

[7] 소년들은 자기들 가운데 누군가가 이러한 비행 중 하나를 저질렀다는 것을 알았을 때는 그 소년을 처벌한다. 그들 중 누군가가 거짓으로 고발한 것이 드러났을 때도 그 소년을 처벌한다. 배은망덕한 행위처럼 사람들이 아주 싫어하면서도 법적으로 처벌하는 경우는 거의 없는 잘못들도 고발해 법적으로 처벌한다. 누군가가 다른 사람으로부터 호의를 받고서 나중에 되갚을 수 있는데도 되갚지 않은 것이 알려졌을 때는 그 소년도 심하게 처벌한다. 감사할 줄 모르는 사람은 신들과 부모와 조국과 친구에 대한 의무를 완전히 저버린 것이라고 생각하기 때문이다. 배은망덕한 행위는 모든 수치스러운 행위로 이어지는 까닭에, 배은망덕한 사람을 그냥 내버려두면 머지않아 후안무치한 사람이 된다고 생각하는 것이다.

[8] 페르시아인은 소년들에게 절제를 가르친다. 어른이 온종일 절제하며 살아가는 것을 지켜보는 일은 소년이 절제를 배우는 데 큰 도움이 된다. 페르시아인은 소년들에게 관리에게 복종하는 것도 가르친다. 어른이 관리에게 잘 복종하는 것을 지켜보는 일은 소년이 관리에게 복종하는 것을 배우는 데 큰 도움이 된다. 페르시아인은 소년에게 먹고 마시는 것에서 절제하는 것도 가르친다. 어른이 배가 고파도 관리가 집에 보내줄 때까지 식사하러 가지 않는 것을 지켜보는 것, 그리고 관리가 지시할 경우에는 소년이 어머니가 아니라 선생님과 함께 식사하는 것도 소년이 먹고 마시는 일에서 절제하는 데 큰 도움이 된다. 또한 소년은 주식으로 먹는 빵과 반찬으로 사용하는 금련화[29]를 집에서 가져

---

29 "금련화"는 먹을 수 있는 꽃 중에서는 흔한 식물이다. 금련화의 꽃은 싱싱한 그대로, 또는 말려서 사용한다. 주로 음식의 고명이나 샐러드, 위쪽에 빵을 덮지 않은 샌드위치에

오고, 목이 마를 때 강물을 떠먹을 수 있게 잔도 가져온다. 이외에도 활 쏘는 법과 창 던지는 법을 배운다. 소년은 16세나 17세가 될 때까지 이런 식으로 생활하다가 소년반에서 나와 청년반으로 들어간다.

[9] 청년은 다음과 같은 삶을 살아간다. 소년반에서 나와 청년반으로 들어온 후 10년 동안은 앞에서 말했듯이 관청 주변을 지키면서 밤을 보낸다. 이는 국가를 지키기 위한 것과 동시에 절제를 배우기 위한 것이다. 청년기는 가장 세심한 돌봄을 필요로 하는 시기이기 때문이다. 낮 동안에 관리는 공동체를 위해 해야 할 일이 있을 때는 언제든지 청년들을 동원한다. 어떤 일이 있는 경우에는 모든 청년이 언제나 관청 주변에 머문다. 하지만 왕이 사냥을 갈 때는 그 병력의 절반을 데리고 나간다. 왕은 한 달에 여러 번 사냥을 간다. 왕과 함께 사냥에 나가는 청년들은 활, 화살통, 칼집에 든 작은 칼, 방패, 두 개의 창, 즉 던지기 위한 창과 백병전에서 사용하는 창을 지참해야 한다.

[10] 사냥에 들어가는 모든 비용은 국고에서 부담한다. 왕은 전쟁에서 청년들의 지도자인 것과 마찬가지로 사냥에서도 지도자이므로 직접 사냥에 참가할 뿐만 아니라 다른 사람들이 사냥하는 것에도 신경을 쓴다. 이렇게 하는 이유는 페르시아인은 사냥이야말로 전쟁을 위한 최고의 훈련이라고 생각하기 때문이다. 사냥할 때 청년들은 아침에 일찍 일어나야 하고, 추위와 더위를 견디는 것을 몸에 익혀야 하고, 행군하거나 뛰는 연습을 해야 하고, 들짐승이 출현할 때마다 활을 쏘고 창을 던질 수밖에 없다. 용기를 내어 맹수와 맞설 수밖에 없는 일도 종종 일어난다. 당연한 말이지만, 다가오는 맹수로부터 자신을 지키려면 용감하게 맞서서 그 맹수를 때려눕히든지 물리쳐야 하기 때문이다. 따라서

넣는다. 말린 금련화에 신선한 라디초 양상추, 골파, 시금치를 버무리고 샴페인 식초와 디종 머스터드, 소금, 후추, 올리브 오일을 뿌리면 맛있는 샐러드가 완성된다.

사냥에 필요한 것들이 전쟁에도 필요하다는 사실을 아는 것은 별로 어렵지 않다.

[11] 청년들은 사냥하러 나갈 때는 한 끼의 점심 도시락을 지참한다. 그 양은 당연히 소년의 점심 식사보다 많지만, 나머지는 소년들의 점심 식사와 동일하다. 사냥을 하는 동안에는 점심 식사를 하지 않는다. 사냥감을 추격하거나 기다리기 위해 더 오랜 시간 동안 밖에 머물러 있어야 하거나 그 밖의 다른 이유로 사냥하는 데 더 많은 시간을 들여야 하는 경우, 각자가 가져온 점심 도시락을 저녁 식사로 먹고 나서 다음 날 저녁 식사 때까지 사냥을 한다. 왜냐하면 하루치에 해당하는 한 끼의 식사를 한 것이기 때문이다. 이렇게 하는 이유는 그런 습관을 몸에 배게 하려는 것이다. 그래야 전쟁에서 비슷한 일이 일어났을 때 사냥하면서 연습했던 것과 똑같이 할 수 있다. 이 나이 대의 청년들에게는 사냥해 잡은 것이 반찬이 된다. 따라서 아무것도 잡은 것이 없으면 반찬은 후추풀뿐이다. 어떤 사람은 그들이 빵과 후추풀만 먹고 물만 마시기 때문에 맛없는 식사를 한다고 생각할 수도 있다. 하지만 그 사람은 굶주렸을 때 보리로 만든 빵과 밀가루로 만든 빵을 먹는 것이 얼마나 꿀맛인지, 갈증이 심할 때 물을 마시는 것이 얼마나 꿀맛인지를 모르는 사람이다.

[12] 사냥에 나가지 않고 광장에 남아 있게 된 청년들은 활쏘기와 창던지기를 비롯해 소년 시절에 배운 여러 기술을 훈련하고 끊임없이 서로 겨루면서 시간을 보낸다. 이런 기술을 공적으로 겨루는 경연 대회도 열리고 상도 주어진다. 이런 기술을 숙달하고 용맹하며 믿음직한 청년들을 가장 많이 보유한 부족의 경우, 국민들이 그 부족을 담당하는 관리뿐만 아니라 청년들이 소년들이었을 때 훈련시켰던 관리들까지 칭송하고 상을 수여한다.

관리들은 경비를 서거나, 범죄자를 색출하거나, 강도를 추적하거나, 힘이나 속도가 요구되는 일들이 생기면 필요할 때마다 사냥에 나가지 않고 남아 있는 청년들을 활용한다. 청년들은 이런 일들을 하면서 10년을 보낸 뒤에 장년반에 편입된다.

[13] 장년반에 편입된 사람들은 25년 동안 다음과 같은 일을 수행한다. 먼저 관리들은 아직 힘도 있고 사려도 깊은 사람들이 요구되는 공적인 일이 생기면 청년과 마찬가지로 장년을 활용한다. 전쟁을 수행해야 할 때는 이런 식으로 교육을 받은 사람들이 전쟁에 나가지만, 그들은 활과 창이 없이 근접전을 위한 군장으로 무장한다. 즉, 가슴에는 흉갑을 두르고, 왼손에는 페르시아인을 그린 그림에서 볼 수 있는 것 같은 둥근 방패를 들고, 오른손에는 언월도를 들고 출전한다. 소년을 가르치는 교사를 제외하고 모든 관리는 장년들 가운데서 선발된다. 25년 동안 이러한 일들을 수행한 뒤에 나이가 50대 초반이 된 장년은 원로로 편입된다.

[14] 원로는 국외에서 수행해야 하는 전쟁에 더 이상 참전하지 않고, 국내에 남아 공적이든 사적이든 모든 일을 심리하고 결정한다. 또한 사형에 해당하는 중범죄를 판결하고, 모든 관리를 선발한다. 청년이나 장년 중에서 어떤 사람이 법에 정해진 의무를 다하지 않았을 때는, 부족의 관리나 그 밖의 다른 사람이 고발하면 원로들이 그 사건을 청취한 뒤에 범죄자를 퇴출시킨다. 이렇게 퇴출된 사람은 남은 인생을 불명예 속에서 살아가게 된다.

[15] 페르시아인의 국가 조직 전체를 좀 더 분명하게 파악하려면 앞에서 내가 말한 것들을 다시 한번 자세하게 살펴볼 필요가 있다. 왜냐하면 내가 이미 말한 것들에 비추어, 페르시아인의 국가 조직 전체를 간략하게 설명할 수 있기 때문이다. 페르시아인의 수는 대략 12만 명이라고 한다. 그들 중에서 법률에 의해 명예직이나 관직을 맡는 것이 금지되어 있는 사람은 아무도 없다. 페르시아인은 누구나 자녀를 국가에

서 세운 정의 학교에 보낼 수 있다. 하지만 자녀들에게 일을 시키지 않고 교육을 시킬 수 있는 사람들만 자녀를 학교에 보내고, 그런 형편이 되지 않는 사람들은 자녀를 학교에 보내지 않는다.

정의 학교 교사들로부터 교육을 받은 소년은 청년반에 들어가서 자신의 청년기를 보낼 수 있지만, 교육과정을 이수하지 않은 소년은 청년반에 들어갈 수 없다. 청년반에서 법이 정한 과정을 마친 청년은 장년반에 들어갈 수 있고 관직과 명예직을 맡을 수 있는 반면, 청년반 과정을 마치지 못한 청년은 장년반에 들어갈 수 없다. 장년반에서 아무런 문제 없이 보낸 장년은 원로가 된다. 따라서 원로는 모든 과정을 훌륭하게 마친 사람들로 구성된다. 페르시아인은 이러한 국가 조직을 통해 최고의 국민들이 만들어질 수 있다고 생각한다.

[16] 페르시아인이 절제 있는 식사를 했다는 것, 식사 후에는 운동을 통해 먹은 것을 소화시켰다는 것을 보여주는 증거가 지금도 남아 있다. 왜냐하면 지금도 페르시아인은 침을 뱉거나 코를 풀거나 배가 나와 보일 정도로 먹는 것을 부끄러운 일로 여기기 때문이다. 또한 소변을 보거나 그 밖의 이런 종류의 어떤 일로 자리를 뜨는 것을 부끄러운 일로 여긴다. 만일 그들이 절제 있는 식사를 하지도 않고, 운동을 통해 수분을 없애는 것이 아니라 다른 방식 즉, 소변으로 해결해왔다면 그런 일들을 부끄럽게 여기지 않았을 것이다. 지금까지 우리는 모든 페르시아인에게 해당되는 사항들을 살펴보았다. 이제부터는 우리가 이 이야기를 시작하게 된 목적, 다시 말해 키루스가 어떤 일들을 했는지 알아보기 위해 먼저 그의 소년기부터 말해보려고 한다.

제3장

[1] 키루스는 12살 정도까지 앞에서 말한 교육을 받았다. 자신과 동년배인 소년 중에서 가장 뛰어나 자기가 알아야 할 것을 빠르게 배웠고 자신이 해야 할 모든 일을 훌륭하고 씩씩하게 해냈다. 외손자가 용모가 준수하고 인품이 훌륭하다는 말을 종종 들어왔던 아스티아게스는 자신의 외손자가 보고 싶어 사람을 보내 딸과 외손자를 자기에게 오게 했다. 그래서 그의 딸인 만다네는 자신의 아들인 키루스를 데리고 자기 아버지에게 갔다.

[2] 사람들을 좋아하고 다정다감한 성품을 타고난 키루스는 왕궁에 도착하자마자 아스티아게스가 자신의 외할아버지인 것을 알아보고는 마치 오랫동안 함께 살아오거나 사랑해온 사람들인 것처럼, 곧바로 외할아버지에게 달려가서 포옹했다. 키루스는 외할아버지가 눈 밑을 화장하고 입술에 연지를 바르고 머리에 가발을 썼다는 것을 알아챘다. 이는 메디아인의 일반적인 단장이었다. 보라색 겉옷을 입고, 그 위에 외투를 걸치고, 목에는 목걸이를 하고, 팔목에는 팔찌를 차는 것이 메디아인의 복장이다. 반면, 페르시아인은 오늘날까지도 집에서는 훨씬 더 간소한 복장을 하고 좀 더 검소한 생활을 한다.

외할아버지의 단장한 모습을 본 키루스는 빤히 쳐다보면서, "어머니, 외할아버지가 너무 멋있어요!"라고 말했다. 어머니가 키루스에게 아버지와 외할아버지 중 어느 쪽이 더 멋있냐고 묻자, 키루스는 "어머니, 페르시아인 중에서는 아버지가 가장 멋있고, 메디아인 중에서는 그동안 거리에서나 왕궁에서 본 사람들 중 여기에 계신 외할아버지가 가장 멋지십니다"라고 대답했다.

[3] 외할아버지는 키루스의 대답에 대한 상으로 그에게 입을 맞추고 나서 아름다운 옷과 목걸이와 팔찌로 그를 단장해주었다. 그리고 말

을 타고 밖으로 나갈 때마다, 마치 늘 그래왔던 것처럼 금으로 된 재갈을 물린 말에 키루스를 태워 데리고 다녔다. 키루스는 아름다운 것을 좋아하고 명예를 사랑하는 소년이었으므로 그런 식으로 단장하는 것을 좋아했고 말 타는 법을 배우는 것도 몹시 즐거워했다. 페르시아는 산악 지대로 되어 있어 말을 기르거나 타는 것이 어려웠을 뿐만 아니라 말을 보는 것조차 어려웠다.

[4] 아스티아게스는 딸과 외손자와 함께 식사할 때는 키루스가 즐겁게 식사하면서 향수병을 조금이라도 덜 겪게 해주고 싶어서, 온갖 맛있는 반찬과 고기를 키루스 앞에 놓아주었다.

그러자 키루스가 물었다. "외할아버지께서는 이 모든 음식을 일일이 다 맛보셔야 하니 식사하실 때마다 힘드시겠어요."

이에 아스티아게스가 반문했다. "왜 그렇게 말하는 것이냐? 너는 이 식사가 페르시아인의 식사보다 훨씬 훌륭하다고 생각하지 않느냐?"

키루스는 질문에 이렇게 대답했다. "외할아버지, 저는 그렇게 생각하지 않습니다. 식사라는 것은 결국 배를 부르게 하는 것이 목적인데, 페르시아인은 빵과 고기만 사용해 메디아인보다 훨씬 더 간단하고 직접적인 방법으로 그 목적에 도달합니다. 반면, 메디아인은 페르시아인과 동일한 지점을 향해 달려가면서도, 꼬불꼬불한 길을 오르락내리락 수없이 반복한 후에야 페르시아인이 이미 오래전 도착해 있는 곳에 도달합니다."

[5] 아스티아게스가 말했다. "하지만 얘야, 우리는 그런 식으로 이리저리 돌아다니는 것에 부담을 느끼지 않는단다. 너도 이런 식사법에 맛들이면 그렇게 먹는 게 즐거울 것이다."

키루스가 말했다. "하지만 저는 외할아버지께서 이런 식사를 혐오스러워하시는 모습을 보았어요."

아스티아게스가 물었다. "얘야, 너는 무엇을 근거로 그렇게 말하는 것이냐?"

키루스가 대답했다. "외할아버지께서 빵을 집은 후에는 손을 닦지 않으셨지만, 다른 음식을 집으신 후에는 마치 손이 더럽혀지는 것이 신경 쓰여 몹시 부담스러운 듯 늘 수건으로 손을 닦으시는 것을 보았습니다."

[6] 대답을 들은 아스티아게스가 말했다. "얘야, 네 생각이 그러하다면 튼튼한 몸으로 집에 돌아갈 수 있도록 고기라도 배불리 먹거라." 그렇게 말한 후에 아스티아게스는 들짐승의 고기와 가축의 고기를 키루스 앞에 잔뜩 가져다놓았다.

키루스는 자기 앞에 놓인 많은 양의 고기를 보고는 물었다. "외할아버지께서는 이 모든 고기를 제가 원하는 대로 사용하라고 주신 것이죠?"

아스티아게스가 대답했다. "얘야, 제우스 신에게 맹세하건대, 내가 네게 이 모든 고기를 준 것은 틀림없는 사실이다."

[7] 그러자 키루스는 그 고기를 집어 들어 거기 있던 외할아버지의 시종들에게 나누어 주면서 한 사람 한 사람에게 이렇게 말했다. "당신은 내가 말 타는 법을 열심히 가르쳐주었으니 이것을 드립니다. 당신은 내게 창을 주었으니 이것을 드립니다. 이것이 지금 내가 가지고 있는 것이기 때문입니다. 당신은 내 외할아버지를 잘 모셔주었으니 이것을 드립니다. 당신은 내 어머니를 공손하게 대해주었으니 이것을 드립니다." 키루스는 자기가 받은 고기를 다 나누어 줄 때까지 이렇게 했다.

[8] 아스티아게스가 말했다. "그런데 너는 다른 사람들에게는 다 고기를 나누어 주었지만, 내가 가장 총애하는 술 따라주는 시종 사카스에게는 고기를 나누어 주지 않았구나." 사카스는 아스티아게스를 찾아온 사람들을 들여보내주거나 들어가지 못하게 하는 영예로운 직무를 맡고 있던 훌륭한 인물이었다.

아직까지 누구의 눈치를 보지 않는 소년이었던 키루스는 겁도 없이 이렇게 반문했다. "외할아버지, 도대체 왜 이런 자를 총애하시는 것입니까?"

그러자 아스티아게스는 키루스를 놀려주려고 이렇게 말했다. "너는 그가 얼마나 멋지고 우아하게 술을 따르는지 알지 못하지?" 왕들에게 술을 따라주는 시종은 우아하게 잔을 가져와 정갈하게 술을 따른 후에 세 개의 손가락으로 잔을 잡아서 술 마시는 사람이 가장 편하게 잡을 수 있도록 잔을 바친다.

[9] 키루스가 말했다. "외할아버지, 사카스에게 명령하셔서 잔을 제게 가져다주게 해주십시오. 그러면 제가 외할아버지께서 드실 수 있게 최대한 우아하게 술을 따라드려서 외할아버지의 총애를 받겠습니다."

그래서 아스티아게스는 사카스에게 명령해 잔을 키루스에게 가져다주게 했다.

잔을 받아 든 키루스는 진지한 표정으로 서서 예전에 사카스가 하던 대로 잔을 잘 닦은 다음에, 나름대로 우아하게 가져가서 외할아버지에게 드렸다. 키루스의 모습을 본 어머니와 아스티아게스는 큰 웃음을 지었다.

키루스도 웃으면서 외할아버지의 품에 와락 안기고 입맞춤하면서 말했다. "사카스, 당신은 이제 끝났어. 나는 당신을 쫓아내 더 이상 영예를 누리지 못하게 할 거야. 나는 술 따르는 일을 여러 면에서 당신보다 잘하고, 게다가 술도 마시지 않을 테니까."

키루스가 이렇게 말한 것은 왕에게 술을 따르는 시종은 잔을 바치기 전에 먼저 국자로 술을 조금 떠서 자신의 왼손에 부은 다음 그 술을 마셔보는 관습이 있었기 때문이다. 그래서 술을 따르는 시종은 설령 자기가 왕이 마시는 술에 독을 넣는다고 해도 어떤 이득도 얻지 못했다.

[10] 이 말을 들은 아스티아게스는 키루스를 놀려주려고 물었다.

"얘야, 너는 다른 점들은 사카스를 따라 하면서 왜 술은 마시지 않겠다고 한 것이냐?"

그러자 키루스가 말했다. "제우스 신에게 맹세하건대, 제 술잔에 독이 섞여 있을 것이 두렵기 때문입니다. 외할아버지께서 생신 때 친구들을 초대해 잔치를 베푸실 때, 사카스가 친구들의 술잔에 독을 넣었다는 사실을 분명하게 알아차렸거든요."

아스티아게스가 물었다. "얘야, 어떻게 그것을 알아차렸지?"

키루스가 말했다. "제우스 신에게 맹세하건대, 저는 그분들이 정신적으로나 육체적으로 실수를 저지르는 것을 보았기 때문입니다. 먼저 그분들은 우리 같은 소년들조차 해서는 안 되는 짓들을 했습니다. 그분들은 모두 소리를 질러댔고, 서로가 하는 말을 전혀 알아듣지 못했고, 매우 우스꽝스럽게 노래를 해댔고, 가수가 노래하는 것을 듣지도 않으면서 노래를 아주 훌륭하게 불렀다고 맹세했습니다. 모두가 자신은 아무렇지도 않다고 말했지만, 일어서서 춤을 추었을 때는 박자에 맞춰 춤을 추기는커녕 제대로 서 있지도 못했습니다. 그분들은 외할아버지께서 왕이시라는 사실과, 자신들은 모두 다른 사람을 다스리는 통치자라는 사실을 완전히 망각하고 있었습니다. 그때 저는 그분들이 발언의 자유를 온전히 누리고 있다는 것을 처음으로 깨달았습니다. 적어도 그들 중에 침묵하고 있는 사람은 아무도 없었으니까요."

[11] 아스티아게스가 반문했다. "얘야, 하지만 네 아버지도 술을 마시다 보면 취할 때가 있지 않느냐?"

키루스는 대답했다. "제우스 신에게 맹세하건대, 제 아버지는 취하지 않습니다."

"어떻게 그럴 수 있느냐?"

"제 아버지는 갈증을 해소하려고 술을 마시기 때문에 술로 인한 해를 겪지는 않습니다. 외할아버지, 제 생각에는 아버지에게는 사카스처럼 술을 따라주는 사람이 없기 때문인 것 같습니다."

이때 키루스의 어머니가 물었다. "얘야, 너는 왜 그토록 사카스를 미워하는 거니?"

그러자 키루스가 말했다. "제우스 신에게 맹세하건대, 저는 그가 싫습니다. 외할아버지를 보고 싶어서 제가 달려오면 저 꼴 보기 싫은 자가 저를 가로막은 적이 한두 번이 아니었거든요." 키루스는 다시 아스티아게스에게 이렇게 말했다. "외할아버지, 제발 제게 사흘 동안 그를 다스릴 수 있는 권한을 주세요."

아스티아게스가 물었다. "어떻게 그를 다스리려고 하느냐?"

키루스가 대답했다. "그가 했던 것처럼 저도 문 앞에 서 있을 것입니다. 그러고는 그가 점심 식사를 하러 들어오려고 하면, 저는 '외할아버지께서 다른 사람들과 국사를 논하느라 바쁘셔서 지금은 점심 식사를 하실 수 없어'라고 말할 것입니다. 그리고 그가 저녁 식사를 하러 오면, '목욕 중이셔'라고 말할 것입니다. 그가 너무 배가 고파 빨리 식사하고 싶어 안달이 났을 때는, '숙녀분들과 같이 계셔'라고 말할 것입니다. 그가 그동안 저를 가로막고 외할아버지를 만나지 못하게 괴롭혔던 것만큼 저도 그를 괴롭혀줄 것입니다."

[12] 이렇게 키루스는 저녁 식사 자리에서 어머니와 외할아버지를 즐겁게 해드렸다. 낮에도 외할아버지나 외삼촌이 무엇인가 필요하다는 것을 알았을 때 키루스는 다른 누구보다 빨리 해결해주었다. 키루스에게는 외할아버지와 외삼촌을 기쁘게 해드리는 것이 무엇보다 즐거운 일이었다.

[13] 만다네가 남편에게 다시 돌아가려고 준비하고 있을 때, 아스티아게스는 키루스를 여기에 남겨두면 어떻겠느냐고 의사를 물었다. 그녀는 아버지를 기쁘게 해드리는 일이라면 무엇이든 다 해드리고 싶지만, 아이가 싫어하는데도 강제로 남겨두기는 어렵다고 대답했다.

[14] 그러자 아스티아게스는 키루스에게 이렇게 말했다. "얘야, 네가 내 곁에 머물러준다면, 먼저 네가 나를 만나러 오는 것을 사카스가 가로막지 못하게 해 네가 나를 보고 싶을 때 언제든지 내게 올 수 있게 하겠다. 네가 나를 더 자주 보러 온다면 나는 네게 더 고마울 것이다. 너는 나의 말들을 비롯해 네가 원하는 것은 무엇이든 다 사용할 수 있을 것이고, 나중에 집으로 돌아갈 때는 네가 원하는 것은 무엇이든 가져가도 좋다. 식사와 관련해서는 네가 절제를 위해 무엇이든 하고 싶은 대로 해도 좋다. 지금 동물원에 있는 동물들을 네게 줄 것이고, 그 밖의 다른 온갖 동물도 내가 모아주겠다. 네가 말 타는 법을 배우기만 하면, 어른들처럼 말을 타고 달리며 활을 쏘고 창을 던져 사냥할 수 있게 해주겠다. 너와 함께 놀아줄 친구들도 구해줄 것이고, 그 밖에도 네가 원하는 것은 무엇이든 말만 하면 얻을 수 있을 것이다."

[15] 아스티아게스가 이렇게 말하자, 어머니는 키루스에게 여기에 더 머무르고 싶은지 아니면 집으로 돌아가고 싶은지를 물어보았다. 키루스는 망설임 없이 여기에 더 머무르고 싶다고 말했다. 어머니가 다시 그 이유를 물어보자 키루스는 이렇게 대답했다. "어머니, 고향에서는 제 또래 가운데 제가 창던지기와 활쏘기는 최고입니다. 하지만 여기서는 제가 말을 타는 것이 제 또래보다 못합니다. 그 생각만 하면 저는 정말 화가 나서 견딜 수 없습니다. 어머니께서 저를 여기에 남겨두시면 저는 말타기를 배울 것입니다. 그러면 저는 페르시아에 있을 때는 걷는 것만 잘하는 그곳 사람들을 쉽게 이겨 어머니를 기쁘게 해드릴 것이고, 나중에 메디아로 왔을 때는 말 타는 사람들 중 가장 말을 잘 타는 사람이 되어 외할아버지를 도와드릴 것입니다."

[16] 그러자 어머니가 물었다. "얘야, 하지만 너를 가르치는 선생님들이 페르시아에 있는데 어떻게 여기에서 정의를 배울 수 있겠느냐?"

키루스가 대답했다. "어머니, 정의에 대해서는 제가 이미 완벽하게 알고 있습니다.”

만다네가 반문했다. “네가 그것을 어떻게 알고 있지?”

키루스가 대답했다. “선생님은 제가 정의를 이미 완벽하게 알고 있다는 것을 인정하셔서 저에게 다른 아이들과 관련된 사건들에 대해 판결을 내리게 하셨습니다. 그리고 한번은 제가 바르게 판결하지 않았다고 해서 저를 회초리로 때리신 일도 있었습니다. [17] 그 사건은 자신의 덩치보다 작은 겉옷을 입고 있던 한 소년이 자신의 덩치보다 큰 겉옷을 입고 있던 소년을 보더니 자신의 겉옷을 벗어 그 소년에게 주고 그 소년이 입고 있던 겉옷을 벗겨 자기가 입은 일이었습니다. 그래서 저는 두 소년이 각자 자기에게 맞는 겉옷을 입게 된 것은 좋은 일이라고 판단해 그런 취지의 판결을 내렸습니다. 그러자 선생님은 회초리로 저를 때리시면서, 옷이 맞는지 안 맞는지 판단해야 하는 재판관이라면 그렇게 판결해야 하지만, 겉옷이 누구의 소유인지 판단해야 하는 경우에는 그 겉옷을 누가 소유하는 것이 정당한지, 즉 다른 사람의 겉옷을 강제로 벗겨 가져간 사람과 그 겉옷을 만들거나 사서 입고 있는 사람 중에서 어느 쪽이 그 겉옷을 소유하는 것이 정당한지 살펴야 한다고 말씀하셨습니다. 그리고 법을 따르는 것은 정의이고 법을 따르지 않는 것은 폭력이므로 재판관은 언제나 법에 따라 판결을 내려야 한다고 말씀하셨습니다. 어머니, 이렇게 저는 정의에 대해 이미 완벽하게 알고 있습니다. 정의에 대해 더 배워야 할 것이 있다면, 여기 계신 외할아버지께서 가르쳐주실 것입니다.”

[18] 어머니가 말했다. “얘야, 외할아버지께서 말씀하시는 정의와 페르시아에서 말하는 정의는 동일하지 않단다. 외할아버지께서는 메디아에 있는 모든 것의 지배자이자 주인이시지만, 페르시아에서는 모두가 공평하게 나누어 갖는 것을 정의라고 생각하기 때문이다. 네 아버지는 국가가 명령하는 것을 수행하고 그 명령을 받아들이는 것을 우선순

위로 두시는데, 그 기준은 자신의 생각이 아니라 법이란다. 그러니 네가 왕정이 아니라, 한 사람이 다른 모든 사람보다 많이 가져야 한다고 생각하는 참주정을 외할아버지께 배워서 집으로 돌아온다면, 너는 아버지께 죽도록 매를 맞지 않겠니?"

키루스가 말했다. "하지만 어머니, 외할아버지께서는 사람들에게 더 많이 갖는 것이 아니라 더 적게 갖도록 아주 잘 가르치십니다. 어머니는 외할아버지께서 모든 메디아인에게 자기보다 덜 갖도록 가르쳐오셨다는 것을 모르시겠습니까? 그러니 어머니는 외할아버지께서 저를 비롯해 아무도 자신의 몫 이상 더 갖도록 가르쳐서 보내지 않으시리라는 것을 확신하셔도 좋습니다."

제4장

[1] 키루스는 이런 식으로 자주 수다를 떨었다. 마침내 어머니는 고향으로 돌아갔고, 메디아에 남은 키루스는 외할아버지의 양육을 받았다. 오래지 않아 키루스는 또래 아이들과 어울리며 금방 친해졌다. 아이들의 집을 찾아가서는 자신이 아이들을 얼마나 아끼고 사랑하는지 분명하게 보여줌으로써 금세 아이들의 아버지들의 마음도 얻었다. 그래서 아버지들은 왕에게 부탁할 일이 있으면 자기 아들을 시켜 키루스에게 왕이 그 일을 이루어달라고 부탁하게 했다. 사람들을 좋아하고 명예욕이 강했던 키루스는 아이들이 자기에게 부탁하는 것은 무엇이든 들어주었다.

[2] 아스티아게스는 키루스를 기쁘게 해주려고 부탁하는 것은 무엇이든 거절할 수 없었다. 외할아버지가 병에 걸려 누워 있었을 때, 키루스는 한순간도 곁을 떠나지 않고 몹시 슬퍼하며 하염없이 눈물을 흘

렸다. 이런 식으로 외할아버지가 돌아가시는 것을 키루스가 가장 두려워한다는 사실을 모든 사람에게 분명히 보여주었다. 게다가 아스티아게스에게 필요한 것이 있을 때는 밤중에라도 키루스가 가장 먼저 알아차리고 누구보다 먼저 달려와 외할아버지가 기뻐할 수밖에 없도록 해결해주었다. 키루스는 아스티아게스의 마음을 완전히 사로잡았다.

[3] 키루스가 이렇게 말이 많았던 것은 한편으로는 그가 받은 교육 때문이다. 선생님은 키루스가 판결을 내릴 때마다 그 이유가 무엇인지 설명하도록 요구했고, 또 그 판결과 관련된 사람들에게도 그들이 왜 그렇게 했는지 이유를 직접 들으라고 가르쳤기 때문이다. 하지만 그가 말이 많았던 또 다른 이유는 배움을 좋아해 주변에서 무슨 일이 일어날 때마다 그 까닭을 주변 사람들에게 자주 물었던 것도 있다. 매우 영리한 키루스는 다른 사람들로부터 질문을 받았을 때 즉시 답변하기도 했다. 이 모든 이유로 그는 말이 많은 사람이 되었다. 하지만 덩치가 커도 아직 나이가 어린 사람에게는 풋풋한 젊음이 느껴지듯이, 말 많은 키루스는 주제넘거나 건방진 것이 아니라 순진하고 사랑스러워 보였다. 사람들은 그가 아무 말도 하지 않고 있기보다는 무슨 이야기든 더 많이 해주길 바랐다.

[4] 하지만 시간이 흘러 키가 자라고 청년이 되자, 키루스는 말하는 횟수도 줄어든 데다가 목소리도 점잖아졌다. 부끄러움도 많이 타서 어른들을 마주칠 때마다 얼굴이 붉어지곤 했다. 무슨 일이든 가리지 않고 불쑥불쑥 끼어드는 철없는 행동도 완전히 없어져 이제는 아무 데나 끼어들지도 않았다. 이렇게 점잖아지기는 했지만 사람들과 어울릴 때는 여전히 매력적으로 행동했다. 키루스의 친구들은 여러 종목으로 자주 시합을 했는데, 그는 자기가 친구들보다 더 잘하는 종목들은 시합하려 하지 않은 반면, 그들보다 못하는 종목들은 자기가 더 잘할 수 있다고 큰소리치면서 먼저 시합을 제안했다. 그러고는 아직 말을 제대로 타

지도 못하면서 말 위로 올라타 활을 쏘고 창을 던지는 시합을 할 태세를 갖추었다. 시합에서 졌을 때는 혼자 큰 소리로 껄껄 웃곤 했다.

[5] 키루스는 패배했다고 의기소침해 다시는 시합을 하지 않고 피해버리린 것이 아니라, 다음번에 더 잘하려고 연습에 매진했다. 마침내 그는 얼마 안 가서 또래들과 비슷한 말타기 실력을 갖추게 되었다. 말타기를 좋아한 키루스는 곧 또래들의 실력을 능가했고, 동물원에 있는 들짐승들을 추격해 활을 쏘고 창을 던져 모두 죽였다. 아스티아게스는 손주를 위해 이제 더 이상 들짐승들을 모아줄 수 없을 지경이었다.

키루스는 아스티아게스가 자신을 위해 많은 들짐승을 모아주고 싶지만 그렇게 할 수 없다는 것을 알아차리고는 이렇게 말했다. "외할아버지, 왜 저를 위해 들짐승들을 모아주려고 애쓰세요? 제가 외삼촌과 함께 밖에 나가 사냥할 수 있게 해주시면, 제 눈에 보이는 모든 들짐승이 외할아버지께서 저를 위해 키우시는 들짐승이 될 것입니다."

[6] 키루스는 몹시도 밖으로 나가서 사냥하고 싶었지만, 소년일 때와는 달리 아무 때나 외할아버지에게 달려가 마냥 떼를 쓸 수 없었다. 도리어 외할아버지에게 가는 것을 점점 삼가게 되었다. 예전에는 자기가 외할아버지에게 가는 것을 가로막는다고 사카스를 비난했지만, 지금은 자기 스스로가 사카스가 되어 적절한 때가 아니면 외할아버지를 찾아가지 않았다. 키루스는 온갖 수단과 방법을 동원해 어느 때가 외할아버지를 만나러 가도 되는 적절한 때인지 사카스에게서 알아내고자 했기 때문에, 사카스도 이제는 다른 사람들처럼 그를 아주 좋아하게 되었다.

[7] 아스티아게스는 키루스가 몹시도 밖에 나가 사냥하고 싶어 한다는 것을 알고는 외삼촌과 함께 사냥하러 나가도록 허락해주었다. 그리고 위험한 장소에 키루스가 들어가지 못하게 했고, 맹수가 나타날 때 그를 보호해줄 노련한 기병 친위대도 함께 보냈다. 키루스는 그의 수행

원들에게 접근해서는 안 되는 들짐승은 어떤 것이고, 마음 놓고 추격해도 되는 들짐승은 어떤 것인지 열심히 물어서 알려고 했다. 수행원들은 곰이나 멧돼지, 사자, 표범에게 접근했다가 많은 사람이 죽었지만, 사슴이나 영양, 산양, 당나귀는 해를 끼치지 않는다고 말해주었다. 또한 수행원들은 말을 타고 추격하다가 절벽에 떨어진 사람들도 많기 때문에 맹수들 못지않게 위험한 장소도 조심해야 한다고 말해주었다.

[8] 키루스는 이 모든 것을 열심히 듣고 배웠다. 하지만 사슴 한 마리가 숲에서 뛰쳐나오는 것을 본 순간 자기가 지금까지 들었던 모든 것을 잊어버리고 오직 사슴이 도망간 쪽만 바라보고 추격하기 시작했다. 키루스가 탄 말이 장애물을 뛰어넘으려고 무릎을 구부리는 순간, 그는 앞쪽으로 튕겨나갈 뻔했다. 하지만 가까스로 말 위에서 버텼고, 말은 다시 똑바로 섰다. 탁 트인 곳으로 나왔을 때 그는 창을 던져 사슴을 쓰러뜨렸다. 이 굉장한 일을 해낸 키루스는 몹시 기뻐했다. 하지만 친위대 기병들이 다가와서 키루스가 어떤 위험을 자초했는지 꾸짖은 후에 그가 한 행동을 왕에게 보고하겠다고 말했다. 말에서 내려 서 있던 키루스는 기병들의 말을 듣고 곤혹스러웠다. 그때 고함소리가 나는 것을 알아차린 키루스는 신들린 듯 말에 올라탄 뒤 자기 일행을 덮치려고 하는 멧돼지 쪽으로 돌진해 그 멧돼지의 정수리에 창을 던져 녀석을 쓰러뜨렸다.

[9] 이번에는 이 모습을 지켜본 외삼촌이 그의 무모함을 꾸짖었다. 하지만 키루스는 외삼촌의 꾸지람을 듣고 나서는 자기가 잡은 사냥물을 모두 외할아버지께 드릴 수 있게 해달라고 사정했다. 이때 외삼촌이 "네가 사냥감을 추적했다는 것을 외할아버지께서 아신다면 너만 혼내시는 것이 아니라 그것을 허락한 나까지도 혼내실 것이다"라고 말했다. 그러자 키루스는 "제가 잡은 사냥물을 외할아버지께 드릴 수만 있다면, 외할아버지께서 저를 회초리로 때리고자 하신다고 해도 저는 괜찮습

니다. 그리고 외삼촌께서 원하시는 대로 어떤 식으로든 벌을 주셔도 괜찮습니다"라고 대답했다. 결국 외삼촌 키악사레스는 "지금은 네가 우리의 왕인 것 같으니 네가 원하는 대로 하거라"라고 말했다.

[10] 이렇게 해서 키루스는 자기가 잡은 들짐승들을 외할아버지에게 드리면서, 외할아버지를 위해 자기가 직접 사냥한 것이라고 말씀드렸다. 그는 자기가 사냥할 때 사용했던 창을 외할아버지에게 보여드리지는 않았지만, 아직도 피가 많이 묻어 있는 그 창을 외할아버지의 눈에 띌 만한 곳에 놓아두었다.

아스티아게스가 말했다. "얘야, 네가 준 것들을 받으니 기쁘기는 하다만, 이것들 중에는 네가 목숨을 걸어야 할 정도로 내게 필요한 것은 아무것도 없구나."

키루스가 말했다. "외할아버지, 그것들이 필요하지 않으시면 제 친구들에게 나누어 줄 수 있도록 제게 주십시오."

아스티아게스가 말했다. "얘야, 이것들은 물론이고 나머지 다른 것들도 네가 원하는 만큼 가져가서 네가 주고 싶은 사람에게 모두 나누어 주어라."

[11] 키루스는 자기가 사냥한 들짐승들을 가지고 나가서 친구들에게 나누어 주며 이렇게 말했다. "얘들아, 우리가 동물원에서 사냥하던 때는 정말 시시했어. 나에게는 묶여 있는 들짐승들을 사냥하는 것과 같았거든. 그 들짐승들은 좁은 공간에 있었고 게다가 야위고 더러웠어. 그중 어떤 것은 다리를 절었고, 어떤 것은 다리가 잘려 나가서 아예 없었지. 하지만 산과 들에 있는 짐승들은 아름답고 큼직하고 윤기가 흘렀어. 하늘로 뛰어오르던 사슴은 날개를 단 것 같았고, 사람들에게 달려들던 멧돼지는 용감한 전사들이 전쟁터에서 돌진하는 것 같았어. 녀석은 몸집이 컸기 때문에 맞추지 못한다는 것은 있을 수 없는 일이었지. 들짐승들의 죽어 있는 모습이 우리 안에 갇힌 채로 살아 있는 들짐승들

보다 더 아름다워 보였어. 하지만 너희 아버지들께서는 너희가 사냥하러 나가는 것을 허락하지 않으시겠지?"

그들이 대답했다. "아스티아게스 왕께서 명령하시면 선뜻 허락해주실 걸."

[12] 키루스가 물었다. "그렇다면 누가 우리를 위해 아스티아게스왕께 말해줄 수 있을까?"

그들이 반문했다. "아스티아게스 왕의 허락을 받아내는 데 너보다더 적합한 사람이 누가 있겠어?"

키루스가 말했다. "헤라 신에게 맹세하건대, 나는 아니야. 내가 어떤 사람이 되어버렸는지 나 자신도 도무지 모르겠어. 전과 달리 지금은 외할아버지께 말을 건넬 수도 없고 외할아버지의 얼굴을 쳐다볼 수도 없거든. 이렇게 가다가는 완전히 바보 멍청이가 되지나 않을까 걱정이야. 어렸을 때는 말을 아주 잘한다는 소리도 들었는데."

그들이 말했다. "필요할 때 네가 우리를 위해 무엇인가를 해줄 수없게 되었다니 참 나쁜 소식이네. 이제 우리는 네가 지금까지 해왔던일을 해줄 다른 사람을 찾아야 할 것 같아."

[13] 이 말을 들은 키루스는 속상해 말없이 그 자리를 나왔다. 외할아버지에게 어떻게 말해야 아무런 폐도 끼치지 않으면서 자신과 친구들이 원하는 것을 이룰 수 있을지 곰곰이 생각했다. 그런 다음 용기를내 외할아버지를 찾아가서는 이렇게 말을 꺼냈다. "외할아버지, 만일시종들 중 한 사람이 도망갔다가 붙잡혔다면 어떻게 하시겠어요?"

외할아버지가 대답했다. "그를 쇠사슬로 묶어 강제로 일을 시키는것 말고 다른 방법이 있겠느냐?"

"하지만 그 시종이 자발적으로 다시 돌아온 경우에는 어떻게 하시겠어요?"

외할아버지가 대답했다. "다시는 그런 짓을 하지 못하도록 매질을 한 뒤에 이전처럼 대하는 것 말고 다른 방법이 있겠느냐?"

키루스가 말했다. "그러시다면 저는 외할아버지에게서 도망쳐 친구들과 함께 밖으로 나가 사냥할 계획을 세우고 있으므로 지금이 바로 저를 회초리로 때리셔야 할 때입니다."

아스티아게스가 말했다. "네가 그것을 미리 말해준 것은 정말 잘한 일이다. 이제부터 나는 네가 왕궁을 벗어나는 일을 금지한다. 한 덩어리의 고기를 얻기 위해 내 딸이 아들을 잃게 만들어서는 안 되기 때문이지."

[14] 이 말을 들은 키루스는 그 말에 복종해 왕궁 안에 머물러 있기는 했지만, 답답하고 우울해 아무 말도 하지 않은 채 지냈다. 아스티아게스는 키루스가 몹시 답답하고 우울해하는 것을 보고, 그를 기쁘게 해주기 위해 밖으로 데리고 사냥을 나갔다. 수많은 일행이 걷거나 말을 타고 함께 갔고 키루스의 친구들도 같이 따라갔다. 그런 다음 말을 타고 추격하기에 적합한 곳으로 들짐승들을 몰아 대규모로 사냥을 했다. 아스티아게스는 친히 사냥에 참여해 키루스가 충분히 들짐승을 사냥하기 전에는 아무도 사냥해서는 안 된다는 명령을 내렸다. 하지만 키루스는 그 명령을 받아들이지 않고 이렇게 말했다. "외할아버지께서 제가 사냥을 즐기기를 바라신다면, 나와 함께 온 친구들도 다 함께 사냥감을 추격해 각자 자신의 능력을 최대한 발휘해 경쟁할 수 있게 허락해주세요."

[15] 그러자 아스티아게스는 그렇게 하도록 허락하고는, 그들이 이기기 위해 서로 경쟁적으로 들짐승들을 추격해 창을 던지는 모습을 서서 지켜보았다. 키루스는 기쁨에 겨워 더 이상 침묵할 수 없었다. 사냥감에 접근할 때마다 잘 훈련받은 사냥개처럼 큰 소리를 지르고, 친구들과 함께 서로의 이름을 부르며 격려했다. 외할아버지도 이 모습을 보며 즐거워했다. 어떤 친구가 사냥에 성공했을 때 키루스가 질투하기는커

넝 그 친구를 향해 활짝 웃어주고 칭찬하는 것을 보면서도 아스티아게스는 기뻐했다. 마침내 아스티아게스는 사냥으로 잡은 수많은 들짐승을 가지고 왕궁으로 돌아갔다. 이번 사냥에 아주 흡족한 아스티아게스는 그 후에도 사냥을 나갈 때마다 키루스를 데리고 나갔다. 물론 다른 많은 사람도 데리고 나갔고 키루스를 위해 그의 친구들도 데리고 나갔다. 이렇게 키루스는 모든 사람에게 즐거움과 유익을 가져다주었고 아무에게도 해롭지 않은 일들을 하면서 시간을 보냈다.

[16] 키루스가 15세나 16세쯤 되었을 때, 아시리아 왕자[30]가 곧 있을 자신의 결혼식에서 사용할 들짐승들을 직접 사냥하고 싶어 했다. 그는 아시리아와 메디아의 국경 지역이 전쟁 때문에 사람들이 사냥을 하지 않아서 사냥감이 풍부하다는 말을 듣고는 그 지역에서 사냥하기를 바랐다. 그래서 많은 사람을 몰이꾼으로 이용해 사냥감들이 숲에서 나와 말을 타고 추격할 수 있는 탁 트인 곳으로 나오게 하려고 많은 기병과 경무장 보병을 데리고 갔다. 국경을 지키는 수비대가 주둔해 있는 전방 요새에 도착한 그는 이튿날 새벽부터 사냥하려고 그곳에서 식사를 했다.

[17] 저녁이 되자 후방에서 보낸 기병과 보병으로 이루어진 증원군이 전방 수비대로 왔다. 그가 머문 전방 요새에 두 개의 수비대가 있었고 자기도 직접 많은 기병과 보병을 데려왔기 때문에, 그는 자신이 많은 병력을 보유하고 있다고 생각했다. 그래서 국경을 넘어 메디아의 영토로 침입해 들어가 약탈할 수 있는 절호의 기회라고 생각했다. 그렇게 하면 사냥보다 더 빛나고 자신의 결혼식을 위한 예물도 더 풍성해질

---

30 크세노폰은 이 책에서 역사적인 인물들의 이름을 최대한으로 밝히지 않는 서술 방식을 사용하는데, 여기에서도 "아시리아 왕자"의 이름이 무엇인지 밝히지 않는다. 그는 신바빌로니아 제국의 마지막 왕이었던 "벨샤자르"이다.

것이라고 믿었다. 그는 새벽에 일찍 일어나 군대를 이끌고 나와 보병대
는 전선에 집결시켜놓고, 자신은 기병대를 이끌고 메디아의 전방 요새
를 급습했다. 그런 다음 메디아의 수비대가 자신들의 영토를 유린한 적
군을 물리치러 오는 것을 저지하려고 가장 많은 수의 정예병과 함께 거
기에 주둔했다. 나머지 병력은 여러 부대로 나누어 목적에 맞게 가까이
부대를 각기 다른 곳으로 보냈다. 이 부대들은 각자가 맡은 곳을 점령
해 닥치는 대로 약탈한 것을 자기에게 가져오도록 지시했고, 아시리아
군대는 그의 지시에 따랐다.

[18] 자국의 영토 내에 적군이 출몰했다는 보고를 받은 아스티아게
스는 친히 친위대를 이끌고 국경을 향해 출병했다. 그의 아들도 때마침
함께 있던 기병대를 이끌고 출병했다. 다른 모든 부대에도 출병하라는
지시가 내려졌다. 하지만 메디아군은 수많은 아시리아의 기병대 병력
이 말을 탄 채로 진용을 갖추고 정렬해 있는 것을 보고서 멈춰 섰다. 다
른 사람들이 전속력으로 출병하는 것을 본 키루스도 다시 오지 않을 절
호의 기회라고 생각해, 처음으로 그렇게 해보고 싶었던 완전군장을 갖
추고 출병했다. 그가 갖춘 아름다운 완전군장은 외할아버지가 맞춤 제
작을 해준 것이어서 그의 몸에 아주 잘 맞았다. 완전군장을 한 키루스
는 말을 몰았다. 아스티아게스는 키루스가 누구의 명령으로 여기에 와
있는지 의아해하긴 했지만, 돌아가라고 말하지 않고 자기 옆에 있으라
고 했다.

[19] 키루스는 많은 기병이 반대편에 있는 것을 보고 물었다. "외할
아버지, 말을 타고 가만히 있는 저자들이 적군인가요?"

아스티아게스가 대답했다. "바로 저들이 적군이지."

키루스가 물었다. "약탈을 자행하고 있는 저자들도 적군인가요?"

아스티아게스가 대답했다. "그들도 분명히 적군이란다."

키루스는 말했다. "그렇다면 외할아버지, 그들은 사악한 말을 타고

와서 우리의 재물을 약탈하고 있는 사악한 자들이 분명하니, 우리 중 누군가가 그들을 공격해 몰아내야겠군요."

아스티아게스가 말했다. "하지만 애야, 수많은 기병이 저렇게 밀집 대형으로 진을 치고 있는 것이 보이지 않느냐? 우리가 그들을 몰아내려고 하면, 그들이 우리를 저지하려고 공격해 오지 않겠니? 그런데 우리의 주력부대는 아직 오지 않았단다."

키루스가 말했다. "하지만 외할아버지께서 이 자리에 머물러 계시면서 원군이 합류하기만을 기다리신다면, 아군은 두려워 꼼짝하지 않을 것입니다. 반면, 우리 중 누군가가 그들을 공격하려는 움직임을 저 약탈자들이 본다면 즉시 노획물을 버리고 도망칠 것입니다."

[20] 키루스가 한 말이 아스티아게스의 정곡을 찔렀다. 그래서 아스티아게스는 키루스가 언제 이렇게 지혜로움과 날카로운 관찰력을 갖추게 되었는지 놀라웠다. 그는 자기 아들에게 기병대를 이끌고 가서 재물을 약탈하고 있는 자들을 몰아내라고 명령한 후에 이렇게 말했다. "밀집대형으로 진을 치고 있는 이자들이 너에게 대항하려고 움직이면, 내가 그들을 공격해 그들이 우리를 상대하도록 만들겠다."

이렇게 하여 키악사레스는 기병과 보병으로 이루어진 정예부대 일부를 이끌고 진격했다. 키루스는 아군이 진격하는 것을 보고 자기도 출발해 재빨리 선두에 섰기 때문에, 키악사레스는 그의 뒤를 따르게 되었고 나머지 군사들도 따라붙었다. 약탈자들은 그들이 다가오는 것을 보자마자 즉시 노획물을 버리고 도망쳤다.

[21] 선봉에 선 키루스와 그의 뒤를 따라온 병사들은 약탈자들을 공격해 죽였고, 도망치는 자들은 붙잡아서 죽였으며, 그들을 피해 용케 도망친 자들도 곱게 보내주지 않고 끝까지 추격해 그중 일부를 포로로 잡아 왔다. 잘 훈련받았지만 실전 경험이 없는 사냥개가 앞뒤 생각하지 않고 멧돼지에게 달려들듯이, 키루스도 마찬가지로 다른 것은 전혀 생

각하지 않고 오직 도망치는 약탈자들을 추격해 죽이는 데만 몰두했다. 자기편이 곤경에 처한 것을 본 적군은 밀집대형으로 진을 치고 있던 주력군을 전진시키면 메디아군이 추격을 멈출 것이라고 생각하고는 주력군을 전진시켰다.

[22] 하지만 키루스는 추격을 멈추기는커녕 승리의 기쁨에 들떠서 외삼촌의 이름을 부르며 추격을 계속하는 바람에 적군은 혼비백산해 도망쳤다. 키악사레스는 부왕 앞에서 망신당하지 않기 위해 키루스의 뒤를 따라갈 수밖에 없었고 다른 병사들도 따라붙었다. 적군과 정면으로 맞붙었을 때는 별로 용맹하지 못한 자들도 도망치는 적군을 추격할 때는 더 기세가 오르기 마련이었다.

아스티아게스는 아군이 도망치는 약탈자들을 막무가내로 추격하고 있는데, 밀집대형으로 진을 갖춘 적의 대군이 아군을 향해 전진해 오는 것을 보았다. 그는 자기 아들과 키루스가 전열을 갖추지 못한 채로 있다가 공격을 받게 될 것을 우려해 즉시 적군을 향해 군대를 움직였다.

[23] 적군은 메디아군이 전진해 오는 것을 보고는 멈춰 서서, 일부는 창을 들어 겨누고 일부는 화살을 쏠 준비를 했다. 거의 언제나 그랬듯이 화살의 사정권 안에 들어왔을 때 메디아군이 멈춰 설 것이라 예상하고서 기다리고 있었다. 아군과 적군이 화살의 사정권인 지점까지만 근접해 서로 대치하는 가운데 날이 어두워질 때까지 멀리서 서로 화살을 쏘며 전초전을 벌이는 것이 관례였다.

하지만 아시리아군은 약탈을 하다가 도망친 아군이 자신들 쪽으로 오고 있고, 키루스의 병사들이 도망치는 아군을 바짝 추격해 오고 있는 것을 보았다. 또한 아스티아게스가 기병대를 이끌고 이미 화살의 사정권 안으로 쇄도해 오는 것을 보고서 전열에서 이탈해 온 힘을 다해 도망쳤다. 메디아군은 많은 적군을 사로잡았고, 도망하는 적의 기병과 보병을 붙잡아 죽였으며, 낙오한 자들도 잡아 죽였다. 메디아군은 그런 식으로 계속 적군을 추격하다가 아시리아의 보병대와 맞닥뜨리게 되자 적의 더 큰 병력이 매복하고 있을 것을 우려해 추격을 멈췄다.

[24] 아스티아게스는 기병전의 승리를 아주 기뻐하며 회군해 돌아오긴 했지만, 키루스에 대해서는 무슨 말을 해주어야 할지 고민이 되었다. 이 전쟁에서 승리한 것은 키루스의 공이 분명했지만, 그가 무모하고 미쳐 있다는 것도 알고 있었기 때문이다. 다른 병사들이 회군해 집으로 돌아올 준비를 하고 있을 때도, 오직 키루스만은 다른 사람들로부터 떨어져 혼자 말을 타고 이리저리 죽은 적군의 시체들을 살펴보고 다녔기 때문에, 아스티아게스는 병사들을 보내 겨우 그를 자기 앞으로 끌고 올 수 있었다. 진영으로 돌아온 키루스는 자신을 바라보는 외할아버지의 표정에 노기가 서려 있는 것을 보고는 자기 앞에 경비병들을 많이 세워놓았다.

[25] 이상이 키루스가 메디아에 있을 때 겪은 일들이었다. 키루스가 한 일들은 이야기와 노래를 통해 사람들의 입에서 입으로 회자되었다. 아스티아게스도 전부터 키루스를 높이 평가했지만, 그런 일이 있고 나서는 그를 대단히 놀라워했다. 키루스의 아버지인 캄비세스도 이런 일들이 있었다는 것을 알고 나서 기뻐했다. 하지만 키루스가 성인이 하는 일들을 이미 하고 있다는 말을 듣고는, 페르시아에서 시행하고 있는 정상적인 교육과정을 마치게 하려고 그를 집으로 불러들였다. 키루스도 아버지가 언짢아하지 않도록, 그리고 조국이 그를 비난하는 일이 일어나지 않도록 하려고 이번에는 스스로 집에 돌아가고 싶다고 말했다.

아스티아게스도 키루스를 집으로 보내주어야 한다고 생각했다. 그래서 키루스를 사랑한 것은 물론이고 키루스가 장차 친구들을 돕고 적군을 곤혹스럽게 하는 유능한 인물이 될 것이라는 큰 기대를 갖고 있었던 아스티아게스는 그를 보내면서 그가 갖고 싶어 했던 말들을 비롯해 온갖 선물을 챙겨주었다.

키루스가 메디아를 떠나 집으로 돌아가던 날, 아스티아게스는 물론이고 아이 어른 할 것 없이 모든 사람이 말을 타고 배웅해주었다. 키루스를 떠나보내고 돌아오는 길에 눈물을 흘리지 않은 사람이 한 사람도 없었다.

[26] 키루스 자신도 사람들과 헤어지면서 많이 울었다. 키루스는 아스티아게스에게 받은 선물 중 많은 것을 친구들에게 나누어 주었고, 마지막으로 자기가 입고 있던 메디아풍의 옷을 벗어 자기가 가장 아끼던 사람에게 주었다. 하지만 사람들은 키루스에게 받은 선물들을 다시 아스티아게스에게 가져갔고, 아스티아게스는 그 선물들을 받아서 다시 키루스에게 보내주었다. 하지만 키루스는 그 선물들을 다시 메디아로 돌려보내면서 이렇게 말했다. "외할아버지, 제가 아무런 부끄러움 없이 다시 메디아로 돌아오기를 바라신다면, 제게서 이 선물들을 받은 사람들에게 이 선물들을 다시 주십시오." 아스티아게스는 이 말을 듣고 나서 키루스가 부탁한 대로 했다.

[27] 이제 재미있는 이야기를 하나 해보자. 키루스가 떠나면서 서로 작별 인사를 나눌 때, 그의 친척들은 페르시아의 관습에 따라 키루스에게 입맞춤을 했다. 페르시아인은 오늘날까지도 이렇게 작별 인사를 한다. 아주 고귀하고 훌륭한 어느 메디아인 신사가 키루스의 아름다움에 넋이 나간 채 키루스의 친척들이 키루스에게 입맞춤하는 것을 보면서 뒤쪽에 서 있었다. 그러다가 사람들이 다 가고 나자 그 신사는 키루스에게 다가와 말했다. "너의 친척들 중에서 네가 알아보지 못한 사람은 내가 유일하지 않니?"

키루스가 반문했다. "뭐라고요? 당신도 제 친척이라고요?"

그 신사가 대답했다. "물론이고말고."

키루스가 말했다. "그래서 저를 그렇게 계속 뚫어지게 쳐다보셨군요.

당신이 저를 뚫어지게 쳐다보시는 것을 저도 알고 있었거든요."

그 신사가 말했다. "나는 항상 네게 다가가고 싶었지만 내가 천성적으로 수줍음이 많거든."

키루스는 "하지만 당신은 제 친척이니 그럴 필요가 없어요"라고 말하고 나서는 그 신사에게 다가가서 입맞춤했다.

[28] 키루스가 입맞춤을 하자 이 메디아인 신사가 물었다. "정말 페르시아인은 친척들에게 입맞춤하는 관습이 있니?"

키루스가 대답했다. "물론입니다. 적어도 한동안 떨어져 있다가 다시 보게 되었을 때나 서로 작별할 때 입맞춤을 하죠."

그 메디아인 신사가 말했다. "그렇다면 이제 네가 내게 다시 한번 입맞춤해주어야 할 시간인 것 같구나. 네가 알다시피 우리는 이제 헤어져야 하니까."

그래서 키루스는 신사에게 작별 인사로 다시 한번 입맞춤을 하고 나서 길을 떠났다. 하지만 키루스의 일행이 얼마 가지 않았을 때, 메디아인 신사가 말을 타고 땀에 젖은 채 키루스 앞에 다시 나타났다.

신사를 본 키루스가 물었다. "뭔가 깜빡 잊고 말씀하지 못하신 게 있나요?"

신사가 대답했다. "그런 건 절대로 아니고, 단지 나는 너와 일정 시간 헤어진 뒤에 다시 온 것이란다."

키루스가 반문했다. "아저씨, 그건 틀림없지만 아주 짧은 시간이었는데요?"

메디아인 신사가 말했다. "짧은 시간이라니, 그게 무슨 말이냐? 눈 깜짝할 시간이라도 그 시간 동안은 내가 너를 볼 수 없으니, 내게는 너무나 긴 시간으로 느껴진다는 것을 너는 알지 못하느냐?"

그래서 키루스는 눈물이 나기 직전까지 웃다가, 자기가 얼마 안 있어 곧 그들에게로 다시 돌아와서 그가 원하기만 한다면 눈 깜짝할 시간의 공백도 없이 자기를 보게 될 것이라고 안심시키고는 신사를 돌려보냈다.

제5장

[1] 이렇게 페르시아로 돌아온 키루스는 다시 1년 동안 소년반에 있었다. 처음에는 소년들이 메디아인의 향락적인 삶을 배우고 돌아왔다며 키루스를 놀려댔다. 하지만 키루스는 그들과 똑같이 즐겁게 먹고 마셨다. 어느 기념식 날 잔치가 벌어졌을 때는 키루스가 다른 소년들보다 더 많은 몫을 요구하기는커녕 도리어 자신의 몫 중 일부를 다른 소년들에게 나누어 주었다. 이런 일들 외에도 다른 일에서 그들보다 월등한 것을 보고 소년들은 다시 그에게 머리를 숙였다. 키루스는 소년반의 훈련 과정을 통과한 후에 청년반에 들어갔다. 그는 자신에게 주어진 의무를 다하고, 인내하고, 성실하고, 어른을 존경하고, 관리들에게 복종하는 데 청년들 중 가장 훌륭하다는 평가를 받았다.

[2] 세월이 흘러 메디아에서는 아스티아게스가 죽고, 아스티아게스의 아들이자 키루스의 외삼촌인 키악사레스가 메디아의 왕이 되었다. 당시에 아시리아 왕[31]은 아주 큰 나라인 시리아 전체를 복속시키고 아라비아의 왕을 자신의 봉신으로 만들었다. 이미 히르카니아는 속국으로 삼았고 박트리아를 포위해 공격하고 있었다. 그래서 아시리아 왕은 메디아를 약화시키기만 한다면, 자기가 주변의 모든 나라를 쉽게 지배

---

31 여기에서 언급된 "아시리아 왕"은 나보니두스(재위 기원전 556-539년)를 가리킨다. 나보니두스는 바빌로니아 제국의 영광을 재현하는 데 관심을 갖고 있었다. 하지만 그가 바빌로니아의 주신인 마르둑보다 달의 신을 더 숭배하는 종교 정책을 펴는 바람에 민심이 이반되었다.

할 수 있을 것이라고 생각했다. 근방의 나라들 중 메디아가 가장 강력하다는 평가를 받고 있었기 때문이다.

[3] 아시리아 왕은 자기 아래 있는 이 모든 나라의 왕들, 리디아의 왕 크로이소스, 카파도키아, 대소(大小) 프리지아, 파플라고니아, 인도, 카리아, 킬리키아의 왕들에게 자신의 사자를 파견해 부분적으로 거짓말을 섞어가며 메디아와 페르시아를 모함했다. 즉, 강대국인 이 두 나라는 혼인 관계를 통해 동맹을 맺고 공동의 목적을 추구하고 있어 우리 중 누군가가 이 두 나라를 먼저 공격해 힘을 빼놓지 않으면, 이 두 나라는 다른 나라들을 하나씩 차례로 복속시킬 위험이 크다는 것이었다. 그러자 이 왕들 중 일부는 그 말에 넘어가서, 또 일부는 막대한 부를 지니고 있던 아시리아 왕이 준 선물과 재물에 넘어가서 아시리아 왕과 군사 동맹을 맺었다.

[4] 아스티아게스의 아들인 키악사레스는 아시리아 왕이 이러한 음모를 꾸미고 있다는 것과 아시리아 왕과 동맹을 맺은 나라들이 메디아를 공격할 준비를 하고 있다는 것을 알고는, 즉시 이에 대비해 자신이 할 수 있는 모든 것을 준비했다. 한편, 페르시아의 원로회의와 페르시아의 왕이며 자신의 매부인 캄비세스에게 사자를 보냈다. 또한 키루스에게도 사자를 보내 페르시아 원로회의가 군대 파병을 결정하게 되면, 그 군대의 사령관을 맡아서 와주도록 요청했다. 왜냐하면 당시에 키루스는 청년반에서 10년 동안의 훈련 과정을 마치고 장년반에 있었기 때문이다.

[5] 키루스는 이 요청을 수락하자 원로회의는 키루스를 메디아로 파견할 지원군의 총사령관으로 발탁했다. 또한 키루스에게 함께 출전할 200명의 지휘관을 귀족들[32] 중에서 선발할 수 있게 해주었고, 200명

---

32 "귀족들"로 번역한 '호모티모스'(ὁμότιμος)는 페르시아 귀족들을 지칭하는 표현으로,

의 지휘관에게는 각각 네 명씩 다른 귀족을 지휘관으로 선택할 수 있게 해주었다. 이렇게 하여 지원군의 지휘관은 총 1,000명이 되었다. 그리고 각각의 지휘관은 페르시아의 평민들 중에서 10명의 경무장 보병과 10명의 투석병과 10명의 궁수를 선발했다. 그 결과 지원군에는 1만 명의 경무장 보병과 1만 명의 투석병과 1만 명의 궁수가 있었고, 이 병사들 외에도 1,000명의 지휘관이 배속되었다. 따라서 키루스는 대군을 이끌게 된 것이다.

[6] 총사령관으로 발탁된 키루스는 가장 먼저 신들을 찾았다. 신들에게 제를 올리고 길조를 얻고 난 다음에야 귀족들 중 200명의 지휘관을 선발했다. 그 지휘관들이 각각 네 명씩 다른 귀족을 지휘관으로 선택하고 난 후에, 키루스는 그들을 모두 소집해 처음으로 다음과 같이 말했다.

[7] "친구 여러분, 내가 여러분을 선택한 것은 지금 처음으로 여러분의 가치를 알아보았기 때문이 아니라, 여러분이 소년 시절부터 국가가 훌륭한 것으로 여기는 일들을 열성적으로 추구해온 반면, 국가가 수치스러운 것으로 여기는 일들을 철저하게 멀리해온 것을 직접 지켜봤기 때문입니다. 이제 내가 이 소임을 마다하지 않은 이유와 여러분을 이 소임으로 초대한 이유를 분명히 밝히고자 합니다.

[8] 나는 우리의 선조들이 우리보다 조금도 열등하지 않다는 것을 잘 알고 있습니다. 적어도 그분들은 미덕이라 여겨지는 일들을 실천하는 데 일생을 바친 것은 확실하지만, 그분들이 그렇게 해서 페르시아

"동등한 가치를 지닌 사람들, 똑같이 대우를 받는 사람들"이라는 뜻이다. 이것은 그리스어에서 "귀족"을 가리킬 때 "뛰어난 사람들, 훌륭한 사람들"을 뜻하는 '아리스토스'(ἄριστος)라는 표현을 사용하는 것과 비교된다. 즉, 페르시아에서는 귀족은 평민보다 모든 면에서 뛰어날 것이 요구되긴 했지만, 귀족끼리는 기회와 대우가 평등했다는 것을 보여주고, 이러한 정신은 이 저작 전체에 걸쳐 드러난다.

전체를 위해, 또는 그분들 자신을 위해 어떤 이득을 얻었는지 나로서는 전혀 알 수가 없습니다.

[9] 그러나 나는 선을 행하는 자들이나 악을 행하는 자들이나 얻는 유익이 동일하다면 사람들은 굳이 미덕을 행하지 않을 것이고, 도리어 사람들이 눈앞의 즐거움을 자제하는 것은 영원히 즐거움을 누리지 않으려고 하는 것이 아니라 그러한 자제를 통해 나중에 더 많은 즐거움을 누리려고 하는 것이라고 생각합니다. 뛰어난 웅변가가 되고자 하는 열망을 갖는 사람들은 말 잘하는 것이 그저 좋기 때문이 아니라, 뛰어난 웅변을 통해 사람들을 설득해 위대하고 훌륭한 일을 많이 이루기를 기대하기 때문입니다. 전쟁과 관련된 것을 열심히 익히는 사람들은 전쟁하는 것이 그저 좋기 때문이 아니라, 그들 자신과 조국을 위해 큰 부와 큰 행복과 큰 명예를 얻을 수 있다고 믿기 때문에 힘들여서 익히는 것입니다.

[10] 어떤 사람들이 이런 것을 힘들게 익힌 후에 어떤 열매도 거두지 못한 채 나이가 들어 아무것도 할 수 없게 된다면, 좋은 농부가 되려고 씨도 뿌리고 과실수도 심었지만 정작 추수할 때가 되자 그 열매들을 거두어들이지 않고 다시 땅에 버리는 사람과 똑같다고 생각합니다. 어느 운동선수가 많은 훈련을 통해 우승할 수 있는 실력을 갖추었는데도 끝끝내 시합에 나가지 않는다면, 나는 그 운동선수를 어리석은 자라고 비난하는 것이 마땅하다고 생각합니다.

[11] 여러분, 우리는 그런 사람들처럼 해서는 안 됩니다. 우리는 우리 자신이 소년이었을 때부터 시작해 훌륭하고 고귀한 일들을 실천해 왔다는 것을 잘 알고 있습니다. 그러니 적군에 맞서 싸우러 나갑시다. 적군은 오합지졸에 불과하므로 우리의 상대가 되지 않는다는 것을 나는 알고 있습니다. 적군은 전사가 되기에 충분한 자격을 갖추고 있지 못합니다. 적군은 활을 쏘고 창을 던지고 말을 타는 데 익숙하긴 하지

만, 전쟁에서 직면하게 되는 어렵고 힘든 상황을 이겨낼 수 없습니다. 그런 점에서 제대로 된 전사들이 아니라 오합지졸에 불과합니다. 적군은 잠을 자지 않고 작전을 수행할 필요가 있을 때 그렇게 할 수 없기 때문에, 잠과 관련해서도 오합지졸에 불과합니다. 이렇게 적군은 제대로 된 전사들이 아닐 뿐더러, 동맹들과 적군을 어떻게 활용해야 하는지에 관해서도 배운 적이 없습니다. 따라서 적군이 전쟁과 관련해 문외한이라는 것은 너무나 자명합니다.

[12] 반면, 다른 사람들은 낮만 활용하지만 여러분은 밤도 낮처럼 활용할 수 있고, 고난은 장차 있을 즐거운 삶으로 이끌어주는 것이라고 생각하고 있고, 굶는 것을 밥 먹듯이 해왔고, 물만 마시고 사는 것을 사자들보다 더 잘합니다. 여러분의 정신 속에는 모든 것 중 가장 아름답고 고귀하며 전쟁을 수행하는 데 가장 필요한 최고의 자질이 이미 갖추어져 있는데, 그것은 여러분이 다른 무엇보다도 칭송을 즐거워한다는 것입니다. 칭송을 좋아하는 사람은 칭송받기 위한 것이라면 어떤 고난과 위험에도 기꺼이 뛰어듭니다.

[13] 만일 내가 속으로는 그렇지 않다는 것을 알면서도 여러분에 관해 이렇게 말하는 것이라면, 그것은 내 꾀에 내가 넘어가는 일이 될 것입니다. 여러분에 관해 내가 말한 것 중에 어느 하나라도 사실이 아니라는 것이 나중에 밝혀지는 날에는, 그 타격은 고스란히 나에게 돌아올 것이기 때문입니다. 하지만 나의 경험과 나에 대한 여러분의 호의와 적군의 무지에 비추어보았을 때 나의 낙관적인 희망이 나를 속이지 않을 것이라고 믿습니다. 우리가 감히 바랄 수 없는 것을 부당하게 바라는 것이 결코 아니기 때문에, 확신을 가지고서 진군합시다. 적군은 이미 침략해 불의한 일들을 자행하고 있고, 우리의 친구들은 우리에게 도와달라고 요청하고 있습니다. 자기 자신을 지키는 것보다 더 정당한 일이 어디 있으며, 친구들을 돕는 것보다 더 아름답고 고귀한 일이 어디

있습니까?

[14] 또한 내가 이 원정과 관련해 신들에게 제를 올리고 신들의 뜻을 묻는 것을 소홀히 하지 않았다는 사실도 여러분에게 더 큰 확신을 줄 것이라고 나는 생각합니다. 여러분은 나와 오랜 세월 함께해왔기 때문에, 내가 큰일에서는 물론이고 작은 일에서도 늘 신들에게 제를 올리고 신들의 뜻을 묻기를 게을리 하지 않았다는 것을 알 것입니다.”

키루스는 마지막으로 이렇게 말했다. “이제 내가 더 무슨 말을 할 필요가 있겠습니까? 여러분은 사람들을 선발해 모으고, 그 밖의 다른 것들을 준비해 메디아로 오십시오. 나는 아버지께 다시 가서 적군에 대해 신속하게 알아보고 나서 신들과 함께 이 전쟁을 가장 훌륭하게 치르도록 필요한 만반의 준비를 하겠습니다.”

이렇게 하여 1,000명의 귀족으로 이루어진 지원군의 지휘관들은 키루스가 지시한 일들을 해나갔다.

제6장

[1] 집으로 돌아온 키루스는 조상 대대로 섬겨온 헤스티아 신[33]과 제우스 신을 비롯한 여러 신에게 기원한 후에 원정길에 올랐다. 그의 아버지도 그를 호위해주었다. 키루스 일행이 출발하자 천둥과 번개가 쳤는데, 키루스에게는 길조였다. 이 길조 후에 더 이상의 징조는 없었지만, 키루스 일행은 가장 위대한 신이 보여준 길조를 아무도 무효화할

---

33 “헤스티아 신”은 그리스신화에 나오는 불과 화로의 여신이자 올림포스 12신 중 한 명으로 제우스의 누이다. 제우스는 그녀에게 인간이 신에게 바치는 제물 중 순결을 가장 먼저 받을 수 있는 권한을 준다. 그리스신화에서 가정의 수호신인 헤스티아는 로마신화에 등장하는 가정과 국가의 수호신 베스타와 동일시된다.

수 없을 것이라 확신하고서 여정을 계속해나갔다.

[2] 메디아를 향해 가는 도중에 캄비세스가 키루스에게 이런 말을 해주었다. "아들아, 제를 올릴 때 주어진 길조나 하늘의 징조를 통해 신들이 네게 은총을 베풀고 계시는 것이 분명하다. 너도 그것을 스스로 알아야 한다. 내가 일부러 네게 이런 말을 하는 것은 네가 다른 해석자들을 통해 신들의 뜻을 알려고 해서는 안 되고, 반드시 네 자신이 신들이 보여주는 것들을 직접 보고 신들이 들려주는 것을 직접 들어서 신들의 뜻을 알아야 한다는 것을 가르쳐주기 위해서다. 따라서 예언자들이 신들의 징조가 보여주는 의미와 다른 것을 말해 너를 속이려 할 때는 휘둘려서는 안 된다. 예언자가 네 옆에 없을 때도 너는 신들이 보여준 징조를 어떻게 해석해야 할지 몰라 속수무책으로 있어서는 안 되므로, 너는 스스로 예언자의 기술을 익혀 신들로부터 오는 징조를 통해 신들이 원하는 것이 무엇인지 알아차리고 복종해야 한다."

[3] 키루스가 말했다. "네, 아버지. 아버지의 말씀을 제 힘이 닿는 데까지 늘 유념해, 신들이 우리에게 베푸는 은총의 의미를 알아차리도록 하겠습니다. 전에 아버지께서 곤경에 처했을 때만 신들에게 잘 보이려고 하는 것이 아니라, 모든 일이 잘 풀릴 때도 무엇보다 신들을 기억한다면, 사람들만이 아니라 신들에게서도 힘을 얻게 될 것이라고 하신 말씀을 지금도 기억하고 있습니다. 그리고 아버지께서는 친구들에 대해서도 그런 식으로 처신해야 한다고 말씀하셨습니다."

[4] 캄비세스가 말했다. "아들아, 너는 그렇게 신들에게 정성을 들이기 때문에 네가 구하는 것이 있을 때 기쁜 마음으로 신들 앞에 나아가고, 네 자신이 신들에게 소홀히 한 적이 없다는 것을 스스로 알기 때문에 네가 구하는 바를 얻을 것이라고 더 확신하지 않느냐?"

키루스가 대답했다. "그렇습니다, 아버지. 신들이 제게는 친구들과도 같습니다."

[5] 캄비세스가 말했다. "아들아, 너는 전에 우리가 나누었던 말들을 기억하고 있느냐? 그때 우리는 신들이 자신에게 수여한 소임을 아는 사람들은 그것을 알지 못하는 사람들보다 더 잘 살아가고, 일하는 사람들은 일하지 않는 사람들보다 더 많은 것을 성취하며, 주의 깊은 사람들은 부주의한 사람들보다 더 안전하게 살아간다고 말한 뒤에, 자신이 해야 할 일들을 다하며 살아가는 사람들만이 신들에게 좋은 것을 구할 수 있다고 말했었지."

[6] 키루스가 말했다. "네. 제우스 신에게 맹세하건대, 아버지께서 그렇게 말씀하신 것을 저는 분명하게 기억하고 있습니다. 더욱이 그때 아버지께서 하신 말씀은 수긍할 수밖에 없었기 때문에 분명하게 기억합니다. 또한 제가 알기로는, 아버지께서는 말 타는 법을 배우지 않은 사람들은 기병전에서 승리하게 해달라고 신들에게 기원할 권리가 없고, 활 쏘는 법을 알지 못하는 사람들은 궁술에서 활 쏘는 법을 아는 사람들을 이길 수 있게 해달라고 신들에게 기원할 권리가 없고, 배를 조종해 항해하는 법을 알지 못하는 사람들은 배를 안전하게 항해하게 해달라고 신들에게 기원할 권리가 없고, 씨를 뿌리지 않은 사람들은 풍성하게 수확하게 해달라고 신들에게 기원할 권리가 없고, 전쟁에서 정신을 바짝 차리고서 철저히 경계하지 않는 사람들은 목숨을 부지할 수 있게 해달라고 신들에게 기원할 권리가 없다고도 말씀하셨습니다. 그러면서 이 모든 것은 신들의 법에 어긋나는 것들이고, 사람들이 인간의 법에 어긋나는 것들을 요구하는 경우에는 아무것도 얻을 수 없듯이, 신들의 법에 어긋나는 것들을 기원하는 경우에도 마찬가지라고 말씀하셨습니다."

[7] "아들아, 전에 나와 네가 나눈 이야기를 잊었느냐? 그때 우리는 사람이 자기 자신을 연마해 귀하고 훌륭한 사람이 되는 데 힘쓰고, 자기 자신과 자신의 가정에 필요한 것들을 충분히 갖추는 일이 남자가 할

수 있는 합당하고 훌륭한 소임이라고 말했었지. 그렇게 하는 것만으로도 이미 위대한 일이긴 하지만, 다른 사람들을 잘 이끌어 그들로 하여금 생활에 필요한 모든 것을 풍부하게 가질 수 있게 해주고, 모든 사람이 마땅히 되어야 할 사람이 되도록 돕는 것은 분명히 경탄할 만한 일로 보인다고 말하기도 했었지."

[8] 키루스가 말했다. "네, 제우스 신에게 맹세하건대 아버지께서 제게 말씀하신 것을 기억합니다. 그때 아버지께서 훌륭하게 다스린다는 것이 지극히 어려운 일이라고 하신 말씀에 저도 동의했습니다. 지금도 저는 다스리는 문제를 고민하며 깊이 생각해볼 때마다, 아버지께서 그때 하신 말씀이 옳다는 생각이 듭니다. 그래서 이 문제를 깊이 생각하다가, 사람들을 다스릴 자격이 없는 자들이 계속 다른 사람들을 다스리고 있는 것을 보았는데도, 게다가 그런 자들이 우리의 적군인 경우에 그런 자들에게 굽실거리기만 할 뿐 대항해 싸우려 하지 않는 것은 제게는 정말 수치스러운 일로 여겨집니다.

먼저 우리의 우방인 메디아에 대해 말씀드리자면, 그들은 통치자가 더 좋은 음식을 먹고, 왕궁에 더 많은 금을 지니고, 더 오랜 시간 잠을 자고, 고된 일에서 완전히 벗어나 편안한 삶을 산다는 점에서 신민들과 달라야 한다고 생각합니다. 하지만 저는 통치자는 편안하게 살아간다는 점에서 신민들과 달라야 하는 것이 아니라, 모든 것을 미리 내다보고 힘들고 어려운 일들에 누구보다 앞장선다는 점에서 달라야 한다고 생각합니다."

[9] 캄비세스가 말했다. "하지만 아들아, 어떤 경우에는 사람들이 아니라 실무적인 일들과 싸워야 할 때가 종종 있고, 그런 문제들을 극복하는 것은 쉽지 않단다. 예컨대, 너의 군대가 보급품을 제대로 조달받지 못하면, 그 군대에 대한 너의 통치권은 한순간에 무너지고 만다는 것을 너도 잘 알고 있겠지."

키루스가 대답했다. "네, 아버지. 하지만 키악사레스께서는 아무리 수많은 지원군이 온다고 해도 보급품은 자신이 책임지겠다고 말씀했습니다."

캄비세스가 물었다. "그러니까 아들아, 너는 키악사레스에게 있는 자금을 믿고서 출병하고 있는 것이냐?"

키루스가 대답했다. "네, 그렇습니다."

캄비세스가 물었다. "그렇다면 키악사레스에게 있는 자금이 얼마나 되는지 알고 있느냐?"

키루스가 대답했다. "제우스 신에게 맹세하건대, 저는 잘 알지 못합니다."

"그런데도 너는 네가 알지 못하고 있는 것들을 믿고 있다는 말이냐? 네게는 많은 것이 필요하고, 키악사레스는 네게만이 아니라 다른 많은 것에도 돈을 써야 한다는 사실을 너는 모르느냐?"

키루스가 대답했다. "알고 있습니다."

캄비세스가 물었다. "그렇다면 만일 키악사레스가 자금이 부족해지거나 의도적으로 거짓말을 한 것이라면, 너는 네 군대에 필요한 것을 어떻게 마련하려고 하느냐?"

키루스가 대답했다. "분명히 어려울 것입니다, 아버지. 하지만 아버지께서 이런 경우에 보급품을 마련할 수 있는 좋은 방법에 대해 생각해두신 것이 있다면, 우리가 아직 아군 지역에 있는 동안 제게 말씀해주십시오."

[10] 캄비세스가 말했다. "아들아, 너의 군대를 위한 보급품을 마련하는 데 어떤 방안이 있느냐고 묻는 것이냐? 군대를 보유하고 있는 사람보다 그런 방안을 더 잘 생각해낼 수 있는 사람이 누가 있겠느냐? 너는 몇 배 더 큰 다른 보병대를 준다고 해도 바꾸지 않을 보병대를 이끌고 싸우게 될 것이고, 메디아의 막강한 기병대가 너의 동맹군이 될 것

이다. 그렇다면 이 주변의 어느 국가든 한편으로는 네게 잘 보이려고, 다른 한편으로는 해를 당할 것이 두려워 너를 섬기려 하지 않겠느냐? 너는 키악사레스와 함께 공동으로 이 점을 유념해 네게 필요한 것을 하나도 부족하지 않게 하고, 언제나 그래왔듯이 그것들을 마련할 수 있는 방안을 강구해나가야 한다.

하지만 나는 무엇보다 보급품이 바닥난 뒤에야 부랴부랴 구하려고 해서는 안 된다는 것을 기억하라고 말해주고 싶구나. 보급품이 바닥 난 후가 아니라 아직 넉넉히 남아 있을 때 보급품을 마련할 방안을 강구해야 한다. 네가 곤경에 처해 있는 것으로 보이지 않으면, 너는 다른 사람들로부터 더 많은 것을 얻어내게 될 것이고, 너의 병사들로부터도 비난을 받지 않게 될 것이기 때문이다. 또한 그렇게 했을 때 너는 다른 사람들로부터 더 큰 존경을 받게 될 것이고, 그런 식으로 너의 병사들에게 그들이 필요한 것을 보급해주면, 네가 너의 군대를 이용해 다른 사람들에게 이익을 주거나 해를 끼치고자 하는 경우 너의 병사들은 너를 더 잘 따르게 될 것이다. 네가 다른 사람들에게 이익을 줄 수도 있고 해를 끼칠 수도 있다는 것을 충분히 보여줄 때만, 너의 말은 힘을 얻게 된다는 것을 분명히 알아야 한다."

[11] 키루스가 말했다. "아버지께서 하신 이 모든 말씀은 전적으로 옳으신 데다가, 저의 병사들은 키악사레스가 어떤 조건으로 그들을 동맹군으로 불렀는지 알고 있기 때문에, 자신들이 받기로 되어 있는 것 때문에 제게 감사할 사람은 아무도 없다는 점에서 더욱 옳습니다. 하지만 원래 받기로 되어 있는 것 외에 다른 것을 추가로 받는다면, 그들은 그것을 상여금이라고 생각해 아마도 그것을 준 사람에게 감사하게 될 것입니다. 자신이 보유한 군대로 우방들에게 이익을 주어 그 대가로 도움을 얻고 적국들에 대해서는 응징을 가하려 해도 자신의 군대에 필요한 보급품을 조달하는 일을 소홀히 한다면, 그것은 어떤 사람이 경작할

수 있는 땅도 갖고 있고 거기에서 일할 일꾼들도 갖고 있는데도 그 땅을 놀려서 무용지물로 만들어버리는 것 못지않게 수치스러운 일이라고 아버지께서는 생각하지 않으세요? 그러니 제가 제 군대를 우방의 영토에 주둔시키든 적군의 영토에 주둔시키든 제 병사들의 보급품을 조달하는 일을 결코 소홀히 하지 않으리라는 것을 아버지께서도 아실 것입니다."

[12] 캄비세스가 물었다. "아들아, 전에 우리가 소홀히 해서는 결코 안 된다고 말했던 또 다른 것들도 기억하고 있느냐?"

키루스가 대답했다. "물론입니다. 제게 장군 수업을 시켜주신 분에게 지불할 수업료를 받으러 제가 아버지께 갔을 때, 아버지께서는 수업료를 주시면서 이렇게 물으셨습니다. '아들아, 네가 이 수업료를 지불하려는 그 사람이 군대 경영에 관해서도 말해주었겠지? 병사들은 집에서 일하는 하인들과 마찬가지로 식량 조달이 필수이기 때문이다.'

제가 그 사람은 제게 그런 것에 관해 전혀 말해주지 않았다고 솔직하게 말씀드렸습니다. 그랬더니 아버지께서는 모름지기 장군이라면 전략만이 아니라 병사들의 건강이나 체력도 신경 써야 한다고 하시면서, 그 사람이 제게 그런 것을 말해준 적이 있느냐고 제게 물으셨습니다.

[13] 제가 그 사람이 그런 것을 말해준 적이 없다고 대답하자, 아버지께서는 그 사람이 전쟁을 수행하는 데 가장 큰 힘이 될 수 있는 어떤 기술을 가르쳐주었느냐고 다시 제게 물으셨습니다. 이번에도 제가 그 사람이 그런 기술을 가르쳐준 적이 없다고 단호하게 대답했더니, 아버지께서는 그 사람이 어떤 방법으로 군대의 사기를 북돋울 수 있는지 가르쳐주었느냐고 물으시면서, 모든 일에서 의욕을 갖고 임하느냐 아무런 의욕도 없이 임하느냐에 따라 모든 것이 달라진다고 말씀하셨습니다. 이번에도 제가 고개를 저었더니, 아버지께서는 그 사람이 군대를 계속 잘 복종하게 만들 수 있는 가장 좋은 방법을 논리정연하게 가르쳐

준 적이 있느냐고 다시 물으셨습니다.

[14] 그 사람이 이에 대해서도 전혀 말해주지 않았다는 것이 분명하게 드러났을 때, 아버지께서는 그 사람이 네게 장군 수업을 시킨다고 하면서 도대체 무엇을 가르쳐준 것이냐고 마지막으로 물으셨습니다. 그래서 저는 군대 전술이라고 대답했습니다. 그러자 아버지께서는 웃으시면서, 식량이 없거나 병사들이 건강하지 않거나 전쟁을 위해 특별히 고안된 기술에 대한 지식이 없거나 병사들이 복종하지 않는다면, 그런 군대에 전술이 무슨 소용이 있겠느냐고 하시며 앞에서 말씀하셨던 것들 하나하나를 자세하게 설명해주셨습니다. 전술은 장군이 배워야 할 것 중 지극히 작은 부분에 불과하다는 사실을 아버지께서 분명하게 보여주셨을 때, 저는 아버지께서 이들 중 어떤 것을 제게 가르쳐주실 수 있는지 여쭈어보았더니, 아버지께서는 장군으로서 갖추어야 할 것들을 아주 잘 알고 있는 사람들에게 가서 하나하나 묻고 배우라고 지시하셨습니다.

[15] 그래서 저는 이것들을 가장 잘 안다고 알려져 있는 사람들을 찾아가서 만났습니다. 그런 후에 저는 식량 문제에 관해서는 키악사레스가 약속한 대로 된다면 충분할 것이라고 확신했습니다. 그리고 병사들의 건강 문제에 관해서는, 국민이 건강하기를 바라는 국가에서는 의사를 선발하고 장군은 병사를 위해 의사를 데리고 간다는 것을 듣고 보았기 때문에, 저도 이 소임을 맡자마자 그렇게 해야 하겠다고 생각했습니다. 그래서 저는 의술이 아주 뛰어난 사람들을 데려가려고 생각합니다, 아버지."

키루스의 말을 들은 캄비세스가 말했다. [16] "아들아, 옷이 찢어졌을 때 수선해줄 사람이 있어야 하는 것처럼 사람들이 아플 때는 치료해줄 사람들이 필요한데, 네가 말한 사람들은 바로 그런 사람들이다. 하지만 네가 관심을 가져야 할 건강 문제는 그런 것보다 범위가 훨씬 더 넓다. 네가 관심을 가져야 할 것은 먼저 병사들이 아프지 않게 하는 것이어야 한다."

키루스가 물었다. "그러면 아버지, 제가 그 일을 충분히 잘해내려면 어떻게 해야 합니까?"

"한 지역에 얼마 동안 군대를 주둔시키려고 할 때, 가장 먼저 유념해야 할 것은 건강을 해치지 않을 곳에 진을 치는 일이다. 네가 주의를 기울인다면 이와 관련해 잘못을 저지르지 않게 될 것이다. 왜냐하면 사람들은 건강에 해로운 장소와 건강에 이로운 장소에 대해 계속 말할 것이기 때문이다. 그리고 해당 주민들 한 사람 한 사람의 신체와 안색은 그 장소가 어떤 곳인지 말해주는 분명한 증거가 될 것이다. 장소를 살펴보는 것만으로는 충분하지 않으니, 다음으로는 네 자신이 건강을 유지하는 일도 유념해야 한다."

[17] 키루스가 말했다. "제우스 신에게 맹세하건대, 먼저 저는 과식을 하지 않을 것입니다. 과식하면 몸이 둔해져서 힘들기 때문입니다. 다음으로는 먹은 것은 운동으로 소화시킬 것입니다. 그렇게 했을 때 건강이 더 잘 유지되고 힘도 더 길러지기 때문입니다."

캄비세스가 말했다. "맞다. 그리고 다른 사람들도 그렇게 할 수 있도록 네가 신경 써야 한다."

키루스가 물었다. "하지만 아버지, 병사들이 운동할 수 있는 여유와 시간을 가질 수 있겠습니까?"

캄비세스가 말했다. "제우스 신에게 맹세하건대, 그럴 시간이 충분하지는 않을 것이다. 그러나 시간이 충분하지 않더라도 반드시 그렇게 해야 한다. 군대가 자신에게 주어진 의무를 다하려면, 적군에게는 해로운 일들을 하고 자신에게는 이로운 일들을 끊임없이 하는 것이 마땅하다. 아들아, 단 한 사람의 게으른 사람을 부양하는 것도 난감한 일이지만, 게으른 가족 전체를 부양하는 것은 더 난감한 일이다. 하지만 게으른 군대를 부양하는 것이야말로 모든 일 중에 가장 난감한 일이지. 군대에는 먹을 사람들이 많지만 그들에게는 무엇이든 최소한으로만 지급되고 있어서, 그들은 자기 손에 들어온 것을 닥치는 대로 소비해버리기 때문에 군대는 게으르게 지내도록 내버려두어서는 안 된다."

[18] 키루스가 말했다 "제 생각도 아버지께서 말씀하신 것과 같습니다, 아버지. 게으른 농부가 아무짝에도 쓸모가 없듯이 게으른 장군도 아무짝에도 쓸모가 없습니다."

캄비세스가 말했다. "열심히 일하는 장군이라는 것은, 신이 방해하지만 않는다면 자신의 병사들에게 충분한 보급품을 지급하는 동시에 최상의 신체 상태를 갖추게 해주는 사람이라고 나는 생각한다."

키루스가 말했다. "물론입니다, 아버지. 그래서 병사들에게 각각의 전쟁 기술을 숙달시키기 위해 각 부문마다 경연 대회를 열어 포상해야 할 것으로 생각됩니다. 그렇게 하면 각각의 전쟁 기술을 사용해야 할 일이 생길 때마다 이미 준비된 군대를 사용할 수 있게 될 테니까요."

캄비세스가 말했다. "아주 잘 말했다, 아들아. 너도 잘 알다시피, 그렇게 해야만 너의 병사들은 합창가무단[34]처럼 항상 자신이 해야 할 역할을 숙지하게 될 것이다."

[19] 키루스가 말했다. "그리고 병사들의 사기를 북돋는 것과 관련해서는 사람들에게 희망을 불어넣어주는 것보다 더 효과적인 일은 없다고 생각합니다."

캄비세스가 말했다. "하지만 아들아, 그런 방법은 사람들이 사냥을 하면서 사냥감을 보았을 때 항상 동일한 신호로 사냥개를 부르는 것

---

34 "합창가무단"은 고대 그리스의 비극이나 희극 경연 대회에서 말 그대로 합창과 가무를 담당했던 사람들이다. 따라서 합창가무단원들은 무대에 등장하고 퇴장하고 합창을 하고 가무를 할 때 자신의 위치와 역할을 정확하고 완벽하게 숙지해야 했다.

과 비슷하지. 그렇게 했을 때 처음에는 사냥개들이 의욕을 가지고 열심히 복종하지만, 그런 신호로 사냥개들을 자주 속이는 경우에는 결국 진짜 사냥감을 발견하고서 신호를 보내 불러도, 사냥개들은 전혀 말을 듣지 않을 것이다. 희망과 관련해서도 마찬가지다. 어떤 사람이 좋은 것에 대한 기대감을 거짓으로 불어넣어주는 일이 자주 반복되다 보면, 결국에는 진정한 희망을 말할 때조차도 사람들은 그의 말을 신뢰하지 않게 될 것이다. 아들아, 그렇기 때문에 분명하게 알지 못하는 것은 직접 나서서 말하는 것을 피해야 하고, 그런 경우에는 다른 사람들을 내세워 말함으로써 소기의 목적을 달성하려고 해야 한다. 그래야만 나중에 최대의 위기를 맞이한 상황에서 네가 직접 격려하는 말을 했을 때, 사람들은 네 말을 신뢰하게 될 것이다."

키루스가 말했다. "네, 아버지. 제우스 신에게 맹세하건대, 아버지께서 말씀하신 것이 옳다고 생각하고 저도 그렇게 하는 것을 좋아합니다. [20] 병사들을 계속 복종하게 하는 것에 대해서는 저도 경험이 없지 않다고 생각합니다, 아버지. 왜냐하면 아버지께서는 제가 어릴 때부터 복종하지 않을 수 없게 하심으로써 이것을 몸소 가르쳐주셨기 때문입니다. 그러다가 아버지께서는 그 일을 선생님들에게 넘겨주셨는데, 그분들도 제게 똑같이 했습니다. 그 후에 제가 청년반에 있을 때는 저를 담당했던 관리가 그 문제에 신경을 많이 썼습니다. 또한 대부분의 법률도 주로 이 두 가지, 즉 다스리는 것과 복종하는 것을 가르친다고 생각합니다. 저는 이 모든 것을 면밀하게 관찰하고 나서 사람들을 복종으로 이끄는 가장 중요한 유인책은 복종하는 사람에게는 칭찬하고 상을 수여하는 반면, 복종하지 않는 사람에게는 불명예를 주고 처벌하는 것임을 알았습니다."

[21] "아들아, 그것은 강제적으로 복종시키는 길이다. 반면 훨씬 더 좋은 지름길, 즉 자발적으로 복종하게 하는 길은 따로 있다. 왜냐하면

사람들은 자신에게 이득이 되는 것을 자기 자신보다 더 현명하게 앞장서서 챙겨주는 사람에게는 아주 기꺼이 복종하기 때문이지. 너도 알다시피 그런 경우는 꽤 많단다. 예컨대, 환자들은 자신들이 어떻게 해야 나을 수 있는지 말해주는 의사에게 기꺼이 복종하고, 배를 타고 항해하는 사람들은 배를 조종하는 선장에게 기꺼이 복종하며, 낯선 곳을 여행하는 사람들은 자신들보다 길을 더 잘 안다고 생각하는 사람이 있으면 그 사람을 놓치지 않으려고 애를 쓴다. 그와 반대로 복종하면 해를 입는다고 생각하는 경우에는, 사람들은 설령 처벌을 받는다고 해도 복종하려 하지 않고 상을 준다 해도 움직이려고 하지 않는다. 자기가 해를 입는 것을 감수하면서까지 상을 받으려고 하는 사람은 아무도 없기 때문이다."

[22] "아버지, 통치자가 신민들보다 더 현명해 보이는 것보다 그들을 복종시키는 데 더 효과적인 방법은 없다고 말씀하시는 것인가요?"

캄비세스가 말했다. "내가 말한 바가 바로 그것이다."

"아버지, 그런 평판을 가장 빨리 얻을 수 있으려면 어떻게 해야 하나요?"

캄비세스가 대답했다. "아들아, 네가 사람들로부터 현명한 자로 인정받는 것은 네가 그런 것들에서 진정으로 현명한 자가 되는 것 말고는 지름길이 없다. 각각의 경우를 살펴보면 내 말이 진실임을 알게 될 것이다. 왜냐하면 좋은 농부가 아닌데도 좋은 농부로 보이고 싶다면, 또는 좋은 기수나 의사나 피리 연주자나 그 밖의 다른 전문가가 아닌데도 전문가인 것처럼 보이고 싶다면, 그렇게 보이기 위해 얼마나 많은 술수를 쥐어짜내야 하는지 생각해봐라. 설령 네가 많은 사람을 설득해 너를 칭송하게 만들고 그 전문적인 일에서 부분적으로 뭔가를 해냈다고 하더라도, 그런 속임수는 얼마 가지 않을 것이므로 머지않아 사람들이 너를 의심해 사기꾼이라는 것을 만천하에 밝혀내고 말 것이다."

[23] "그렇다면 지금 어떻게 해야 나중에 이로울지를 아는 현명한 사람이 되기 위해서는 어떻게 해야 합니까?"

캄비세스가 말했다. "아들아, 네가 전술을 배운 것과 마찬가지로, 배워서 알 수 있는 모든 것을 배워야 그렇게 될 수 있다는 것은 분명하다. 하지만 인간이 배울 수 없는 것도 있고 인간의 예지력으로는 미리 알 수 없는 것도 있기 때문에, 예언자의 기술을 통해 그런 것을 신들에게서 알아낸다면 다른 사람들보다 더 현명한 자가 될 것이다. 무엇을 배워두는 것이 더 좋은지 안다면 그것을 배우는 일에 관심을 가져야 한다. 관심을 가져야 할 일에 관심을 갖는 사람이 무관심한 사람보다 더 현명하기 때문이다."

[24] "신민들의 사랑을 받는 것이 제게는 가장 중요한 일 중 하나인데, 분명히 그 방법은 친구들로부터 사랑받기를 바라는 사람이 하는 방법과 동일할 것이라고 생각합니다. 왜냐하면 어떤 사람에게 사랑을 받으려면 그 사람이 이득을 얻도록 해주어야 하기 때문입니다."

캄비세스가 말했다. "아들아, 그렇기는 하지만 이득을 얻게 해주고 싶은 사람들에게 실제로 항상 이득을 얻게 해주기는 어려운 일이다. 하지만 그들에게 좋은 일이 일어났을 때는 함께 기뻐해주고, 나쁜 일이 일어났을 때는 함께 아파하고, 어려운 일을 당했을 때는 힘을 합쳐 열심히 도와주고, 안 좋은 일이 일어나지 않도록 걱정해주고, 안 좋은 일이 일어나는 것을 미리 방지하려고 애쓰는 등, 이런 것들에서 연대해야 한다는 것은 분명하다. [25] 그리고 행동과 관련해서는 통치자는 여름에는 태양의 열기를, 겨울에는 추위를, 힘든 때는 그 힘든 것을 신민들보다 더 잘 견뎌내야 한다. 이 모든 일에서 그렇게 해야만 통치자는 신민들의 사랑을 받게 된다."

키루스가 말했다. "아버지께서는 통치자는 모든 것에서 신민들보다 더 인내할 수 있어야 한다고 말씀하시는 것이군요."

캄비세스가 말했다. "바로 그렇다. 하지만 그 점은 너무 걱정하지 말거라, 아들아. 통치자와 신민은 동일한 신체를 가지고 있긴 하지만, 통치자와 신민에게 동일한 고역이 동일한 고통을 주지는 않는다는 것을 너는 알아야 한다. 왜냐하면 통치자가 자신에게 주어진 명예를 알고 자신의 일거수일투족을 사람들이 주목한다는 것을 알게 되면, 그 고역들로 인한 고통은 상당히 가볍게 느껴지기 때문이다."

[26] "그런데 아버지, 병사들은 이미 보급품을 충분히 지급받아 갖고 있고, 힘든 일을 해낼 수 있을 만큼 건강하고, 전쟁 기술들이 숙달되어 있고, 자신들이 훌륭한 전사라는 것을 보이고자 하는 명예욕을 지니고 있고, 불복종하기보다는 복종하는 것을 더 즐거워한다면, 이런 경우에는 가급적 가장 신속하게 적군과 싸우는 것이 현명한 일이라고 아버지께서는 생각하지 않으세요?"

캄비세스가 말했다. "제우스 신에게 맹세하건대, 그것이 더 많은 이점이 있다면 그렇게 해야 할 것이다. 하지만 그렇지 않다면 마치 우리가 가장 소중히 여기는 것들을 가장 안전하게 두고자 하는 것처럼, 나 자신의 상태가 아주 좋고 부하들의 상태도 아주 좋다고 생각될수록 그만큼 더 세심한 주의를 기울일 것이다."

[27] "아버지, 적을 능가할 수 있는 가장 좋은 방법은 무엇인가요?"

캄비세스가 대답했다. "아들아, 제우스 신에게 맹세하건대, 네가 질문한 것은 그렇게 쉽고 간단한 문제가 아니다. 하지만 모든 점에서 적을 능가하려고 하는 사람은 사기꾼과 도둑과 강도처럼 아주 교활하고 영악하게 기만하고 속내를 숨기며 종잡을 수 없게 행동하는 데서 적을 능가해야 한다."

키루스가 웃으며 말했다. "맙소사, 아버지께서는 지금 제가 어떤 사람이 되어야 한다고 말씀하시는 것입니까?"

캄비세스가 말했다. "아들아, 너는 싸울 때는 그런 사람이어야 하지만, 평소에는 세상에서 가장 정의롭고 가장 법을 잘 지키는 사람이어야 한다."

[28] 키루스가 말했다. "그런데 왜 아버지께서는 우리가 소년이고 청년일 때는 그런 것들과 정반대되는 것을 가르치셨습니까?"

캄비세스가 말했다. "제우스에게 맹세하건대, 우리는 지금도 여전히 친구들과 신민들에 대해서는 그런 사람이 되어야 한다. 하지만 적군에게는 해를 가할 수 있어야 하므로 너희는 그동안 남에게 해를 가할 수 있는 나쁜 기술들을 배워온 것임을 너는 알지 못하느냐?"

키루스가 말했다. "아버지, 분명히 저는 그런 나쁜 기술들을 배운 적이 없습니다."

캄비세스가 말했다. "너는 활 쏘는 것을 왜 배웠고, 창 던지는 것을 왜 배웠으며, 그물과 함정을 이용해 멧돼지를 잡고 덫과 미끼를 이용해 사슴을 잡는 것을 왜 배웠느냐? 사자나 곰이나 표범과 맞붙어 싸울 때 네가 정정당당하게 싸우지 않고, 언제나 어떤 술수를 이용해 유리한 고지를 확보해 싸우려고 한 이유는 무엇이냐? 너는 이 모든 것이 유리한 고지를 점령하려고 기만하고 속임수를 쓰는 나쁜 짓이라는 것을 알지 못하느냐?"

[29] 키루스가 말했다. "하지만 제우스에게 맹세하건대, 그것은 들짐승들에게 그렇게 한 것입니다. 사람들에게는 속이려고 하는 생각만 해도 매를 많이 맞는다는 것을 저는 알고 있습니다."

캄비세스가 말했다. "내 생각에 우리는 너희에게 사람을 향해 활을 쏘고 창을 던지라고 명령하지 않았고, 과녁에 활을 쏘고 창을 던지라고 가르쳤다. 하지만 그것은 친구들에게 해를 입혀서는 안 되기 때문이기도 했지만, 나중에 전쟁이 일어났을 때는 사람들을 겨냥해 활을 쏘고 창을 던질 수 있게 하려고 했다. 또한 우리는 너희에게 사람들이 아니라 들짐승들을 상대할 때만 속임수를 이용해 승기를 잡으라고 가르쳤지만, 한편으로는 속임수를 이용해 친구들에게 해를 입히는 것을 막고, 다른 한편으로는 전쟁이 일어났을 때 기만전술을 사용하는 데 미숙한 자들이 되지 않게 하려는 것이었다."

[30] 키루스가 말했다. "그렇다면 아버지, 사람들을 이롭게 하거나 해를 입히는 것 이 두 가지를 모두 익히는 것이 유익하다면, 사람들을 상대로 해도 이 두 가지를 모두 가르치는 것이 마땅합니다."

[31] 캄비세스가 말했다. "아들아, 우리 선조 때는 네가 방금 말한 방식으로 소년들에게 정의를 가르치는 교사가 있었다. 그러니까 그는 거짓말하는 것과 거짓말하지 않는 것, 속이는 것과 속이지 않는 것, 비방하는 것과 비방하지 않는 것, 상대방의 약점을 이용해 승기를 잡는 것과 그렇게 하지 않는 것을 둘 다 가르쳤다. 그리고 친구들에게 해야 하는 것들과 적군에게 해야 하는 것들을 명확하게 구분해놓았지. 또한 좋은 목적으로 친구를 속이고, 좋은 목적으로 친구의 것을 훔치는 것은 옳은 일이라고 가르쳤다.

[32] 그는 다음에 소년들이 이런 것들을 익힐 수 있도록 서로를 상대로 훈련하게 할 수밖에 없었다. 이는 그리스인들이 소년들에게 레슬링을 교육할 때 상대방을 속이는 법을 가르친 후에 서로를 상대로 훈련해 숙달시키는 것과 마찬가지다. 하지만 그렇게 해서 남을 속여 이득을 얻는 데 능숙하게 되자, 탐욕에서도 결코 뒤지지 않는 소년들이 친구들을 속여 이득을 얻으려 하는 것을 서슴지 않게 되었다.

[33] 이 일로 말미암아 오늘날에도 통용되는 불문율이 생겨났다. 그것은 우리가 하인들에게 진실만을 말하고 속이지 말며 편법으로 부당한 이득을 취하지 말라고 가르치듯이, 소년들에게도 오직 그렇게 하라고 가르쳐야 하고 이 가르침에 어긋나는 행위를 하는 경우에는 벌을 주어야 한다는 것이었다. 왜냐하면 소년들이 어릴 때부터 그런 것들을 습관화할 때만 좀 더 유순한 국민이 될 수 있기 때문이다.

[34] 하지만 소년들이 지금 너 정도의 나이가 된 후에는, 적군에게 해야 하는 것들을 가르쳐도 아무 문제가 없을 것이다. 서로를 존중하고 수치를 아는 가운데 함께 성장하고 나서는, 이제 와서 막돼먹은 신민으로 탈선할 것 같아 보이지는 않기 때문이다. 그리고 우리는 나이 어린 사람들 앞에서는 성애와 관련된 것을 화제로 삼아 대화하지 않는데, 그것은 성적인 욕구가 강한 나이에 그런 이야기를 듣게 되면 성에 지나치게 빠져들 염려가 있기 때문이다."

[35] 키루스가 말했다. "제우스에게 맹세하건대, 그건 그렇습니다. 하지만 아버지, 저는 남의 약점을 이용해 승기를 잡는 것을 늦게 배웠으므로 적군의 약점을 어떻게 이용해야 하는지 가르쳐주실 것이 있다면 어떤 것이라도 아낌없이 가르쳐주십시오."

캄비세스가 말했다. "그렇다면 아군의 진용이 잘 갖춰진 상태에서 진용이 갖춰지지 않은 적군을 공략하려면 어떻게 해야 하고, 아군이 무장한 상태에서 무장하지 않은 적군을 공략하려면 어떻게 해야 하고, 깨어 있는 아군으로 잠을 자고 있는 적군을 공략하려면 어떻게 해야 하고, 적에게 보이지 않는 아군으로 아군의 눈에 보이는 적군을 공략하려면 어떻게 해야 하고, 요새 같은 유리한 지점에 있는 아군으로 불리한 지점에 있는 적군을 공략하려면 어떻게 해야 하는지 힘닿는 데까지 연구해보아라."

[36] 키루스가 말했다. "아버지, 적군이 그런 잘못을 저지르는 때를 포착해 그들을 공략하려면 어떻게 해야 하나요?"

캄비세스가 말했다. "아들아, 아군이나 적군이나 그런 잘못을 많이 저지를 수밖에 없다. 아군이나 적군이나 취사를 해야 하고, 잠도 자야 하고, 날이 새면 모두가 거의 같은 시간에 볼일도 봐야 하기 때문이다. 너는 그런 기회들을 잘 이용해야 한다. 이 모든 것을 유념하는 가운데, 아군에게서 가장 취약하다고 생각되는 점에 가장 신경을 많이 써야 하고, 적군을 공략할 때는 그들의 가장 취약한 곳을 공략해야 한다.”

[37] 키루스가 말했다. “적군의 약점을 이용해 공략하는 데는 그런 방법들만 있나요, 아니면 다른 방법들도 있는지요?”

캄비세스가 말했다. “아들아, 다른 방법들도 많이 있다. 방금 앞에서 말한 것들을 조심해야 한다는 것은 누구나 다 알고 있어 대체로 특별한 주의를 기울이고 엄중하게 경계한다. 그러나 적을 속이는 능력이 탁월한 사람들은 적으로 하여금 자만하게 만들어 경계심을 풀어놓거나, 아군을 추격하게 해 진용을 흐트러놓거나, 교전하다가 거짓으로 도망치는 체하며 적군을 궁지로 몰아넣고 공략하는 방법도 사용하지.”

[38] 그는 계속 말했다. “너는 이런 것들을 모두 배우기를 좋아하지만, 배운 것을 잘 활용하는 데 그치지 말고 적을 공략하는 법을 스스로 강구해야 한다. 이것은 음악가들이 자기가 배운 곡을 연주하는 데서 그치지 않고 다른 새로운 곡을 직접 작곡하려고 애쓰는 것과 같다. 음악에서 새롭고 신선한 곡이 칭송을 받듯이, 전쟁에서도 새로운 전략이 더 칭송을 받는 법이다. 전략이 새로울수록 적을 더 잘 속일 수 있기 때문이지.”

[39] 그는 계속 말했다. “아들아, 만일 네가 작은 들짐승을 잡는 데 사용해왔던 전략을 사람들과 싸우는 데 그대로 적용하는 것 외에는 아무것도 하지 않는다면, 너는 적을 공략할 새로운 전략을 개발한 것이 아무것도 없다고 해야 하지 않겠느냐? 너는 아무리 추운 겨울에도 새 사냥을 위해 아직 어두울 때 일어나 밖에 나가 새들이 활동하기 전에 덫을 놓았지. 그리고 땅에 남아 있는 흔적을 모두 지워 마치 아무 일도 없었던 것처럼 해놓고는, 미리 훈련시킨 새들을 풀어 다른 새들을 속여 거기로 유인하게 했지. 그런 다음에는 새들은 너를 볼 수 없지만 너는 새들을 잘 볼 수 있는 곳에 매복해 있다가, 새들이 피하기 전에 먼저 덫을 잡아당겨 새들을 잡곤 했지.

[40] 또한 산토끼는 낮에는 숨어 있다가 어두워졌을 때 활동하기 때문에, 너는 산토끼를 잡기 위해 냄새로 산토끼가 있는 곳을 찾아내는 개들을 길렀지. 산토끼를 찾아냈다고 해도 산토끼는 아주 재빠르게 도망치기 때문에, 너는 도망가는 산토끼를 추격해 잡도록 훈련된 또 다른 사냥개들도 길렀지. 산토끼가 이 사냥개들조차 따돌리고 도망쳤을 때 너는 산토끼가 도망친 경로와 산토끼들이 도망가서 숨는 곳들을 철저하게 알아내어, 거기에 그물을 잘 보이지 않게 쳐놓고는 헐레벌떡 도망쳐 온 산토끼가 스스로 그 그물에 뛰어들어 걸려들게 했지. 그뿐만 아니라 너는 산토끼가 그물에 걸린 후에도 다시 도망가지 못하게 하려고 가까운 곳에 감시하는 사람들을 배치해두었다가 신속하게 덮치게 했지. 너는 앞쪽에서 감시하는 사람들에게는 소리를 내지 않게 해 숨어 있는 것을 들키지 않게 한 후에, 네 자신은 뒤쪽에서 소리를 지르며 산토끼를 몰아 산토끼가 그 소리에 놀라서 혼비백산해 정신없이 뛰다가 붙잡히게 했지.

[41] 내가 앞에서 말했듯이, 네가 적군과 싸울 때도 그런 전략들을 구사하고자 한다면 너의 적수가 될 만한 적군은 아무도 없을 것이라고 생각한다. 하지만 무장한 아군과 적군이 서로를 잘 볼 수 있는 드넓은 평지에서 진을 치고 대치하며 싸워야 할 경우가 종종 있을 수밖에 없다. 아들아, 그런 경우에는 오랫동안 훈련해온 것들이 큰 힘을 발휘하게 된다. 그것들은 병사들의 신체가 잘 단련되어 있는 것, 병사들의 정신 상태가 굳건한 것, 전쟁 기술들이 잘 연마되어 있는 것을 말한다.

[42] 너는 병사들이 네게 복종해주기를 기대하지만, 병사들 또한 네가 그들을 위해 철저한 계획을 세워주기를 기대한다는 사실을 명심해야 한다. 따라서 너는 아무 생각 없이 시간을 보내서는 안 되고, 밤에는 날이 밝으면 너의 병사들이 무엇을 해야 할지를 생각하고, 낮에는 밤이 되면 너의 병사들이 무엇을 해야 좋을지를 생각해야 한다.

[43] 군대를 전투대형으로 배치하려고 할 때는 어떻게 해야 하는가. 밤에는 군대를 어떤 식으로 이끌어야 하고 낮에는 어떤 식으로 이끌어야 하는가. 좁은 곳이나 넓은 곳이나 산지나 평지에서는 군대를 어떻게 이끌어야 하는가. 주둔하고자 할 때는 어떻게 해야 하는가. 밤이나 낮에 보초는 어떤 식으로 배치해야 하는가. 적군을 향해 어떤 식으로 진격하고 적군으로부터 어떤 식으로 퇴각해야 하는가. 적국의 성을 어떤 식으로 지나가야 하는가. 성이나 요새를 어떻게 공격하고 물러나야 하는가. 협곡이나 강을 어떻게 건너야 하는가. 적의 기병이나 창병이나 궁수를 어떻게 막아야 하는가. 아군이 종대로 행군하고 있을 때 적군이 출현한 경우에는 어떤 식으로 대형을 바꿔 대항해야 하는가. 아군이 밀집대형으로 행군하고 있을 때 적군이 전방이 아닌 다른 방향에서 출현한 경우에는 어떤 대형으로 바꿔 적을 대항해야 하는가. 적의 동태를 가장 잘 파악하면서도 적은 아군의 동태를 파악하지 못하게 하려면 어떻게 해야 하는가.

이 모든 것을 내가 굳이 말해주지 않아도 되겠지? 네가 이미 오래전부터 자주 들어왔다는 것을 나는 잘 안다. 그리고 어떤 사람이 이런 것들을 잘 알고 있다면, 너는 그 사람에게서 배우기를 소홀히 해서는 안 된다. 그런 다음 이런 것들 중에서 각각의 상황에 맞는 것을 선택해 사용해야 한다.

[44] 왕은 말했다. "아들아, 네가 내게 배워야 할 가장 중요한 것은 사람은 흔히 자신이 어떻게 해야 좋은 결과를 얻을 수 있는지 잘 알지 못해 단지 추측이나 추정으로 자신의 행동을 선택할 수밖에 없다는 사실을 명심하고서, 신탁이나 징조를 무시한 채로 네 자신이나 너의 군대를 위험 속으로 내몰아서는 결코 안 된다는 것이다.

[45] 너는 과거에 일어난 일들 속에서 그것을 알 수 있다. 한 국가가 사람들, 심지어 이런 문제들에 대단히 현명한 것으로 여겨지는 사람

들의 말을 듣고 다른 국가를 공격했다가, 도리어 공격한 국가가 공격 당한 국가에 의해 무너지는 일이 비일비재했다. 사람들이 개인과 국가를 강대하게 해주었지만, 그렇게 해서 힘을 얻게 된 개인과 국가에 의해 아주 끔찍한 만행을 당한 적도 많았다. 국민을 친구로 대해 얼마든지 서로가 유익하게 상부상조할 수도 있었던 통치자들이 국민을 친구가 아닌 노예로 대하다가 그 국민에게 응징을 당한 일도 많았다. 자신의 분수에 만족하고 살았다면 얼마든지 인생을 즐기며 살 수 있었을 사람들이 모든 사람 위에 군림하려다가 자신이 가지고 있던 것까지 모두 잃어버린 일도 많았다. 자신이 그토록 얻고자 했던 부를 얻고 나서 바로 그 부 때문에 인생을 망친 사람도 많았다.

[46] 사람이 제비뽑기를 할 때 어떤 제비를 뽑을지 알 수 없는 것과 마찬가지로, 이렇게 인간의 지혜라는 것도 무엇을 선택해야 최상의 결과를 얻을 수 있을지 알지 못한다. 하지만 아들아, 신들은 영원한 존재여서 과거에 일어난 모든 일, 현재에 일어나고 있는 모든 일, 과거와 현재에 일어난 일의 결과로 미래에 일어나게 될 모든 일을 다 알고 있다. 사람들이 신들의 뜻을 묻고자 하면, 신들은 그들에게 은총을 베풀어서 징조를 통해 무엇을 해야 하고 무엇을 하지 말아야 하는지 알려준다. 하지만 신들이 누구에게나 자신의 뜻을 알려주려고 하지 않는 것은 전혀 이상한 일이 아니다. 신들에게는 자신들이 원하지 않는 사람들에게 자신들의 뜻을 알려주어야 할 의무가 없기 때문이다."

제2권
총사령관 키루스의
출정을 위한 준비와 군대 훈련

제1장

[1] 두 사람은 이런 대화를 나누며 페르시아의 국경에 도착했다. 독수리 한 마리가 나타나 두 사람 앞쪽으로 날아가자, 그들은 페르시아 땅을 지켜주고 있는 신들과 영웅들이 은총을 베풀어 무사히 본국으로 돌아오게 해달라고 기원한 후에 국경을 건넜다. 국경을 건너서는 메디아를 지켜주고 있는 신들이 은총을 베풀어 자신들을 받아달라고 다시 한번 기원했다. 그런 다음 두 사람은 자연스럽게 서로 포옹한 후에, 캄비세스는 다시 페르시아로 돌아갔고 키루스 일행은 키악사레스를 만나러 메디아 땅으로 말을 타고 나아갔다.

[2] 키루스는 메디아 땅으로 나아가서 키악사레스를 만났고, 그들은 먼저 자연스럽게 서로 포옹했다. 그런 후에 키악사레스는 키루스에게 페르시아에서 올 병력이 얼마나 되는지 물었다.

키루스가 대답했다. "전에 용병으로 왔던 때처럼 3만 명쯤 되지만, 이번에는 페르시아를 한 번도 떠나본 적이 없는 귀족 지휘관들도 함께 왔습니다."

키악사레스가 물었다. "그들의 수는 얼마나 되지?"

[3] 키루스가 대답했다. "그들의 수는 외삼촌이 듣고 흡족해하실 만한 정도는 아닐 것입니다. 하지만 이 귀족 지휘관들은 수는 적지만, 많은 수의 페르시아 병사를 잘 지휘한다는 것을 감안해주십시오. 그들이 필요하지 않습니까? 적군이 쳐들어온다는 것은 쓸데없는 걱정입니까? 적군이 쳐들어오고 있지 않습니까?"

키악사레스가 대답했다. "제우스에게 맹세하건대, 적군은 쳐들어오고 있고 그 수도 많다."

[4] 키루스가 물었다. "그것이 사실임을 어떻게 아십니까?"

키악사레스가 대답했다. "아시리아에서 이곳으로 많은 사람이 왔는데, 사람마다 각자 다른 방식으로 표현하고 있긴 하지만 모두가 한결같이 그렇게 말하기 때문이지."

"그렇다면 우리는 그 적군과 싸워야 합니다."

키악사레스가 말했다. "당연히 그래야지."

키루스가 말했다. "공격해 오는 적의 병력이 얼마나 되는지 아신다면, 왜 그것을 제게 말씀해주지 않으셨습니까? 또한 아군의 병력에 대해서도요? 이 두 가지를 알아야 어떻게 싸우는 것이 최선인지 계획을 세울 수 있지 않겠습니까?"

키악사레스가 대답했다. "그렇다면 들어보아라. [5] 리디아 왕 크로이소스는 1만 명의 기병, 4만 명이 넘는 경무장 보병[35]과 궁수를 이끌고 오고 있다. 대(大)프리지아의 군주 아르타카마스는 8,000명의 기병, 4만 명가량 되는 기마 창병과 경무장 보병을 이끌고 오고 있다. 카파도

---

35 "경무장 보병"은 무장을 가볍게 해 공격력과 방어력을 다소 희생하는 대신 기동성을 높인 보병을 말한다. 무거운 갑옷이나 투구를 입거나 쓰지 않고, 가벼운 보호구만 착용한 채로 작은 방패와 단창, 돌, 활 같은 가벼운 원거리 투사용 무기를 들었다.

키아의 왕 아리바에우스는 6,000명의 기병, 3만 명가량 되는 궁수와 경무장 보병을 이끌고 있고, 아라비아의 아라그두스는 1만 명의 기병과 100대의 전차와 아주 많은 투석병을 이끌고 있다. 하지만 아시아에 있는 그리스인들이 가담했는지는 아직 분명하지 않다. 헬레스폰트[36]에 있는 소(小)프리지아의 군대는 가바에두스의 지휘 아래 쿠샤다시평원에 집결했는데, 그 병력은 6,000명의 기병과 1만 명의 경무장 보병으로 이루어져 있다. 반면 카리아인, 킬리키아인, 파플라고니아인도 요청을 받긴 했지만 가담하지 않았다. 바빌로니아와 그 밖의 다른 지역들에 있는 아시리아인은 적어도 2만 명의 기병, 200대의 전차, 아주 많은 보병을 이끌고 올 것으로 예상된다. 그들은 이 나라를 침공할 때마다 그런 식으로 대군을 이끌고 오곤 했다."

[6] 키루스가 말했다. "외삼촌은 적군에게는 6만 명의 기병, 3만 명이 넘는 경무장 보병과 궁수가 있다고 말씀하시는군요. 그렇다면 외삼촌이 이끄는 병력은 어느 정도인가요?"

키악사레스가 대답했다. "메디아에는 1만 명 이상의 기병이 있고, 경무장 보병과 궁수는 6만 명 정도 될 것이다. 우리의 우방인 아르메니아인[37]에게는 4,000명의 기병과 2만 명의 보병이 있다."

키루스가 말했다. "그러니까 우리의 기병은 적군 기병의 4분의 1이고, 우리의 보병은 적군 보병의 절반이라는 말씀이군요."

[7] 키악사레스가 말했다. "그러니 네가 데려온 페르시아의 병력이

---

36 "헬레스폰트"는 흑해 마르마라해의 서쪽 끝에 있는 다르다넬스해협의 옛 명칭이다. 흑해와 지중해, 발칸반도를 잇는 중요한 해협으로, 동쪽 끝에는 보스포루스해협이 있다. 보스포루스해협과 함께 유럽과 아시아, 지중해와 흑해를 연결하는 전략적 요충지다. 고대 그리스의 트로이아가 이 해협의 동쪽 연안에 있었다. "쿠샤다시평원"은 터키의 서쪽 에게해 연안에 있는 평원이다.

37 "아르메니아"는 오늘날의 터키 동부에 있는 아라라트산을 둘러싼 고원지대를 가리키고, "아르메니아인"은 서아시아 아르메니아 고원지대에 사는 원주민이다.

적다고 생각하지 않느냐?"

키루스가 대답했다. "우리에게 병력이 더 필요한지 아닌지에 대해서는 나중에 함께 생각해보기로 하고, 아군과 적군이 어떤 식으로 싸울 것인지 말씀해주십시오."

키악사레스가 말했다. "이 전쟁도 다른 모든 전쟁과 거의 똑같이 싸우게 될 것이다. 아군이나 적군이나 궁수와 창병으로 이루어져 있기 때문이지."

키루스가 말했다. "아군과 적군의 병기가 그런 것들이라면, 우리는 반드시 멀리 떨어져 싸워야 합니다."

[8] 키악사레스가 말했다. "그렇게 해야 할 거야."

"그랬을 때는 병력이 우세한 쪽이 승리하게 됩니다. 병력이 열세한 쪽이 병력이 우세한 쪽보다 훨씬 더 많은 병사들이 부상당하고 죽기 때문입니다."

"키루스, 사정이 그러하다면 페르시아에 사람을 보내 메디아에 무슨 일이 생길 때 그 위험이 페르시아에 미칠 우려가 있다는 것을 알리고 더 많은 병력을 요청하는 것보다 더 좋은 방법은 없지 않겠니?"

키루스가 말했다. "설령 모든 페르시아인이 온다고 해도, 수적으로는 적군을 능가할 수 없다는 것을 아셔야 합니다."

[9] "그렇다면 너는 그보다 더 좋은 다른 방법을 알고 있느냐?"

키루스가 말했다. "만일 제가 외삼촌이라면 참전한 모든 페르시아 병사가 사용할 무기들, 즉 지금 우리의 귀족 지휘관들이 지니고 있는 것과 동일한 무기들, 가슴을 보호해줄 흉갑, 왼손에 드는 작은 방패, 오른손에 드는 언월도를 가능한 한 가장 신속하게 만들 것입니다. 이러한 무기들이 갖추어진다면 아군은 적에게 가까이 다가가서 가장 안전하게 싸울 수 있게 될 것이고, 반면 적군은 거기에서 싸우다가 죽느니 차라리 도망치게 될 것입니다.

저의 군대는 전투대형을 갖추고서 진을 치고 있는 적군을 대항할 것이니, 외삼촌은 기병을 이끌고 진에서 이탈해 도망치는 적군을 맡으십시오. 그러면 적군은 진을 지키거나 반격할 기회를 갖지 못할 것입니다."

[10] 키루스가 이렇게 말하자, 키악사레스는 좋은 전략이라고 생각해 페르시아에 증원군을 요청하는 문제는 더 이상 언급하지 않았다. 그리고 키루스가 말한 대로 필요한 무기를 만드는 일에 착수했다. 무기들이 거의 마련되었을 때쯤 페르시아군의 귀족 지휘관들이 병사들을 이끌고 도착했다.

[11] 그러자 키루스는 자기 군대의 귀족 지휘관들을 소집해 이렇게 말했다. "친구들이여, 나는 여러분이 이렇게 무장하고 적과 맞붙어 싸울 마음의 준비가 갖춰져 있는 것을 지금 보고 있고, 여러분을 따르는 페르시아 병사들이 이처럼 무장하고 먼 곳에 와서 적과 싸우기 위해 전열을 갖추고 있다는 것도 알고 있습니다. 그래서 나는 여러분이 지원받을 다른 군대도 없는 상태에서 적은 수의 병력으로 많은 수의 적과 싸우다가 해를 입지는 않을지 걱정됩니다. 여러분은 신체적인 면에서 전혀 흠잡을 데 없는 병사들을 이끌고 지금 이 자리에 와 있고, 이 병사들은 모두 우리와 똑같이 무장하게 될 것입니다. 하지만 그들의 사기를 북돋는 것은 우리가 해야 할 일입니다. 모름지기 지휘관들은 자기 자신만 용맹해서는 안 되고, 병사들을 최고의 인재로 만드는 일에도 힘써야 합니다."

[12] 키루스가 이렇게 말하자, 모든 귀족 지휘관은 자신들이 훨씬 더 유리한 조건에서 적과 싸우게 되었다고 생각해 기뻐했고, 그들 중 한 사람은 이렇게까지 말했다.

[13] "우리와 함께 적과 맞서서 싸우게 될 우리 병사들이 무기들로 무장하게 된 마당에, 키루스 총사령관님께 우리 대신에 병사들에게 어떤 말씀을 해달라고 제가 부탁한다면 여러분은 의아해하실지도 모르겠

습니다. 하지만 제가 이런 부탁을 드리는 이유는 이익을 줄 수도 있고 해를 끼칠 수도 있는 막강한 권한을 지니고 있는 사람이 하는 말은 듣는 사람들의 마음속 깊이 박힌다는 것을 알기 때문입니다. 그리고 그런 사람이 선물을 주는 경우에는, 그 선물이 자기와 비슷한 위치에 있는 사람이 주는 선물보다 더 값어치가 적은 것이라고 해도, 받는 사람은 선물을 더 명예롭게 여깁니다. 그러니 우리가 아니라 키루스 총사령관님께서 우리와 함께 참전하는 페르시아 병사들을 격려해주신다면 그들은 훨씬 더 기뻐할 것입니다. 그리고 그들이 귀족 지휘관들과 함께 참전하게 된 것이 영예로운 일임을 우리 지휘관들이 아니라 페르시아의 왕자이자 총사령관님께서 확인해주셨을 때, 그들은 자신들의 위치를 더 확실히 명예롭게 여길 것입니다. 물론 이 일에 우리의 노력도 없어서는 안 되기 때문에, 우리도 모든 수단을 동원해 병사들의 사기를 높이고자 애써야 합니다. 병사들이 더 용맹스럽게 싸운다면, 우리에게 이득이 될 것이기 때문입니다."

[14] 그러자 키루스는 무기들과 군장들을 가운데에 진열하고는, 모든 페르시아 병사를 모아놓고 이렇게 말했다.

[15] "페르시아인 여러분, 여러분은 우리와 같은 땅에서 태어나 자랐고, 여러분의 신체는 우리의 신체와 비교해 조금도 못하지 않으며, 여러분이 지닌 정신도 우리가 지닌 정신보다 조금도 나쁘지 않습니다. 그런데도 조국에서 여러분은 우리와 똑같은 대접을 받고 있지 못합니다. 하지만 우리가 의도적으로 여러분을 배제시켜서 그렇게 하지 못하게 했기 때문이 아니라, 여러분이 생계를 위해 돈을 벌어야 했기 때문입니다. 하지만 이제 나는 신들의 도우심으로 여러분이 생계에 대한 아무런 걱정도 하지 않고 지내도록 해줄 것이고, 여러분이 원한다면 우리와 똑같은 무기와 군장을 받아들고서 우리와 똑같은 위험 속으로 뛰어들 것이며, 거기에서 공을 세운다면 우리와 똑같은 포상을 받게 될 것입니다.

[16] 지금 이 시간까지 여러분이나 우리는 모두 궁수나 창병이지만, 우리는 이 무기들을 연습하는 데 많은 시간을 들인 반면 여러분에게는 그럴 시간이 없었기 때문에, 여러분이 이 무기들을 사용하는 데 우리보다 서툰 것은 전혀 이상한 일이 아닙니다. 하지만 이 무기나 군장과 관련해 우리가 여러분보다 더 나은 것이 전혀 없습니다. 누구나 가슴에는 흉갑을 두르게 될 것이고, 왼손에는 우리 모두가 늘 지니고 다녔던 방패를 들게 될 것이며, 오른손에는 우리가 적과 맞붙어 싸울 때 적을 제대로 타격하지 못할 것을 염려해 노심초사할 필요가 없게 해줄 언월도를 들게 될 것입니다.

[17] 따라서 이렇게 무장한 상태에서는 우리 가운데 우열을 가리게 해줄 것은 오직 용맹함밖에 없지 않겠습니까? 그러니 여러분과 우리는 용맹함을 기르는 것이 마땅합니다. 왜냐하면 여러분과 우리는 승리를 원하고, 승리는 온갖 고귀하고 훌륭한 것을 얻게 하고 지켜주기 때문입니다. 그리고 여러분과 우리가 힘을 갖기 위해 더 나은 무기를 가지려는 것이고, 전쟁에서는 힘 있는 자가 승자가 되어 힘없는 자의 모든 소유를 갖기 때문이 아닙니까?"

[18] 끝으로 키루스는 이렇게 말했다. "내가 여러분에게 할 말은 다 했고, 여러분 앞에는 무기와 군장이 놓여 있습니다. 이제 원하는 사람은 이 무기와 군장을 집어 들고 자신의 부대장에게 가서 우리와 동일한 병적에 등록하십시오. 하지만 용병의 신분으로 만족하는 사람은 자신이 가져온 무기와 군장을 그대로 지참해도 됩니다."

[19] 키루스의 말을 들은 페르시아 병사들은 똑같이 싸워 똑같은 보상을 받자는 제안대로 하지 않는다면 평생 궁핍하게 살아가게 될 것이 뻔하다고 생각했다. 그래서 모두 자신의 이름을 병적에 올리고 무기와 군장을 받아들었다.

[20] 키루스는 적군이 가까이 오고 있기는 하지만 아직 도착하지는

않았다는 보고를 받고서, 적군이 도착할 때까지 병사들의 신체를 단련시켜 힘을 키우고 전술을 가르치며 전쟁을 대비해 정신 무장을 강화시켰다.

[21] 먼저 키루스는 키악사레스로부터 종군 인부[38]를 지원받아 모든 병사에게 각자 필요한 보급품을 충분히 지급했다. 이렇게 준비가 끝나자 키루스는 병사들에게 실전 훈련을 시키는 데 전념했다. 왜냐하면 그는 다른 것들에는 일체 신경을 쓰지 않고 오직 한 가지 일에만 집중할 때 그 일에서 최고가 된다는 것을 그동안 지켜보면서 알았기 때문이다. 실전 훈련에서도 활과 창을 가지고 하는 훈련은 배제하고, 오직 칼과 방패와 흉갑을 이용한 훈련만 하게 했다. 그러자 병사들은 곧 자신들이 적과 백병전을 펼쳐야 한다고 인식하게 되었고, 그렇게 하지 않으면 지원군으로서 아무 쓸모가 없다는 것도 알게 되었다. 그들은 자신들을 부양해주는 자들을 위해 싸우기 위해 고용된 것임을 알고 있었기 때문에 거기에 동의하지 않기는 어려웠다.

[22] 이외에도 키루스는 사람들이 서로 경쟁할 때 훨씬 더 의욕적으로 훈련한다는 점에 착안해, 병사들이 반드시 훈련해야 할 것으로 여겨지는 모든 것에서 우수한 성적을 거둔 병사에게는 포상하겠다고 알리고서, 다음과 같은 것을 포상 대상으로 제시했다. 사병은 지휘관에게 복종하고, 힘든 일에 솔선수범하고, 규율을 지키는 가운데 과감하게 행동하고, 사병의 소임을 숙지하고, 자신의 무기를 잘 관리하고, 이 모든 것에서 명예를 사랑하는 자가 되어야 한다. 5인 분대장은 훌륭한 사병이 되어야 함과 동시에, 자신이 맡은 5인으로 이루어진 분대를 모범적

---

38 "종군 인부"(ὑπηρέτης. '휘페레테스')는 전쟁이 났을 때 종군해 군대 내에서 보급, 수송, 공병 등 전투를 제외한 군대의 업무를 담당하거나, 전쟁에 전투병으로 참가한 자기 주인인 병사의 막사에서 수발을 들며 행군할 때 짐과 방패를 들고 이동하는 사람들이었다. 여기에서는 전자는 "종군 인부"로 번역하고, 후자는 "종군 하인"으로 번역했다.

인 분대로 만들어야 한다. 10인 분대장은 자신이 맡은 10인으로 이루어진 분대를 모범적인 분대로 만들어야 한다. 소대장은 자신이 맡은 소대를 모범적인 소대로 만들어야 한다. 중대장은 스스로 결격사유가 없는 사람이어야 하고, 자신의 휘하에 있는 소대장들과 분대장들이 부하들을 제대로 통솔하고 있는지 감독해야 한다.

[23] 키루스가 내건 포상은 이런 것이었다. 자신의 중대를 최고의 중대로 만든 것으로 평가받은 중대장은 대대장으로 진급할 것이고, 자신의 소대를 최고의 소대로 만든 것으로 평가받은 소대장은 중대장으로 진급할 것이고, 5인 분대장과 10인 분대장 중에서 최고의 분대장으로 평가받은 사람들은 소대장으로 진급할 것이고, 사병 중에서 최고의 사병으로 평가받은 사람들은 분대장으로 진급할 것이다. 또한 모든 지휘관에게는 먼저 자신의 부하들에게 복종을 요구할 수 있는 권한을 주고, 각각의 지휘관에게 걸맞은 다른 특권들도 부여했다. 그리고 가까운 미래에 다시 더 큰 포상을 발표하겠다고 알림으로써, 포상 받을 자격이 있는 자들에게 더 큰 희망을 불어넣어주었다.

[24] 또한 키루스는 중대나 소대나 5인 분대나 10인 분대 전체가 자신의 지휘관을 중심으로 똘똘 뭉쳐 앞에서 제시된 것들을 가장 열심히 수행한 것으로 평가된 경우에는 해당 부대원 전체를 포상하겠다고 예고했다. 이러한 포상 제도는 많은 사람을 통솔하는 데 적절한 것이었다. 이렇게 포상 제도가 정해졌고, 군대는 훈련에 돌입했다.

[25] 키루스는 중대별로 한 중대 전체를 충분히 수용할 수 있을 크기의 막사를 짓게 했다. 한 중대는 100명으로 이루어져 있었다. 이렇게 하여 병사들은 중대 단위로 생활했다. 키루스는 한 중대 전체가 동일한 막사 안에서 생활하는 것이 앞으로 있을 전투와 관련해 여러 가지 장점이 있다고 생각했다.

먼저 병사들은 함께 생활하면서 서로를 볼 수 있어 모두가 똑같이 보급품을 받는다는 것을 알게 되므로, 나중에 적과 상대하면서 자기는 다른 사람들보다 보급품을 적게 받았으니 다른 사람들만큼 열심히 싸울 필요가 없다는 평계를 댈 수 없을 것이다. 또한 키루스는 병사들이 동일한 막사에서 생활하면 서로를 잘 알게 되는 점도 장점이 될 것이라고 생각했다. 모든 병사가 서로를 알게 되면 서로에게 수치스러운 짓을 하지 않으려고 하는 생각이 더 커질 것이지만, 서로 알지 못하는 경우에는 마치 어둠 속에 있는 것처럼 서로를 무시하고 제멋대로 행동할 가능성이 더 높아질 것이라고 여긴 것이다.

[26] 키루스는 병사들이 동일한 막사에서 생활하면 대형을 갖출 때 각자의 위치를 숙지하는 데도 큰 도움이 될 것이라고 생각했다. 중대장들은 마치 대형을 갖추어 행군할 때처럼 자신의 중대원들을 일사분란하게 통솔할 수 있고, 소대장들은 자신의 소대원들을, 10인 분대장들과 5인 분대장들은 자신의 분대원들을 일사불란하게 통솔할 수 있을 것이기 때문이다.

[27] 키루스는 병사들이 대형을 갖출 때 자신의 위치를 숙지하면 전열이 흐트러지지 않을 것이고, 전열이 흐트러진 경우에도 신속하게 전열을 재정비하는 데 아주 큰 도움이 될 것이라고 생각했다. 이것은 한데 짜맞춰져 있는 돌들이나 나무토막들을 아무렇게나 흩트려놓았다고 해도, 각각의 돌이나 나무토막이 들어갈 자리가 분명하게 표시되어 있기만 하다면, 그것들을 다시 짜맞추는 것은 어려운 일이 아닌 것과 같은 원리다.

[28] 키루스는 병사들이 동일한 막사에서 함께 생활하면 다른 중대원들을 버리고 자기만 살겠다고 도망치는 일이 줄어들 것이라고 생각했다. 왜냐하면 함께 자란 짐승들조차도 서로 떨어져 있게 된 경우에는 서로를 몹시 그리워하는 것을 보아왔기 때문이다.

[29] 키루스는 병사들이 점심 식사나 저녁 식사 전에 반드시 운동

을 해 땀을 흘릴 수 있게 하는 데도 신경을 썼다. 병사들이 밖에 나가 사냥을 하면서 땀을 흘리게 했고, 병사들이 땀을 흘릴 만한 놀이들도 찾아냈다. 병사들이 사냥이나 놀이를 할 수 없을 때는, 어떤 식으로든 운동으로 땀을 흘린 후에야 식사를 하게 했다. 왜냐하면 키루스는 그렇게 하면 즐겁게 식사하고 건강해지고 힘든 일도 거뜬히 할 수 있다고 생각했고, 말들조차도 함께 힘들게 일할 때 서로 사이가 좋아지듯이 병사들도 함께 힘들게 일하고 운동할 때 전우애가 더 돈독해질 것이라고 생각했기 때문이다. 그리고 자신이 잘 훈련되어 있다는 것을 아는 병사들은 적과 상대했을 때 더 자신 있게 싸울 수 있다.

[30] 키루스는 자기가 식사에 초대한 사람들을 다 수용할 수 있을 정도로 충분히 큰 막사를 지었다. 거기에 기거하면서 적절한 수의 중대장들을 식사에 초대했고, 어떤 때는 소대장들과 10인 분대장들과 5인 분대장들 중 일부를 식사에 초대하기도 했고, 어떤 때는 일부 사병들을 식사에 초대하기도 했고, 어떤 때는 5인 분대원이나 10인 분대원이나 소대원이나 중대원 전체를 식사에 초대하기도 했다. 또한 키루스는 모든 병사에게 귀감이 될 만한 일을 한 병사를 보았을 때마다 그 병사를 식사에 초대해 치하해주었다. 그리고 식사에 초대된 사람들 앞에는 항상 키루스가 먹는 것과 똑같은 음식이 놓여 있었다.

[31] 키루스는 종군 인부들에게도 항상 모든 것에서 병사들과 동일한 몫을 주었다. 종군 인부가 되려면 신뢰할 만하고 군대 일을 잘 알고 영리하고 열정적이고 재빠르고 결단력 있고 성실해야 하므로, 전령이나 사자 못지않은 대우를 해주는 것이 옳다고 생각했기 때문이다. 게다가 키루스는 종군 인부들은 가장 유능한 자가 갖추는 자질들을 갖추고 지휘관이 지시하는 것은 무엇이든지 다 수행해야 한다고 믿고서, 지시받은 어떤 일도 거부하지 않도록 훈련되어 있어야 한다는 점도 잘 알고 있었다.

제2장

[1] 키루스는 자신의 막사에서 장병들과 함께 식사할 때마다 항상 사람들을 즐겁게 해주고 훌륭한 일들을 하도록 자극하는 대화가 오갈 수 있게 신경을 썼다. 한번은 이런 이야기를 꺼냈다.

키루스가 말했다. "여러분은 우리와 동일한 교육을 받지 않은 병사들이 우리보다 못하다고 생각하십니까, 아니면 사회생활에서나 적과 싸울 때나 우리와 전혀 차이가 없다고 생각하십니까?"

[2] 히스타스파스가 대답했다. "적과 싸울 때 그들이 어떤 식으로 행동할지 저로서는 아직 잘 알지 못하겠습니다. 하지만 사회생활과 관련해서는 신들에게 맹세하건대 그들 중 일부는 문제가 있습니다.

얼마 전에 키악사레스 왕께서 중대마다 고기를 하사하셔서 우리 중대원들은 한 명당 고기 세 조각 정도를 받게 되었습니다. 요리사가 고기를 첫 번째로 돌릴 때는 저부터 시작했기 때문에, 두 번째로 고기를 돌릴 때는 제가 첫 번째와 반대 순서로 하라고 지시했습니다.

[3] 그러자 식탁의 중간에 앉아 있던 한 병사가 '고기를 돌리는 것을 중간에 앉아 있는 우리에게서부터 시작하지 않는다면, 그것은 제우스에게 맹세하건대 전혀 공평한 것이 아니지'라고 소리를 질렀습니다. 저는 그 말을 듣는 순간 그 병사가 자기는 다른 사람들보다 더 적게 고기를 배당받았다고 생각하고 있는 것에 화가 나서, 즉시 그 병사를 불러 제 옆에 앉혔습니다. 그 병사는 적어도 저의 그런 명령에는 순순히 잘 복종했습니다. 하지만 우리는 마지막 순서였기 때문에, 우리가 고기를 받을 차례가 되었을 때 아주 작은 조각의 고기들만 남아 있었습니다. 그러자 그 병사는 화난 기색이 역력했습니다. 그리고 이렇게 중얼거렸습니다. [4] '여기로 불려왔더니 이제 이런 일이 내게 일어났어. 정말 재수 더럽게 없네.' 제가 말했습니다. '걱정하지 말게. 이제 곧 고기

배급이 우리로부터 시작되어 첫 번째 순서인 자네는 가장 큰 조각의 고기를 집어 들게 될 테니까 말이네.'

그때 남은 고기가 세 번째로 돌려졌고, 그 병사는 자기가 크다고 생각한 고기를 집어 들었지만, 자기가 집어 든 고기가 작다고 생각해 다른 고기를 집으려고 그 고기를 다시 내려놓았습니다. 그러자 요리사는 그가 고기를 더 이상 먹고 싶어 하지 않는다고 생각해 그가 다른 고기를 집기도 전에 옆 사람에게로 가버렸습니다.

[5] 그는 운이 없어서 자기 그릇에 담았던 고기를 잃었을 뿐만 아니라, 자신의 불운을 생각하고 화가 치밀어 올라 어쩔 줄 모르다가 자신의 그릇까지 엎어버려 거기에 남아 있던 것조차도 잃게 되자 몹시 분했습니다.

그러자 바로 우리 옆에 앉아 있던 소대장이 그의 모습을 보고는 박장대소하며 즐거워했습니다. 저도 웃음이 나오는 것을 참을 수가 없어 연신 기침을 하는 척했습니다. 키루스 총사령관님, 우리 병사 중에는 이런 사람도 있습니다."

이 이야기를 듣고 거기에 있던 사람들은 웃지 않을 수 없었다.

[6] 중대장들 가운데 어떤 사람은 이렇게 말했다 "키루스 총사령관님, 이 사람은 어쩌다가 문제가 있는 사병을 만난 듯합니다. 총사령관님은 우리에게 여러 전투대형을 가르쳐주시고 나서 각 중대로 돌아가 배운 것을 중대원들에게 가르치라고 명령하셨습니다. 그래서 저는 다른 중대장들과 마찬가지로 어느 한 소대로 가서 그 전투대형을 가르쳤습니다.

저는 먼저 소대장을 서 있게 하고 소대장 뒤에 한 신병을 배치한 후에 나머지 병사들도 적절하다고 생각한 대로 배치했습니다. 그런 다음 저는 소대원들을 정면으로 바라보고 서서, 제가 적절하다고 생각하는 시점에 소대원들에게 전진하라고 명령했습니다.

[7] 그러자 그 신병이 소대장을 앞질러서 전진하는 것이었습니다. 그것을 본 제가 그 신병을 향해 '이봐, 자네 지금 뭐 하는 건가?'라고 말했더니, 그 신병은 '저는 중대장님이 명령하신 대로 전진하고 있습니다'라고 대답했습니다. 그래서 제가 '나는 자네만이 아니라 모두가 전진하라고 명령한 것이네'라고 말했습니다. 이 말을 들은 신병은 다른 소대원들을 향해 이렇게 말했습니다. '중대장님이 꾸짖으시는 것이 자네들에게는 들리지 않는가? 중대장님은 우리 모두에게 전진하라고 명령하고 계시네.' 그러자 모든 소대원들이 소대장을 앞질러 저를 향해 다가왔습니다.

[8] 소대장이 그들에게 다시 제자리로 돌아오라고 명령하자 그들은 분개하면서, '중대장님은 전진하라고 명령하시고 소대장님은 그렇게 하지 말라고 명령하시니, 도대체 우리는 어느 쪽의 명령에 따라야 합니까?'라고 말했습니다. 저는 그 모습을 가만히 지켜보다가 그들을 다시 원위치로 돌아가게 하고는, 뒤에 있는 사람은 아무도 앞에 있는 사람을 앞질러서는 안 되고 모두가 자기 앞에 있는 사람을 좇아가야 한다는 것만 알면 된다고 말해주었습니다.

[9] 그때 페르시아로 가게 되어 있던 한 전령이 제게 와서, 집에 보내기 위해 써둔 편지가 있으면 자기에게 달라고 했습니다. 저는 그 편지가 어디에 있는지 알고 있던 소대장에게 어서 뛰어가서 그 편지를 가져오라고 명령했습니다. 소대장이 뛰어가자 그 신병도 흉갑과 칼을 가지고서 소대장의 뒤를 따랐고, 그 신병이 뛰는 것을 본 다른 모든 소대원들도 함께 뛰어갔습니다. 그리고 그들은 편지를 가지고 돌아왔습니다. 이렇게 저의 소대원들은 총사령관님이 지시하신 것들을 완벽하게 수행하고 있습니다."

[10] 그 자리에 있던 사람들은 누구나 한 소대 전체가 무장하고 편지를 호위해 가져왔다는 말을 듣고 웃지 않을 수 없었다.

키루스는 이렇게 말했다. "오, 제우스 신과 모든 신들이여, 그렇다면 우리의 병사들은 조금만 친절히 대해주거나 관심을 가져주기만 해도 쉽게 마음을 얻을 수 있는 사람들이므로 작은 고기 조각만으로도 그들 중 다수를 우리의 친구로 만들 수 있다는 말이 됩니다. 게다가 그들 중 일부는 대단히 순종적이므로 명령을 받기도 전에 복종하는 사람들입니다. 따라서 우리는 더할 나위 없이 훌륭한 병사들을 보유하고 있어 나는 더 훌륭한 병사들을 달라고 신들에게 기원할 필요조차 없을 것이라고 생각합니다."

[11] 이렇게 키루스는 지휘관들의 말을 듣고 한편으로는 웃으면서도 다른 한편으로는 병사들을 칭찬했다.

그런데 그 자리에 함께 있던 중대장들 중에는 아글라이타다스라는 이름을 가진 중대장도 있었는데, 좀 더 엄한 지휘관이었던 그는 이런 식으로 말했다. "총사령관님은 이 사람들이 한 말을 사실이라고 생각하십니까?"

키루스가 반문했다. "하지만 그들이 무엇 때문에 거짓말을 하려고 하겠습니까?"

아글라이타다스가 말했다. "웃기려는 목적으로 그렇게 하는 것이 아니겠습니까? 그들은 허풍을 떨고 있는 것입니다."

[12] 키루스가 말했다. "그런 식으로 말하지 마십시오. 그들을 허풍쟁이라고 부르는 것은 당치 않습니다. 내 생각에는 허풍쟁이라는 말은 부자도 아닌데 부자인 척하거나, 용감하지도 않으면서 용감한 척하거나, 어떤 일을 할 능력도 없으면서 그 일을 하겠다고 약속하거나, 자신이 원하는 어떤 것이나 부당한 이득을 얻기 위해 이런 짓을 하는 사람에게나 해당되는 말입니다. 반면 자기 자신에게는 어떤 이득도 없고, 듣는 사람들에게 어떤 손해도 끼치지 않으며, 아무에게도 해를 주지 않는 이야기를 지어내 오직 함께 있는 사람들을 웃게 해주기 위해 말하는

사람은 재치 있는 사람이거나 남을 즐겁게 해주는 사람이라고 부르는 것이 더 옳지 않겠습니까?"

[13] 이렇게 키루스는 남에게 웃음을 주는 사람들을 두둔해주었다. 앞서 자신의 소대와 관련된 재미있는 일화를 소개했던 그 중대장이 이렇게 말했다. "아글라이타다스, 지금 우리가 자네를 즐겁게 해주려 했고 자네에게 아무런 해를 끼치지 않았는데도 자네는 이런 식으로 우리를 심하게 모욕했네. 그러니 만일 우리가 연민을 자아내는 노래와 이야기를 지어내 사람들의 심금을 울려 눈물짓게 만드는 어떤 사람들처럼 자네로 하여금 눈물을 흘리게 만들려고 해도 자네는 우리를 신랄하게 비난할 것 같네."

[14] 아글라이타다스가 말했다. "제우스 신에게 맹세하건대, 자네 말이 맞네. 하지만 나는 친구들에게 눈물을 흘리게 만드는 사람이 재미있는 이야기를 지어내 친구들을 웃기는 사람보다 더 낫다고 생각하네. 그리고 자네가 올바르게 생각하기만 한다면, 내 말이 사실임을 자네도 알게 될 것이네. 왜냐하면 아버지는 아들에게 눈물을 흘리게 함으로써 절제를 배우게 해주고, 선생은 학생에게 눈물을 흘리게 함으로써 훌륭한 교훈을 배우게 해주며, 법률은 국민에게 눈물을 흘리게 함으로써 정의를 행하도록 만들기 때문이네. 하지만 자네들은 재미있는 이야기를 지어내 우리를 웃게 해주는 사람들이 우리의 신체나 정신에 유익을 끼쳐서 가정이나 국가에 더 이바지한다고 말할 수 있겠는가?"

[15] 그러자 히스타스파스가 이렇게 말했다. "아글라이타다스, 자네가 이제부터 내가 하는 말을 경청한다면 자네는 이 값비싼 눈물은 적군에게 주어서 그들을 울게 하려 할 것이고, 반면 여기 있는 자네의 친구들인 우리에게는 이 값싼 것인 웃음을 아낌없이 주려고 할 것이네. 왜냐하면 자네는 친구들에게나 낯선 사람들에게 기꺼이 웃음을 선사하지 않아서, 자네 안에는 웃음이 소진되지 않고 도리어 많은 양의 웃음

이 그대로 축적되어 있기 때문이네. 그러니 자네는 우리에게 웃음을 선사하지 않으려고 핑곗거리를 찾지 않아도 되네."

아글라이타다스가 물었다. "히스타스파스, 자네는 정말 내게서 웃음을 이끌어낼 수 있을 것이라고 생각하는가?"

또 다른 중대장이 말했다. "제우스 신에게 맹세하건대, 저 사람은 그런 것을 잘 모를 테니 내가 말하겠네. 자네에게서 웃음을 이끌어내는 것보다 자네를 비벼서 불을 얻어내는 편이 더 쉬울 것이기 때문이네."

[16] 다른 사람들은 아글라이타다스가 어떤 사람인지 알고 있었기 때문에 이 말을 듣고 웃었고, 아글라이타다스 자신도 미소를 지었다.

아글라이타다스의 표정이 밝아진 것을 본 키루스는 이렇게 말했다. "우리 중에서 가장 진지한 사람을 웃게 해 타락시키는 것은 옳은 일이 아닙니다. 게다가 그 사람이 웃음에 대해 그토록 적대적인 때 그렇게 하는 것은 더더욱 옳은 일이 아닙니다."

[17] 이 일은 이런 식으로 끝이 났고, 이번에는 크리산타스가 이렇게 말했다.

[18] "총사령관님과 이 자리에 계신 모든 분들이여, 저는 우리 중에서 어떤 사람들은 더 뛰어나고 어떤 사람들은 더 못하다는 것이 이미 드러났다고 생각합니다. 그런데 이 상태에서 우리가 어떤 전공을 세우게 된다면, 사람들은 모두에게 똑같이 공평한 포상이 주어져야 한다고 생각할 것입니다. 하지만 저는 잘한 사람이나 못한 사람이 똑같이 나누어 갖는 것보다 인간 사회에서 더 불공평한 것은 없다고 생각합니다."

이러한 문제 제기에 대해 키루스는 이렇게 대답했다. "그렇다면 여러분, 병사들에게 이 문제를 놓고 신들 앞에서 논의해보자고 제안합시다. 신들이 우리의 노고에 대해 어떤 성과를 주신 경우에 모두가 똑같이 나누어 갖는 것과 각자가 기여한 공로에 따라 포상하는 것, 이 둘 중에서 어느 쪽이 우리에게 더 좋을지 결정하는 것이 어떻겠습니까?"

[19] 크리산타스가 말했다. "이 문제를 논의해보자고 제안할 필요가 어디 있겠습니까? 총사령관님은 이 문제를 어떻게 하겠다고 이미 예고하지 않으셨습니까? 그러니까 어떤 식으로 경쟁하고 어떤 포상을 하겠다는 것은 이미 예고하신 것 아닙니까?"

키루스가 대답했다. "하지만 제우스 신에게 맹세하건대, 이것은 그것과는 다른 문제입니다. 나는 병사들이 적과 싸워서 얻은 것을 공동의 소유물로 여길 것이라고 생각합니다. 하지만 그들은 집을 떠나온 때부터 지금까지 나를 군대의 총사령관으로 여기고 있기 때문에, 내가 심판관을 임명하면 결코 부당하다고 생각하지 않을 것입니다."

[20] 크리산타스가 말했다. "총사령관님은 많은 병사를 모아놓고 논의했을 때 그들이 모두 똑같이 나누어 갖는 것이 아니라, 공을 더 많이 세운 사람이 더 많은 포상을 받는 쪽을 선택할 것이라고 생각하시는 것입니까?"

키루스가 대답했다. "나는 그럴 것이라고 생각합니다. 한편으로는 우리가 다 같이 그렇게 하자고 했기 때문이고, 다른 한편으로는 국가를 위해 가장 많이 고생하고 가장 크게 기여한 사람이 가장 큰 보상을 받아야 한다는 주장에 반대하는 것은 수치스러운 일이기 때문입니다. 심지어 가장 못한 사람들조차도 잘한 사람들이 더 많은 몫을 가지는 것이 옳다고 여길 것이라 나는 생각합니다."

[21] 키루스는 귀족 지휘관들 자신을 위해서라도 이 제안이 병사들 가운데서 투표에 부쳐져 통과되기를 바랐다. 병사들이 각자가 세운 공에 따라 평가를 받아 그에 걸맞은 포상을 받는다는 사실을 아는 것이 귀족 지휘관들에게도 더 좋으리라 생각했기 때문이다. 귀족 지휘관들은 모든 병사가 똑같이 나누어 가져야 한다고 생각하고 있는 것에 대해 못마땅해 하고 있었기 때문에, 키루스는 지금 이 문제를 투표에 부칠 기회라고 생각했다. 그래서 그 자리에 있던 귀족 지휘관들은 이 문제를

토론에 부치는 데 동의했고, 자신이 사내대장부라고 생각하는 사람은 누구든지 이렇게 하는 것을 지지해야 한다고 말했다.

[22] 그때 중대장 중 한 사람이 만족한 듯 웃으면서 말했다. "병사들 중에서도 모두가 똑같이 나누어 갖는 것에 반대하는 발언을 할 사람을 제가 알고 있습니다."

다른 중대장들이 그 병사가 누구냐고 묻자, 그 중대장은 이렇게 대답했다. "제우스 신에게 맹세하건대, 그는 우리와 함께 생활하는 병사인데 모든 것에서 많은 것을 가지려고 애쓰는 사람이네."

다른 중대장이 반문했다. "그는 힘든 일에서도 그렇게 하는가?"

그가 대답했다. "제우스 신에게 맹세하건대, 결코 그렇지 않네. 그래서 나는 그 점에서 혼란스러웠네. 왜냐하면 그는 힘든 일들이나 그와 비슷한 것들에서는 자기가 다른 사람들보다 더 적게 갖는 것에 아주 흔쾌히 동의하는 것을 나는 보아왔기 때문이네."

[23] 키루스가 말했다. "여러분, 우리의 군대가 각자에게 맡겨진 소임을 부지런히 행하고 명령에 복종하는 군대가 되려면 방금 말한 사람 같은 병사들은 우리 군대에서 쫓아내야 한다고 나는 생각합니다. 내 생각에 대부분의 병사들은 지휘관이 이끄는 대로 따라가는 사람들이고, 고귀하고 훌륭한 지휘관들은 병사들을 고귀하고 훌륭한 길로 이끌려고 하는 반면, 사악한 지휘관들은 병사들을 사악한 길로 이끌려 하기 때문입니다.

[24] 그래서 훌륭한 자보다는 야비한 자에게 동조하는 사람들이 더 많은 법입니다. 왜냐하면 악덕은 사람들에게 즉각적인 즐거움을 안겨주는 것이어서, 야비한 자가 많은 사람에게 자신의 견해에 동조하도록 설득하는 데 도움이 되기 때문입니다. 반면, 미덕은 언덕으로 이끌기 때문에 즉각적으로 동조자들을 끌어모으는 데는 효과적이지 않고, 반대편인 쉬운 내리막길로 가자고 부르는 사람들이 있는 경우에는 더더

욱 효과적이지 않습니다.

[25] 그래서 어떤 사람이 단지 힘든 일을 하지 않으려고 꾀를 부리며 게으름을 피운다는 점에서만 나쁘다고 해도, 그런 사람은 바로 그 점만으로도 수벌[39]처럼 동지들에게 해악을 끼친다고 나는 생각합니다. 또한 수치심을 알지 못해 힘든 일을 동지들과 함께 하려고 하지 않으면서도 동지들보다 더 많이 가지려 애쓰는 자들도 동지들을 사악한 길로 이끌 것입니다. 그런 자들은 악덕이 더 많은 것을 가져다줄 수 있다는 점을 자주 증명할 것이기 때문입니다. 따라서 우리는 그런 사람들을 우리의 군대에서 완전히 몰아내야 합니다.

[26] 하지만 그런 자들을 몰아낸 후에 그 자리를 우리나라 사람들로만 채우려 해서는 안 되고, 말들을 고를 때 우리나라에서 기른 말이 아니라 최고의 말을 찾는 것처럼, 어느 나라 사람이든 모든 사람 중에서 아군을 정예화하고 전투력을 증강시키는 데 도움이 되는 사람들을 구해야 합니다. 다음과 같은 것도 내 말이 타당하다는 사실을 증명해줍니다. 전차라고 해도 느린 말이 끌면 빨리 달릴 수 없다는 것은 분명하고, 말 두 마리가 모두 빠르지 않고 한 마리는 느리고 다른 한 마리는 빠를 때도 전차는 빨리 달릴 수 없으며, 사악한 하인들을 두었을 때는 집이 제대로 관리되지 않을 것입니다. 나쁜 하인들을 두어서 집이 엉망진창이 되어 무너지는 것보다는 그런 하인들을 두지 않는 편이 더 나을 것입니다.

[27] 동지 여러분, 사악한 자들을 제거하면 사악한 자들이 없어진다는 이점만 얻게 되는 것이 아니라, 남아 있는 자들 중에서 이미 악에

---

39 하나의 벌집에는 한 마리의 여왕벌과 수많은 일벌들, 그리고 일은 하지 않고 오직 여왕벌과 교미하는 기능만을 지니고 있는 소수의 "수벌"이 있다. 침을 갖고 있지 않은 수벌들은 늦가을 이후에 일벌들에게 죽임을 당하거나 벌집 밖으로 내쫓긴다. 여기에서 "수벌"은 일은 하지 않고 빈둥거리며 문제만 일으키는 자들을 상징한다.

물들어 있던 자들이 다시 그 악을 씻어내려 하고, 악을 불명예스러운 것으로 여기는 선량한 자들은 더욱 미덕을 고수하려 한다는 이점도 얻게 될 것입니다."

[28] 키루스가 이렇게 말하자 모든 동지가 그의 말에 동의하고 실천에 옮겼다.

그런 후에 키루스는 그들과 다시 농담을 하며 대화하기 시작했다. 왜냐하면 한 소대장이 털이 많고 아주 못생긴 사람을 데려와서 함께 식사를 하고 있는 것을 키루스가 보았기 때문이다. 키루스는 그 소대장의 이름을 부르고는 이렇게 말했다. "삼바울라스, 자네는 그리스인처럼 이 잘생긴 젊은 친구를 어디든 데리고 다니는가 보군, 그렇지 않나?"

삼바울라스가 대답했다. "제우스 신에게 맹세하건대, 저는 이 친구와 함께 있는 것도 즐겁고 이 친구의 생김새를 보는 것도 즐겁습니다."

[29] 그 자리에 있던 사람들은 이 말을 듣고서 그 사람을 쳐다보았다. 그러고는 그 사람의 용모가 너무 못생긴 것을 보고 모두가 웃었다. 그중 한 사람이 이렇게 말했다. "삼바울라스, 신들 앞에서 말하건대, 도대체 이 사람이 자네에게 어떻게 했기에 자네가 이 사람에게 이렇게 목을 매게 되었는가?"

[30] 삼바울라스가 대답했다. "여러분, 제우스 신에게 맹세하건대, 제가 모든 것을 여러분에게 말씀드리겠습니다. 제가 밤이든 낮이든 이 친구를 부르면, 그는 일이 있다고 핑계를 댄 적이 없었을 뿐만 아니라, 제가 부르는 소리를 듣자마자 곧바로 달려왔고 걸어온 적이 없었습니다. 제가 그에게 어떤 일을 하라고 명령을 내릴 때마다 그는 땀을 뻘뻘 흘리며 그 일을 해냈고, 저는 그가 그런 식으로 일하지 않는 모습을 본 적이 없습니다. 또한 그는 자신의 분대원들이 어떻게 해야 하는지 말이 아니라 몸소 실천으로 보여줌으로써 자신의 분대원 10명을 모두 자신과 똑같은 사람들로 만들었습니다."

[31] 그 자리에 있던 사람들 중 한 사람이 말했다. "이 사람이 그런 사람이라고 하더라도, 자네는 친척들에게 하듯이 그에게 입맞춤을 하지는 않겠지?"

그러자 그 못생긴 사람이 그렇게 질문한 사람을 향해 말했다. "제우스 신에게 맹세하건대, 소대장님은 일부러 힘든 고역을 찾아서 하시는 분이 아닙니다. 만일 소대장님이 제게 입맞춤하려고 하신다면, 힘이 다 빠져서 다른 모든 훈련을 하지 못할 것입니다."

제3장

[1] 키루스와 함께 모여 식사하는 자리에서는 이처럼 재미있으면서도 진지한 이야기들이 오고 갔다. 마지막으로 그들은 세 번째 헌주[40]를 드리고 신들의 은총을 기원한 후에 식사 모임을 끝내고 각자 막사로 돌아가 잠자리에 들었다.

다음 날 키루스는 모든 병사를 소집해 이렇게 말했다.

[2] "동지 여러분, 우리가 경연 대회를 펼칠 때가 다가왔습니다. 적군이 가까이 오고 있기 때문입니다. 우리가 승리한다면 — 아니, 우리는 늘 승리한다고 말해야 하고 반드시 승리해야 합니다 — 적군과 적군이 가지고 있는 모든 좋은 것이 우리의 소유가 된다는 사실이 승리에 대한 상이 될 것입니다. 반대로 우리가 패배한다면, 패자들의 모든 소유물은 언제나 승자들에게 주어지는 상이 됩니다.

---

40 크세노폰은 여기에서 그리스인의 관습을 따라 묘사한다. 그리스인은 식사가 끝나면 첫 번째 잔은 신들에게, 두 번째 잔은 영웅들에게, 세 번째 잔은 제우스 또는 전령의 신 헤르메스에게 바쳤다. 반면 페르시아인은 헌주를 하지 않았다.

[3] 따라서 여러분은 전쟁에서 함께 싸워야 하는 전우들이기에, 한 사람 한 사람이 온 힘을 다해 자신에게 맡겨진 소임을 빠짐없이 수행할 때만 혁혁한 전과를 신속하게 거둘 수 있다는 것을 명심해야 합니다. 반대로 한 사람 한 사람이 자기에게 맡겨진 소임을 소홀히 하는 가운데 굳이 자기가 어떤 것을 하지 않거나 싸우지 않더라도 다른 누군가가 할 것이라고 생각한다면, 온갖 참담한 결과가 그 부대 전체에 닥치게 될 것임을 명심해야 합니다.

[4] 그리고 신이 정한 법은 이런 것입니다. 즉, 신은 자기 자신을 독려해 자기에게 좋은 것을 해내고자 하지 않는 사람들에게는 다른 사람들을 그들의 지휘관들로 세워줍니다. 그러므로 이제 이 자리에서 누구든지 일어나서 가장 큰 위험을 무릅쓰고 가장 힘들게 싸운 사람이 가장 큰 상을 받게 하는 것과, 어차피 모두가 똑같이 나누어 갖게 될 것이기 때문에 잘 싸우나 못 싸우나 아무 상관이 없다는 것을 알게 하는 것, 이 둘 중에서 어느 쪽이 우리로 하여금 최선을 다해 싸우게 하는 방법인지 말해보십시오."

[5] 그러자 귀족 지휘관들 중에서 사람들의 주목을 받을 정도로 덩치가 크거나 힘이 센 것은 아니지만 남다른 지혜를 지니고 있는 크리산타스가 일어나 말했다. "총사령관님이 이 토론을 제안하신 것은 잘하는 사람이나 못하는 사람이나 똑같이 나누어 가져야 한다고 생각하시기 때문이 아니라, 자신은 고귀하고 훌륭한 일을 전혀 하지 않았음에도 불구하고 다른 사람들이 공을 세워 얻은 것을 똑같이 나누어 갖고자 하는 생각을 지닌 사람이 있는지 확인해보시기 위한 것이라고 저는 생각합니다.

[6] 저는 발이 빠르지도 않고 팔 힘이 세지도 않아서, 제 신체로 하는 일에서는 1등이나 2등도 되지 못하고 제 생각으로는 1,000등도 되지 못하며 아마도 1만 등도 되지 못하리라는 것을 압니다. 하지만 제가

그런 신체로 하는 일을 힘센 사람들과 함께 하고 그들이 정말 열심히 그 일을 해준다면, 저는 그들과 똑같이 많은 몫을 가지게 될 것임을 잘 압니다. 하지만 잘하지 못하는 사람들이 아무것도 하지 않아서 잘하고 힘센 사람들의 사기가 떨어진다면, 제가 예상했던 것보다 더 큰 나쁜 일이 제게 벌어지지는 않을지 염려됩니다."

[7] 크리산타스가 이렇게 말한 후에 페라울라스가 일어나서 말했다. 페르시아의 평민인 그는 키루스와 오래전부터 아는 사이였고 하층민답지 않게 수려한 용모와 훌륭한 정신을 지닌 사람이었다.

[8] "총사령관님과 이 자리에 계신 모든 페르시아인이여, 우리 모두는 지금 전공을 다투는 경연 대회를 위해 똑같은 출발선에 서 있다고 저는 생각합니다. 왜냐하면 우리는 모두 똑같이 신체적인 훈련을 받았고, 우리 모두에게는 똑같은 대우를 받을 자격이 주어져 있으며, 모든 상이 우리 모두 앞에 똑같이 놓여 있기 때문입니다. 지휘관에게 복종할 의무는 모두에게 공통적으로 주어져 있고, 지휘관에게 절대적으로 복종하는 사람에게는 총사령관님이 상을 수여하시는 것을 저는 보았습니다. 누구는 적을 맞아 용감하게 싸워야 한다고 생각하고 누구는 그렇게 생각하지 않는 것이 아니라, 지금까지 우리 모두는 적을 맞아 용감하게 싸우는 것을 가장 훌륭한 일로 여겨왔습니다.

[9] 제가 보기에 이제 우리는 모든 사람이 본능적으로 알고 있는 전투 방법을 터득했습니다. 이것은 마치 다른 짐승들이 자신이 어떻게 싸워야 하는지 다른 짐승에게 배워서 아는 것이 아니라 본능적으로 아는 것과 같습니다. 예컨대, 황소는 뿔을, 말은 말발굽을, 개는 이빨을, 멧돼지는 어금니를 사용해 싸워야 한다는 것을 본능적으로 압니다. 그래서 우리는 학교를 다니며 교관에게 배우지 않아도, 자기 신체의 어느 곳을 방어해야 하는지 본능적으로 알고 자신을 보호합니다.

[10] 저도 다른 사람에게서 가격당할 것으로 예상되는 곳들을 어떻

게 방어해야 하는지 이미 어릴 때부터 알았습니다. 방어하는 데 사용할 만한 다른 도구를 가지고 있지 않을 때는 손을 앞으로 뻗어서 할 수 있는 데까지 상대방의 가격을 막아냈습니다. 저는 그렇게 하라고 가르침을 받아서 그렇게 한 것이 아니었습니다. 손을 앞으로 뻗으면 매를 맞는다는 것을 알아도 저는 본능적으로 그렇게 했습니다. 또한 저는 칼을 어떤 식으로 잡아야 한다는 것을 배우기도 전에 이미 어려서부터 칼을 보기만 하면 본능적으로 칼을 집어 들었습니다. 저는 칼을 보면 집어들라는 가르침을 받지 않았지만, 부모님이 저에게 하지 말라고 하신 다른 것들을 제가 본능적으로 할 수밖에 없었던 것처럼 칼을 보면 본능적으로 집어 들었습니다. 제우스 신에게 맹세하건대, 저는 그 칼로 제가 벨 수 있는 것은 무엇이든 다른 사람에게 들키지 않게 몰래 베곤 했습니다. 그 행위는 걷거나 달리는 것처럼 본능이었을 뿐만 아니라, 제게는 즐겁기까지 한 일이었습니다.

[11] 이렇게 싸움이라는 것은 기술보다는 의욕과 사기가 더 많이 요구되는 일입니다. 이런 전쟁이 우리를 기다리고 있고 전공을 세우면 우리에게도 귀족들과 똑같은 상이 주어진다는데, 어떻게 우리가 즐거운 마음으로 귀족들과 경쟁하지 않을 수 있겠습니까? 게다가 귀족들과 우리는 똑같은 것을 걸고서 위험을 무릅쓰는 것이 아닙니다. 귀족들은 그 자체로 이미 행복하고 즐겁고 명예로운 삶을 버릴 각오로 싸우는 반면, 제 생각에 우리는 무엇보다도 가장 견디기 힘든 고통스럽고 비천한 삶을 걸고 싸우는 것이기 때문입니다.

[12] 여러분, 제가 귀족들과 경쟁하는 데 가장 큰 용기를 주는 것은 총사령관님이 심판관이 되어주신다는 사실입니다. 신들에게 맹세하건대, 총사령관님은 편파적으로 판정하시는 분이 아니라 훌륭하게 싸우는 자들을 자기 자신만큼이나 사랑하시는 분이라고 말할 수 있습니다. 총사령관님은 자신이 가지고 있는 것을 움켜쥐기보다는 훌륭하게 싸우

는 자들에게 나누어 주는 것을 더 기뻐하는 분입니다.

[13] 물론 저는 귀족들이 굶주림과 목마름과 추위를 견디는 훈련을 받은 것에 큰 자부심을 느끼고 있다는 것을 알고 있습니다. 하지만 그들은 우리가 그들을 가르쳤던 교관보다 더 훌륭한 교관으로부터 그런 것들을 이미 훈련받았다는 사실을 잘 알지 못합니다. 왜냐하면 절실함보다 더 훌륭한 교관은 없고, 이 절실함이 우리에게 그런 것들을 아주 철저하게 가르쳐주었기 때문입니다.

[14] 귀족들은 모든 사람이 쉽게 지니고 다닐 수 있다고 여기는 무기들을 들고 훈련하는 것을 힘든 고역으로 생각해왔습니다. 반면 우리는 무거운 짐을 지고 걷고 뛰는 데 단련되어 있어서, 이런 무기들을 들고 군장을 하고 다니는 것은 지금 내게는 무거운 짐이 아니라 날개를 단 것과 같습니다.

[15] 그래서 적어도 저는 이 경연 대회에 참가해 제가 어떤 공을 세우든 그 공에 걸맞은 상을 받게 되기를 기대한다는 것을 총사령관님이 알아주셨으면 합니다. 그리고 평민 여러분, 저는 여러분에게 배운 사람들과 겨루는 이런 싸움에는 얼른 뛰어들라고 권하고 싶습니다. 이제 그들은 평민들과 경쟁해야 하는 덫에 걸려든 것이기 때문입니다."

[16] 페라울라스가 이렇게 말하자 귀족들과 평민들 중 많은 사람이 일어나 그의 발언을 지지했다. 그리고 각자의 전공에 따라 상을 받고 총사령관인 키루스가 심판관을 맡는 것으로 결정되었다. 이렇게 하여 이 문제는 잘 해결되었다.

[17] 어느 날 키루스는 어느 중대의 중대장과 중대원 전부를 식사에 초대했다. 중대장이 중대원들을 두 조로 나누어 정렬해 모의 전투 훈련을 하는 것을 키루스가 보았기 때문이다. 두 조 모두 가슴에는 흉갑을 입고 있었고 왼손에는 방패를 들고 있었다. 중대장은 한 조에게는 오른손에 단단한 곤봉을 들게 했고, 다른 조에게는 진흙 덩어리를 들고

던질 준비를 하게 했다.

[18] 이렇게 두 조가 모든 준비를 마치고 정렬한 후에, 중대장은 전투를 개시하라는 신호를 보냈다. 그러자 한 조는 진흙 덩어리를 던졌다. 그 진흙 덩어리 중 일부는 다른 조원들의 흉갑이나 방패에 맞았고 일부는 허벅지와 정강이에 맞았다. 하지만 싸움이 백병전으로 바뀌자 곤봉을 들고 있던 조원들이 다른 조원들의 허벅지와 팔과 정강이를 때렸다. 진흙 덩어리를 집어 들려고 허리를 굽힌 자들은 목과 등을 맞았다. 결국 진흙 덩어리를 든 조원들이 도망쳤고, 곤봉을 든 조원들은 그들을 추격해 때리며 많이 웃고 즐거워했다. 그런 다음에는 역할을 바꿔 앞서 진흙 덩어리를 들었던 조원들은 곤봉을 들게 했고, 앞서 곤봉을 들었던 조원들은 진흙 덩어리를 들게 한 후에 다시 앞서 했던 것과 똑같은 모의 전투를 하게 했다.

[19] 키루스는 중대장이 창의적인 방법을 생각해낸 것과 중대원들이 중대장의 명령에 잘 복종하는 것, 중대원들이 한편으로는 군사훈련을 하면서도 다른 한편으로는 즐거워하는 것, 페르시아식으로 무장한 조가 승리하는 것을 보고 놀라워했다. 키루스는 이런 것들이 기뻐서 그들을 모두 식사에 초대했다. 그들이 막사에 도착했을 때 일부는 종아리에, 일부는 팔에 붕대를 감고 있었기 때문에 키루스는 무슨 일이 있었느냐고 물었다.

[20] 그들은 진흙 덩어리에 맞아 부상을 당한 것이라고 대답했다. 그래서 키루스는 그런 부상을 당한 것이 백병전을 벌였을 때였는지, 아니면 서로 떨어져 싸웠을 때였는지 다시 한번 질문했다. 그들은 떨어져서 싸웠을 때였다고 대답했다. 곤봉을 들었던 병사들은 백병전을 벌였을 때는 최고로 즐거운 놀이였다고 말했다. 반면, 곤봉으로 두들겨 맞은 병사들은 서로 맞붙었을 때 곤봉으로 두들겨 맞는 것은 전혀 즐거운 놀이로 생각되지 않았다고 소리쳤다. 그러면서 곤봉에 맞아 팔과 목,

그리고 어떤 사람들은 심지어 얼굴에 난 상처를 보여주었다. 그러고는 그들은 서로를 바라보고 웃었다. 이튿날 연병장은 이 중대를 본떠 훈련하는 병사들로 가득 찼고, 병사들은 다른 중요한 일이 없을 때는 이 놀이에 열중했다.

[21] 한번은 키루스가 또 다른 중대장이 자기 중대를 지휘하는 모습을 보았다. 그 중대장은 자신의 중대원 전체를 강에서 왼쪽으로 일렬종대로 올라오게 하고는, 적절한 때라고 생각되는 시점에 2소대와 3소대와 4소대에게 각 소대별로 일렬종대로 행군하라고 명령했다. 이렇게 하여 중대 전체가 소대장들을 선두로 4열종대로 행군하고 있을 때, 중대장이 각 소대별로 2열종대로 행군하라고 명령하자 각 소대에 속한 두 명의 10인 분대장이 선두로 나왔다. 얼마 후에 중대장은 적절한 때라고 생각되는 시점에 각 소대별로 4열종대로 행군하라고 명령했다. 그러자 이번에는 네 명의 5인 분대장이 선두로 나왔다.

막사 앞에 도착하자, 이번에는 중대장이 1소대를 향해 일렬종대로 막사 안으로 들어가라고 명령해 그들을 들여보냈고, 그런 다음 다시 2소대를 향해 1소대의 뒤를 따라가라고 명령했다. 3소대와 4소대에게도 동일한 명령을 내려 중대원 모두 막사로 들여보냈다. 이렇게 중대원들이 모두 막사로 들어가자 중대장은 들어온 순서대로 자리에 앉아 식사를 하게 했다. 키루스는 이 중대장이 병사들을 무리 없이 세심하게 배려하며 심혈을 기울여 훈련시키는 데 감탄해 중대장과 중대원 전체를 식사에 초대한 것이었다.

[22] 거기에는 식사에 초대된 또 다른 중대장도 있었는데, 그는 앞서 이렇게 말했다. "총사령관님, 저희 중대는 막사에 초대를 안 해주십니까? 저희 중대도 식사하러 갈 때마다 그 모든 것을 똑같이 합니다. 그리고 식사가 끝나면 마지막에 입장했던 소대 중에서 가장 늦게 들어온 조의 지휘관이 그 조를 인솔해 밖으로 나갑니다. 이렇게 하여 전투

대형에서 선두에 섰던 병사들이 이번에는 후미에 있게 됩니다. 그런 후에 두 번째로 늦게 들어온 조가 나가고, 두 번째 소대와 세 번째 소대와 네 번째 소대도 같은 방식으로 나갑니다. 이는 적군으로부터 후퇴해야 할 경우에 어떻게 퇴각해야 하는지 알게 해주기 위한 것입니다. 연병장에 나와서 동쪽으로 행진할 때는 제가 선두에 서고, 제 뒤로는 소대 내의 10인 분대와 5인 분대를 한 조로 해 1소대가 먼저 가고 당연히 2소대가 그다음에 가고 3소대와 4소대가 그 뒤를 따르는데, 제가 다른 지시를 내릴 때까지 이 대형으로 행진을 계속합니다. 서쪽으로 행진할 때는 4소대 후방조의 지휘관이 그 조를 이끌고 선두가 되어 행진하고 저는 맨 마지막에서 행진하지만, 이때도 중대원들은 제 지시에 복종합니다. 이것은 제가 앞에서 갈 때든 뒤에서 갈 때든 중대원들이 저의 명령에 복종하는 것을 습관화하기 위한 조치입니다."

[23] 키루스가 말했다. "당신이 늘 그렇게 한다는 것입니까?"

그 중대장이 대답했다. "제우스 신에게 맹세하건대, 식사하러 갈 때마다 늘 그렇게 합니다."

키루스가 말했다. "그렇다면 내가 당신의 중대도 초대할 것입니다. 왜냐하면 당신은 중대원들에게 전진하는 법과 후퇴하는 법을 훈련시키기 때문입니다. 그것도 밤과 낮으로 행진하는 것을 통해 신체를 훈련시키고 명령에 복종하는 것을 가르침으로써 정신을 훈련시키고 있습니다. 이렇게 당신은 모든 것을 두 배로 하고 있으니, 당신의 중대원들에게 만찬도 두 배로 제공하는 것이 합당하겠습니다."

[24] 중대장이 말했다. "제우스 신에게 맹세하건대, 총사령관님이 저희에게 두 배의 위장도 함께 제공하시지 않는다면 하루에 그렇게 해서는 안 됩니다."

그날의 식사는 그런 식으로 끝이 났다. 이튿날 키루스는 자신이 약속한 대로 그 중대원 전체를 식사에 초대했고, 그다음 날에도 중대원들을 다시 식사에 초대했다. 다른 모든 중대도 이 이야기를 듣고서 그 중대를 본받았다.

제4장

[1] 키루스가 전군을 집결시키고서 전투태세 전반을 면밀하게 점검하고 있을 때, 키악사레스가 전령을 보내 인도에서 사신들이 도착했다고 알려 왔다. 그 전령은 이렇게 전했다. "키악사레스 왕께서 총사령관님을 가능한 한 빨리 오라고 하십니다. 그리고 키악사레스 왕께서는 총사령관님께 아주 아름다운 옷도 보내셨습니다. 키악사레스 왕께서는 인도 사신들이 총사령관님이 어떤 모습인지 보고 싶어 하기 때문에 가능한 한 화려하고 눈부시게 입고 오기를 바라고 계십니다."

[2] 이 말을 들은 키루스는 자기 앞에 서 있는 중대장에게 그의 중대 선두에 서서 중대원들을 일렬종대로 세우고 중대장 자신은 전군의 모든 대열의 오른쪽에 서서 기준을 잡으라고 명령했다. 두 번째 중대장에게도 똑같이 하라고 명령했고, 다른 모든 중대장에게도 똑같은 명령을 하달했다. 모든 중대장은 신속하게 중대원들을 지휘해 명령은 순식간에 수행되었다. 잠시 후 300명이 선두에 나란히 정렬해 있었다. 이것은 키루스군에 소속된 중대장들의 수이고, 각각의 중대장 뒤로는 100명의 중대원이 일렬종대로 서 있었다.

[3] 대형이 갖춰지자 키루스는 전군에 자기를 따라오라고 명령했다. 그리고 선두에 서서 빠른 속도로 구보를 했다. 하지만 키악사레스 왕궁으로 가는 길이 좁아 이 대형을 유지한 채로 나아갈 수 없다는 것을 알고는, 1연대는 현재의 대형을 유지하고, 2연대는 1연대의 뒤를 따르며, 나머지 연대들도 그런 식으로 자기 앞에 있는 연대의 뒤를 따르

라고 명령했다. 키루스는 쉬지 않고 달렸고, 전군도 연대별로 꼬리를 물고 키루스의 뒤를 따랐다. [4] 키루스는 두 명의 부관을 길 어귀로 보내 어떻게 해야 하는지 모르는 사람에게 무엇을 해야 하는지 알려주게 했다.

전군이 키악사레스 왕궁 문 앞에 도착하자 키루스는 첫 번째 중대장에게 그의 중대를 12명을 한 조로 여러 종대로 정렬시켜서, 각 종대의 지휘관들은 왕궁을 바라보고 선두에 서라고 명령했다. 이 명령은 두 번째 중대장을 비롯한 모든 중대장에게도 하달되었다.

[5] 전군이 이런 식으로 대형을 갖추는 동안, 키루스는 검소하고 꾸밈없는 페르시아식 복장으로 키악사레스에게 나아갔다. 키악사레스는 키루스가 아주 신속하게 와준 것에 기뻐했지만, 키루스가 평범하고 검소하게 옷을 입은 것을 보고는 화가 나서 말했다. "이게 뭔가, 키루스? 어쩌자고 인도인들에게 이런 모습을 보이려 하는 것인가? 나는 네가 가장 눈부신 모습으로 와주기를 바랐다. 내 조카인 네가 최대한 위엄 있는 모습으로 나타나는 것이 나의 체면을 세워주기 때문이지."

[6] 그 말에 키루스가 대답했다. "제가 자주색 옷으로 화려하게 차려입고 팔찌를 차고 목걸이를 걸치고서 오느라고 외삼촌의 명령에 느릿느릿 복종하는 것이 지금 이렇게 많은 정예군을 이끌고 급히 달려옴으로써 외삼촌의 명령에 복종한 것보다 외삼촌의 체면을 더 세워드리는 것이라고 보십니까? 저는 외삼촌의 명령을 온 힘을 다해 수행하느라 땀으로 범벅이 되었고, 다른 사람들에게도 이렇게 외삼촌께 복종하라고 모범을 보인 것입니다."

키루스가 이렇게 말하자, 키악사레스는 그의 말이 옳다고 생각하고 인도인들을 불렀다. [7] 인도 사신들이 들어와서는 자신들의 왕이 메디아와 아시리아가 무슨 이유로 전쟁을 하게 된 것인지 알아보기 위해 자신들을 보낸 것이라고 말했다. "저희 왕께서는 메디아 왕의 대답을 들은 후 이번에는 아시리아 왕에게로 가서 똑같은 질문을 하라고 저희에게 명령하셨습니다. 그리고 마지막으로 인도의 왕께서는 어느 쪽이 정당한지 숙고하신 뒤에 부당한 일을 당한 쪽의 편에 서겠다고 선언하시고는 이 말을 양쪽 모두에 전하라고 하셨습니다."

[8] 사신들의 말이 끝나자 키악사레스가 대답했다. "내가 당신들에게 하고 싶은 말은 우리가 아시리아에 잘못한 일이 전혀 없다는 것입니다. 그러니 당신들이 원한다면, 지금 아시리아 왕에게 가서 그가 무엇이라고 말하는지 알아보십시오."

그러자 그 자리에 있던 키루스가 키악사레스에게 "제 생각을 말씀드려도 되겠습니까?"라고 물었고, 키악사레스는 그렇게 하라고 대답했다. 그래서 키루스가 말했다. "키악사레스 왕께서 다르게 생각하지만 않으신다면, 아시리아 왕이 우리가 잘못을 저질렀다고 말하는 경우에는 인도의 왕께서 심판관이 되어주시기를 바라는 것이 우리의 입장이라고 당신들의 왕께 전해주십시오." 인도의 사신들은 이 말을 들은 뒤에 그 자리를 떠났다.

[9] 인도 사신들이 나가자 키루스는 키악사레스에게 이렇게 말하기 시작했다. "외삼촌, 저는 본국에서 여기로 올 때 많은 돈을 가져오지 않았고, 가져온 돈도 병사들을 위해 써버려서 이제 거의 남아 있지 않습니다.

아마도 외삼촌은 제 군대를 유지하는 비용을 외삼촌이 다 대주고 계시는데, 제가 그 돈을 거의 다 썼다고 하니 의아해하실지도 모르겠습니다. 하지만 저는 제 병사들 중에 치하할 만한 일을 한 병사가 있을 때마다 포상하고 맛있는 음식을 제공하는 데만 돈을 썼고 다른 데는 일체 돈을 쓰지 않았다는 것을 알아주십시오. [10] 왜냐하면 무슨 일이든지 훌륭한 협력자를 만들려면 고통을 주어 강제로 일하게 하는 것보다 좋게 말하고 좋게 대해 스스로 일하게 하는 편이 더 낫다고 저는 생각하기 때문입니다.

그러니 전쟁과 관련된 일에서 의욕적이고 열성적인 협력자를 만들려면 모든 것에서 좋게 말하고 좋게 대해 사람들의 마음을 사로잡아야 한다는 것이 저의 소신입니다. 장차 주저 없이 함께 싸우는 전우가 되어줄 사람들, 지휘관이 잘되는 것을 시기하지 않을 사람들, 지휘관이 곤경에 처했을 때 배신하지 않을 사람들은 적이 아니라 친구이기 때문입니다.

[11] 따라서 이것을 미리 알고 있는 저로서는 돈이 더 필요하다고 생각합니다. 하지만 외삼촌이 돈을 써야 할 곳이 많다는 사실을 저도 알고 있기 때문에 외삼촌만 바라보는 것은 옳지 않아 보입니다. 그래서 제 생각에는 어떻게 하면 외삼촌에게 돈이 부족하지 않을지 저와 외삼촌이 함께 강구하는 것이 옳을 것 같습니다. 외삼촌에게 돈이 많으면 제가 돈이 필요할 때마다, 특히 외삼촌에게 더 큰 이득을 가져다줄 일에 제가 돈을 써야 할 경우에 저는 그 돈을 외삼촌에게서 가져다 쓸 수 있을 것임을 알기 때문입니다.

[12] 그런데 저는 최근에 아르메니아 왕이 적군이 우리를 침공했다는 말을 듣고, 지금 외삼촌을 얕잡아 보고는 지원군도 보내지 않고 바치기로 되어 있던 공물도 보내지 않고 있다는 말을 외삼촌에게서 들었던 것으로 기억합니다."

키악사레스가 말했다. "그자가 지금 그렇게 하고 있지. 그래서 나는 당장 그곳으로 진격해 그를 굴복시키고 우리에 대한 의무를 다하도록 하게 만들지, 아니면 또 다른 적을 만들지 않기 위해 당분간 그대로 놓아둘지 고심하고 있다."

[13] 키루스가 물었다. "아르메니아 왕의 주거지는 모두 요새 같은 곳에 있습니까, 아니면 그중 일부는 쉽게 공격할 수 있는 곳에 있습니까?"

키악사레스가 대답했다. "그의 주거지는 완전히 요새 같은 곳에 있지는 않다. 나도 그 점을 고려해보았지. 하지만 거기에는 산에 요새들이 있어 나의 아버지께서 전에 그러셨듯이 군을 주둔시켜 그를 포위하고 있지 않으면, 그가 산으로 몰래 도망가 은신하는 경우에는 우리에게 잡히지 않고 지낼 수가 있다."

[14] 그러자 키루스가 이렇게 말했다. "외삼촌이 적절하다고 생각되는 정도의 기병대 병력을 주어 저를 그곳으로 보내주신다면, 신들의 도우심으로 제가 그로 하여금 외삼촌께 지원군도 보내고 공물도 바치게 할 수 있을 것입니다. 게다가 저는 그가 우리에게 지금보다 더 좋은 친구가 될 수도 있을 것이라고 생각합니다."

[15] 키악사레스가 말했다. "나도 그들이 나보다는 네게 접근해 올 것이라고 생각한다. 왜냐하면 아르메니아 왕의 아들들 중 몇이 전에 너와 함께 사냥했다는 말을 나도 들었다. 아마도 그 아들들이 너를 접촉하려 할 것이라고 생각된다. 어쨌든 그렇게 해서 그들이 너의 수중에 들어오면, 모든 것을 우리가 원하는 대로 할 수 있게 될 것이다."

키루스가 말했다. "그러면 외삼촌은 우리의 이러한 계획을 은밀하게 진행하는 것이 좋다고 생각하지 않으십니까?"

키악사레스가 말했다. "물론이지. 그렇게 해서 그 아들들 중 적어도 한 명 정도는 너의 수중에 들어올 것이고, 그런 상태에서 그들을 공격한다면 그들은 아무런 대비도 하지 못한 채 함락되고 말 것이다."

[16] 키루스가 말했다. "그러면 제가 드리는 말씀이 외삼촌에게 어떻게 들리는지 한번 생각해보십시오. 저는 제 군대 전체를 데려가서 외삼촌의 영토와 아르메니아인의 영토 사이에 있는 접경지대에서 자주 사냥을 했고, 지금 여기에 있는 동지들 중 몇몇 기병들과도 함께 그곳으로 가곤 했습니다."

키악사레스가 말했다. "그래서 네가 또다시 그렇게 한다고 해도 의심을 받지 않겠지. 하지만 네가 평소에 사냥할 때 데려간 것보다 더 많은 병력을 데려온 것을 그들이 알아차린다면, 그 즉시 그들은 의심을 하게 될 것이다."

[17] 키루스가 말했다. "하지만 그런 경우에도 그럴 듯한 연막작전을 편다면 가능할 것입니다. 즉, 제가 한번 많은 병력을 동원해 사냥을 대대적으로 하려 하고, 이를 위해 외삼촌에게 기병대와 함께 사냥하게 해달라고 공개적으로 요청했다는 말을 퍼뜨리고, 누군가가 이 사실을 아르메니아 왕에게 보고한다면 그는 그 말을 믿게 될 것입니다."

키악사레스가 말했다. "아주 좋은 계획이다. 또한 나는 아시리아와의 접경지대에 있는 전초기지들을 순시한다는 핑계로 네게 사냥에 필요한 적정한 수의 병력 외에는 더 많은 병력을 줄 수 없다고 하겠다. 그리고 실제로 나는 전초기지들로 가서 그곳의 방비를 강화하려고 한다. 네가 우선 주어진 병력을 데려가서 이틀 동안 사냥을 하고 있으면, 나는 내가 이끌고 간 병력 중 충분한 수의 기병과 보병을 네게 보낼 것이다. 그 추가 병력이 도착하는 즉시 너는 쳐들어가거라. 나는 다른 병력을 이끌고 네게서 멀지 않은 곳에 있다가 기회를 봐서 필요한 때 출격하겠다."

[18] 이렇게 말한 후에 키악사레스는 전초기지들을 순시하려고 즉시 기병대와 보병대를 소집했고, 전초기지들로 가는 길목에 식량을 실은 마차들을 먼저 보냈다. 키루스는 한편으로는 출정의 성공을 기원하는 제를 올렸고, 다른 한편으로는 키악사레스에게 사람을 보내 젊은 기병들을 요청했다. 아주 많은 기병이 가고 싶어 했지만, 키악사레스는 키루스와 짠 전략대로 그에게 많은 기병을 주지 않았다. 키악사레스가 자신의 기병대와 보병대를 이끌고 전초기지들을 향해 떠나고 나서, 키루스가 아르메니아 원정을 위해 올린 제에서 길조가 나왔다. 그래서 키루스는 마치 사냥을 위한 출병인 것처럼 준비하고서 출발했다.

[19] 키루스가 길을 가다가 가장 먼저 만난 들판에서 토끼 한 마리

가 튀어나왔다. 그러자 독수리 한 마리가 나타나서 도망치는 토끼를 보고 낚아챈 다음 그 먹잇감을 멀지 않은 곳에 있는 바위로 가져가서 쪼아 먹었다. 이 징조를 본 키루스는 기뻐서 주신인 제우스 신에게 경배한 다음 함께 있던 사람들에게 [20] "신이 길조를 보여주시는 것 같으니 우리의 사냥은 잘될 것입니다"라고 말했다.

키루스는 접경지대에 도착하자마자 늘 그랬듯이 즉시 사냥을 시작했다. 키루스가 데려온 보병과 기병의 대부분은 키루스 앞에 일렬로 서서 앞으로 나아갔는데, 이것은 숨어 있던 사냥감들이 놀라서 수풀에서 뛰쳐나오게 하려는 것이었다. 그리고 보병과 기병 중에서 최고의 병사들은 조금 뒤에서 기다리고 있다가 뛰쳐나온 사냥감들을 추격했다. 이렇게 하여 그들은 많은 멧돼지와 사슴과 영양과 야생 당나귀를 잡았다. 그 지역에는 오늘날까지도 야생 당나귀가 많이 서식하고 있다.

[21] 사냥을 끝낸 키루스는 아르메니아 국경 쪽으로 가까이 갔고, 키루스와 그의 군대는 거기에서 저녁 식사를 했다. 이튿날 키루스는 자신의 공격 목표인 요새가 있는 산으로 가서 다시 사냥을 시작했다. 사냥이 끝나자 다시 거기에서 식사를 했다. 키루스는 키악사레스가 보낸 군대가 오고 있다는 것을 알고는 은밀히 그들에게 사람을 보내 자기 부대로부터 10킬로미터 정도 뒤쪽에서 자리를 잡고 식사를 하도록 명령했다. 그렇게 하는 것이 기밀을 유지하는 데 도움이 될 것이라고 예상했기 때문이다. 그리고 그 부대의 지휘관들에게 저녁 식사를 끝낸 후에 자기에게 오라고 전했다. 그들이 도착하자 키루스는 이렇게 말했다.

[22] "친구 여러분, 아르메니아 왕은 전에 키악사레스 왕의 동맹이자 신하였습니다. 그러나 지금 적군이 우리를 침공해 오고 있다는 것을 안 뒤에는 우리를 얕잡아 봐서 우리에게 군대도 보내오지 않고 공물도 바치지 않고 있습니다. 이제 우리는 그자를 사냥하려고 이곳에 왔습니다. 내게는 계획이 있습니다. 크리산타스, 적당히 휴식을 취한 후에 우

리와 함께 온 페르시아군의 절반을 데리고 산길을 따라가서 아르메니아 왕이 겁을 집어먹을 때마다 은신한다고 하는 산의 요새들을 장악하십시오.

[23] 내가 당신에게 길잡이들을 붙여주겠습니다. 지금 그 산에는 숲이 울창하게 우거져 있다고 하니, 여러분이 눈에 띌 염려는 없어 보입니다. 하지만 날쌘 병사들을 그 인원이나 복장에서 산적으로 보이게 위장시켜 본대에 앞서 정찰대로 보낸다면, 이 작전을 수행하다가 아르메니아인을 마주친다고 해도 그들을 붙잡아 이 작전이 적에게 알려지는 것을 막을 수 있습니다. 만일 그들을 붙잡지 못하는 경우가 생긴다고 해도, 산적으로 위장한 정찰대에 놀라 멀리 도망하느라고 본대를 볼 수 없게 될 것이니, 단지 산적이 출현했다고 생각하고 이에 대한 대책만 세우게 될 것입니다.

[24] 당신이 그렇게 하면 나는 동이 트자마자 절반의 보병과 모든 기병을 이끌고 들판을 곧장 가로질러 가서 아르메니아 왕의 왕궁을 공격할 것입니다. 아르메니아 왕이 대항하는 경우에는 우리가 맞서 싸워야 할 것이고, 그가 들판으로 후퇴하는 경우에는 우리가 그를 추격해야 할 것입니다. 하지만 그가 산속으로 도망치는 경우에는 산으로 오는 자들을 단 한 사람도 놓치지 않고 다 붙잡는 것이 당신에게 주어진 임무입니다.

[25] 사냥에 비유하자면, 우리는 사냥감을 모는 역할을 하는 것이고 당신은 덫을 지키는 역할을 한다고 생각하십시오. 그러니 사냥감이 다른 곳으로 튀기 전에 먼저 길목을 막고 잡아야 한다는 것을 명심해야 합니다. 사냥감이 다가오다가 다른 곳으로 도망가지 못하게 하려면 길목을 지키고 있는 사람들이 들키지 않아야 합니다.

[26] 하지만 크리산타스, 당신은 평소에 사냥할 때 종종 잠을 자지 않고 밤을 지새우며 뭔가를 하곤 했는데, 이번에는 그렇게 해서는 안

됩니다. 당신의 병사들을 충분히 쉬게 해 경계를 설 때 졸지 않게 해야 합니다.

[27] 당신은 평소에는 길잡이 없이 사냥감이 이끄는 곳이면 어디든 좇아 달려서 산을 오르락내리락하며 헤집고 다녔지만, 이번에는 다니기 어려운 곳은 가지 말고 길잡이에게 너무 돌아가는 길이 아니라면 가장 쉬운 길로 안내하라고 하십시오.

[28] 군대에게는 가장 쉬운 길이 가장 빠른 길이기 때문입니다. 당신이 산을 뛰어다니는 데 익숙하다고 병사들에게 뛰어가게 하지 말고 적절한 수준에서 서둘러 잘 따라올 수 있게 해야 합니다.

[29] 가장 힘이 좋고 열정도 있는 몇몇 병사들에게 뒤쪽에서 행군하면서 처지는 병사들을 격려하게 하는 것도 좋습니다. 행군하는 병사들 옆으로 그런 병사들을 일렬종대로 뛰어가게 하면, 그때마다 모든 병사가 그것을 보고 자극을 받아 서두르게 될 것입니다."

[30] 크리산타스는 이 말을 듣고 키루스가 자기에게 임무를 부여한 것을 크게 기뻐하며 길잡이들을 데리고 나갔다. 그 후 자기와 함께 가게 될 병사들에게 필요한 지시를 하고 나서 휴식을 취했다. 병사들이 적당히 잠을 자고 난 뒤에, 크리산타스는 그 병사들을 데리고 산을 향해 출발했다.

[31] 이튿날이 되자 키루스는 사자를 아르메니아 왕에게 보내 이렇게 전하게 했다. "아르메니아 왕이여, 키루스는 가능한 한 빨리 공물과 군대를 보낼 것을 당신에게 명령한다." 아울러 사자에게 이렇게 지시했다. "아르메니아 왕이 내가 어디 있느냐고 물으면 내가 국경에 있다고 사실대로 말하라. 그가 내가 직접 오고 있느냐고 물으면 모른다고 이번에도 사실대로 말하라. 그가 우리의 병력이 얼마나 되느냐고 물으면 사람을 딸려 보내 알아보라고 말하라."

[32] 키루스가 이런 지시 사항들을 주어서 사자를 보낸 것은 미리

알리지 않고 진군하는 것보다 이렇게 미리 알리는 것이 더 우호적인 처사라고 생각했기 때문이다. 키루스는 행군하는 데도 편하고 아울러 전투하기에도 최적인 대형을 갖추고서 자신의 군대를 이끌고 출발했다. 키루스는 병사들에게 아무에게도 해를 끼치지 말고, 아르메니아인을 마주쳤을 때는 그들을 안심시킨 후에 누구든지 원하는 사람은 어디서든 시장을 열어 먹을 것이나 마실 것을 팔아도 된다고 말해주라고 미리 당부했다.

제3권
아르메니아 원정

제1장

[1] 키루스가 이렇게 진격해 오고 있는 동안, 아르메니아 왕은 키루스가 보낸 사자의 전갈을 듣고 대경실색했다. 자기가 공물을 바치지 않고 지원군을 보내지 않은 것이 잘못된 일임을 알고 있었기 때문이기도 했지만, 무엇보다도 그는 공격해 오는 적을 충분히 막을 수 있도록 왕궁을 튼튼하게 지으려 한 자신의 계획이 탄로 난 것이 두려웠기 때문이다.

[2] 자신이 저지른 이 모든 잘못을 생각하고서 잔뜩 겁을 집어먹은 아르메니아 왕은 한편으로는 사방으로 전령을 보내 자기 군대를 모았다. 다른 한편으로는 자신의 작은 왕자 사바리스와 왕비와 왕자비와 공주들을 산으로 피신시키면서 값비싼 장신구들과 가재도구들도 함께 보냈고 경호대도 딸려 보냈다. 또한 그는 키루스가 어떻게 하고 있는지 염탐하도록 정찰병을 보냄과 동시에, 자기에게 온 아르메니아군을 곳곳에 배치했다. 사람들은 키루스가 이미 아주 가까이 왔다는 소식을 속속 전해 왔다.

[3] 그러자 아르메니아 왕은 키루스와 정면으로 맞붙어 싸워서는 승산이 없다고 생각해 퇴각했다. 왕이 퇴각하는 것을 본 아르메니아 병사들은 각자 자신의 재산을 지키려고 뿔뿔이 흩어져 집으로 돌아갔다. 키루스는 평지에 이리저리 달리며 분주하게 움직이는 사람들로 가득한 광경을 보았다. 그는 사람들을 보내 거기에 그대로 남아 있는 자들은 적으로 간주하지 않겠지만, 도망가다가 잡힌 자들은 누구든지 적으로 간주하겠다고 알리게 했다. 그래서 대부분의 아르메니아인은 거기에 그대로 남아 있었지만 일부는 왕과 함께 퇴각했다.

[4] 왕의 여자들을 호위해 가던 아르메니아 병사들은 산에 있던 키루스군의 병사들과 마주치자 비명을 지르며 도망가려고 했지만 대부분이 붙잡혔다. 결국, 작은 왕자와 왕비와 왕자비와 공주들은 붙잡혔고 그들이 가져온 값비싼 귀중품들도 빼앗겼다. 아르메니아 왕은 그런 일이 벌어진 것을 알고 혼비백산해 어디로 가야 할지 갈피를 잡지 못하다가 어느 작은 산으로 도망쳐 몸을 피했다.

[5] 이것을 본 키루스는 자신이 이끌고 있는 병사들을 가지고 그 작은 산을 포위했고, 크리산타스에게는 전령을 보내 산에는 경계 병력만 남겨두고 철수하라고 명령했다. 이렇게 하여 키루스의 병력은 다시 합쳐졌다.

그런 다음 키루스는 아르메니아 왕에게 전령을 보내 이렇게 물었다. "아르메니아 왕이여, 당신은 거기에 남아 굶주림과 목마름을 상대로 싸우기를 바라는지, 아니면 평지로 내려와 우리와 싸우기를 바라는지 내게 말해보십시오." 그러자 아르메니아 왕은 어느 쪽과도 싸우기를 바라지 않는다는 대답을 보냈다.

[6] 키루스가 다시 전령을 보내 물었다. "그렇다면 왜 당신은 내려오지 않고 거기에 눌러앉아 있습니까?"

아르메니아 왕이 대답했다. "이제 어떻게 해야 할지를 모르기 때문입니다."

키루스가 말했다. "당신은 내려와서 재판을 받을 수 있으므로 어떻게 해야 할지 모른다는 것은 전혀 말이 되지 않습니다."

아르메니아 왕이 물었다. "나를 재판할 사람이 누구입니까?"

"분명히 그는 재판 없이도 자신이 하고 싶은 대로 당신에게 할 수 있는 권한을 신으로부터 받은 사람입니다."

그러자 아르메니아 왕은 어쩔 도리가 없다는 것을 알고 은신해 있던 작은 산에서 내려왔다. 키루스는 아르메니아 왕과 그가 지니고 있던 모든 것을 그들 가운데 두고서 그 주위에 진을 쳤다. 이때 키루스의 병력은 한곳에 집결해 있었다.

[7] 이 시점에 아르메니아 왕의 큰 왕자인 티그라네스가 외국에 갔다가 돌아왔는데, 전에 키루스와 함께 사냥을 했던 사람이 바로 그 왕자였다. 그는 그동안에 어떤 일들이 벌어졌는지 듣고는 전에도 그랬던 것처럼 이번에도 즉시 키루스를 찾아왔다. 그리고 아버지와 어머니, 형제와 누이들, 그리고 자신의 부인까지 포로로 잡혀 있는 것을 보고는 눈물을 흘렸다.

[8] 티그라네스를 본 키루스는 그에게 어떤 호의도 보이지 않았고, 단지 "때맞춰 잘 돌아왔으니 자네 아버지의 재판에 참석할 수 있겠군"이라는 말만 했을 뿐이다. 그리고 키루스는 즉시 페르시아와 메디아의 지휘관들을 소집했고, 거기에 있던 아르메니아의 귀족들도 불렀다. 또한 마차에 타고 있던 여자들도 배제하지 않고 재판에 참석하는 것을 허락했다.

[9] 모든 것이 제대로 갖춰지자 키루스는 심리를 시작했다. "아르메니아 왕이여, 먼저 나는 당신이 이 재판에서 가장 가증스러운 한 가지 잘못을 저지르지 않기 위해 진실만을 말할 것을 충고합니다. 거짓말을 했다가 탄로 나는 것이야말로 사람들이 관용을 베풀 기회를 가장 심각

하게 방해하는 것임을 명심하십시오. 게다가 여기에 있는 당신의 자녀들과 여자들은 말할 것도 없고 아르메니아인도 당신이 한 일들을 모두 알고 있습니다. 따라서 그들은 당신이 사실과 다른 말을 하고 있다는 것을 알게 되면, 내가 그 진실을 알았을 때 당신이 스스로를 극형에 처해지도록 내몰고 있다고 생각할 것입니다."

아르메니아 왕이 말했다. "키루스시여, 어떤 결과가 벌어지더라도 나는 진실만을 말할 테니 당신이 묻고 싶은 질문을 물으십시오."

[10] 키루스가 말했다. "당신은 나의 외할아버지이신 아스티아게스 왕과 그분이 이끈 메디아 군과 전쟁을 한 적이 있습니까?"

아르메니아 왕이 대답했다. "있습니다."

"당신은 아스티아게스 왕에게 패배한 후에 공물을 바치고, 그가 지시한 곳에 군대를 파견하며, 요새를 보유하지 않겠다고 합의했습니까?"

"그렇습니다."

"그런데 왜 지금 당신은 공물을 바치지도 않고, 군대를 파견하지도 않고, 요새를 짓고 있습니까?"

"나는 자유를 원했습니다. 나 자신이 자유를 얻고 내 자손들에게 자유를 물려주는 것이 고귀한 일이라고 생각했기 때문입니다."

[11] 키루스가 말했다. "어떤 사람이 자기는 절대로 노예가 될 수 없다고 생각해 싸우는 것은 고귀한 일입니다. 하지만 전쟁에서 지거나 그 밖의 다른 어떤 이유로 노예가 된 사람이 주인에게서 도망치다가 발각되었다면, 당신은 그 사람을 고귀한 일을 한 훌륭한 사람으로 여기고 상을 주겠습니까, 아니면 그를 붙잡아서 죄인으로 여기고 처벌하겠습니까?"

아르메니아 왕이 대답했다. "당신은 내가 거짓말을 하는 것을 허용하지 않을 것이니, 솔직히 말하면 나는 그를 처벌할 것입니다."

[12] 키루스가 말했다. "그러면 다음과 같은 질문들 각각에 대해 분

명하게 대답해주십시오. 당신의 관리들 중 어느 한 사람이 잘못을 저질 렀다면 당신은 그가 계속 그 관직을 맡게 하겠습니까, 아니면 그의 관 직을 빼앗고 다른 사람을 그 관직에 앉히겠습니까?"

"나는 다른 사람을 그 관직에 앉히겠습니다."

"그가 큰 부를 소유하고 있는 경우에는 그가 계속 부자로 살게 내 버려두겠습니까, 아니면 가난하게 만들겠습니까?"

아르메니아 왕이 대답했다. "그가 가지고 있는 모든 것을 몰수하겠 습니다."

"그가 적에게서 도망치려 하는 것을 알았다면 어떻게 하시겠습니까?"

아르메니아 왕이 대답했다. "내가 거짓말을 하면 스스로 죽음을 자 초할 것이 뻔하니, 사실대로 말하면 나는 그를 죽일 것입니다."

[13] 아르메니아 왕이 이렇게 말하는 것을 들은 티그라네스 왕자는 머리에 쓰고 있던 티아라⁴¹를 벗어던지고 자신이 입고 있던 옷을 찢었 다. 여자들은 아버지가 죽게 생겼고 자신들도 다 망하게 되었다고 생각 해 각자의 빰을 쥐어뜯으며 통곡했다.

키루스는 그들에게 조용히 하라고 명령한 후에 이렇게 말했다. "좋 습니다, 아르메니아 왕이여. 그런 것들이 당신이 생각하는 정의군요. 그 러한 정의에 비추어보았을 때, 당신은 우리가 당신에게 어떻게 해야 한 다고 조언하겠습니까?"

아르메니아 왕은 키루스에게 자기를 죽이라고 조언할 수도 없고, 자기라면 어떻게 하겠다고 지금까지 말한 바와 반대되는 것을 하라고

---

41 여기에서 "티아라"는 페르시아식 모자를 가리킨다. 원래는 그리스인과 로마인이 동방 이민족이 착용하던 펠트로 만든 원뿔 모양의 모자를 "티아라"라고 불렀다. "펠트"는 양 모에 습기와 열을 가해 압축시킨 천으로 보온성이 좋고 충격을 완화시켜준다. 그리스와 로마의 조각에 나오는 "티아라"로는 페르시아 모자, 프리지아 모자, 아르메니아 모자, 미트라 모자 등이 있다.

키루스에게 조언할 수도 없는 진퇴양난의 궁지에 몰려 아무 말도 할 수 없었다.

[14] 아르메니아 왕의 왕자인 티그라네스가 키루스에게 물었다. "키루스시여, 저의 아버지께서 당황하셔서 어떻게 대답해야 할지 몰라 하시는 듯하니, 당신이 저의 아버지께 어떻게 하는 것이 가장 좋을지 제가 생각한 것을 조언해도 되겠습니까?"

키루스는 전에 티그라네스와 함께 사냥할 때 티그라네스가 자신이 존경하는 철학자와 함께 있는 것을 보았기 때문에, 그가 무엇이라고 말할지 몹시 궁금해져 그의 생각을 기탄없이 말해보라고 했다.

[15] 티그라네스가 말했다. "당신이 저의 아버지께서 조언하신 것과 실천하신 것을 수긍하고 높이 평가하신다면, 저는 당신에게 저의 아버지를 그대로 본받으시라고 조언합니다. 반면, 저의 아버지께서 모든 것에서 잘못해왔다고 당신이 생각하신다면, 저는 당신에게 저의 아버지를 본받지 마시라고 조언합니다."

키루스가 말했다. "내가 올바른 것을 행하고자 한다면 적어도 잘못을 해온 사람을 본받아서는 안 될 것입니다."

티그라네스가 말했다. "그렇습니다."

"당신의 말에 따르면, 잘못한 사람은 벌을 받는 것이 정의이기 때문에 당신의 아버지는 벌을 받는 것이 마땅합니다."

"키루스시여, 당신에게 이익이 되는 쪽으로 처벌하는 것과 당신에게 해를 입히는 쪽으로 처벌하는 것 중에서 당신은 어느 쪽이 더 좋다고 생각하십니까?"

키루스가 대답했다. "후자의 경우에는 내가 나 자신을 벌하는 꼴이 될 것입니다."

[16] 티그라네스가 말했다. "당신에게 아주 큰 이익을 가져다줄 사람들이 절실하게 필요할 때 그 사람들을 죽이는 것은 당신 자신에게 큰

해를 입히는 것입니다."

키루스가 반문했다. "내게 잘못을 저지르다가 붙잡힌 사람들이 어떻게 내게 아주 큰 이익을 가져다주는 사람들이 되겠습니까?"

티그라네스가 대답했다. "그들에게 분별력이 있다면 그렇게 될 것이라고 저는 생각합니다. 키루스시여, 제 생각에는 만일 그들에게 분별력이 결여되어 있다면 다른 미덕들을 갖추고 있더라도 그런 미덕들은 아무 소용이 없을 것입니다. 어떤 사람에게 분별력이 결여되어 있다면 그 사람이 아무리 힘이 세거나 용맹하거나 말을 잘 타거나 부자거나 한 국가의 군주라고 할지라도 그것이 무슨 소용이 있겠습니까? 반면 어떤 사람에게 분별력이 있다면 그가 친구이든 하인이든 이익이 될 테니 좋은 일일 것입니다."

[17] 키루스가 물었다. "그러니까 당신은 예전에는 분별력이 없던 당신의 아버지에게 하루아침에 분별력이 생겼다고 말하고 있는 것입니까?"

티그라네스가 말했다. "정확히 그렇게 말했습니다."

"그렇다면 당신은 분별력을 배워서 알게 되는 것이 아니라, 슬픔처럼 혼의 성정이라고 말하고 있는 것입니다. 분별력을 갖기 위해 먼저 현명해져야 하는 것이 사실이라면, 분별력이 없던 사람이 갑자기 분별력이 있는 사람이 될 수 없을 것임은 분명하기 때문입니다."

[18] 티그라네스가 말했다. "키루스시여, 당신은 어떤 사람이 분별력이 없어서 자기보다 더 강한 사람과 맞붙어 싸웠다가 패배하고 나서는, 그 사람이 자기에게 분별력이 없었다는 것을 깨닫고서 즉시 분별력을 되찾는 것을 보지 못하셨습니까? 또한 한 국가가 다른 국가와 맞서 싸우다가 패배한 뒤에 즉시 계속 싸우려 하지 않고 항복하는 것을 보지 못하셨습니까?"

[19] 키루스가 물었다. "당신은 당신의 아버지가 패배해 분별력을

갖게 되었다고 자신 있게 단언하고 있는데, 도대체 당신의 아버지가 이번 패배로 어떤 분별력을 갖게 되었다는 것입니까?"

티그라네스가 대답했다. "이번 패배로 제 아버지는 자신은 자유를 바랐지만 실제로는 이전보다 더 심한 노예가 되었다는 것을 아셨습니다. 자신이 앞날을 내다보고 선수를 쳐서 비밀리에 또는 무력을 사용해 해내야 한다고 생각했던 일들 중에서 단 하나도 이룰 능력이 없다는 것도 아셨습니다. 제 아버지는 당신이 그를 속이려고 마음먹었을 때는 맹인이나 귀 먹은 사람이나 분별력이 전혀 없는 사람을 속이듯이 아주 손쉽게 속일 수 있었다는 것도 이제 아셨습니다. 또한 제 아버지는 당신은 비밀리에 움직여야 한다고 생각했을 때 실제로 그렇게 비밀리에 움직여서, 자신의 안전한 요새가 되어줄 것이라고 생각해 미리 준비해놓았던 장소들을 사전에 은밀하게 감옥들로 바꿔놓았다는 것도 이제 아셨습니다. 당신은 속도에서도 저의 아버지보다 월등하게 빨라서, 제 아버지가 자신에게 있는 군대를 모아 배치하기도 전에 당신은 먼 곳에서 대군을 이끌고 이미 와 있었습니다."

[20] 키루스가 말했다. "그러니까 당신은 사람들이 패배해 자신의 상대가 자기보다 우월하다는 것을 알았을 때는 충분히 분별력을 갖게 된다고 생각하는 것입니까?"

티그라네스가 대답했다. "자신의 상대가 자기보다 더 우월하다는 것을 알았을 때는 싸움에서 패배했을 때보다도 훨씬 더 큰 분별력을 갖게 됩니다. 왜냐하면 힘으로 대결해 패배했을 때는 힘을 키우기만 한다면 다시 싸워서 패배를 설욕할 수 있을 것이라 생각하고, 심지어 국가가 정복당했을 때도 동맹국들을 모아 다시 싸우면 패배를 설욕할 수 있다고 생각하기 때문입니다. 반면, 사람들은 어떤 사람이 자기보다 더 우월하다는 것을 인정했을 때는 대부분 강제력을 동원하지 않아도 그 사람에게 기꺼이 복종합니다."

[21] 키루스가 말했다. "당신은 오만방자한 자들은 분별력이 있는 사람들이 자신보다 더 우월하다는 것을 알아보고, 도둑들은 도둑질하지 않는 사람들이 자신보다 더 우월하다는 것을 알아보고, 거짓말쟁이들은 진실을 말하는 사람들이 자기보다 더 우월하다는 것을 알아보고, 불의하게 행하는 자들은 정의롭게 행하는 사람들이 자기보다 더 우월하다는 것을 알아본다고 생각하지만 그것은 말이 되지 않습니다. 그리고 당신은 당신의 아버지가 아스티아게스 왕이 그와 맺은 조약을 우리가 단 한 번도 어긴 적이 없다는 것을 잘 알면서도, 우리를 기만하고 우리와 맺은 조약을 지키지 않은 오만방자한 사람이고 도둑이고 거짓말쟁이고 불의한 사람이라는 것을 알지 못합니까?"

[22] "저는 단지 어떤 사람이 상대가 자신보다 더 우월하다는 사실을 아는 것만으로 분별력을 지니게 된다고 말하고 있는 것이 아닙니다. 저의 아버지처럼 벌도 함께 받아야만 그렇게 된다고 말하고 있는 것입니다."

키루스가 말했다. "하지만 당신의 아버지는 자신이 온갖 극형을 다 받게 될까 봐 두려워하고 있는 것은 틀림없지만, 아직까지는 아무런 벌도 받지 않았습니다."

[23] 티그라네스가 말했다. "그렇다면 당신은 사람들을 굴복시켜 예속하는 데 극심한 두려움보다 더 강력한 것이 있다고 생각하십니까? 가장 강력한 처벌 수단으로 여겨지는 칼에 맞아 부상을 당한 사람들도 자신을 칼로 벤 사람들과 다시 싸우려 한다는 것을 당신은 모르십니까? 반면, 사람들은 자신들이 진정으로 두려워하는 사람이 그들에게 얼굴을 들어 자기를 보라고 해도 감히 얼굴을 들어 그를 쳐다보지 못합니다."

키루스가 말했다. "그러니까 당신은 사람들에게 두려움을 느끼게 하는 것이 실제로 해악을 입히는 것보다 더 큰 벌이라고 말하는 것이로군요."

[24] 티그라네스가 말했다. "당신은 내 말이 사실임을 알고 있습니다. 왜냐하면 자신의 조국에서 추방당할 것을 두려워하는 사람들이나 전투를 앞두고서 패배할 것을 두려워하는 사람들이나 항해를 하면서 난파될 것을 두려워하는 사람들이나 노예가 되거나 감옥에 갇히게 될 것을 두려워하는 사람들은 두려움으로 말미암아 먹지도 못하고 잠을 자지도 못하는 반면, 이미 추방된 사람들이나 이미 패배한 사람들이나 이미 노예가 된 사람들은 행복한 사람들보다 더 잘 먹고 더 잘 잘 수 있다는 것을 당신은 알고 있기 때문입니다.

[25] 다음과 같은 것을 생각해보면 두려움이 사람들을 얼마나 무겁게 짓누르는지 더욱 분명하게 알 수 있습니다. 어떤 사람들은 자기가 붙잡혀 죽게 될 것이 두려워서, 그 두려움 때문에 그런 일이 일어나기도 전에 먼저 스스로 절벽에서 몸을 던지거나 목을 매거나 칼로 자신의 목을 베어 자살하고 맙니다. 이렇게 두려움은 다른 어떤 해악보다도 더 사람의 마음을 짓밟아 제압해버립니다. 지금 제 아버지는 단지 자기 자신만이 아니라 아들인 저와 부인과 모든 자녀가 노예가 될 것을 두려워하고 계신데, 당신은 그런 제 아버지의 심정이 어떨 것이라고 생각하십니까?"

그러자 키루스가 말했다. [26] "나도 당신의 아버지가 지금은 그런 심정이라는 것을 전혀 의심하지 않습니다. 하지만 상황이 자신에게 유리할 때는 거만하게 행동하다가 상황이 불리해지면 금세 두려움에 사로잡혀서 비굴하게 행동하는 사람은 아무런 처벌도 하지 않고 그냥 보내주면 또다시 거만해져 문제를 일으킨다고 나는 생각합니다."

[27] 티그라네스가 말했다. "키루스시여, 제우스 신에게 맹세하건대, 우리가 여러 가지 잘못을 저질렀으니 당신이 우리를 불신하는 것은 당연합니다. 하지만 당신은 이 나라에 요새를 건설할 수도 있고, 기존의 요새를 장악해 거기에 주둔할 수도 있으며, 그밖에도 우리에 대

한 불신을 제거하려고 당신이 하고자 하는 모든 것을 할 수 있습니다. 그리고 당신이 그렇게 해도 우리는 우리가 그 모든 원인을 제공했다는 사실을 잘 알고 있기 때문에, 결코 큰 불만을 품지 않을 것입니다. 하지만 당신이 제 아버지의 통치권을 빼앗아 당신에게 잘못한 적이 없는 다른 사람들에게 이 나라의 통치권을 넘겨주고 그들을 감시하고 불신한다면, 그들은 당신의 은혜를 입었음에도 불구하고 당신을 친구로 생각하지 않을 것임을 아셔야 합니다. 그러니까 당신이 그들의 반감을 사게될 것을 감수하고서라도, 그들이 거만해져서 멋대로 행동하는 것을 막는다는 명분으로 그들에게 무거운 멍에를 씌운다면, 그들은 현재의 제아버지보다 훨씬 더 분별력을 잃게 될 것임을 아셔야 합니다."

[28] 키루스가 말했다. "신들에게 맹세하건대, 나는 나를 싫어하면서도 어쩔 수 없어 마지못해 나를 도와주는 하인들을 바라는 것이 아닙니다. 나에 대한 호의와 우정을 가지고 자신에게 주어진 소임을 수행함으로써 나를 도와주는 하인들이 있다면, 나는 설령 그런 하인들이 잘못을 저지른다 하더라도 그들을 용납할 것입니다. 하지만 나를 미워하면서도 자신에게 주어진 모든 일을 어쩔 수 없어서 마지못해 완벽하게 수행해내는 하인들을 용납할 수는 없을 것이라고 생각합니다."

그러자 티그라네스가 반문했다. "당신이 지금 제 아버지와 우리에게 은혜를 베풀어주셨을 때 우리에게서 얻을 수 있는 것과 같은 그런 우정을 당신은 과연 어디에서 얻을 수 있겠습니까?"

키루스가 대답했다. "지금 당신이 베풀어달라고 사정하는 그런 은혜를 내가 다른 사람들에게 베풀어준다면, 그들은 결코 나의 적이 되지 않고 친구가 되어 그런 우정을 내게 줄 것입니다."

[29] 티그라네스가 말했다. "키루스시여, 당신은 현재의 처지에 있는 제 아버지에게는 큰 은혜를 베풀 수 있지만, 지금 그런 큰 은혜를 베풀 수 있는 다른 사람을 과연 찾을 수 있겠습니까? 예컨대, 당신에게

아무런 잘못도 저지르지 않은 어떤 사람의 목숨을 살려준다면, 그 사람이 당신에게 은혜를 입었다고 생각하겠습니까? 반면, 어떤 사람이 자신의 자녀들과 여자들이 꼼짝없이 죽게 되었다고 생각하고 있는데, 당신이 그들을 죽이지 않는다면 그가 당신에게 얼마나 고마워하겠습니까? 아르메니아 왕위를 잃게 될 제 아버지와 우리가 지금 느끼고 있는 것보다 더 큰 고통을 느낄 사람이 누가 있겠습니까? 그러니 왕위를 잃게 될 때 가장 큰 고통을 느낄 사람이 당신의 은혜로 왕위를 유지한다면, 그가 당신에게 지극히 큰 은혜를 입었다는 사실을 인정하고 깊이 고마워할 것이 분명합니다.

[30] 당신이 여기를 떠나고 나서 이곳이 덜 혼란스럽기를 바라신다면, 여기에 새로운 정부를 세우는 것과 기존의 정부를 유지시키는 것, 이 둘 중 어느 쪽이 이곳을 더 안정되게 만들 것인지 깊이 생각해보십시오. 또한 여기에서 더 많은 수의 군대를 징발하기를 바라신다면, 여기에서 그런 일을 자주 해왔던 사람보다 그 일을 더 제대로 해낼 다른 사람이 있으리라고 생각하십니까? 또한 당신에게 돈이 필요하다면, 돈이 있는 모든 곳을 알고 있고 소유하고 있는 사람보다 그 일을 더 잘해낼 다른 사람이 있으리라고 생각하십니까? 고귀하신 키루스시여, 우리를 내팽개치시면 당신은 저의 아버지가 지금까지 당신에게 해를 입힌 것보다 더 큰 피해를 입게 되실 것임을 유념해주십시오." 이렇게 티그라네스는 말을 마쳤다.

[31] 키루스는 그의 말을 듣고서, 자기가 키악사레스에게 약속한 모든 것이 지금 이루어져가고 있다는 생각이 들어 크게 기뻐했다. 왜냐하면 키루스는 키악사레스에게 자기가 아르메니아인을 이전보다 더 좋은 친구로 만들겠다고 말한 기억을 떠올렸기 때문이다. 그래서 키루스는 아르메니아 왕에게 이렇게 물었다. "내가 모든 것을 당신의 뜻대로 해준다면, 당신은 얼마나 많은 군대를 내게 주어 나와 함께 가게 하고

얼마나 많은 돈을 모아서 줄 수 있겠습니까?"

[32] 그러자 아르메니아 왕이 대답했다. "키루스시여, 나는 당신이 내게 있는 모든 병력을 보고 나서 이곳을 지킬 병력만 남겨두고 나머지 병력 중 필요한 만큼 데려가는 것이 가장 간단하고 옳은 방법이라고 생각합니다. 마찬가지로 돈과 관련해서도 당신이 내게 있는 모든 돈을 보고 나서 원하는 만큼 가져가고 원하는 만큼 남겨주는 것이 옳은 방법이라고 생각합니다."

[33] 키루스가 말했다. "그렇다면 병력은 얼마나 되고 돈은 얼마나 있는지 말해보십시오."

아르메니아 왕이 대답했다. "아르메니아에는 대략 8,000명의 기병과 4,000명의 보병이 있습니다. 그리고 나의 아버지께서 물려주신 재물까지 합쳐 내가 가진 돈은 은으로 환산해 3,000달란트[42]가 조금 넘습니다."

[34] 키루스는 지체하지 않고 말했다. "당신이 이웃인 칼데아인[43]과 전쟁 중인 것을 감안해 당신이 보유한 군대의 절반을 내게 주십시오. 돈과 관련해서는 당신이 그동안 50달란트를 공물로 바쳐왔지만, 이번에는 그 공물을 일방적으로 중단했으니 그 두 배를 키악사레스에게 보내십시오. 그리고 내게는 따로 100달란트를 빌려주십시오. 신께서 나를 잘되게 해주시면, 나는 당신이 내게 돈을 빌려준 것에 대한 보답으

---

42 "달란트"(그리스어로는 '탈란톤')는 고대 서아시아와 그리스에서 사용된 무게 단위로, 그리스에서 1달란트는 26킬로그램이었고, 바빌론에서는 약 30킬로그램이었다. 고대 그리스에서 은 1달란트는 6,000드라크마였고, 1드라크마는 노동자의 하루 품삯이었다.

43 "칼데아인"의 왕국은 바빌로니아 남부 지역인 유프라테스강의 오른쪽 제방에 주로 위치했다. 원래 "칼데아"는 유프라테스강과 티그리스강의 충적물에 의해 형성되어 이 두 강을 따라 100마일의 폭으로 400마일에 걸쳐 있는 남쪽의 광대한 평야를 가리켰지만, 통상적으로 메소포타미아 전체를 가리키는 데 사용되었다. 따라서 여기에서는 아르메니아가 있는 고원지대에 인접한 지역에 살고 있던 "칼데아인"을 가리키는 것으로 보인다.

로 그 돈보다 더 큰 가치가 있는 호의를 베풀거나, 내게 돈이 있는 경우에는 그 돈을 다시 돌려줄 것을 약속합니다. 하지만 내가 돈을 돌려주지 않는다면, 그것은 내가 돈을 갚을 능력이 없어서 그런 것이니 나를 불의하다고 판단하는 것은 옳지 않을 것입니다."

[35] 아르메니아 왕이 말했다. "키루스시여, 신들에게 맹세하건대, 그런 식으로 말하지 마십시오. 당신이 그런 식으로 말한다면 나는 면목이 없어 고개를 들 수 없습니다. 그러니 당신이 가져가는 것이든 남겨두는 것이든 이 모든 것이 당신의 소유라고 생각해주십시오."

키루스가 말했다. "그러면 좋습니다. 당신의 부인을 돌려주면 내게 얼마를 주겠습니까?"

아르메니아 왕이 대답했다. "내가 드릴 수 있는 한도 내에서는 다 드리겠습니다."

"당신의 자녀들을 돌려주면 얼마를 내겠습니까?"

아르메니아 왕이 대답했다. "내가 드릴 수 있는 한도 내에서는 다 드리겠습니다."

키루스가 말했다. "그러면 이미 당신은 지금 가지고 있는 것의 두 배를 내놓아야 합니다. [36] 그리고 티그라네스여, 당신은 당신의 부인을 돌려받기 위해 얼마를 지불하겠습니까?"

마침 티그라네스는 최근에 결혼했고 자기 부인을 지극히 사랑하고 있었기 때문에 이렇게 대답했다. "저는 저의 부인이 노예가 되지 않게 하는 데 제 목숨을 그 대가로 지불하겠습니다."

[37] 키루스가 말했다. "그렇다면 당신의 부인을 데려가십시오. 당신은 내게서 도망간 적이 없으므로 나는 당신의 부인이 전쟁 포로로 붙잡힌 것이라고 생각하지 않습니다. 아르메니아 왕이여, 당신도 당신의 부인과 자녀들의 몸값을 지불하지 않아도 좋으니 그들을 데려가십시오. 당신은 그들이 자유민으로 당신에게 돌아가는 것임을 알았으면 합니다.

그러면 이제 우리와 함께 식사를 합시다. 그리고 식사를 마치고 나면 두 분은 원하는 곳으로 가십시오." 그래서 그들은 거기에 남아 함께 식사를 했다.

[38] 식사를 마치고 막사로 돌아온 키루스가 물었다. "티그라네스여, 전에 우리와 함께 사냥했던 사람이 어디에 있는지 내게 말해줄 수 있겠습니까? 나는 당신이 그 사람을 매우 존경하는 것으로 압니다."

티그라네스가 대답했다. "여기 계신 제 아버지가 그를 죽였습니다."

"당신의 아버지는 그가 어떤 잘못을 저질렀다고 생각한 것입니까?"

티그라네스가 대답했다. "제 아버지는 그가 자기를 완전히 망쳐놓았다고 말씀하셨습니다. 하지만 키루스시여, 그는 너무나 고귀하고 훌륭한 분이어서, 죽어가면서도 나를 불러 이렇게 말했습니다. '네 아버지가 나를 죽였다고 네가 아버지에게 분노해서는 안 된다, 티그라네스. 네 아버지는 악의가 있어 내게 그런 것이 아니라 무지해 그런 것이기 때문이다. 그리고 나는 사람들이 무지해 잘못을 저지르는 것은 전적으로 자신의 의지와는 반대로 행동하는 것이라고 믿는다.'"

[39] 키루스가 그 말을 듣고 말했다. "그것 참! 그럴 수가!"

아르메니아 왕이 말했다. "키루스시여, 사람들은 자기 부인이 다른 남자와 정을 통한 것을 알았을 때 그 남자를 죽이는 이유는 자기 부인에게 어리석은 짓을 하게 만들었기 때문이 아니라, 그 남자가 남편을 사랑하는 부인의 마음을 빼앗아버려 자신의 적이 되었기 때문입니다. 마찬가지로 나는 그 사람이 내 아들에게 나보다도 그를 더 존경하게 만들었다고 생각했기 때문에 그에게 불만을 품은 것이었습니다."

[40] 키루스가 말했다. "아르메니아 왕이여, 신들의 이름으로 맹세하건대, 나는 당신이 저지른 잘못은 인간적인 것이라고 생각합니다. 그리고 티그라네스여, 당신은 당신 아버지의 마음을 이해하고 용서하십시오."

그들은 이런 대화를 하며 화기애애하게 함께 시간을 보내면서 자연스럽게 화해했다. 그런 후에 아르메니아 왕과 그 아들은 흡족해하며 부인들과 함께 마차를 타고 떠났다.

[41] 집으로 돌아온 그들은 키루스의 현명함과 강인함과 온화함과 아름다움과 당당함에 대해 이야기를 나누었다. 그러고 나서 티그라네스가 자기 부인에게 물었다. "아르메니아의 세자비여, 당신도 키루스가 아름답다고 생각합니까?"

그녀가 대답했다. "제우스 신에게 맹세하건대, 저는 그 사람을 쳐다보지도 않았습니다."

티그라네스가 물었다. "그러면 누구를 쳐다보았습니까?"

그녀가 대답했다. "제우스 신에게 맹세하건대, 저를 노예로 만들지 않기 위해 자기 목숨까지 내놓겠다고 말한 사람을 쳐다보았습니다."

이런 말들이 오고 간 후에 당연한 말이지만 두 사람은 함께 잠자리에 들었다.

[42] 이튿날 아르메니아 왕은 키루스와 그의 군대 전체에 선물을 보냈고, 셋째 날에는 전쟁을 계속하려고 대기하고 있던 자신의 군대에게 자기 앞으로 집결할 것을 명령했다. 아르메니아 왕은 키루스가 요구한 돈의 두 배를 보냈지만, 키루스는 자기가 받겠다고 한 만큼만 받고 나머지는 다시 돌려보냈다.

키루스는 아르메니아 왕에게 그와 그의 아들 중에서 누가 아르메니아군을 지휘하겠느냐고 물었다. 그러자 두 사람이 동시에 대답했는데, 아르메니아 왕은 "둘 중에서 당신이 정해주는 대로 하겠습니다"라고 말했고, 그의 아들은 "키루스시여, 제가 군대를 지휘하지 않는다고 해도, 종군 하인으로라도 당신을 따라다니며 당신에게서 떠나지 않겠습니다"라고 말했다.

[43] 키루스는 그 대답에 만족해하며 웃으면서 말했다. "당신이 종

군 하인으로라도 참전하겠다고 하면 당신의 부인이 못마땅해할 텐데, 그것을 당신이 어떻게 감당하려고 합니까?"

티그라네스가 말했다. "전혀 그렇지 않을 것입니다. 저는 그녀를 함께 데려가서 제가 어떻게 하는지 모두 보여줄 것이기 때문입니다."

키루스가 말했다. "그렇다면 지금 준비하십시오."

티그라네스가 말했다. "제 아버지가 제게 주시는 모든 것으로 준비를 마친 후에 다시 여기로 오겠습니다."

키루스의 병사들은 아르메니아 왕이 준 선물을 받고 나서 잠자리에 들었다.

제2장

[1] 이튿날 키루스는 티그라네스와 메디아 기병 중 최정예 병사들과 적절하다고 생각되는 만큼 자신의 친구들을 이끌고서, 요새를 구축할 만한 곳을 찾기 위해 말을 타고 그 지역을 둘러보았다. 어느 높은 산 정상에 오른 키루스는 티그라네스에게 칼데아인이 어느 산에서 내려와서 약탈하는지 물었다. 티그라네스는 그 산이 어디 있는지 키루스에게 가리켜 보여주었다.

키루스가 다시 물었다. "지금 그 산에는 사람들이 살고 있지 않습니까?"

"제우스 신에게 맹세하건대, 그 산에는 아무도 살고 있지 않습니다. 그러나 그 산 정상에는 칼데아인 정찰병들이 주둔해 자신들이 본 것은 무엇이든 산 아래의 다른 병사들에게 신호로 알려줍니다."

키루스가 물었다. "그러면 산 아래의 다른 병사들은 신호를 받았을 때 어떻게 합니까?"

티그라네스가 대답했다. "그들은 정찰병들에게 도움을 주기 위해 각자가 할 수 있는 한 최선을 다해 산 정상으로 달려갑니다."

[2] 키루스는 그런 말들을 듣고 관찰해보고는, 전쟁으로 인해 아르메니아 대부분의 지역이 버려져 경작되고 있지 않다는 사실을 알았다. 그 후에 키루스는 병영으로 돌아와서 식사를 하고 잠자리에 들었다.

[3] 이튿날 티그라네스는 출병 준비를 하고 나타났다. 휘하에는 4,000명의 기병과 1만 명의 궁수와 그 정도 인원의 경무장 보병이 집결했다. 그들이 집결하는 동안 키루스는 신들에게 제를 올렸다. 거기에서 길조가 나오자, 키루스는 페르시아와 메디아의 지휘관들을 소집했다.

[4] 지휘관들이 모이자 키루스는 이렇게 말했다. "동지 여러분, 우리 눈앞에 보이는 저 산은 칼데아인의 땅입니다. 하지만 우리가 그 산을 점령해 가장 높은 정상에 우리의 요새를 세우면, 양쪽 진영, 즉 아르메니아인과 칼데아인이 분별력을 찾아서 우리에게 함부로 행동할 수 없게 될 것입니다. 신들에게 올린 제에서는 길조가 나왔습니다. 이 작전을 성공시키는 데는 아군의 투지와 속도보다 우리에게 더 큰 지원군은 없을 것입니다. 왜냐하면 우리가 적군이 몰려들기 전에 산 정상에 도착한다면, 우리는 아무런 전투 없이 산 정상을 점령하거나 적은 수의 약한 적군만 상대하면 될 것이기 때문입니다.

[5] 따라서 우리 앞에 놓여 있는 임무들 중에서 가장 쉽고 가장 위험이 덜한 것은 온 힘을 다해 신속하게 산 정상에 도달하는 것입니다. 그러니 모두 무장하고 메디아군은 우리의 왼쪽에서 진격하십시오. 그리고 아르메니아군 중에서 절반은 우리의 오른쪽에서 진격하고, 절반은 우리의 앞쪽에서 진격하십시오. 기병대는 우리의 뒤쪽에서 따라오면서, 우리가 온 힘을 다해 산을 오를 수 있도록 우리를 독려하고 밀어붙이며 누구든지 뒤처지는 것을 용납하지 마십시오."

[6] 키루스는 이렇게 명령한 후에 자신의 군대를 종대대형으로 전

개하고 자신은 선두에 섰다. 칼데아의 정찰병들은 이 군대가 산 정상을 향하고 있다는 것을 알아차리고는 즉시 산 아래의 다른 병사들에게 신호를 보내고 서로에게 외치면서 집결하기 시작했다.

그러자 키루스가 명령을 내렸다. "페르시아인 여러분, 그들은 우리에게 서둘러 산 정상으로 올라가라고 신호를 보내고 있습니다. 우리가 산 정상에 먼저 도착하면 적군은 무슨 짓을 해도 모두 허사가 될 것입니다."

[7] 칼데아인은 버들가지를 엮어 만든 두 개의 방패와 두 개의 창을 지니고 있었고, 그 근방에 사는 사람들 중에서 가장 호전적인 것으로 알려져 있었다. 그들은 전쟁에 뛰어난 데다가 가난해서 누구라도 그들에게 돈을 쥐어주기만 하면 용병으로 활동했다. 그들이 사는 지역은 산악지대이므로 경작할 수 있는 땅이 별로 없었기 때문이다.

[8] 키루스의 군대가 산 정상에 가까이 접근했을 때, 키루스와 함께 가고 있던 티그라네스가 말했다. "키루스시여, 이제 곧 우리가 직접 싸워야 한다는 것을 아십니까? 아르메니아군은 적의 상대가 되지 못할 것입니다."

키루스는 자기도 알고 있다고 말한 후에, "아르메니아군이 싸우는 척하다가 적을 우리 쪽으로 가까이 유인하고 나면, 즉시 적을 추격해야 하니 전투 준비를 하라"라고 페르시아군에게 명령을 내렸다.

[9] 아르메니아 병사들이 선두에 서서 진격했다. 아르메니아 병사들이 접근하자 거기에 있던 칼데아 병사들은 늘 그래왔듯이 함성을 지르며 달려들었다. 아르메니아 병사들도 늘 그래왔듯이 그들을 상대하지 못하고 도망쳤다.

[10] 하지만 추격하던 칼데아 병사들은 반대편에서 칼을 든 병사들이 갑자기 출현한 것을 보고는, 일부는 앞으로 가까이 다가갔다가 그 자리에서 죽었고, 일부는 줄행랑을 쳤으며, 일부는 붙잡혀서 포로가 되었다. 이렇게 산 정상은 순식간에 점령되었다. 키루스의 군대가 산 정

상을 장악해 산 아래에 있는 칼데아인의 집들을 내려다보니, 산 근방에 있는 집들에 살고 있던 칼데아인이 도망치는 모습이 보였다.

[11] 모든 병사가 한곳에 모이자 키루스는 점심 식사를 하도록 명령했다. 점심 식사 후에 키루스는 칼데아인의 정찰 초소들이 견고하고 식수도 있는 것을 확인하고 나서, 즉시 거기에 수비대가 머물 수 있는 요새를 짓기 시작했다. 또한 키루스는 티그라네스에게 아르메니아 왕에게 사람을 보내 목수들과 석공들을 데려와줄 것을 요청하라고 지시했다. 이렇게 하여 전령은 아르메니아 왕에게로 떠났고, 키루스는 거기 있는 병력으로 계속 요새를 지어나갔다.

[12] 이때 병사들이 사슬에 묶인 포로들을 키루스에게 데려왔는데, 그들 중 일부는 부상을 입었다. 키루스는 사슬에 묶인 포로들은 풀어주고, 부상 입은 포로들은 의사를 불러 치료해주라고 지시했다. 그런 후에 키루스는 칼데아인에게 자기는 그들을 멸망시키거나 그들과 전쟁하려고 온 것이 아니라, 아르메니아인과 칼데아인이 서로 평화롭게 지내게 하려고 온 것이라고 말했다. "여러분은 이 산 정상을 빼앗기기 전에는, 한편으로는 여러분의 재산을 안전하게 지키면서, 다른 한편으로는 아르메니아인의 재산을 약탈해 빼앗아갈 수 있었습니다. 그래서 여러분에게는 굳이 평화를 위해 무엇인가를 할 필요조차 없었습니다. 하지만 지금은 여러분이 어떤 처지에 있는지 한번 보십시오.

[13] 그래서 나는 여기 붙잡힌 여러분을 집으로 보내, 여러분이 다른 칼데아인과 의논해 우리와 전쟁을 하려고 하는지, 아니면 우리와 친구가 되려고 하는지 결정할 수 있는 기회를 주겠습니다. 여러분이 우리와 전쟁하는 쪽을 선택했을 때는 여기로 오지 않는 것이 현명할 것입니다. 하지만 여러분이 평화를 원한다면 무기 없이 오십시오. 여러분이 우리의 친구가 된다면 나는 여러분이 가지고 있는 것들을 털끝 하나 건드리지 않을 것입니다."

[14] 이 말을 들은 칼데아인은 키루스를 크게 칭송하고, 키루스 앞에서 오른손을 들어 수없이 맹세하고 나서는 집으로 돌아갔다.

아르메니아 왕은 키루스가 자기를 부른다는 것과 그가 한 일을 듣고서, 목수들을 비롯해 필요하다고 생각되는 다른 것을 준비해 최대한 신속하게 키루스에게 왔다.

[15] 아르메니아 왕은 키루스를 보자 이렇게 말했다. "키루스시여, 사람들은 한 치 앞도 제대로 내다보지 못하면서 많은 일을 시도합니다. 나만 해도 얼마 전에 자유를 얻으려고 애썼지만, 결국 이전의 어느 때보다도 심한 노예가 되어버리고 말았으니까요. 그리고 우리는 당신에게 정복되고 붙잡혔을 때 이제 끝났다고 생각했지만, 지금은 이전의 어느 때보다도 안전해진 것을 봅니다. 왜냐하면 그동안 우리에게 끊임없이 나쁜 짓을 일삼던 자들이 지금은 우리가 그토록 바라던 대로 되었기 때문입니다.

[16] 키루스시여, 내가 앞서 당신이 칼데아인을 산 정상에서 쫓아내준다는 조건으로 기존에 당신에게 드린 돈의 몇 배를 드린 것을 기억하십니까? 당신은 그 돈을 받으면서 우리에게 해주기로 한 일을 이미 훌륭하게 완수함으로써 우리에게 또다시 크나큰 은혜를 베푸셨습니다. 그러니 우리가 이번 일에 대해 당신에게 사례하지 않는다면, 우리는 부끄러운 짓을 하는 것이 될 것이고 나쁜 놈들이 되고 말 것입니다." [17] 아르메니아 왕은 이렇게 말했다.

한편 칼데아인은 다시 돌아와 키루스에게 평화롭게 지내자고 요청했다. 그러자 키루스가 그들에게 물었다. "칼데아인이여, 우리가 이 고지들을 점령하고 있어 여러분은 전쟁보다는 평화가 여러분에게 안전하다고 생각해 지금 평화를 바라는 것입니까?"

[18] 칼데아인은 그렇다고 대답했다.

키루스가 물었다. "이 평화로 말미암아 여러분에게 그 밖의 다른 좋은 일들이 생긴다면 어떻겠습니까?"

그들이 대답했다. "그렇게만 된다면 저희는 더할 나위 없이 기쁠 것입니다."

키루스가 물었다. "여러분이 지금 가난한 것은 여러분에게 경작할 만한 좋은 땅이 별로 없기 때문이 아니겠습니까?"

그들은 그렇다고 동의했다.

키루스가 물었다. "그렇다면 아르메니아의 소작인들이 내는 정도의 소작료를 지불하고 아르메니아의 토지를 경작할 수 있다면 여러분은 그렇게 할 용의가 있습니까?"

[19] 칼데아인이 대답했다. "우리가 부당한 일을 당하지 않으리라는 것을 믿을 수만 있다면 그렇게 하고 싶습니다."

키루스가 물었다. "아르메니아 왕이여, 당신은 지금 경작되고 있지 않는 당신의 땅을 소작인들이 통상적으로 바치는 소작료를 내고 칼데아인이 경작하기를 바라십니까?"

아르메니아 왕은 그렇게 하면 그의 수입이 많이 늘어날 것이기 때문에, 자신의 땅을 그런 용도로 많이 내놓겠다고 대답했다.

[20] 키루스가 물었다. "칼데아인이여, 여러분은 좋은 산지를 갖고 있기 때문에 아르메니아인 목축업자들이 여러분에게 적정한 가격을 지불하고 그 산지에서 가축을 키우고자 한다면 그렇게 할 용의가 있습니까?"

칼데아인은 그렇게 하면 자신들이 일하지 않고도 많은 수입을 올릴 것이었기 때문에 그렇게 하겠다고 대답했다.

키루스가 물었다. "아르메니아 왕이여, 칼데아인의 산지에서 당신의 가축을 기른다면 칼데아인에게 약간의 이익을 얻게 해주고 당신은 훨씬 더 큰 이익을 얻을 수 있는데 그렇게 하겠습니까?"

아르메니아 왕이 대답했다. "그렇게 해서 안전하게 가축을 기를 수 있다는 확신이 든다면 얼마든지 그렇게 하겠습니다."

키루스가 물었다. "당신 편이 저 고지들을 점령하고 있다면, 당신은 저 산지에서 안전하게 가축을 기를 수 있지 않겠습니까?

아르메니아 왕은 그렇다고 대답했다.

[21] 그러자 칼데아인이 말했다. "하지만 제우스 신에게 맹세하건대, 아르메니아인이 그 고지들을 점령하고 있는 경우에는 우리 칼데아인은 그들 땅만이 아니라 우리 땅에서도 안전하게 경작할 수 없게 될 것입니다."

키루스가 물었다. "하지만 당신들 편이 저 고지들을 점령하고 있다면 안전하지 않겠습니까?"

칼데아인이 대답했다. "그렇게만 된다면 우리로서는 좋습니다."

아르메니아 왕이 말했다. "하지만 제우스 신에게 맹세하건대, 특히 지금은 저 고지들이 요새화되어 있기 때문에 그들이 다시 저 고지들을 점령하는 것은 우리에게는 정말 좋지 않은 일이 될 것입니다."

[22] 키루스가 말했다. "내가 하려고 하는 것은 이 고지들을 둘 중 어느 쪽에도 넘겨주지 않고, 거기에 우리의 수비대를 주둔시켜 지키는 것입니다. 그리고 둘 중 어느 쪽이 부당하게 상대방에게 피해를 주면, 나는 피해를 당한 쪽의 편이 되어줄 것입니다."

[23] 이 말을 들은 양쪽은 동의했고 오직 그런 식으로 할 때만 평화가 굳건하게 유지될 것이라고 말했다. 이런 조건 아래 양국은 서로에게서 자유로운 가운데 쌍방 간에 결혼과 경작과 목축을 함께 한다는 것에 합의하고, 제3국이 양국 중 어느 쪽에 부당한 일을 한 경우 공동으로 대응한다는 상호방위조약을 체결했다. 그러고는 이 합의를 반드시 지키겠다는 맹세를 서로 교환했다.

[24] 이 조약은 즉시 발효되었다. 그때 칼데아인과 아르메니아 왕 사이에 체결된 조약의 효력은 오늘날까지도 지속되고 있다. 조약이 체결된 후에 양쪽은 즉시 힘을 합쳐 양쪽을 모두 보호해줄 요새를 세우기

시작했고, 식량과 식수 같은 필수품들을 가져다놓았다.

[25] 저녁이 되자 키루스는 자신의 친구들이 된 양쪽을 식사에 초대했다. 함께 식사하는 동안에 칼데아인 중 한 사람이 다른 칼데아인들에게 모든 것이 자신들이 바라는 대로 되긴 했지만, 칼데아인 중에는 그동안 약탈을 행하거나 용병으로 살아왔기 때문에 경작하는 법을 알지 못하거나 경작할 수 없는 자들도 있다고 말했다. 그들은 약탈을 하거나 흔히 큰 부자로 알려져 있는 인도 왕과 아스티아게스 왕의 용병이 되어 살아왔다고 말했다.

그러자 키루스가 말했다. "그렇다면 그들은 왜 지금 나의 용병이 되지 않는 것입니까? [26] 나도 다른 사람들이 주는 만큼 줄 텐데요."

그들은 키루스의 말에 동의하고는 지원자들이 많을 것이라고 말했다. [27] 그래서 키루스와 칼데아인은 그렇게 하기로 합의했다.

그런데 칼데아인이 용병으로 지원하려고 인도 왕에게 자주 간다는 말을 들은 키루스는 전에 인도 왕이 보낸 사신들이 메디아로 와서 이 전쟁에 대한 입장을 알아보고 난 후에 다시 적국인 아시리아의 입장도 알아보려고 거기로 간 것이 기억나서, 인도 왕이 어떤 결정을 했는지 알고 싶었다. [28] 그래서 키루스는 이런 이야기를 시작했다.

"아르메니아 왕과 칼데아인이여, 나는 지금 나의 부하들 중 한 사람을 인도 왕에게 사자로 보내려고 합니다. 여러분에게 속한 몇 사람을 그 사람과 함께 딸려 보내 길을 안내해주고, 내가 인도 왕에게서 얻고자 하는 것을 얻을 수 있도록 협력해줄 수 있겠습니까? 나는 사람들에게 보수를 넉넉히 지불하고 전공을 세운 사람들을 포상하기 위해, 나에게 지금보다 더 많은 돈이 있었으면 합니다. 내가 더 많은 돈을 확보하려는 것은 보수를 주고 포상하는 데 돈을 써야 하기 때문입니다. 그런데 나는 여러분을 이미 나의 동지들이라고 생각하기 때문에, 여러분에게 부담을 주고 싶지는 않습니다. 하지만 인도 왕이 내게 돈을 내어준다면 나는 그 돈을 기꺼이 받으려고 합니다.

[29] 여러분이 함께 딸려 보낸 길잡이들과 조력자들의 도움으로 나의 사자가 거기에 도착하면, 그는 이렇게 말할 것입니다. '인도 왕이시여, 키루스 총사령관님이 저를 당신에게 보냈습니다. 그는 조국인 페르시아에서 군대를 더 데려오려고 하는데, 그렇게 하려면 돈이 더 필요하다고 합니다(나는 실제로 그렇게 하려고 합니다). 그러니 당신이 원하시는 만큼만 그에게 돈을 보내주신다면, 그는 신의 도움으로 자신의 뜻을 이룬 뒤에 당신이 그에게 호의를 베풀기를 잘했다고 생각하도록 만들겠다고 합니다.'

[30] 나는 나의 사자에게 이렇게 말하라고 지시해둘 것이니, 여러분은 나의 사자와 함께 딸려 보낼 자들에게 필요하다고 생각되는 지시를 해두십시오. 인도 왕이 우리에게 돈을 내어준다면, 우리의 자금은 지금보다 더 풍부해질 것입니다. 반면, 인도 왕이 우리에게 돈을 내주지 않는다면, 우리는 그에게 아무런 신세도 지지 않은 것이므로 그와 관련된 모든 일을 우리에게 이익이 되도록 처리해도 된다는 것을 알게 될 것입니다."

[31] 키루스가 이렇게 말한 것은 자신의 사자와 함께 가게 될 아르메니아인들과 칼데아인들이 키루스에 대해 사람들이 말하고 들은 것을 있는 그대로 인도 왕에게 전할 것이라고 생각했기 때문이다. 이렇게 모든 일이 잘된 가운데 식사 모임은 끝났고 사람들은 잠자리에 들었다.

제3장

[1] 이튿날 키루스는 자기가 어제 말한 바를 자신의 사자에게 주지시켜 전하게 하고, 아르메니아 왕과 칼데아인도 그 사자를 잘 도와주어

인도 왕에게 키루스에 대해 가장 적절하게 말해주는 임무를 가장 잘 수행할 것이라고 생각되는 자들을 딸려 보냈다. 그리고 키루스는 고지의 요새에 필요한 모든 것을 갖추어놓고 충분한 수의 수비대를 주둔시켰다. 키악사레스가 가장 안심할 수 있는 한 사람의 메디아인을 그 수비대의 지휘관으로 삼아 남겨두었다. 그런 후에 키루스는 자기가 데려온 군대와 아르메니아로부터 지원받은 부대, 그리고 이 모든 군대를 합한 것보다 더 우월한 전력으로 평가되는 4,000명의 칼데아인 용병들로 이루어진 대군을 이끌고 그곳을 떠났다.

[2] 키루스가 사람들의 거주지로 내려오자, 아르메니아인은 평화가 찾아온 것이 기뻐 아무도 집 안에 머물러 있지 않았다. 남녀를 불문하고 모두 값이 나가는 것을 들고 밖으로 나와 키루스를 환영했다. 아르메니아 왕도 키루스가 이렇게 모든 사람의 칭송을 받으면 더욱 기뻐할 것이라고 생각해 이것을 못마땅해하지 않았다. 끝으로 아르메니아 왕비가 자신의 딸들과 막내아들을 데리고 전에 키루스가 받으려 하지 않았던 황금과 그 밖의 다른 예물들을 가지고 키루스에게 왔다.

[3] 키루스가 그것을 보고 말했다. "왕비시여, 나를 여기저기 돌아다니면서 대가를 바라고 좋은 일을 하는 자로 만들지 않으시려면, 당신이 가져온 재물을 다시 가지고 돌아가십시오. 그 재물을 아르메니아 왕께 드려서 땅에 파묻어두게 하지 마시고, 당신의 아들이 최고의 장비로 무장하고 출정할 수 있게 하는 데 사용하십시오. 남은 돈으로는 당신 자신과 당신의 남편과 딸들과 아들들이 자신들을 더 아름답게 단장하고 더 즐겁게 살아갈 수 있게 해줄 것을 얻는 데 사용하십시오. 모든 사람에게 찾아오는 마지막 순간에는 몸뚱어리를 누일 땅만 있으면 충분하지 않겠습니까."

[4] 키루스는 이렇게 말하고 나서 말을 타고 왕비 옆을 지나갔다. 아르메니아 왕은 키루스를 호위하면서, 다른 모든 사람처럼 키루스는

은인이고 영웅이라는 말을 반복해 외쳤다. 그들은 국경에서 키루스를 전송할 때까지 그렇게 했다. 아르메니아 왕은 나라에 평화가 찾아왔기 때문에 키루스에게 보낼 지원병을 증원했다.

[5] 이렇게 키루스는 이번 원정으로 이미 받은 돈으로 풍부한 자금을 확보했다. 그뿐만 아니라 나중에 필요할 때 받아서 사용할 수 있는 훨씬 더 많은 자금을 확보했다. 그런 후에 아르메니아 땅을 떠나 접경 지대에 진을 쳤다.

이튿날 키루스는 군대와 자금을 키악사레스에게 보냈다. 키악사레스는 전에 말한 대로 가까이 있었기 때문이다. 한편, 키루스 자신은 사냥감을 만날 때마다 티그라네스와 페르시아의 정예병들을 데리고 함께 사냥을 하며 즐거워했다.

[6] 메디아로 돌아온 키루스는 모든 중대장에게 각자가 충분하다고 생각할 정도로 돈을 주어, 각 중대장이 자기 중대에서 뛰어난 병사들을 포상하게 했다. 각 중대가 최고의 전투태세를 갖추고 있으면, 자신의 군대 전체가 최고의 전투태세를 갖추게 될 것이라고 생각했기 때문이다. 또한 키루스는 언제나 군대를 위해 좋게 여겨지는 것들은 무엇이든지 확보해 가장 필요로 하는 중대에 선물로 나누어 주었다. 자신의 군대를 온갖 아름답고 훌륭한 것으로 단장하는 일은 자기 자신을 단장하는 일이라고 생각했기 때문이다.

[7] 키루스는 자기가 가져온 돈을 나누어 줄 때 중대장들과 소대장들과 모든 포상 받는 병사들을 모아놓고 이렇게 말했다. "나의 친구 여러분, 이제 우리에게는 어느 정도 즐거움이 있는 것으로 여겨집니다. 왜냐하면 우리는 이제 어느 정도 풍부한 자금을 확보함으로써, 포상하고자 하는 사람들을 포상하고 각자에게 합당한 포상을 할 수 있게 되었기 때문입니다.

[8] 하지만 우리는 어떤 행동들이 이렇게 좋은 결과를 가져다주었

는지 반드시 기억해야 합니다. 잘 생각해보면, 여러분은 필요할 때마다 잠을 자지 않고 뜬 눈으로 밤을 지새우고, 힘든 고역을 마다하지 않고, 신중하면서도 신속하게 움직이고, 적 앞에서 물러서지 않아 이런 결과를 얻게 되었습니다. 따라서 우리는 복종하고, 불굴의 투지를 발휘하고, 중요한 때 힘든 고역을 참아내고, 위험을 감수하는 것이야말로 이렇게 큰 즐거움과 좋은 일을 가져다준다는 사실을 깨닫고 앞으로도 용맹한 전사들이 되어야 합니다."

[9] 키루스는 이제 병사들이 군대의 고된 일들을 감당할 수 있을 정도로 양호한 체력을 갖추고 있고, 적군을 하찮게 여길 정도로 정신 무장도 잘되어 있으며, 각자의 무기를 숙지하고 자유자재로 다룰 수 있게 되었다는 것을 알았다. 또한 모든 병사가 지휘관들에게 복종하는 자세도 잘 갖추어져 있는 것을 보았다. 키루스는 지휘관들이 자신의 군대를 훌륭하게 준비했더라도 시간이 흐르면 다르게 변질되는 경우가 비일비재하다는 사실을 알고 있었기 때문에 지금 당장 적군을 상대하고 싶었다.

[10] 게다가 키루스는 병사들이 서로 경쟁하다 보면 자기가 남들보다 앞서기 위해 지나치게 열심을 내다 보니 서로 시기하는 경우가 많은 것도 보았다. 이런 이유들을 감안해 키루스는 최대한 빠른 시일 내에 병사들을 적의 영토로 이끌어 가고 싶었다. 공동의 위험에 처했을 때는 함께 싸우는 사람들이 서로에 대한 전우애가 깊어지고, 좋은 무기로 무장하거나 전공을 세우려고 애쓰는 동지를 시기하지 않을 뿐만 아니라, 동지를 공동의 이익을 얻기 위한 협력자로 생각해 서로 더 큰 애착을 느끼고 칭찬하게 된다는 것을 알고 있었기 때문이다.

[11] 그래서 키루스는 먼저 자신의 군대를 완전히 무장시켜서 가능한 한 가장 아름답고 가장 늠름한 모습으로 정렬시킨 다음 사단장들과 연대장들과 중대장들과 소대장들을 불러 모았다.⁴⁴ 이 지휘관들은 전투

대형으로 포진하는 병력에는 포함되어 있지 않는 열외 인원들이었다. 이 지휘관들이 총사령관에게 보고하거나 명령을 받거나 그 밖의 다른 이유로 자리를 비웠을 경우에는, 10인 분대장과 5인 분대장이 각자의 분대를 지휘하게 되어 있어서 지휘 계통의 공백은 전혀 발생하지 않았기 때문이다.

[12] 주요 지휘관들이 다 모이자, 키루스는 그들을 인솔해 전군의 전투 준비가 잘 갖춰져 있다는 것을 보여주었고 각 부대의 강점을 알려주었다. 키루스는 이렇게 주요 지휘관들에게 지금 당장 적과 싸우고자 하는 열망을 심어준 뒤에, 각자의 부대로 돌아가서 자기가 그들에게 해준 말을 병사들에게도 해주어 모든 병사에게 전투를 시작하고자 하는 마음을 주입하라고 말했다. 모든 병사의 사기가 충천한 때 전투가 시작되기를 바랐기 때문이다. 그리고 키루스는 이 지휘관들에게 이튿날 아침 일찍 키악사레스의 막사 입구에 모이라고 지시했다.

[13] 모든 지휘관은 각자의 부대로 돌아가 키루스가 명령한 대로 했다. 이튿날 아침 일찍 지휘관들은 키악사레스의 막사 입구에 모였다. 키루스는 그들과 함께 키악사레스에게 가서 이렇게 말하기 시작했다.

"키악사레스 왕이시여, 저는 제가 이제 말씀드리려고 하는 바를 왕께서도 우리 못지않게 오랫동안 생각해오신 것을 알고 있습니다. 하지만 왕께서는 우리의 원정 비용을 모두 대야 한다는 부담감 때문에 우리에게 원정 제안을 주저하고 계신다는 것도 제가 압니다.

---

44 여기에 키루스군의 각급 지휘관들이 열거되고 있기 때문에, 키루스군의 조직을 살펴보자. 키루스군의 최소 단위는 5인으로 이루어진 분대이고, 그 지휘관은 "5인 분대장"이다. 2개의 분대가 모이면 10인으로 이루어진 분대가 되고, 그 지휘관은 "10인 분대장"이다. 5개의 10인 분대가 모이면 50명으로 이루어진 소대가 되고, 그 지휘관은 "소대장"이다. 2개의 소대가 모이면 100명으로 이루어진 중대가 되고, 그 지휘관은 "중대장"이다. 10개의 중대가 모이면 1,000명으로 이루어진 연대가 되고, 그 지휘관은 "연대장"이다. 10개의 연대가 모이면 1만 명으로 이루어진 사단이 되고, 그 지휘관은 "사단장"이다.

[14] 왕께서 아무 말씀도 하지 않으시기 때문에 저는 왕과 우리를 위해 말씀드리겠습니다. 우리는 모든 준비가 갖춰져 있어 우리가 이 나라의 영토에 가만히 앉아 있다가 적이 쳐들어왔을 때 싸우는 것이 아니라, 최대한 빠른 시일 안에 적의 영토로 쳐들어가는 것이 좋다고 저희 모두 생각하고 있습니다. [15] 왜냐하면 우리는 지금 이 나라에 있으면서 본의 아니게 이 나라에 많은 폐를 끼치고 있지만, 우리가 적의 영토로 쳐들어간다면 원래 우리가 바라던 대로 적에게 해를 끼치게 될 것이기 때문입니다.

[16] 다음으로, 왕께서는 우리 군을 유지하는 데 많은 돈을 쓰고 계시지만, 우리가 원정을 가게 되면 적지에서 우리가 쓸 것을 조달할 수 있게 됩니다.

[17] 또한 우리가 거기로 갔을 때 여기에 있는 것보다 더 큰 위험에 처하게 된다면, 우리는 가장 안전한 쪽을 택해야 할 것입니다. 하지만 우리가 여기에서 적을 기다리든 그들의 영토로 쳐들어가서 그들과 맞서든 적의 수는 동일할 것입니다. 그리고 여기로 쳐들어온 적을 맞아 싸우든 우리가 거기로 가서 적과 맞붙어 싸우든 우리의 전투 병력도 동일합니다.

[18] 하지만 우리가 적의 영토로 진격해 적을 상대하는 것을 꺼리지 않는다는 것을 보여주면, 아군의 사기는 더욱 높아지고 강해질 것입니다. 반면, 적군은, 우리가 그들이 두려워 여기에서 숨죽이고 있지 않고, 가능한 한 빨리 그들과 맞붙어 싸우기 위해 그들에게 진격해 가고, 그들이 우리 땅을 짓밟을 때까지 기다리지 않고 이미 그들의 땅을 침범해 유린하고 있다는 말을 들으면, 우리를 훨씬 더 두려워하게 될 것입니다.

[19] 이렇게 우리가 적군을 더 두렵게 만드는 반면, 아군의 사기를 더 드높인다면 그것은 분명히 우리에게 큰 이득이 될 것이라고 저는 생

각합니다. 제 생각에는 그렇게 되었을 때 우리의 위험은 줄어들고 적군의 위험은 더 커질 것입니다. 저의 아버지께서 항상 말씀하시고 왕께서도 말씀하셨으며 다른 모든 사람이 동의하듯이, 전투를 판가름하는 것은 병사들의 신체적인 힘이 아니라 정신적인 힘이기 때문입니다."

[20] 키루스가 이렇게 말하자, 키악사레스가 대답했다. "키루스 이하 페르시아 장병들이여, 여러분은 내가 여러분을 지원하는 일을 부담스러워하고 있다고 생각하지 마십시오. 하지만 적의 영토로 쳐들어가는 것은 나도 모든 점에서 좋은 계획이라고 생각합니다."

키루스가 말했다. "그러면 합의를 보았기 때문에, 저희는 만반의 준비를 갖추어놓고 신들이 우리에게 길조를 보여주시면 가급적 신속하게 출병하겠습니다."

[21] 이렇게 하여 출병할 만반의 준비를 갖추라는 명령이 전군에 내려졌다. 키루스는 먼저 주신인 제우스에게 제를 올린 후에 다른 신들에게도 제를 올렸다. 그는 제를 올리면서 신들이 자신의 군대에 은총을 베푸시고 잘되게 해주시며 모든 병사를 안전하게 지켜주시고 함께 싸워주시고 좋은 것들을 조언해주시기를 기원했다. 메디아에 살고 있는 수호신들에게도 똑같이 기원했다.

[22] 신들에게 올린 제에서 길조를 얻은 키루스는 자신의 전군을 국경에 집결시킨 다음, 새가 보여주는 길조를 확인한 후에 적의 영토로 진군해 들어갔다. 국경을 넘자마자 거기에서 또다시 대지의 신에게는 헌주를 올려 달라고, 신들과 아시리아의 수호신들에게는 제를 지내 달랬다. 키루스는 그렇게 하고 나서 다시 자신의 조상 대대로 섬겨온 제우스 신에게 제를 올렸다. 이렇게 그는 자신이 가는 곳곳마다 그곳을 주관하는 신들 중 어떤 신도 소홀히 하지 않았다.

[23] 신들에게 올리는 제를 잘 마친 후에, 보병대들은 즉시 조금 앞으로 전진해 진을 구축했고, 기병대들은 주변 지역을 공격해 온갖 것을

많이 노획해 가져왔다. 이후에도 키루스군은 여기저기로 진을 옮겨 다니며 주변 지역을 공략해 보급품을 충분히 확보하고 나서 적군을 기다렸다.

[24] 키루스는 적군이 아군이 있는 곳에서 10일도 채 걸리지 않는 곳까지 접근했다는 보고를 받고 이렇게 말했다. "키악사레스 왕이시여, 결전의 때가 왔으니 적군이나 아군이나 이제 더 이상 두려움 때문에 싸움을 피하는 것은 불가능하게 되었습니다. 하지만 우리는 결단코 싸움을 피하지 않을 것입니다."

[25] 키악사레스도 그 말에 동의했기 때문에, 키루스군은 전투대형을 갖추고서 날마다 적절하다고 여겨지는 거리를 진격해나갔다. 그들은 늘 해가 떠 있는 동안에 저녁 식사를 했고, 밤에는 진영 안에서 불을 피우지 않았다. 하지만 진영 앞에는 불을 피워놓아 진영 안에서는 그 불빛 때문에 밤에 누군가가 진영으로 접근해 오는 것을 알 수 있는 반면, 밖에서 접근해 오는 자들은 진영을 볼 수 없게 했다. 적을 속이기 위해 자주 진영의 뒤쪽에 불을 피워놓기도 했다. 이렇게 불을 진영의 뒤쪽에 피워놓았기 때문에, 적의 정찰병들이 진영이 아직 멀리 있다고 착각하고서 진영 바로 앞까지 왔다가 아군의 경계병들에게 붙잡히는 일도 종종 있었다.

[26] 양쪽 군대가 서로 가까워지자, 아시리아군과 그 동맹군은 진영 주위에 참호를 팠다. 이것은 야만족 왕들이 오늘날까지도 진영을 구축할 때 사용하는 방법이다. 그들은 병사들의 수가 많았기 때문에 진영 주위에 쉽게 참호를 팔 수 있었다. 그들은 기병대, 특히 야만족 기병대가 밤에 공격을 받았을 때는 혼란에 빠져 쓸모없게 된다는 것을 알고 있었다.

[27] 야만족 기병대는 말을 여물통에 묶어놓아 적이 공격해 오면 말들을 풀기도 어려웠고 고삐를 잡고 말을 안전하게 통제하는 것도 어

려웠다. 말 위에 안장을 얹는 것도 어려웠고, 그들이 흉갑을 입는 것도 어려웠으며, 말을 타고 진영을 달리는 것도 전혀 불가능했다. 이 모든 이유들과 더불어, 진영을 빙 둘러서 참호를 파고 진지를 만들어놓으면 그 진지 뒤에서 전투를 준비하는 시간을 벌어 자신들이 싸우고 싶은 시간에 싸울 수 있었기 때문에, 아시리아인을 비롯한 다른 야만인들은 참호를 파고 진지를 만들었다.

[28] 양쪽 군대는 각자 이렇게 하면서 서로 가까이 접근했다. 양쪽 군대의 거리가 불과 5킬로미터 정도밖에 떨어져 있지 않게 되었을 때, 아시리아군은 앞에서 말한 대로 참호로 둘러싸여 있기는 했지만 눈에 잘 띄는 곳에 진을 쳤다. 반면, 키루스는 마을과 언덕 뒤편 눈에 거의 띄지 않는 곳에 진을 쳤다. 전쟁을 위한 모든 장비와 병력이 갑자기 눈앞에 나타나면, 적군이 더 큰 두려움을 느끼게 될 것이라고 생각했기 때문이다. 양쪽 군대는 이렇게 진을 친 후 그날 밤에는 각자 적절한 수의 경계병을 세우고는 잠자리에 들었다.

[29] 이튿날 아시리아 왕과 크로이소스와 그 밖의 다른 동맹국 사령관들은 병사들이 참호를 파고 구축해놓은 진지 안에서 휴식을 취하게 했다. 반면, 키루스와 키악사레스는 적군이 진격해 오면 싸울 수 있도록 병사들에게 전투대형을 갖추고 대기하게 했다. 하지만 그날은 적군이 진지에서 나와 싸울 생각이 없다는 것이 분명해지자, 키악사레스는 키루스와 다른 주요 지휘관들을 불러놓고 이렇게 말했다.

[30] "여러분, 나는 우리가 지금과 같은 전투대형을 갖추고 적의 진지로 진격함으로써, 싸우고자 하는 우리의 의지를 분명하게 보여주었으면 합니다. 그렇게 했는데도 적이 우리와 싸우러 나오지 않으면 아군은 더욱 사기충천해 돌아올 수 있는 반면, 적은 사기충천한 우리를 보고 더욱 두려워하게 될 것입니다." 이것이 키악사레스의 생각이었다.

[31] 하지만 키루스가 말했다. "키악사레스 왕이시여, 신들에게 맹

세하건대 그렇게 해서는 결코 안 됩니다. 왕께서 제안하신 대로 우리가 진격해 우리의 모습을 드러낸다면, 적군은 우리가 진격해 오는 것을 보아도 자신들은 안전해 아무런 해도 입지 않으므로 전혀 두려워하지 않을 것입니다. 게다가 우리가 아무런 성과도 없이 퇴각한다면, 적군은 우리의 병력이 자신들보다 훨씬 적다는 것을 알아차리고는 우리를 얕잡아보고 내일은 훨씬 더 자신만만하게 나올 것입니다.

[32] 하지만 지금은 적군이 우리가 여기에 있는 것은 알아도 우리를 보지는 못했기 때문에, 우리를 얕잡아보지 못하고 도대체 어떻게 된 것이냐고 생각하면서 모두가 우리에 대해 계속 이러쿵저러쿵 쑥덕거릴 것입니다. 따라서 우리는 적군이 밖으로 나왔을 때, 우리가 오래전부터 계획했던 대로 그들과 싸우고 싶어 하던 곳에서 그들을 덮쳐 우리의 모습을 드러냄과 동시에 백병전으로 싸워야 합니다."

[33] 키루스가 이렇게 말하자, 키악사레스와 다른 주요 지휘관들도 그 말에 동의했다. 그들은 저녁 식사를 마친 후에 경계병을 세우고 진영 앞에 불을 많이 피워놓고서 잠자리에 들었다.

[34] 이튿날 아침 일찍 키루스는 제관을 쓰고 제를 올릴 준비를 하고 나서, 다른 귀족들에게도 제관을 쓰고 제에 참석하라는 전갈을 보냈다. 키루스는 제를 올린 후에 그들을 모아놓고 말했다. "여러분, 예언자들은 우리가 제를 올릴 때 신들이 곧 전투가 있을 것이고 우리에게 승리를 줄 것이며 우리의 안전을 약속한다는 신탁을 자신들에게 주었다고 말했습니다. 나의 해석도 동일합니다.

[35] 이런 상황에서 내가 여러분에게 어떻게 해야 하는지 조언한다면 그것은 부끄러운 일이 될 것입니다. 왜냐하면 나는 여러분이 나처럼 이런 상황에서 어떻게 해야 하는지 끊임없이 들어서 잘 알고 있고 실제로 그렇게 해오고 있고 심지어 다른 사람들을 가르칠 수 있을 정도라는 것을 알기 때문입니다. 그런데도 혹시라도 이런 상황에서 어떻게 해야

하는지 알지 못하겠다면 지금부터 내가 하는 말을 잘 들으십시오.

[36] 우리는 최근에 우리 군에 들어온 사람들을 우리처럼 만들고 싶어 합니다. 그렇게 하려면 키악사레스 왕이 어떤 조건으로 우리의 군비를 대고 있고, 우리가 무엇 때문에 훈련을 해왔고, 무엇 때문에 우리가 그들을 우리 군에 받아들였고, 무엇 때문에 그들이 기꺼이 자원해 우리 군에 들어와 전공을 다투겠다고 말했는지 그들에게 상기시켜주어야 합니다.

[37] 또한 오늘 우리 각자의 가치가 증명될 것이라는 사실도 상기시켜주십시오. 어떤 것을 늦게 배우는 사람들에게는 끊임없이 말해주고 상기시켜주는 사람이 필요하기 때문입니다. 그리고 우리가 그렇게 상기시켜준 것을 기억하고서 훌륭한 병사들이 될 수 있다면 우리는 그것으로 만족합니다.

[38] 아울러 그렇게 하는 것은 여러분 자신을 시험하고 증명하는 것이기도 합니다. 왜냐하면 다른 사람들에게 그런 것들을 상기시켜서 그들을 더 훌륭하게 만들 수 있는 사람은 누구든지 자신이 완벽하게 훌륭한 사람이라는 것을 스스로 알게 될 테지만, 그런 것들을 자기 자신만 기억하는 것으로 만족하는 사람은 자기가 절반만 훌륭하다고 생각하게 될 것이기 때문입니다.

[39] 내가 이런 것들을 병사들에게 직접 말하지 않고 여러분에게 대신 말하도록 지시하는 것은 여러분이 병사들에게 그런 것들을 상기시켜주면 그들은 여러분 각자의 부대에 속해 있어 여러분과 늘 함께 동고동락하는 사람들이어서 여러분을 기쁘게 해주려고 분발할 것이기 때문입니다. 여러분이 용맹하게 행동해 그들에게 모범을 보인다면, 그것은 여러분 각자의 부대원들만이 아니라 그 밖의 다른 많은 사람에게도 말로만이 아니라 실제 행동으로 용맹한 것이 무엇인지 가르쳐주는 것이 된다는 사실을 명심하십시오."

[40] 끝으로 키루스는 그들에게 제관을 쓴 채로 아침 식사를 하고, 헌주를 올리고 난 다음 제관을 쓴 채로 각자의 위치로 돌아가라고 말했다. 그들이 돌아간 후에 키루스는 아군의 후위를 맡은 부대의 지휘관들을 불러놓고 다음과 같이 지시했다.

[41] "페르시아인이여, 여러분도 귀족이고, 다른 점들에서 가장 용감한 자와 대등할 뿐만 아니라, 나이 덕분에 가장 용감한 자들보다 더 분별력이 있어 후위 부대의 지휘관으로 발탁된 것입니다. 그러므로 여러분은 선봉에 서서 싸우는 사람들보다 결코 덜 명예로운 자리에 있는 것이 아닙니다. 여러분은 후위에 있으면서 앞에서 용맹하게 싸우는 자들을 감독하고, 그들이 한층 더 용맹스럽게 싸우도록 만들기 위해 그들을 독려하며, 겁을 집어먹고 꽁무니를 빼려고 하는 자를 본다면 그가 그렇게 하도록 용납하지 않는 일을 해야 합니다.

[42] 여러분의 연륜과 여러분이 중무장을 한 덕분에 우리가 승리한다면, 그 승리는 다른 사람에게와 마찬가지로 여러분에게도 이득이 될 것입니다. 선봉에 선 사람들이 여러분을 불러서 자신들의 뒤를 따르라고 명령하는 경우에는, 여러분은 그들에게 복종해 그 점에서도 여러분이 그들 못지않다는 것을 보여주십시오. 그럼으로써 그들이 더욱 힘을 얻어 적군을 향해 더 신속하게 진격할 수 있게 해주십시오. 이제 가서 아침 식사를 한 후에 제관을 쓴 채로 각자의 위치로 돌아가십시오."

[43] 키루스군이 이렇게 하고 있는 동안에, 아시리아군은 아침 식사를 하고 나서 대담하게 밖으로 나와 전열을 정비하고 있었다. 아시리아 왕은 전차를 타고 직접 전열을 정비한 후에 이렇게 훈시했다.

[44] "아시리아인이여, 이제 여러분은 용맹스러운 자들이어야 한다. 이 전투는 여러분의 신성한 목숨, 여러분이 태어난 땅, 여러분이 자라온 고향, 여러분의 처자식, 여러분이 누려온 좋은 것을 위한 전투이기 때문이다. 여러분이 승리하면 이 모든 것을 이전처럼 누릴 수 있겠

지만, 패배할 경우에는 이 모든 것을 적군에게 넘겨주어야 한다는 사실을 명심하라.

[45] 그러므로 승리를 바란다면 끝까지 죽기를 각오하고 싸우라. 이기기를 바라는 사람들이 그들의 몸 가운데 눈과 무기와 손이 없는 쪽을 적군에게 보이고 도망치는 것은 어리석은 짓이기 때문이다. 승자만이 목숨을 보존할 수 있고 도망치는 자들이 끝까지 죽음을 각오하고 싸우는 자들보다 더 죽기 쉽다는 것을 알면서도, 살려고 하는 자들이 도망치려고 하는 것은 어리석은 짓이다. 또한 부를 얻기를 바라는 자가 패배를 용납하는 것은 어리석은 짓이다. 승자는 자신의 것을 지킬 뿐만 아니라 패자의 것까지 얻는 반면, 패자는 자기 자신과 자신의 모든 것을 내팽개처버린다는 것을 모르는 사람이 누가 있는가?"

아시리아군은 이렇게 하고 있었다.

[46] 한편, 키악사레스는 키루스에게 전령을 보내 이제 적군을 향해 진격할 때가 되었다고 알리고 이렇게 말했다. "지금 진지 밖으로 나온 적군의 수가 적지만, 우리가 진격하는 동안 그들의 수는 더 많아질 것이다. 그러니 적군의 수가 우리보다 더 많아질 때까지 기다리지 말고, 우리가 그들을 쉽게 무찌를 수 있다고 여겨지는 지금 이때 진격하자."

[47] 그러자 키루스가 대답했다. "키악사레스 왕이시여, 적군의 수가 절반이 넘지 않는 상태에서 우리가 그들을 무찌른다면, 그들은 우리가 자신들의 주력부대를 두려워해 그들의 소수 병력을 공격한 것이라고 떠벌리면서 자신들은 패배한 것이 아니라고 생각할 것입니다. 그러면 우리는 다시 한번 그들과 싸우지 않을 수 없게 될 것입니다. 그런데 지금은 그들이 우리의 전력을 탐색하려고 일부러 적은 병력을 우리에게 보이고서, 우리가 원하는 대로 그들과 싸울 수 있게 했습니다. 하지만 두 번째 전투에서는 우리의 전력을 파악한 그들이 더 나은 전략을 들고 나올 것이기 때문에 결코 호락호락하지 않을 것입니다."

[48] 전령은 이 말을 듣고 물러갔다. 그때 페르시아인 크리산타스가 다른 몇몇 귀족과 함께 적의 탈영병들을 붙잡아 끌고 나타났다. 당연히 키루스는 그 탈영병들에게 적의 동향을 물었다. 그들은 아시리아군의 병사들은 무장하고 이미 밖에 나와 있고 아시리아 왕이 직접 밖에서 전열을 정비하면서 여러 단호한 말로 병사들에게 훈시하고 있는데 그 훈시를 들은 자들로부터 그렇게 들었다고 말했다.

[49] 그러자 크리산타스가 말했다. "키루스시여, 총사령관님께서도 아직 시간이 있을 때 우리 병사들을 모아놓고 훈시하시지 않고 뭐 하시는 겁니까? 어쨌든 우리 병사들을 더 나은 병사들로 만들려면 총사령관님께서 훈시를 하셔야 합니다."

[50] 키루스가 말했다. "크리산타스, 아시리아 왕이 훈시하는 것을 조금도 걱정하지 마십시오. 이미 훌륭한 병사가 되어 있지 않은 사람은 아무리 훌륭한 훈시를 들어도 훌륭해지지 않기 때문입니다. 따라서 전에 충분한 훈련을 하지 않은 궁수나 창병이나 기병이 훈시로 훌륭해질 수 없고, 전에 고되고 힘든 일을 훈련하지 않아 단련되지도 않은 신체가 훈시로 그런 강인한 신체가 될 수도 없습니다."

[51] 크리산타스가 말했다. "하지만 키루스시여, 당신의 훈시로 병사들의 사기가 더 높아지는 것만으로도 충분합니다."

키루스가 말했다. "당신은 사람들이 한 번의 훈시를 듣고서 긍지가 높아지거나, 불명예스러운 일들을 하지 않게 되거나, 칭찬을 받기 위해 온갖 힘든 일과 위험을 감수해야 한다고 확신하게 되거나, 도망쳐서 목숨을 부지하는 것보다 싸우다가 죽는 쪽을 선택해야 한다는 확고한 신념을 갖게 될 것이라고 생각하는 것입니까?

[52] 만일 한 번의 훈시로 그런 생각이 사람들에게 각인되고 지속된다면, 먼저 선량한 사람들에게는 명예롭고 자유로운 삶을 살게 해주는 반면, 악한 사람들에게는 차라리 죽고 싶을 정도로 비참하고 고통스

러운 삶을 강제하는 법률이 존재할 필요가 어디 있겠습니까?

[53] 따라서 사람들을 용맹한 전사들로 만들려면, 선생과 교관을 두어 사람들에게 무엇이 옳은지를 보여주고 가르쳐서 선량하고 평판이 좋은 자들을 가장 행복한 사람들이라고 생각하고, 악하고 평판이 나쁜 자들을 모든 사람 중에서 가장 비참한 사람들이라고 여기는 것이 거의 타고난 본성처럼 될 때까지 몸에 익히게 해야 합니다. 그렇게 되어 있는 사람들만이 적군을 앞에 두었을 때 적군에 대한 두려움을 이기고 자신들이 배우고 익힌 것을 수행할 수 있기 때문입니다.

[54] 만일 병사들이 무장을 하고서 출전하려 할 때, 게다가 그들 중 대다수가 오래전에 배운 것을 잊어버리고 있는 상태에서 훈시 한 번으로 즉시 그들을 용맹한 전사들로 만들 수 있다면, 그것은 가장 위대한 미덕을 가장 쉽게 가르치고 배우는 것이 됩니다.

[55] 심지어 나는 우리가 그동안 훈련시킨 사람들조차도, 여러분이 그들 곁에 있어 그들이 어떻게 해야 하는지 늘 모범이 되어 보여주고, 그들이 알아야 할 것을 잊어버릴 때마다 그들에게 또다시 일깨워주지 않는다면, 그들이 계속 자신들이 배우고 익힌 것들을 굳건하게 수행할 수 있을 것이라고 믿지 않습니다.

그러니 크리산타스, 용맹함의 미덕을 갖추는 훈련을 전혀 받지 않은 사람들이 훌륭한 훈시를 들었을 때 용맹해진다고 하면, 그것은 노래하는 교육을 전혀 받지 않은 사람들이 훌륭한 노래를 들었다고 해서 노래를 잘하게 되는 것과 같으므로 나는 무척 놀라워하게 될 것입니다."

[56] 두 사람이 이런 대화를 나누고 있을 때, 키악사레스는 키루스에게 다시 전령을 보내 가능한 한 빨리 적군을 향해 진격하지 않고 시간을 낭비하는 일은 크게 실수하고 있는 것이라고 전했다.

그러자 키루스가 전령에게 말했다. "충분한 수의 적군이 밖으로 나와야 하는데, 아직은 밖에 나온 적군의 수가 적다는 것을 알아야 한다고 모든 사람들 앞에서 왕께 말씀드리고, 그럼에도 불구하고 왕께서 지금이 진격할 기회라고 생각하시기 때문에 나는 즉시 진격할 것이라고 전하라."

[57] 키루스는 이렇게 말하고 나서 신들에게 기원한 후에 군대를 이끌고 나갔다. 그는 진격을 시작하자 아주 빠른 속도로 진격해 나아갔고, 병사들은 전열을 잘 유지한 채로 그를 따랐다. 왜냐하면 그들은 전투대형을 갖추고 진격하는 법을 알고 있었고 훈련을 통해 숙달되어 있었기 때문이다. 또한 그들은 서로 경쟁하는 마음을 지니고 있는데다가 신체적으로도 잘 훈련되어 있었고, 모든 지휘관들이 선봉에 서서 지휘하고 있었기 때문에 아주 씩씩하게 진격해 나아갔다. 또한 그들은 분별력이 있고 현명한 사람들이어서 적군이 특히 궁수와 창병과 기병으로 구성된 경우에는 더더욱 백병전으로 적과 맞붙어 싸우는 것이야말로 적을 이길 수 있는 가장 안전하고 쉬운 방법이라는 것을 오랜 시간 동안 배워서 알고 있었기 때문에 흔쾌히 키루스의 뒤를 따라 진격해 나아갔다.

[58] 키루스는 자신의 군대가 아직 적군이 화살로 공격할 수 있는 사정권 밖에 있을 때 "우리와 함께 싸우시는 우리의 총사령관 제우스 신"이라는 구호를 전달했다. 그 구호가 전군을 돌아서 다시 자기에게로 왔을 때, 키루스는 평소에 자주 부르던 신의 찬가를 선창하기 시작했다. 그들은 모두 경건하게 큰 소리로 신의 찬가를 합창했다. 이런 의식을 거행하는 것은 신들을 경외하는 마음이 커질수록 사람들을 두려워하는 마음은 줄어들기 때문이다.

[59] 신의 찬가 합창이 끝나자, 귀족들은 기쁨에 넘친 얼굴로 평소에 배운 대로 서로를 쳐다보며 각자의 옆이나 앞뒤로 가까이 있는 동지들에게 "친구들이여, 진격하라"거나 "고귀한 자들이여, 진격하라"고 외치면서 서로를 독려하며 진격해 나아갔다. 그들 중에서 뒤에 있던 자들

은 그런 독려하는 말들을 듣고서, 이번에는 앞에 있는 자들을 독려함으로써 씩씩하게 진격해 나아가게 했다. 키루스의 군대는 사기와 명예심과 강인함과 용맹함과 배려심과 현명함과 복종심으로 가득했고, 이것은 적군이 마주쳐야 할 가장 가공할 만한 것이었다.

[60] 페르시아군의 주력부대가 갑자기 가까이 다가오자, 아시리아군 중에서 선봉에서 싸우기 위해 전차에서 내렸던 병사들이 다시 전차에 올라타고 자신들의 주력부대가 있는 곳으로 서서히 퇴각했다. 그리고 아시리아군의 궁수와 창병과 투석병이 화살과 창과 돌을 던졌지만 거리가 멀어 페르시아군에게 미치지는 못했다.

[61] 페르시아군이 그들에게 미치지 못한 화살과 창과 돌을 밟고 진격해 나아가자 키루스가 외쳤다. "최고의 용사들이여, 더 신속하게 진격함으로써 각자의 진가를 보이고 이 명령을 다른 사람들에게도 전하라." 그러자 그들은 이 명령을 전했고, 빨리 적군과 맞붙어 싸우고자 하는 열정에 불타올라 어떤 사람은 달리기 시작했고, 전군은 밀집대형으로 그 뒤를 따라 달렸다.

[62] 키루스 자신도 걸어서 진격해야 한다는 사실을 잊고서 내달리는 가운데 군대를 이끌면서 외쳤다. "누가 따르겠는가? 누가 용맹한 자인가? 누가 가장 먼저 적을 쓰러뜨리겠는가?" 키루스의 외침을 들은 장병들은 이 말을 똑같이 외쳤고, "누가 따르겠는가? 누가 용맹한 자인가"라는 외침은 전군에 울려 퍼졌다. [63] 페르시아군이 이렇게 가까이 진격해 오자, 적군은 더 이상 그 자리에서 버티지 못하고 뒤돌아서서 자신들의 진지로 도망치기 시작했다.

[64] 페르시아군은 적군의 진지 입구까지 추격해 접전을 벌이며 많은 수의 적군을 베었고, 전차를 타고 퇴각하다가 참호 속으로 떨어진 적군을 덮쳐 적군과 말을 둘 다 죽였다. 퇴각하던 전차들 중 일부는 참호 속으로 떨어질 수밖에 없었기 때문이다.

[65] 메디아의 기병도 이것을 보고서 적군의 전차대를 공격했고, 적군이 도망치자 그들을 추격해 사람들과 말들을 둘 다 죽였다.

[66] 참호 뒤 진지 안에 있던 아시리아 병사들은 그 무시무시한 광경을 보고 두려움에 사로잡혀, 자신의 동지들이 죽어가는 것을 뻔히 보면서도 화살을 쏘거나 창을 더질 엄두조차 낼 수 없었고 그럴 힘도 없었다. 그들은 페르시아군의 일부 병사들이 진지의 문들을 부수고 돌격해 오는 것을 알고는 재빨리 진지를 버리고 도망쳐버렸다.

[67] 아시리아의 여자들과 동맹군은 진영 안에 있던 병사들조차 줄행랑치는 것을 보자, 공포에 사로잡혀 혼비백산해 비명을 지르며 달렸다. 자식들이 있거나 젊은 여자들이 있는 자들은 자신의 옷을 찢고 뺨을 쥐어뜯으면서 이리저리 달리는 사람들을 붙잡고서 도망치지 말고 여기에 남아 자신과 자신의 자식들을 지켜달라고 애원했다.

[68] 심지어 왕들까지 나서서 가장 신임하는 자들과 함께 진지의 입구에 서거나 진지 앞에 있는 흉벽[45] 위로 올라가 직접 싸우며 다른 병사들을 독려했다.

[69] 하지만 키루스는 앞으로 무슨 일이 벌어질지 알고 있었기 때문에 자신의 군대가 적군의 진영으로 밀고 들어오기는 했지만, 적은 많고 아군은 적어 중과부적으로 지게 될 것을 우려해 적군의 화살이 닿지 않은 곳까지 퇴각하라고 명령했다.

[70] 귀족 지휘관들은 이 퇴각 명령을 수행하면서 자신들이 잘 훈련된 자들이라는 것을 유감없이 보여주었다. 그들은 퇴각하라는 명령에 신속하게 복종했고 병사들에게도 퇴각 명령을 신속하게 전달했다.

---

45 "흉벽"(κεφαλή, '케팔레')은 군영 주위를 빙 둘러 참호를 판 후 거기서 나온 흙을 적진 쪽의 둔덕에 쌓아 만든 벽을 가리킨다. 우리말에서 "흉벽"은 성곽, 포대 등 중요한 곳에 사람 가슴 높이만큼 담이나 둑이라는 뜻이지만, 그리스어 '케팔레'는 "머리"를 뜻하기 때문에 아마도 가슴 높이보다 더 높이 쌓은 것으로 보인다.

또한 그들은 적군의 화살이 미치지 않는 곳에 이르자 각자의 자리에 멈춰 섰다. 그들은 각자가 있어야 할 자리를 합창 가무 단원들보다 훨씬 더 정확하게 알고 있었기 때문이다.

제4권
아시리아 연합군과의 제1차 전쟁

제1장

[1] 키루스는 그곳에 자신의 군대를 한동안 머무르게 함으로써, 적군이 밖으로 나오기만 하면 싸울 준비가 되어 있다는 것을 분명하게 보여주었다. 하지만 적군이 아무도 나오지 않자 적절하다고 여겨지는 거리만큼 전군을 뒤로 물리고 거기에 진을 쳤다. 키루스는 경계병을 배치하고 정찰병을 보낸 후에, 전군을 불러 모아놓고 한가운데 서서 이렇게 말했다.

[2] "페르시아인들이여, 먼저 나는 우리 모두가 이 모든 영광을 신들에게 돌려야 한다고 생각합니다. 우리는 승리했고 우리의 목숨을 보존했기 때문입니다. 따라서 이 모든 것으로 말미암아 우리가 가지고 있는 모든 것을 신들에게 감사의 예물로 바쳐야 합니다. 또한 이 모든 것은 하나로 똘똘 뭉쳐 훌륭하게 임무를 완수해낸 여러분 모두의 공입니다. 여러분 각자가 세운 공에 관해서 나는 적절한 확인 과정을 거쳐 여러분 각자에게 말로만이 아니라 실질적으로 적절한 포상이 이루어지도록 할 것입니다.

[3] 바로 내 옆에서 싸운 크리산타스 중대장에 관해서는 그가 어떻게 싸웠는지 내가 알기 때문에 굳이 다른 사람들에게 물어서 확인해볼 필요도 없습니다. 그는 다른 것들에 관해서는 여러분 모두와 마찬가지로 행동했습니다. 그런데 내가 퇴각하라고 명령하면서 그의 이름을 불렀을 때, 그는 칼을 이미 들어 올려서 적군 한 명을 베려고 하던 찰나였는데도, 적군을 베려고 하던 것을 즉시 멈추고 나의 퇴각 명령에 복종해 내 명령을 실행에 옮겨 자기 자신만 퇴각한 것이 아니라, 서둘러 중대원들에게도 내 명령을 전달했습니다. 그렇게 한 덕분에 그는 적군이 우리가 퇴각하는 것을 알아차리고는 활을 쏘고 창을 던지기 전에 자신의 중대원들을 적의 화살이 닿지 않는 안전한 곳으로 퇴각시킬 수 있었습니다. 이렇게 자기 자신도 무사하고 중대원들도 무사할 수 있었던 것은 즉시 명령에 복종했기 때문입니다.

[4] 반면, 나는 부상당한 병사들도 보았습니다. 그래서 나는 그들이 전투의 어느 시점에 부상당했는지 면밀하게 조사해보고 나서, 그들에 대한 나의 판단을 밝힐 것입니다. 하지만 크리산타스에 관해서는 그가 전쟁에 유능한 전사이자 분별력이 있고 상관에게 잘 복종하고 부하들을 잘 통솔하는 지휘관이라는 점을 높이 사서, 그를 포상해 연대장으로 진급시킬 것이고 신이 우리에게 다른 좋은 것을 주실 때마다 나는 그를 잊지 않고 보상할 것입니다.

[5] 그리고 나는 여러분 모두가 이번 전투에서 보았던 것을 마음에 새기고 언제까지나 기억해두기를 당부합니다. 그렇게만 한다면, 여러분은 용감하게 싸울 때와 도망칠 때 어느 쪽이 더 자신의 목숨을 보존할 수 있는지, 싸우고자 할 때와 싸우고자 하지 않을 때 어느 쪽이 위험을 더 잘 피할 수 있는지, 승리가 어떠한 즐거움을 가져다주는지 언제나 분명하게 판단할 수 있게 될 것입니다. 왜냐하면 여러분은 방금 직접 경험했고 결과들도 이미 보아서, 누구보다도 잘 판단할 수 있기

때문입니다.

[6] 여러분이 이것들을 항상 명심한다면, 지금보다 더 용맹한 전사가 될 것입니다. 신들의 사랑을 받고 있는 용감하고 현명한 여러분, 이제 저녁 식사를 하러 갑시다. 신들에게 헌주를 올리고 신의 찬가를 부르면서 이후에 하달될 몃령에도 주의를 기울입시다."

[7] 키루스는 이렇게 말하고 난 뒤에 말에 올라 달려서 키악사레스에게 갔다. 당연한 말이지만, 키악사레스는 키루스와 함께 기뻐했다. 키루스는 그곳을 둘러본 뒤 키악사레스에게 자기가 해야 할 일이 있는지 물어본 다음 다시 말을 타고 자신의 병영으로 돌아왔다. 키루스와 그의 군대는 저녁 식사를 하고 경계병을 적절하게 배치하고 나서 잠자리에 들었다.

[8] 한편, 아시리아군은 자신들의 왕과 거의 모든 정예병을 잃었기 때문에 모두 사기가 저하되어 있었다. 그들 중 다수는 야밤을 틈타 도주해버렸다. 크로이소스를 비롯한 동맹군도 마찬가지로 사기가 저하되어 있었다. 전체적으로 모든 상황이 어려웠지만 무엇보다도 그들의 사기를 가장 크게 저하시킨 원인은 선봉 부대의 사기가 완전히 바닥으로 떨어져버렸다는 것이었다. 그래서 동맹군은 그날 밤에 진영을 이탈해 떠나버렸다.

[9] 날이 밝자 적진에서 많은 병사가 떠나서 적군의 진영이 한산해진 것을 알게 된 키루스는 페르시아 병사들을 이끌고 가장 먼저 참호를 뛰어넘어 진격해 들어갔다. 적진에는 적군이 버리고 간 많은 양과 소, 좋은 물건으로 가득한 많은 마차가 있었다. 뒤이어 키악사레스도 메디아군 전체를 이끌고 참호를 뛰어넘어 적의 진영으로 왔다. 그들은 거기에서 아침 식사를 했다.

[10] 아침 식사를 한 후에 키루스는 중대장들을 불러 모아놓고서 이렇게 말했다. "여러분, 신들은 우리에게 적군을 무찌르게 해주었을 뿐

만 아니라, 이렇게 온갖 좋은 것까지 우리에게 주셨습니다. 지금 여러분은 적군이 우리를 피해 도망친 현장을 보고 있습니다. 적군은 진지 안에 있으면서도 진지를 버리고 도망쳤습니다. 그런 적군이 넓은 들판에서 우리와 만났을 때 우리와 제대로 맞서 싸울 것이라고 누가 감히 말할 수 있겠습니까? 우리에 대해 잘 모를 때도 우리의 상대가 될 수 없었던 적군이 이미 우리에게 패배해 큰 손실을 입은 지금에 와서 어떻게 우리의 상대가 될 수 있겠습니까? 적군 중에서 최정예 병사들도 이미 우리 손에 죽음을 면치 못했는데, 적군 중에서 더 형편없는 자들이 어떻게 감히 우리와 맞서 싸우려고 하겠습니까?"

[11] 한 중대장이 물었다. "적군이 여기에 버리고 간 것들을 보면 그들에게 더 좋은 것들이 있는 게 분명한데, 최대한 신속하게 그들을 추격하지 않는 이유는 무엇입니까?"

키루스가 대답했다. "우리에게는 말이 부족하기 때문입니다. 적군의 정예병을 모두 사로잡거나 죽일 수 있는 절호의 기회였지만, 그들은 말을 타고 도망쳐버렸습니다. 우리는 신들의 도움으로 그들을 패퇴시킬 수 있었지만 추격할 수는 없습니다."

[12] 중대장들이 물었다. "그렇다면 왜 키악사레스 왕께 가서 이 문제에 대해 말하지 않는 것입니까?"

키루스가 말했다. "그렇다면 여러분 모두가 나와 함께 키악사레스 왕께 가서 우리 모두가 이 문제에 대해 그렇게 생각한다는 것을 보여줍시다."

이리하여 그들은 모두 키루스를 따라 키악사레스 왕에게 가서, 자신들이 필요로 하는 것을 얻기 위해 적절한 제안을 했다.

[13] 키악사레스는 그들이 먼저 그런 제안을 해온 것이 내심 못마땅한 데다가, 또다시 위험을 무릅쓰고 모험을 하지 않는 편이 좋겠다고 생각했다. 그는 현재의 상황에 만족하고 있었고, 다른 많은 메디아 장

병들도 그와 마찬가지로 현재의 상황에 만족하고 있다는 것을 알고 있었기 때문이다. 그래서 그는 이렇게 말했다.

[14] "키루스, 너희 페르시아인은 아주 고상해. 어떤 즐거움 앞에서도 결코 무절제하지 않다는 것을 나는 직접 보기도 하고 듣기도 해서 알고 있다. 하지만 나는 큰 즐거움 앞에서 절제하는 것이 훨씬 더 낫다고 본다. 인간으로서 우리가 지금 누리고 있는 성공보다 더 큰 즐거움이 어디 있겠는가?

[15] 우리가 성공한 후에 절제하며 그 성공을 조심스럽게 지켜나간다면, 아무런 위험 없이 행복하게 늙어갈 수 있을 것이다. 하지만 우리가 이번 성공에 만족하지 않고 계속 또 다른 성공을 추구해나간다면, 많은 사람이 바다에서 겪었다는 것, 즉 항해를 통해 한번 성공을 거두자 계속 성공을 거두려고 하다가 결국에는 완전히 망한 전철을 우리도 밟지 않도록 조심해야 한다. 사람들이 승리를 얻은 후에 또 다른 승리를 추구하다가 먼저 얻은 승리까지 잃어버린 경우가 허다했다.

[16] 적군이 우리보다 수적으로 열세여서 도망친 것이라면, 수적으로 열세인 적군을 추격하는 것은 안전할 것이다. 하지만 우리는 우리의 전군을 동원해 적군의 극히 일부만을 상대로 싸워서 이긴 것일 뿐이고, 상당수의 적군과는 아직 싸워보지도 않았다는 사실을 알아야 한다. 적군에게 우리와 싸우지 않을 수 없도록 만들지만 않는다면, 적군은 우리를 잘 몰라 지레 겁을 집어먹고 도망칠 것이다. 하지만 우리가 도망친 적군을 다시 공격해 그들에게 진지를 사수하는 것이나 도망치는 것이나 위험하기는 매한가지라는 사실을 깨닫게 해준다면, 그들에게 용기를 불어넣어주는 것이므로 우리는 신중하지 않으면 안 된다.

[17] 네가 적군의 처자식들을 붙잡으려 하는 것보다 적군이 자신의 처자식들을 구하려 하는 열망이 훨씬 더 크다는 사실을 명심해라. 멧돼지도 사람의 눈에 띄면 자신의 수가 많더라도 새끼들과 함께 도망친다.

하지만 누군가가 그 새끼들 중 어느 한 마리라도 사냥하려고 하면, 어미 멧돼지는 혼자서라도 자기 새끼를 잡으려는 사람을 향해 달려든다는 사실을 유념해야 한다.

[18] 이번에는 적군이 우리를 먼저 공격하지 않고 진지를 구축하고서 그 안으로 들어가 꼼짝하지 않고 있었기 때문에, 우리는 주도권을 쥐고 언제든지 우리가 원할 때 그들과 싸울 수 있었다. 하지만 우리가 그들을 추격해 적군을 들판에서 상대하게 되고, 수적으로 많은 적군이 자신의 병력을 분산시켜 일부는 지금처럼 우리와 정면에, 일부는 우리의 옆에, 일부는 우리의 후위에 배치한다면, 아군 병사들 각자가 많은 손과 많은 눈을 가지고 있지 않다는 것을 알아야 한다. 게다가 나는 메디아 병사들이 즐거워하고 있는 것을 보면서 강제로 그들을 일으켜 세워 위험 속으로 몰아넣고 싶지 않다."

[19] 키루스가 말했다. "왕께서는 메디아 병사들 중 아무에게도 출전을 강요하지 않으셔도 됩니다. 하지만 나를 따라 적군을 추격하고 싶어 하는 병사들은 그렇게 할 수 있도록 허락해주십시오. 그렇게만 해주신다면, 우리는 왕과 여기 있는 왕의 친구들 모두가 즐거워할 만한 것을 가지고 돌아오겠습니다. 우리는 적의 주력부대를 추격하지는 않을 것입니다. 어떻게 우리가 그들을 따라잡을 수 있겠습니까? 다만 우리는 적의 주력부대에서 떨어져 낙오한 자들을 붙잡아서 왕께 끌고 오겠습니다.

[20] 우리는 왕의 요청을 들어드리기 위해 먼 길을 마다하지 않고 온 사람들이라는 것을 기억해주십시오. 그러니 우리가 어떤 성과를 손에 쥐고 고국에 돌아갈 수 있도록, 그리고 우리 모두가 왕의 금고만을 쳐다보지 않도록, 이번에는 왕께서 우리의 요청을 들어주시는 것이 공평합니다."

[21] 그러자 키악사레스가 말했다. "네가 너를 따라가기를 원하는

사람들만 데리고 출정한다면 나로서는 네게 고마울 뿐이다."

키루스가 말했다. "그렇다면 왕께서 명령하신 것을 알릴 수 있도록, 왕께서 신임하시는 여기에 있는 사람들 중 몇 명을 저와 함께 보내주십시오."

키악사레스가 말했다. "이 사람들 중 네가 원하는 사람들이 있으면 누구든지 데려가거라."

[22] 그런데 전에 키루스에게 친척이라고 하면서 자신으로 하여금 입맞춤하게 했던 바로 그 사람이 우연히 그 자리에 있었다. 그래서 키루스는 즉시 "이 사람이면 충분하겠습니다"라고 말했다.

키악사레스는 "그러면 그를 데려가라"라고 말하고는, [23] 그 사람에게 "원하는 자들은 키루스와 함께 출정하라고 전하라"라고 말했다.

이렇게 하여 키루스는 그 친척이라고 하는 사람을 데리고 그 자리를 나왔다. 밖으로 나온 키루스가 그에게 말했다. "당신은 전에 나를 보는 것이 즐겁다고 말했는데, 이제 과연 그 말이 진실이었는지 아닌지 증명해야 합니다."

그러자 그 메디아인이 말했다. "당신이 그렇게 말씀하신다면 저는 당신을 결단코 떠나지 않을 것입니다."

키루스가 물었다. "그렇다면 다른 메디아 병사들이 나와 함께 출정할 수 있게 하는 데 최선을 다하겠습니까?"

그가 대답했다. "제우스 신에게 맹세하건대, 제가 기필코 그렇게 하여 당신이 나를 보는 것이 즐거울 수 있게 하겠습니다."

[24] 이렇게 키악사레스의 명령을 전하는 임무를 받은 그는 메디아인에게 키악사레스 왕의 명령을 전하고는 그들을 열심히 설득한 후에 자기는 신들의 자손이자 가장 고귀하고 훌륭한 인물인 키루스를 절대로 떠나지 않을 것이라는 말도 덧붙였다.

제2장

[1] 키루스가 이렇게 하고 있는 동안, 신들의 섭리로 히르카니아로부터 사자들이 왔다. 히르카니아는 아시리아의 이웃나라로 그렇게 크지 않았기 때문에 아시리아의 속국으로 살았다. 하지만 그들은 기마술에 뛰어나다는 평판을 들었고 그 평판은 오늘날까지 이어져오고 있다. 마치 스파르타인이 스키리티아인[46]에게 그래왔듯이, 아시리아인은 힘들고 어려운 일이 있을 때마다 히르카니아인을 이용했다. 그리고 이번에도 아시리아인은 히르카니아인에게 1,000명 정도의 기병으로 자신들의 후미를 방어하게 함으로써, 후미에서 어떤 끔찍한 일이 벌어졌을 경우에 그 위험을 히르카니아인이 고스란히 떠안게 했다.

[2] 히르카니아인은 후미에서 행군할 때 자신들의 마차와 가족을 함께 데리고 다녔다. 아시아에서 살아가는 대부분의 사람은 자신들의 가족 전체를 데리고 출정하기 때문이다. 이번에도 그들은 출정할 때 자신의 가족을 모두 데려왔다.

[3] 히르카니아인은 자신들이 아시리아인에게 어떤 취급을 당해왔는지 생각해보았다. 아시리아 왕이 죽고 그의 군대가 패배한 지금 아시리아군 전체에 공포가 만연해 있고 동맹군도 사기가 떨어져 각자의 나라로 가버렸다는 것을 종합적으로 고려했을 때, 키루스와 그의 군대가 도와주기만 한다면 지금이야말로 아시리아에게서 벗어날 수 있는 절호의 기회라고 생각했다. 그래서 그들은 키루스에게 사자들을 보냈다. 이한 번의 전투로 키루스의 이름은 이미 널리 알려졌기 때문이다.

---

46 "스키리티아인"은 고대 그리스의 펠로폰네소스반도 남쪽 끝 라코니아 북부의 산지에 있는 스키리티스에서 사는 부족이었다. 라코니아는 스파르타의 영토였고, "스키리티아인"은 시민권이 없는 소외된 부족민으로 마치 스파르타인의 하인처럼 살았다.

[4] 히르카니아에서 온 사자들은 키루스에게 자신들이 아시리아인을 미워하는 것은 정당하다고 말하고는, 키루스가 지금 아시리아군을 공격하고자 한다면, 자신들이 동맹이 되어 선두에 서서 길잡이가 되어주겠노라고 제안했다. 또한 적군의 동태도 상세하게 설명해주었다. 그들은 키루스가 출병해 아시리아군을 공격하기를 절실하게 바라고 있었던 것이다.

[5] 키루스가 그들에게 물었다. "적군이 진지를 구축하고 그 안으로 들어가기 전에 우리가 그들을 따라잡을 수 있을 것이라고 당신들은 생각합니까? 우리는 적군이 우리의 눈을 피해 도망쳐버린 것을 무척 아쉬워하고 있습니다." 그가 이렇게 말한 것은 사자들이 그와 그의 군대가 출병할 가능성이 아주 높다고 생각하게 만들기 위한 것이었다.

[6] 사자들은 적군은 수가 많고 짐마차를 대동하고 있어 행군 속도가 느리기 때문에, 새벽 일찍 경무장을 하고 출병한다면 다음 날 따라잡을 수 있을 것이라고 대답했다. 그러고는 "그들은 어젯밤에 잠을 자지 않고 밤을 새우며 행군해 지금은 얼마 가지도 못한 상황에서 진영을 세우고 있습니다"라고 말했다.

[7] 키루스가 물었다. "그렇다면 우리에게 당신들의 말을 사실로 믿을 수 있도록 당신들은 무엇을 할 수 있습니까?"

그들이 대답했다. "우리는 지금 즉시 말을 달려 오늘밤 안으로 볼모를 데려올 의향이 있습니다. 다만 당신도 오른손을 들어 신들에게 맹세해 우리에게 확신을 주심으로써, 우리가 당신에게서 받은 동일한 확신을 히르카니아의 다른 사람들에게도 전할 수 있게 해주십시오."

[8] 키루스는 그들이 한 말을 지킨다면, 그들을 자신의 참된 친구들로 여기고 페르시아인이나 메디아인과 조금도 다름없이 대우해줄 것이라고 엄숙하게 맹세했다. 그래서 히르카니아인은 오늘날까지도 페르시아인이나 메디아인처럼 신임을 받고 관직을 맡을 자격이 있는 사람들

로 여겨지고 있는 것을 볼 수 있다.

[9] 사자들이 저녁 식사를 마치자, 키루스는 아직 해가 있을 때 자신의 군대를 이끌고 출병했고, 히르카니아의 사자들에게는 자기가 그들과 함께 갈 것이니 기다리라고 명령했다. 당연한 말이지만, 페르시아군 전체가 키루스와 함께 출병했고 티그라네스도 자신의 군대를 이끌고 함께 출병했다.

[10] 메디아군 중에서는 어릴 때 키루스의 친구였다는 이유로 따라나선 자들도 있었고, 키루스와 함께 사냥하며 그의 솜씨를 보고 감탄해 따라나선 자들도 있었다. 키루스가 자신들을 큰 위험에서 구해준 것에 감사해 따라나선 자들도 있었고, 키루스를 훌륭하고 운 좋은 인물로 보고 앞으로 대성해 위대해질 것이라는 기대를 가지고 따라나선 자들도 있었다. 키루스가 메디아에서 자랄 때 외할아버지 아스티아게스 왕을 통해 많은 사람에게 많은 은혜를 베풀었기 때문에 그 은혜에 보답하려고 따라나선 자들도 있었다. 히르카니아의 사자들을 길잡이로 삼아 길을 나서면 좋은 것을 많이 얻을 수 있을 것이라는 소문이 퍼지면서 좋은 것을 얻기 위해 함께 출정한 자들도 많았다.

[11] 이렇게 하여 결국 메디아군에서조차도 키루스가 키악사레스를 찾아갔을 때 그 막사에서 연회를 즐기고 있던 자들 외에는 거의 모든 장병이 출정하게 되었다. 연회를 즐기고 있던 자들과 그들의 부하들은 남았고, 나머지 모든 장병은 기쁨이 넘치고 사기가 충천한 가운데 출정했다. 그들은 어쩔 수 없이 강제로 가는 것이 아니라, 이런저런 이유로 보답하려고 자원해 따라나선 것이었기 때문이다.

[12] 키루스는 진영을 빠져나온 후에 먼저 메디아 장병들에게 가서 그들을 칭찬했고, 신들에게 메디아의 장병들과 페르시아의 장병들을 지켜달라고 기원했다. 다음으로는 자기가 그들의 열의에 보답할 수 있게 해달라고 기원했다. 마지막으로 보병대에게 선두에 서서 전군을 이

끌고 가고 메디아군은 기병대와 함께 그 뒤를 따르라고 명령했다. 또한 모든 부대가 쉬거나 행군을 멈출 때마다 즉시 자기에게 전령을 보내 지시를 받음으로써 아군의 상황을 늘 숙지하라고 명령했다.

[13] 키루스는 히르카니아의 사자들에게 길을 안내하라고 명령했다, 그러자 그들이 말했다. "아니, 이게 어떻게 된 일입니까? 당신은 우리가 볼모를 데려오기를 기다렸다가 우리의 말이 믿을 만하다는 것을 확인한 후에 출병하려고 하시는 것 아닙니까?"

이때 키루스는 이렇게 대답했다. "나는 우리의 마음과 우리의 손에 믿을 만한 담보를 가지고 있다고 생각합니다. 당신들이 진실을 말하고 있는 것이라면 우리는 당신들에게 충분히 보상할 수 있는 힘을 이미 갖추고 있다고 생각하고, 당신들이 우리를 속이고 있는 것이라면 우리가 당신들의 손 안에 있는 것이 아니라 도리어 신들의 뜻에 따라 당신들이 우리의 손 안에 있다고 생각하기 때문입니다. 그러니 히르카니아인이여, 당신들은 자기 나라 사람들이 후미에서 따라가고 있다고 말했기 때문에 우리가 그들을 공격하지 않도록 그들을 보자마자 우리에게 신호를 주십시오."

[14] 이 말을 들은 히르카니아인은 키루스의 강인한 정신에 탄복하고서 그가 명령한 대로 길을 안내했다. 이제 더 이상 아시리아인이나 리디아인이나 그 밖의 다른 동맹군을 두려워하지 않았고, 다만 키루스가 히르카니아인은 자신에게 전혀 중요하지 않기 때문에 있으나 없으나 별 상관이 없다고 생각할 것이 염려되어 노심초사했을 뿐이다.

[15] 그들이 진격해 가고 있는 동안에 밤이 찾아왔는데, 하늘에서 빛이 내려와 키루스와 그의 군대가 가는 길을 환하게 비춰주었다. 모든 장병은 신들이 보여준 이 징조에 숙연해졌지만 적군을 무찌르고자 하는 사기는 더욱 높아졌다. 가볍게 무장하고 신속하게 진격해 나아갔기 때문에 당연히 먼 길을 갈 수 있었고, 동이 틀 무렵에는 히르카니아군

과 가까운 곳까지 접근할 수 있었다.

[16] 히르카니아의 사자들이 그것을 알아차리고는 그들이 자기 나라 사람들이라고 키루스에게 알렸다. 그러면서 사자들은 그들이 후미에 있는 것과 그들이 피워놓은 불의 개수를 보고 그들을 알 수 있었다고 말했다.

[17] 그러자 키루스는 히르카니아의 사자들 중 한 명을 그들에게 보내, 그들이 친구라면 가능한 한 빨리 오른손을 들고 자신들을 맞으러 나오라고 전하게 했다. 또한 그는 자신의 부하 한 명을 그 사신과 함께 보내, 히르카니아인에게 키루스군은 그들이 어떻게 행동하는지 보고 거기에 걸맞게 그들을 대우하겠다는 말을 전하게 했다. 이렇게 사자들 중 한 명은 히르카니아인에게로 갔고, 다른 한 명은 키루스 옆에 남았다.

[18] 키루스는 전군의 진격을 멈추고 히르카니아인이 어떻게 하는지 지켜보았다. 메디아의 지휘관들과 티그라네스가 말을 타고 키루스에게 와서 무엇을 해야 하는지 물었다. 키루스는 그들에게 이렇게 말했다. "가까운 곳에 히르카니아군이 있습니다. 히르카니아의 사자들 중 한 명과 우리 쪽 사람 한 명을 함께 거기로 보내, 그들이 우리의 친구라면 모두가 오른손을 들고 우리를 맞으러 나오라고 했습니다. 그러니 이제 그들이 그렇게 한다면 여러분은 자기 앞에 있는 히르카니아인에게 오른손을 들어 환영 인사를 하십시오. 하지만 그들이 무기를 들거나 도망치려 한다면, 여러분 앞에 있는 자들을 즉시 공격해 단 한 사람도 살려 보내서는 안 됩니다."

[19] 키루스는 이렇게 명령했다. 히르카니아인은 자신들이 보낸 사자와 키루스가 보낸 사람의 말을 전해 듣고 기뻐하며 즉시 말에 올라타고서, 키루스가 지시한 대로 오른손을 앞으로 뻗은 채 나아왔고 메디아인과 페르시아인도 오른손을 뻗어 인사하며 그들을 환영했다.

[20] 이윽고 키루스가 말했다. "히르카니아인이여, 우리는 이미 여러분을 신뢰하고 있습니다. 그러니 여러분도 마찬가지로 우리를 신뢰해야 합니다. 먼저 적의 본진과 주력부대가 여기에서 얼마나 멀리 떨어져 있는지 말해주십시오."

그들이 대답했다, "대략 6킬로미터쯤 떨어져 있습니다."

[21] 그러자 키루스가 말했다. "자, 페르시아인과 메디아인이여, 그리고 히르카니아인이여, 이제 나는 우리의 동맹군이자 연합군인 여러분에게 말합니다. 이제 만일 우리가 약점을 보인다면 온갖 가혹한 일을 당할 수밖에 없는 상황이라는 것을 잘 알아야 합니다. 적군은 우리가 왜 여기에 왔는지 알고 있기 때문입니다. 반대로 우리가 강하고 대담하게 적군을 공격한다면 그 즉시 우리는 적군 중 어떤 자들은 도망치다가 발각된 노예들처럼 살려달라고 애걸하고, 어떤 자들은 도망치며, 어떤 자들은 이 둘 중 어느 것도 엄두를 내지 못하는 것을 보게 될 것입니다. 적군은 패배를 당한 후에 우리를 보게 되는 것인 데다가, 자신들은 전열을 전혀 갖추지 못한 상태에서 우리가 전열을 정비하고 추격해 그들을 따라잡으리라고는 전혀 생각하지 못했을 것이기 때문입니다.

[22] 그러므로 우리가 앞으로 배불리 먹고 잘 자며 편히 살려면, 방패를 들고 나아가 칼로 적군을 쉴 새 없이 공격해, 적군이 자신들에게 유리한 것을 숙의하고 준비하거나 우리도 인간이라는 사실을 생각할 겨를이 없게 해야 합니다.

[23] 히르카니아인이여, 여러분의 병력만 눈에 보이고 우리의 존재는 가능한 한 늦게까지 드러나지 않게 하기 위해 여러분은 우리 앞에서 흩어져 행군하십시오. 그러다가 내가 적진에 당도하면 여러분의 기병대를 내게 넘겨주어 내가 적진에서 필요한 경우에 여러분의 기병을 사용할 수 있게 해주십시오.

[24] 여러분 중에서 지휘관들과 연장자들은 밀집대형으로 진격하

는 것이 현명할 것입니다. 그래야만 적의 밀집대형을 만나더라도 뒤로 밀리지 않기 때문입니다. 그리고 적병을 추격해 죽이는 일은 젊은 병사들에게 맡겨두십시오. 지금은 적진에 그대로 남아 있는 적군을 최소화하는 것이 가장 안전합니다.

[25] 우리가 승리했을 때는 약탈로 눈을 돌리지 않도록 경계해야 합니다. 승자였던 자들이 그런 식으로 약탈에 눈을 돌렸다가 패자로 전락한 경우가 비일비재했습니다. 그런 짓을 하는 자는 군인이 아니라 종군 인부일 뿐입니다. 그러니 여러분은 그런 자를 노예로 취급해도 좋습니다.

[26] 여러분은 승리보다 더 이득이 되는 것은 없다는 사실을 알아야 합니다. 승리한 자는 남자와 여자와 재물과 땅을 비롯해 모든 것을 전리품으로 얻기 때문입니다. 우리는 오직 승리하는 데만 집중해야 합니다. 약탈해 많은 것을 얻었다고 해도 결국 최종적으로 패자가 된다면 자신이 약탈한 모든 것을 잃게 될 것입니다. 밤이 되어 어두워지면 아무도 진영 안으로 받아주지 않을 것이니 적을 추격할 때는 아직 해가 있는 동안에 다시 돌아와야 한다는 점을 늘 명심하십시오."

[27] 키루스는 이렇게 말하고 나서, 모든 지휘관을 각자의 부대로 돌려보내 행군하는 동안 선두에 있는 10인 분대장들에게 자신의 명령을 전하게 하고, 다시 10인 분대장들은 각자의 분대원들에게 그 명령을 전하게 했다. 그런 후에 키루스는 페르시아군을 이끌고 중앙에서 행군했고 히르카니아인은 길을 안내했다. 그리고 기병대는 양옆에 배치되었다.

[28] 날이 밝자 적군 중에서 어떤 자들은 그 광경을 보고 기겁했고, 어떤 자들은 사태가 어떻게 돌아가고 있는지 이미 알았고, 어떤 자들은 그 소식을 퍼뜨렸고, 어떤 자들은 비명을 질러댔고, 어떤 자들은 말들을 풀어주었고, 어떤 자들은 짐을 쌌고, 어떤 자들은 짐을 나르는 짐

승들에 실려 있던 무기들을 풀어 내던져버렸고, 어떤 자들은 무장을 했고, 어떤 자들은 말에 올라탔고, 어떤 자들은 말에 안장을 얹었고, 어떤 자들은 여자들을 마차에 태웠고, 어떤 자들은 귀중품들을 빼앗기지 않기 위해 챙겼고, 어떤 자들은 정신없이 귀중품을 땅에 묻었지만, 대부분의 사람들은 두망칠 준비로 바빴다. 이렇게 적군은 우리가 상상할 수 있는 온갖 일들을 했지만 정작 싸우려고 하는 사람은 아무도 없었다. 이렇게 적군은 싸움 한번 제대로 해보지 못하고 무너졌다.

[29] 때는 여름이어서 리디아 왕 크로이소스는 자신의 여자들이 시원할 때 좀 더 편안하게 길을 갈 수 있도록 어젯밤에 마차를 태워 먼저 보냈다. 자신은 기병대를 이끌고 뒤따라갔다.

[30] 헬레스폰트에 있는 소(小)프리지아를 다스리는 왕도 그렇게 했다. 그들은 갑자기 들이닥친 탈주병을 보고는 무슨 일이 일어났느냐고 물었고 사정을 알게 되자 그들도 온 힘을 다해 달아났다.

[31] 카파도키아 왕과 아라비아 왕은 진영 근방에서 무장도 하지 않은 채 있다가 히르카니아인에게 죽임을 당했다. 하지만 죽은 사람들 중 대다수는 아시리아인과 아라비아인이었다. 그 지역은 그들의 땅이었으므로 땅을 버리고 도망치는 것을 주저했다.

[32] 메디아인과 히르카니아인은 적군을 추격하면서 승리자들이 자주 저지르는 짓을 했다. 반면, 키루스는 자기 옆에 남아 있던 기병들에게 말을 타고 진지를 돌아다니면서 무장한 채로 밖으로 나오는 적을 보는 경우에는 죽이라고 명령했다. 반면, 막사 안에 아직 남아 있는 적군에게는 말하기를, 기병이든 경무장 보병이든 궁수든 자신들의 무기를 한데 묶어 가져오되, 말들은 막사 안에 그냥 두라고 알리고는 그렇게 하지 않는 자는 누구든지 참수하겠다고 공표했다. 키루스군은 칼을 빼어 손에 들고는 적의 진영을 에워싸고 있었다.

[33] 이렇게 하여 무기를 지니고 있는 적군은 키루스가 지시한 곳

으로 자신들의 무기를 가져와 던졌고 키루스의 명령을 받은 자들은 그 무기들을 소각했다.

[34] 키루스는 자신의 군대가 식수와 식량도 없이 진격해 오는 것을 보았다. 그런 것들 없이는 전투 수행은 물론이고 다른 어떤 일도 할 수 없다는 사실을 알고 있었다. 그는 어떻게 하면 가장 신속하고 훌륭하게 이 일을 해결할 수 있을지 궁리하다가, 출전한 병사들의 막사를 관리하고 그 병사들이 돌아왔을 때 그들에게 필요한 보급품을 준비해줄 사람들이 필요하다는 결론에 도달했다.

[35] 또한 키루스는 그런 일에 최적임자는 짐을 싸기 위해 적진에 남아 있다가 붙잡힌 자들이라고 생각했다. 그래서 막사를 관리하던 하인들을 모두 불러 모았고, 하인이 없는 막사에서는 최연장자가 참석하게 했다. 불복종하는 자들은 엄벌에 처하겠다고 공표했다. 자신들의 주인이 복종하는 것을 보고서 그들도 즉각 복종했다.

[36] 그들이 모두 모이자, 키루스는 먼저 각자의 막사에 2개월분 이상의 보급품이 있는 사람들에게 앉으라고 명령했다. 그들이 앉은 것을 보고 나서, 키루스는 다시 각자의 막사에 1개월분 이상의 보급품이 있는 사람들에게 앉으라고 명령했다. 그러자 거의 모든 사람이 앉았다.

[37] 키루스는 이렇게 말했다. "이제 여러분 중 어느 한 사람에게라도 나쁜 일이 생기는 것이 싫고 우리에게서 좋은 대접을 받고자 한다면, 여러분이 지금까지 매일 자신의 주인과 그 가족을 위해 준비한 음식과 식수의 두 배를 각자의 막사에 정성을 다해 준비해놓으라. 훌륭한 식사가 되기 위해 필요한 다른 것들도 모두 준비해놓으라. 어느 쪽이 승리하든, 승리한 병사들이 곧 돌아오면 자신들은 온갖 음식이 푸짐하게 차려진 성대한 식사를 대접받을 자격이 있다고 생각할 것이기 때문이다. 그러니 그들을 흡족하게 잘 모시는 것이 여러분에게도 이득이 된다는 사실을 명심하라."

[38] 그들이 키루스가 지시한 명령을 열심히 수행하고 있는 동안에, 키루스는 페르시아군의 중대장들을 불러 모아놓고 이렇게 말했다. "친구 여러분, 우리의 동맹군이 적군을 추격하러 나가 있는 사이에, 여기 있는 우리가 아주 정성스럽게 준비된 음식과 음료를 즐기며 먼저 점심 식사를 할 수도 있을 것입니다. 하지만 나는 우리의 동맹군을 걱정하고 배려하는 마음을 보여주는 것이 식사를 하는 것보다 우리에게 더 이득이 되고, 동맹군의 마음을 얻는 것이 연회를 베풀어 먹고 마시는 것보다 우리의 힘을 더 강하게 해줄 수 있다고 생각합니다.

[39] 또한 우리의 동맹군이 적군을 추격해 죽이고 저항하는 적군과 싸우고 있는 지금, 우리가 전황이 어떻게 되어가고 있는지 알기도 전에 그들에게 무관심한 채로 먼저 식사를 한다면 어떻게 되겠습니까? 그들은 우리를 부끄러움도 모르는 자들로 생각할 것이고 우리는 동맹군을 잃고 약해지고 말 것입니다. 반면, 우리가 지금 위험하고 힘든 일을 도맡아 하고 있는 사람들이 돌아왔을 때 그들에게 필요한 것이 무엇일지 생각해 정성껏 준비해놓는다면, 그것이야말로 우리가 지금 당장 배를 채워 기쁨을 얻는 것보다 더 큰 즐거움을 주는 연회가 될 것이라고 생각합니다.

[40] 설령 우리가 동맹군을 배려해야 할 필요가 없다고 하더라도, 지금 우리가 배불리 먹고 마실 때가 아니라는 것을 유념해야 합니다. 우리의 계획이 아직 이루어지지 않은 데다가, 지금은 극도의 경각심을 가지고 모든 것을 주시해야 할 때이기 때문입니다. 우리 진영에는 우리보다 몇 배나 많은 적군이 감금되지 않은 채로 있습니다. 그래서 우리는 그들을 한편으로는 경계해야 하고 다른 한편으로는 감독해야만, 그들에게 우리가 쓸 보급품을 공급하고 관리하게 할 수 있습니다. 게다가 아군의 기병대는 지금 여기에 없습니다. 그들이 지금 어디에 있는지, 돌아온다고 해도 계속 우리 옆에 머물러 있을지도 걱정입니다.

[41] 그러니 여러분, 나는 우리가 배불리 먹는 것이 아니라, 졸리지도 않고 무분별해지지도 않을 정도로만 먹고 마시는 것이 가장 유익하리라고 생각합니다.

[42] 또한 우리 진영에는 많은 양의 재물이 있고, 그 재물을 얻는데 함께 참여한 동맹군도 그 재물에 대한 권리가 있기는 하지만, 우리가 원하는 만큼 각자 나누어 가질 수 있다는 것을 나도 모르지 않습니다. 하지만 나는 지금 우리가 그 재물을 나누어 갖는 것보다는 동맹군이 공평하다고 여기는 방식으로 나누어 가짐으로써 그들에게 우리에대해 지금보다 더 큰 애정을 가지게 하는 것이 더 큰 이득이라고 생각합니다.

[43] 따라서 나는 메디아인과 히르카니아인과 티그라네스가 돌아온 후에 모든 사람에게 재물을 나누어 줄 생각입니다. 그들이 우리에게더 적은 몫을 준다고 해도, 우리는 그들이 그렇게 하도록 허락하는 것이 우리에게 이득이라고 생각해야 합니다. 그들은 자신들이 얻은 이득에 만족해 우리와 함께하는 것을 기뻐할 것이기 때문입니다.

[44] 눈앞의 이득에 집착하는 것은 우리에게 오래 가지 못할 부를얻게 해주지만, 그런 이득을 포기하는 대신에 부가 솟아나는 원천을 얻는다면 우리와 모든 자손에게 영원토록 부를 선사할 원천을 얻는 것이라고 나는 생각합니다.

[45] 내 기억으로는 우리가 고국에서 식욕을 참는 훈련도 했고, 때이른 이득을 얻으려 하는 것을 절제하는 훈련도 했습니다. 우리에게 이득이 되는 경우에 이렇게 할 수 있는 힘을 기르기 위한 훈련이었습니다. 나는 지금이야말로 훈련의 진가를 드러내 보일 절호의 기회라고 생각합니다."

[46] 그러자 페르시아 귀족 중 한 명인 히스타스파스가 다음과 같이 키루스의 발언을 지지했다. "키루스시여, 우리는 사냥을 나가서 하

좋은 짐승 한 마리를 잡기 위해 굶은 채로 사냥을 계속한 적이 비일비재했습니다. 그런데 우리가 모든 부를 거머쥘 수 있는 원천을 사냥하고자 하면서 탐욕에 발목이 잡혀 사냥을 실패한다면, 정말 끔찍한 일이며 우리에게 어울리지도 않는 일이라고 생각합니다. 악한 자들은 탐욕에 지배당하지만 선량한 자들은 탐욕을 지배하는 자들이기 때문입니다."

[47] 히스타스파스는 이렇게 말했고, 나머지 사람들도 모두 그의 말에 동의했다. 그러자 키루스가 말했다. "자, 우리가 이 일에 동의했으니 각자 돌아가서 각 중대에서 가장 신뢰할 만한 사람 다섯 명씩 보내주십시오. 그들에게 막사들을 돌아다니면서 보급품을 열심히 준비하는 자들을 보거든 칭찬해주고, 게을리하는 자들을 보거든 그들의 주인보다도 더 호되게 벌을 주게 합시다." 이렇게 하여 중대장들은 돌아가서 키루스가 지시한 대로 했다.

제3장

[1] 메디아인 중에서 어떤 사람들은 군수품이 가득 찬 마차들을 붙잡아 되돌려 몰아오고 있었고, 어떤 사람들은 지체 높은 정실부인들과 미모 때문에 전쟁터에 따라오게 된 첩들이 탄 마차들을 붙잡아 데려오고 있었다.

[2] 오늘날까지도 아시아에서는 전쟁에 나가는 모든 사람이 자신에게 가장 소중한 것을 대동하고 출정한다. 그들은 자신이 가장 소중히 여기는 것이 옆에 있으면, 그것을 지키기 위해 더 잘 싸우므로 그렇게 하는 것이라고 말한다. 물론 그 말이 사실일 수도 있겠지만, 그들은 자기 자신을 즐겁게 하려고 그렇게 하는 것 같다.

[3] 키루스는 메디아인과 히르카니아인이 부지런히 활동해 전리품

을 획득해 오는 것을 보았다. 그는 다른 사람들은 활발하게 움직여 무엇인가 이득을 얻고 있는 반면, 자신의 군대는 별 할 일도 없는 곳에 머물러 시간만 축내고 있는 것으로 생각되어 마음속으로 자신과 자신의 군대를 크게 질책했다. 메디아인과 히르카니아인은 자신들의 지휘관들이 그렇게 하라고 명령했다고 말하면서, 자신들이 노획한 것을 가져와 키루스에게 바친 후에 또다시 다른 적군을 추격하려고 떠났다. 이런 일 때문에 키루스는 화가 났지만 그럼에도 그 전리품을 따로 한곳에 모아놓았다.

키루스는 페르시아군의 중대장들을 다시 불러 모아놓고는 그들 모두가 자신의 계획을 들을 수 있는 곳에 서서 이렇게 말했다.

[4] "친구 여러분, 우리가 지금 우리 앞에 놓여 있는 좋은 기회를 거머쥐기만 한다면 모든 페르시아 병사들은 좋은 것들을 얻게 될 것입니다. 기회를 거머쥔 우리는 가장 좋은 것들을 얻으리라는 것을 우리 모두 알고 있습니다. 하지만 우리 페르시아군에 기병대가 없어서 우리 자신의 힘으로 그것들을 얻을 수 없다면, 어떻게 그 좋은 것들을 얻을 수 있겠습니까?

[5] 생각해보십시오. 우리 페르시아군은 적군과 백병전을 벌여 적군을 퇴각하게 만드는 무기를 지니고 있습니다. 하지만 우리에게 기병이 없다면 퇴각해 도망치는 적군의 기병과 궁수와 경무장 보병을 사로잡거나 죽일 수 있겠습니까? 그리고 적군이 우리가 저기 서 있는 나무들처럼 자신들에게 해를 가할 위험이 전혀 없다는 것을 알기라도 한다면, 적의 궁수와 창병과 기병 중에서 어느 누가 우리에게 접근해 공격하는 것을 두려워하겠습니까?

[6] 사정이 이러하다면, 지금 우리와 함께하는 동맹군의 기병이 우리 수중에 들어온 모든 전리품에 대해 자신들에게도 우리 못지않은 지분이 있다고 생각하거나, 아마도 제우스 신에게 맹세하건대 그들 자신의 지분이 더 많다고 생각할 것이 분명하지 않겠습니까?

[7] 지금과 같은 상황이라면 그들은 그렇게 생각할 수밖에 없습니다. 하지만 우리가 그들 못지않은 기병을 보유하게 된다면, 지금 우리가 동맹군의 도움을 받아 적군에게 하고 있는 일을 동맹군의 도움 없이도 독자적으로 할 수 있고 동맹군도 우리를 좀 더 조심스럽게 대하지 않겠습니까? 왜냐하면 우리가 독자적으로 모든 것을 할 수 있게 된다면, 그들이 여기에 남고자 하든 떠나고자 하든 우리는 신경을 덜 쓰게 될 것이기 때문입니다.

[8] 어쨌든 나는 페르시아군이 독자적인 기병대를 보유하게 된다면 상황이 완전히 달라지리라는 것에 대해서는 아무도 이견이 없을 것이라고 생각합니다. 하지만 여러분은 어떻게 하면 그렇게 할 수 있을지에 대해서는 아마도 의아해할 것입니다. 따라서 우리가 기병대를 두고 싶다면 우리에게 필요한 것들 중에서 있는 것은 무엇이고 없는 것은 무엇인지 살펴봐야 합니다.

[9] 여기 이 진지 안에는 우리가 붙잡아 온 말들, 말을 다루기 위해 있어야 하는 고삐들, 말을 사용하는 데 필요한 그 밖의 다른 기구들이 많이 있습니다. 또한 기병에게 있어야 하는 것들, 즉 그들의 신체를 보호해 주는 흉갑, 던지거나 손에 잡고서 찌르는 데 사용할 창도 많이 있습니다.

[10] 그렇다면 이제 남은 것은 무엇이겠습니까? 말을 탈 사람들이 있어야 합니다. 우리가 다른 무엇보다도 더 분명하게 가지고 있다고 자부할 수 있는 것이 바로 이 말을 탈 사람들입니다. 왜냐하면 우리 자신은 우리의 것이어서 다른 무엇보다도 완전히 우리 자신의 것이기 때문입니다.

하지만 페르시아인은 말을 탈 줄 모른다고 반문할 사람이 있을 것입니다. 제우스 신에게 맹세하건대, 그건 사실입니다. 하지만 지금 말을 탈 줄 아는 사람들 중에서 배우지도 않고 말 타는 법을 알게 된 사람은 아무도 없습니다. 물론 누군가는 그들이 어려서부터 말 타는 법을 배운 사람들이라고 말할 것입니다. [11] 그렇다면 아이와 어른 중 어느 쪽이 다른 사람이 말로 가르치고 시범을 보여주는 것을 더 빨리 배우겠습니까? 그리고 아이와 어른 중 어느 쪽이 자신이 배운 것을 몸으로 더 잘 해낼 수 있겠습니까?

[12] 게다가 우리는 아이들이나 다른 성인들보다 더 많은 시간을 할애해 말 타는 법을 배울 수 있습니다. 또한 우리는 아이들과는 달리 활 쏘는 법을 이미 알고 있어 배우지 않아도 되고, 창 던지는 법도 이미 알고 있어 배우지 않아도 됩니다. 농사짓는 사람들이나 다른 일에 종사하는 사람들이나 집안일을 하는 사람들은 시간이 없지만, 우리는 그런 사람들과는 달리 시간만 있는 것이 아니라 전쟁에 필요한 것이라면 반드시 익혀야 하는 처지에 놓여 있습니다.

[13] 기마술은 다른 많은 군사 기술들과는 달리 배우고 훈련하는 데 힘들기는 하지만 유용합니다. 행군할 때 자신의 두 발로 걸어가는 것보다는 말을 타고 가는 것이 더 즐겁지 않겠습니까? 친구 곁을 가고 싶을 때 빨리 가고, 사람이나 짐승을 추격할 필요가 있을 때 재빨리 따라잡는 것이 더 즐겁지 않겠습니까? 무기와 장비를 가져가야 할 때 말에 실어 나르는 것이 더 수월하지 않겠습니까? 자기가 직접 가지고 가는 것과 말에 실어 나르는 것은 완전히 다릅니다.

[14] 우리가 가장 우려하는 것은 우리가 말 타는 데 완전히 익숙해지기도 전에 말을 타고 행동함으로써 이제 더 이상 보병도 아니고 유능한 기병도 아니게 되는 위험을 감수해야 하는 상황에 직면하는 것입니다. 하지만 이 문제도 해결할 수 없는 것은 아닙니다. 왜냐하면 우리는 원할 때마다 즉시 말에서 내려와 보병으로 싸울 수도 있고, 기마술을 배우는 동안에도 보병이 해야 하는 훈련을 하지 않는 것이 아니기 때문입니다."

[15] 키루스가 이렇게 말하자, 크리산타스가 다음과 같이 지지 발

언을 했다. "저는 기병이 되면 날개를 단 사람처럼 될 것이라고 생각하기 때문에 기마술을 배우고 싶습니다. [16] 왜냐하면 지금은 제가 다른 사람들과 똑같은 출발점에서 달렸을 때 머리 하나 차이로 앞서는 것으로 만족하고, 짐승을 발견했을 때는 그 짐승이 멀리 달아나기 전에 활을 쏘고 창을 던질 수 있을 정도로 달리는 것으로 만족하지만, 기병이 되면 저 멀리 형체만 보이는 사람도 말을 타고 달려가서 따라잡을 것이기 때문입니다. 또한 짐승을 추격해 따라잡을 때는, 짐승이나 제가 둘 다 빠르게 움직이는 상태에서 서로 가깝게 있는 경우에는 마치 한곳에 멈춰서 있는 것 같아서, 제가 그 짐승을 손으로 때려잡거나 창으로 찔러 잡을 수 있을 것입니다.

[17] 제가 가장 부러워하고 닮고 싶어 하는 존재는 반인반마의 괴수라고 하는 켄타우로스[47]입니다. 왜냐하면 이 괴수는 인간의 사고와 분별력을 갖추고 있고, 자신에게 필요한 것을 직접 자기 손으로 만들 수 있으며, 말이 지닌 속도와 힘을 지니고 있어 자기 앞에서 도망치는 것은 무엇이든지 따라잡고 자신의 길을 가로막는 것들은 무엇이든지 때려눕힐 수 있기 때문입니다.

제가 기병이 된다면 이 모든 것을 갖추지 않겠습니까? [18] 적어도 저는 인간의 판단력으로 모든 것을 미리 예상하면서, 나의 무기와 장비를 내 손에 지니고 다니며 말을 타고 빠르게 달려 적을 때려눕힐 것입니다. 물론 저는 켄타우로스처럼 말과 한 몸이 되어 있지는 않겠지만 말입니다.

[19] 그리고 나처럼 말과 한 몸이 되어 있지 않은 것이 켄타우로스

---

47 "켄타우로스"는 그리스신화에 나오는 반인반마 종족이다. 상체는 인간이고 하체는 말로 되어 있다. 테살리아의 펠리온산에서 날고기를 먹고 살며, 성질이 난폭하고 호색적인 종족이다.

처럼 말과 한 몸이 되어 있는 것보다 더 낫습니다. 왜냐하면 제 생각으로는 켄타우로스는 인간을 위해 고안된 많은 좋은 것을 누리는 데는 어려움이 있을 것이고, 말을 위한 많은 즐거움을 누리는 데도 어려움이 있을 것이기 때문입니다.

[20] 반면, 제가 기마술을 배운다면 저는 말을 타고 있을 때는 켄타우로스가 했던 거의 모든 것을 할 수 있고, 말에서 내려왔을 때는 다른 사람들처럼 식사도 하고 옷도 입고 잠도 잘 수 있습니다. 그렇다면 저는 말과 분리될 수도 있고 다시 합체할 수도 있는 켄타우로스가 되는 것이 아니면 무엇이겠습니까?

[21] 게다가 켄타우로스는 두 개의 눈으로 보고 두 개의 귀로 보지만, 저는 네 개의 눈으로 보고 네 개의 귀로 듣고 인식하고 판단한다는 점에서 훨씬 더 유리합니다. 말은 자신의 눈으로 많은 것을 먼저 보고 자신의 귀로 많은 것을 먼저 듣고서 그것을 기수에게 알려주기 때문입니다. 따라서 저는 기마술을 정말 배우고 싶으니 기병 지원자 명단에 저를 넣어주십시오."

다른 모든 중대장들도 "제우스 신에게 맹세하건대, 저희도 넣어주십시오"라고 말했다.

[22] 그러자 키루스가 말했다. "우리 모두가 아주 열성적으로 그렇게 하기로 했으니, 사람들이 우리를 진정한 켄타우로스로 생각할 수 있도록 지금부터는 내게서 말을 받은 사람들은 단거리를 가든 장거리를 가든 걸어서 가는 것을 수치스러운 행동으로 여기는 우리만의 규칙을 정하는 것이 어떻겠습니까?"

[23] 키루스가 그들의 의견을 묻자 모두 이에 동의했다. 그때부터 페르시아인은 이 규칙을 따르고 있기 때문에, 오늘날까지도 정통 페르시아인으로 자처하는 사람들이 걸어서 가려는 모습은 보기 힘들다. 이 문제에 대한 그들의 논의는 이렇게 끝이 났다.

제4장

[1] 정오가 지났을 때 메디아와 히르카니아 기병이 자신들이 붙잡은 말들과 사람들을 데리고 돌아왔다. 그들은 무기를 버리고 투항한 적병들은 죽이지 않았기 때문이다.

[2] 그들이 말을 타고 들어오자 키루스는 먼저 모두 무사한지 물었다. 그렇다고 하자 이번에는 그들이 무엇을 했는지 물었다. 그들은 자신들이 한 일을 자세하게 들려주면서 각자가 얼마나 용맹하게 싸웠는지 [3] 자랑스럽게 설명했다.

키루스는 그들이 하고 싶은 말을 마음껏 하게 했고 그 말을 다 들어주었다. 그런 후에 그는 이렇게 말했다. "여러분이 전보다 더 커 보이고 더 훌륭해 보이며 더 위엄 있어 보이기 때문에, 여러분은 용맹한 전사들로 싸운 것이 분명합니다."

[4] 키루스는 이렇게 말하고 나서 그들이 말을 타고 얼마나 멀리까지 갔는지, 그리고 거기에 사람들이 살고 있었는지 물었다. 그들은 아주 멀리까지 말을 타고 갔고, 거기에는 사람들이 살고 있었으며, 양과 염소와 소와 말과 식량과 온갖 좋은 것이 가득하다고 말했다.

[5] 키루스가 말했다. "우리가 신경 써서 해야 할 일이 두 가지가 있습니다. 하나는 우리가 그런 것을 소유하고 있는 자들을 지배하는 것이고, 다른 하나는 그들이 지금 그곳에 계속 살아가게 하는 것입니다. 왜냐하면 사람들이 살고 있는 지역은 아주 가치 있는 자산인 반면, 사람들이 떠나고 없는 지역은 좋은 것들도 없어지기 때문입니다.

[6] 나는 여러분이 저항하는 적병을 죽였다는 것을 알고 있고, 그것은 승리를 지킬 수 있는 최선의 방법이라는 점에서 잘한 일입니다. 반면, 여러분은 투항한 적병들을 포로로 잡아서 데려왔습니다. 이제 그들을 풀어준다면, 앞에서 내가 이미 말했듯이, 우리는 다시 한번 우리에

게 이득이 되는 일을 한 것입니다.

[7] 그렇게 하면 먼저 그들을 계속 경계하거나 감시할 필요가 없고, 그들을 굶겨 죽일 생각이 아니라면 그들에게 계속 먹을 것을 주어야 하는데 그럴 필요도 없기 때문입니다. 다음으로는 그들을 풀어주고서, [8] 우리가 그 지역을 지배한다면, 거기에서 살아가는 사람들은 모두 우리의 포로가 되는 것이므로 더 많은 포로들을 얻게 될 것이기 때문입니다. 거기에서 살아가고 있는 사람들은 우리가 이 포로들을 살려주고 풀어주는 것을 보면, 우리와 싸우려 하기보다는 우리에게 복종하고 거기에서 계속 살아가는 쪽을 선택할 것입니다. 이상이 나의 생각입니다. 더 좋은 생각을 갖고 있는 사람이 있다면 자신의 생각을 말해보십시오.”

그들은 키루스의 말을 듣고서 그렇게 하는 데 동의했다.

[9] 그래서 키루스는 포로들을 불러 모아놓고 이렇게 말했다.

[10] “여러분은 우리에게 복종했기 때문에 지금 여러분의 목숨을 보존할 수 있었습니다. 그리고 여러분이 앞으로도 이렇게 우리에게 복종한다면, 여러분을 통치하는 사람이 바뀐 것을 제외한다면, 여러분의 형편은 전혀 바뀌지 않을 것입니다. 따라서 여러분은 지금과 마찬가지로 동일한 집에 거주하면서, 동일한 땅에서 일하고, 동일한 부인과 함께 살고, 여러분의 자녀들을 양육하게 될 것이고, 우리나 어떤 다른 사람과 전쟁을 할 일도 없을 것입니다.

[11] 하지만 누군가가 여러분에게 나쁜 짓을 저지를 때는 우리가 여러분을 위해 싸울 것입니다. 앞으로는 아무도 여러분에게 출정해 싸우라고 명령하지 않을 것이기 때문에, 여러분이 지니고 있는 무기나 장비는 우리에게 가져오십시오. 그렇게 하는 사람에게는 평화가 주어질 것이고, 우리가 말한 바도 틀림없이 주어질 것입니다. 반대로, 전쟁과 관련된 무기나 장비를 가져오지 않는 자들은 누구든지 우리의 공격을

받게 될 것입니다.

[12] 여러분 중에서 누구든지 우리에게 와서 우리 쪽에 도움이 되는 일을 하거나 정보를 제공하는 호의를 보여준다면, 우리는 그 사람을 노예가 아니라 우리의 은인이자 친구로 대접할 것입니다. 그러니 여러분 자신도 이것을 숙지하고 다른 사람들에게도 알려주십시오.

[13] 여러분은 우리에게 복종하기를 원하지만 우리에게 복종하고자 하지 않는 자들이 있다면, 그 사람들이 여러분을 지배하는 것이 아니라 여러분이 그들을 지배할 수 있도록 여러분은 우리를 그런 자들에게 안내해주십시오."

포로들은 키루스의 말에 복종했고 그가 말한 대로 하겠다고 약속했다.

제5장

[1] 그들이 돌아간 후에 키루스가 말했다. "메디아인과 아르메니아인이여, 이제 우리 모두가 저녁 식사를 할 시간입니다. 우리는 최선을 다해 여러분에게 필요한 것을 준비했습니다. 그러니 이제 가십시오. 빵은 여러분과 우리 모두가 충분히 먹고도 남을 정도로 많이 만들어놓았으니, 우리에게 그 빵의 절반만 보내주시고 다른 음식이나 음료는 어떤 것도 보내지 마십시오. 다른 것은 우리에게 이미 충분히 준비되어 있습니다.

[2] 그리고 히르카니아인이여, 여러분은 지휘관들을 여러분이 이미 알고 있는 가장 큰 막사로 모시고, 다른 사람들은 각자가 가장 좋다고 생각하는 막사로 가십시오. 여러분은 어느 막사든 각자 마음에 드는 곳으로 가서 식사를 하면 됩니다. 여러분이 사용할 막사는 모두 안전하고

깨끗하며 어디에나 똑같이 여러분을 위한 좋은 식사가 준비되어 있습니다.

[3] 또한 이 두 가지도 알아두십시오. 하나는 막사 밖에서는 우리가 여러분을 위해 밤새워 경계를 설 것이고, 다른 하나는 여러분은 각자의 무기를 잘 간수하는 가운데 막사 안에서 일어나는 일을 예의 주시해야 한다는 것입니다. 막사 안에 있는 사람들은 아직까지는 우리의 친구들이 아니기 때문입니다."

[4] 메디아인, 그리고 티그라네스가 데려온 아르메니아인은 목욕을 하고서 이미 준비되어 있는 옷으로 갈아입은 후에 저녁 식사를 했다. 그들이 타는 말들에게도 필요한 것이 주어졌다. 그들은 빵의 절반을 페르시아인에게 보냈다. 하지만 다른 음식이나 포도주는 보내지 않았는데, 키루스의 군대가 그런 것들을 이미 충분히 갖고 있다고 생각했기 때문이다. 하지만 키루스의 말뜻은 굶주림이 그들의 음식이고, 흐르는 강물이 그들의 음료라는 것이었다.

[5] 페르시아군이 식사를 마치고 어두워지자, 키루스는 자신의 병사들 중 다수를 10인 분대 또는 5인 분대별로 밖으로 보내 진영 주위를 빙 둘러 잠복해 있으라고 명령했다. 그렇게 해야만 밖에서 들어오는 자들도 막을 수 있는 동시에, 안에서 재물을 가지고 밖으로 도주하는 자들도 붙잡을 수 있다고 생각했기 때문이다. 그리고 실제로 많은 사람이 도주하려다가 붙잡혔다.

[6] 키루스는 도주하려던 자들이 갖고 있던 재물을 그들을 붙잡은 사람들에게 주었고, 도주하려던 자들은 죽이라고 명령했다. 그래서 이후에는 밤에 도주하려는 사람은 찾아보기 어려웠다.

[7] 페르시아인은 이런 식으로 생활했지만, 메디아인은 매일같이 연회를 열어 피리 연주를 들으며 흥청망청 먹고 마시며 온갖 것을 즐기는 데 푹 빠져 지냈다. 이렇게 메디아인이 흥청거리는 모습은 대부분

경계를 서는 페르시아인의 눈에 들어오긴 했어도, 경계를 서는 사람들은 그런 것에 개의치 않고 자신의 임무를 충실히 수행했다.

[8] 키루스가 출정하던 날 밤에도 메디아 왕 키악사레스는 자신의 막사에서 지휘관들과 함께 승리를 축하하는 연회를 열어 술을 마시며 취해 있었다. 그는 밖에서 와자지껄하며 크게 떠드는 소리를 들었기 때문에 다른 메디아인들도 소수를 제외하고는 모두가 진영에 남아 있을 것이라고 생각했다. 하지만 그 큰 소음은 메디아인 주인들이 출정을 떠나고 나자 하인들이 마음껏 술을 마시며 떠들어대는 소리였다. 이 하인들은 아시리아 병사들에게서 빼앗은 술과 다른 많은 것을 가져가 먹고 마셨다.

[9] 날이 밝은 후에도 키악사레스와 함께 그의 막사에서 함께 식사했던 자들을 제외하고는 아무도 그에게로 오지 않았다. 키악사레스는 메디아 보병은 물론이고 기병도 출정해 진영이 비어 있다는 말을 듣고, 밖으로 나가 그 사실을 눈으로 직접 확인했다. 키루스와 메디아인이 자기만 남겨두고 진영을 떠나버린 것에 격노했다. 키악사레스는 포악하고 분별력이 없다는 평판에 걸맞게 즉시 거기 있던 어떤 사람에게 자신의 친위 기병대를 이끌고 최대한 빨리 키루스가 있는 곳으로 가서 이렇게 전하라고 명령했다.

[10] "키루스, 심지어 너조차 나를 배려하지 않았다고 나는 생각한다. 그리고 설령 키루스가 그렇게 했다고 할지라도, 너희 메디아인은 나를 혼자 내버려두고 출정할 생각을 하지 말았어야 했다. 이제 키루스가 원하든 원하지 않든 너희는 최대한 신속하게 돌아오라."

[11] 이것이 키악사레스의 명령이었다. 그러자 친위 기병대를 이끌고 키루스에게 가서 전하라는 명령을 받은 사람이 물었다. "폐하, 제가 그들을 찾으려면 어떻게 해야 합니까?"

키악사레스가 되물었다. "키루스와 그를 따라간 자들은 적군이 있는 곳을 어떻게 알았다고 하더냐?"

그가 대답했다. "제우스 신에게 맹세하건대, 적진에서 도망쳐 온 어떤 히르카니아인이 여기로 와서 키루스를 안내했다고 들었습니다."

[12] 이 말을 들은 키악사레스는 키루스가 그 일을 자신에게 보고조차 하지 않았다는 사실에 한층 더 격노했다. 키악사레스는 키루스에게서 자신의 군대를 빼내 그의 전력을 약화시키려고 더욱 서둘러 사람을 보내며 앞에서보다 훨씬 더 강한 어조로 메디아인에게 철군할 것을 명령했다. 전령으로 가는 자에게도 자신의 엄중한 명령을 제대로 전달하지 않은 경우에는 그도 무사하지 못할 것이라고 경고했다.

[13] 이렇게 하여 전령은 100명쯤 되는 친위 기병대를 이끌고 길을 떠났다. 이 사람은 자기가 앞서 키루스와 함께 출정하지 못한 것에 불만을 품고 있던 자였다. 그들은 가다가 갈림길에서 길을 잘못 들어 헤매다가 우연찮게 아시리아군의 패잔병들을 만나 그들의 안내로 키루스군 진영에 도착할 수 있었다. 그들은 한밤중이 되어서야 불빛을 보고서 키루스군 진영에 도착했다.

[14] 그들은 키루스군의 진영에 도착했지만 경계병들이 키루스가 명령한 대로 날이 밝기 전에는 그들을 들여보내주지 않았다. 날이 밝자 키루스는 먼저 수도승[48]들을 불러 좋은 일이 있을 때 신들에게 바치게 되어 있는 헌물을 고르게 했다.

[15] 수도승들이 그런 일을 하고 있는 동안에 키루스는 귀족 지휘관들을 불러 모아놓고 말했다. "여러분, 신은 우리에게 많은 좋은 것을 주셨습니다. 하지만 우리 페르시아인은 현재로서는 그것들을 지키기에

---

48 "수도승"(Μάγος, '마고스')은 제관의 일을 한 메디아의 한 부족 또는 페르시아의 제관으로, 나중에는 조로아스터교의 제관을 가리키는 말이었다. 그들은 신들에게 제를 올리는 일을 주관했을 뿐만 아니라 점성술과 연금술 등을 비롯해 밀의에도 능했다.

수가 적습니다. 우리에게 주어진 이 좋은 것들을 지키지 못한다면, 한 편으로는 그것들은 다시 다른 사람들의 차지가 되고 말 것입니다. 다른 한편으로는 우리 중 일부를 여기에 남겨두어 우리가 얻은 것들을 지키게 한다면, 그 병력으로는 우리가 그것들을 지킬 수 없다는 것이 이내 알려질 것입니다.

[16] 따라서 내 생각에는 여러분 중 누군가가 최대한으로 빨리 페르시아로 가서 내가 지금 한 말을 전하고, 페르시아인이 아시아를 지배하고 거기에서 나오는 이득을 얻고자 한다면, 최대한 빨리 증원군을 보내줄 것을 요청하는 것이 좋겠습니다.

[17] 그러니 최선임 지휘관인 당신이 가서 그렇게 말하고 증원군을 보내주기만 하면, 그들이 내게 온 때로부터는 그 군의 모든 것을 내가 책임지고 돌보겠다고 전하십시오. 우리가 어떤 것들을 전리품으로 얻었는지는 당신이 직접 보아서 잘 알 것이니 아무것도 숨기지 말고 모두 다 알려주십시오. 페르시아의 법에 따라 이 전리품 중에서 어느 정도를 신들에게 바치는 것이 올바른지는 부왕께 여쭈어보고, 국가에는 어느 정도를 바쳐야 하는지는 고관들에게 물어보십시오. 또한 우리가 어떻게 하는지 지켜보고 우리가 묻는 것에 답변해줄 사람들도 보내달라고 하십시오. 그러면 떠날 준비가 되는 대로 호위 부대를 이끌고 가십시오."

[18] 그런 후에 키루스는 메디아인을 불렀고, 아울러 키악사레스가 보낸 전령을 들어오게 했다. 전령은 모든 사람 앞에서 키루스에 대한 키악사레스의 분노와 메디아인에 대한 위협을 전했다. 마지막으로 키악사레스는 키루스가 남기를 원한다고 해도 메디아인은 즉시 돌아올 것을 명령했다고 전했다.

[19] 전령의 말을 들은 메디아인은 왕의 소환 명령을 받고 당혹해 침묵에 휩싸였다. 왕이 이런 식으로 위협한 것에 대해 두려워하며 어떻

게 대처해야 할지 난감했는데, 특히 키악사레스의 포악함을 알고 있었기 때문에 그들의 두려움은 더욱 컸다.

[20] 키루스가 말했다. "전령과 메디아인이여, 키악사레스 왕께서 처음에 적군의 수가 많고 우리가 어떻게 해야 하는지 알지 못하신 상황에서 우리와 자기 자신을 염려하신 것이라면 그것은 당연한 일입니다. 나는 왕의 그런 반응을 의아해하지 않았을 것입니다. 하지만 이제는 키악사레스 왕께서도 아군이 많은 적군을 죽이고 적군은 모두 패주한 것을 아셨으므로 두려워하지 않게 되셨고, 게다가 지금도 왕의 친구들이 계속 적군을 무찌르고 있기 때문에 이제 혼자가 아니라는 사실도 아실 것입니다.

[21] 그리고 우리는 이 출정을 통해 왕께 이득이 되는 일을 했고 이 출정도 우리가 독단적으로 한 일이 아닌데, 우리가 어떻게 비난받을 만한 일을 했다고 할 수 있겠습니까? 왕께서는 내가 여러분을 데리고 출정하는 것을 허락하셨습니다. 게다가 여러분은 이 출정에 참여하고 싶어서 출정해도 되느냐고 먼저 왕께 여쭙고서 여기에 온 것이 아니라, 원하는 사람은 누구든지 출정하라는 왕의 명령을 받고 여기에 온 것입니다. 따라서 우리가 이 출정을 성공적으로 끝마치면 왕의 두려움이 그치면서 노여움도 가라앉을 것입니다.

[22] 그러니 전령은 여기까지 오느라 힘들었을 텐데 쉬고 계십시오. 그리고 페르시아인이여, 우리는 적군이 다시 싸우거나 항복하기를 기다리고 있기 때문에 최대한으로 전열을 유지해주십시오. 우리가 그렇게 하고 있는 것을 적군이 보면 우리가 원하는 바를 얻을 가능성이 더 높아질 것입니다. 히르카니아 왕이여, 왕께서는 당신의 지휘관들과 병사들에게 완전무장을 하고 대기하라고 명령해주십시오."

[23] 히르카니아 왕이 키루스가 말한 대로 하고 나서 다시 돌아오자 키루스가 말했다. "히르카니아 왕이여, 왕께서 여기에 남음으로써

나에 대한 우정을 보여주고 있을 뿐만 아니라, 왕의 현명함도 내게 보여주고 있으므로 나는 기쁩니다. 그리고 지금은 그렇게 하는 것이 왕이나 내게 분명히 이득입니다. 이제 적군인 아시리아인은 나보다도 왕을 더 미워하고 있기 때문입니다.

[24] 따라서 우리 두 사람이 함께 머리를 맞대고 지금 여기에 있는 동맹군 중 아무도 우리를 떠나지 않게 하고, 이에 덧붙여 가능하다면 다른 동맹군을 추가로 확보할 방안을 강구해야 합니다. 왕께서도 메디아의 기병대가 소환 명령을 받았다는 소식을 들으셨을 것입니다. 그들이 떠난다면 우리에게는 오직 보병들만 남게 될 것입니다.

[25] 그러므로 나와 왕께서는 메디아의 기병대를 소환하려고 온 전령조차도 우리와 함께 여기에 남아 있기를 원하도록 만들어야 합니다. 그러니 왕께서는 필요한 모든 것이 갖춰진 막사를 찾아 그에게 주면서 여기에서 지내며 최고의 시간을 보낼 수 있게 해주십시오. 나는 그에게 그가 좋아하는 일을 맡겨서 그가 떠나는 것이 아니라 여기에 남아 그 일을 하는 쪽을 선택할 수 있게 하려고 합니다. 이제 그를 만나 이야기를 나누면서 이 일이 잘 되기만 하면 우리가 얼마나 많은 좋은 것을 모든 친구에게 나누어 주고자 하는지 말해주십시오. 그렇게 한 후에 내게 다시 돌아오십시오."

[26] 이렇게 하여 히르카니아 왕은 메디아 왕의 전령을 데리고 어떤 막사로 갔고, 그런 후에 키루스의 전령으로 페르시아로 가게 되어 있던 지휘관이 모든 준비를 마치고 키루스에게 왔다. 키루스는 그에게 자기가 앞서 분명하게 말한 것을 페르시아에 전하고, 자기가 쓴 서신을 키악사레스에게 전하라고 명령한 후에 이렇게 말했다. "키악사레스 왕께서 이 서신과 관련된 어떤 것을 물으시는 경우에, 당신이 이 서신의 내용을 정확히 알고 있다가 적절한 답변을 할 수 있도록 나는 당신에게 이 서신을 읽어주고자 합니다."

서신은 이렇게 쓰여 있었다. [27] "키루스가 키악사레스 왕께 문안 인사를 올립니다. 우리는 왕을 홀로 버려둔 것이 아닙니다. 적군을 무찌르려고 출정한 일은 친구들을 홀로 버려둔 것이 될 수 없기 때문입니다. 우리가 출정해 떠나온 일이 왕을 위험 속에 둔 것이라고 우리는 생각하지 않습니다. 도리어 우리가 왕에게서 멀리 떨어져 있을수록 왕께서는 더 안전해지신다고 생각합니다. [28] 왜냐하면 친구들을 가장 안전하게 해주는 사람들은 친구들의 가장 가까이에 있는 자들이 아니라, 적군을 가장 멀리까지 쫓아버리는 사람들이기 때문입니다.

[29] 그동안 제가 왕을 어떻게 대해오고 왕께서 저를 어떻게 대해오셨는지 생각해보시고, 그런 후에 저를 비난하십시오. 저는 지원군을 이끌고 왕께 갔을 때, 제 힘이 닿는 데까지 페르시아 병사들을 최대한 모아 왕께서 요청하신 것보다 더 많은 병력을 이끌고 왕께 갔습니다. 그리고 왕께서는 제가 아군 지역에 있을 때도 제가 요청한 수만큼의 병력을 제게 주셨습니다. 그런데 지금은 제가 적군 지역에 있는데도, 왕께서는 메디아인 장병들 중에서 여기를 떠나기를 원하는 자들만이 아니라 전체 병력을 소환하려고 하십니다.

[30] 왕께서 저의 출정을 허락하시고 메디아인 장병들 중에서 원하는 자들을 데려가라고 하셨을 때, 저는 왕께도 감사하고 메디아인 장병들에게도 감사하다고 생각했습니다. 하지만 지금은 왕께서 저로 하여금 왕께 감사하는 마음을 지워버리고 오직 나를 따라 출정해준 장병들에게 저의 모든 감사를 바치도록 강요하고 계십니다.

[31] 하지만 왕께서 저를 그렇게 대하신다고 해도 저는 왕께 똑같이 대할 수는 없습니다. 그래서 저는 페르시아에 전령을 보내 증원군을 보내달라고 요청하면서, 아울러 제게로 오게 되어 있는 증원군이 우리에게 오기 전에 먼저 왕께로 가서 왕께서 그들이 원하는 대로가 아니라 왕께서 원하시는 대로 그들을 사용하실 수 있도록 이미 명령해놓았습니다.

[32] 저는 나이는 어리지만, 왕께서 이미 제게 주셨던 것을 이제 와서 다시 제게서 빼앗으시는 것은 왕께 감사했던 저의 마음을 없애고 적대감을 키우는 것입니다. 왕께서 메디아의 장병들이 왕께 돌아오기를 원하신다면, 사람을 보내 그들을 위협해서는 안 되며 자기를 홀로 버려두었다고 하시면서 많은 사람을 위협하는 것도 그들로 하여금 왕을 가볍게 여기도록 가르치시는 일이니 그렇게 해서도 안 된다는 조언을 드립니다.

[33] 우리는 왕과 우리에게 공동으로 이득이 된다고 생각하는 일들을 최대한으로 신속하게 완수했을 때 돌아가려고 합니다. 부디 강건하십시오."

[34] 키루스는 전령에게 서신을 읽어주고 나서 이렇게 말했다. "이 서신을 키악사레스 왕께 전해드리고 나서, 왕께서 이것들에 대해 물으시거든 이 서신에 나와 있는 대로 대답하십시오. 내가 페르시아의 증원군에 대해 당신에게 명령한 것들은 이 서신에 나와 있는 바와 동일하기 때문입니다."

키루스는 전령에게 이렇게 말하고, 신속하게 돌아오는 것이 중요하니 서두르라고 다시 한번 명령하고는 서신을 주어 보냈다.

[35] 그런 후에 키루스는 메디아군과 히르카니아군과 티그라네스군이 모두 이미 완전무장을 하고 있는 것을 보았다. 페르시아군도 완전무장을 하고 대기하고 있었다. 인근의 주민들도 무기를 지참한 채 말을 끌고 이미 와 있었다. [36] 키루스는 그 주민들에게 지난번에 무기를 모아놓았던 곳에 창을 던져놓으라고 명령했다. 키루스는 자신의 군대에 필요하지 않은 것들은 모두 소각하게 했다. 반면, 말을 끌고 온 사람들에게는 별도의 지시가 있을 때까지 말을 지키면서 대기하라고 명령했다. 그리고 이번에는 기병대 지휘관들과 히르카니아군 지휘관들을 불러서 이렇게 말했다.

[37] "친구들과 동맹들이여, 내가 여러분을 이렇게 자주 소집하는 일은 우리가 지금 처해 있는 상황이 새로운 것이고, 많은 것이 제대로 정비되어 있지 않기 때문이니 의아하게 생각하지 마십시오. 제대로 정비되어 있지 않은 것은 무엇이든 자리를 잡을 때까지 계속 문제를 일으킬 수밖에 없습니다.

[38] 우리에게는 지금 노획해온 전리품들이 많이 있고 게다가 포로들도 많습니다. 그런데 이 전리품 중에서 무엇이 우리 각자의 것이고 우리 각자가 이 포로들 중 누구의 주인인지 모르기 때문에, 많은 사람이 자신의 임무를 제대로 수행하고 있지 못합니다. 거의 모든 사람이 자기가 무엇을 해야 하는지 잘 알지 못하고 있기 때문입니다.

[39] 그러니 이런 상황이 지속되지 않게 하려고 전리품과 포로를 나누어 주십시오. 음식, 음료, 하인, 침구, 의복을 비롯해 장병이 거주하기에 필요한 다른 모든 것이 충분히 갖춰져 있는 훌륭한 막사를 배정받은 사람들은 자신이 배정받은 막사와 거기에 있는 모든 것을 잘 관리해야 한다는 것 외에는 다른 것은 필요하지 않습니다. 반면, 그런 것들이 충분히 갖춰져 있지 않은 막사를 배정받은 사람들의 경우에는 여러분이 그 사람들에게 부족한 것이 무엇인지 파악해 보충해주십시오. 우리가 우리의 장병들에게 그렇게 해주고도 우리에게 있는 전리품과 포로는 많이 남을 것입니다.

[40] 적군은 우리가 그렇게 하는 데 필요한 것보다 더 많이 가지고 있었기 때문입니다. 게다가 아시리아 왕을 비롯한 여러 왕의 재무를 담당하던 자들이 내게 와서, 공물을 바칠 때 사용하려고 주조한 금화를 자신들이 보관하고 있다고 말했습니다.

[41] 그러니 그들에게 그 돈을 모두 여러분의 본부로 가져오라고 명령하시고, 명령을 따르지 않는 자에게는 본때를 보여주십시오. 그 돈을 병사들에게 나누어 주어서 각자가 필요한 것을 살 수 있게 해주시고

기병에게는 보병의 두 배 몫을 주십시오.

[42] 또한 병영 안에 있는 시장에서 상인들이 각자가 팔려고 가져온 것을 파는 일을 방해하지 말고, 상인들이 물건을 다 팔았을 때는 다른 상인들을 오게 해 우리 병영이 사람들이 살 만한 곳이 되게 하라고 공표하십시오."

[43] 그들은 즉시 그렇게 공표했다. 그런데 메디아인과 히르카니아인이 키루스에게 이렇게 반문했다. "어떻게 우리가 당신과 당신의 사람들 없이 이것들을 나누어 줄 수 있겠습니까?"

[44] 그러자 키루스는 이렇게 대답했다. "우리 모두는 여기에서 우리가 해야 할 일을 완수하려고 여기에 함께 있어야 한다는 것을 압니다. 그런데 내가 여러분을 위해 무엇인가를 해야 할 때 그것을 할 능력이 없다거나, 여러분이 우리를 위해 무엇인가를 해야 할 때 그것을 할 능력이 없을 것이라고 생각합니까? 만일 그런 생각을 가지고 있다면 훨씬 더 많은 문제들이 발생할 것이고 우리가 해야 할 일을 완수하기는 훨씬 더 어려워질 것이 아니겠습니까?

[45] 보십시오. 우리는 여러분이 가져온 전리품과 여러분이 잡아 온 포로를 맡아서 지켰는데, 여러분이 우리가 그것들을 훌륭하게 맡아서 지켜줄 것을 믿었기 때문에 가능했습니다. 그러니 이번에는 여러분이 그것들을 나누어 주십시오. 우리는 여러분이 훌륭하게 나누어 주리라는 것을 믿고 있습니다.

[46] 여러분이 그 일을 하는 동안, 우리는 우리와 여러분의 공동 이득을 위해 또 다른 일을 하려고 합니다. 여러분이 보고 계시듯이 우리는 이제 아주 많은 말을 갖게 되었고 앞으로도 더 많은 말을 갖게 될 것입니다. 그런데 우리가 말을 탈 수 있는 사람들 없이 그 말들만 보유하고 있으면 그 말들은 우리에게 아무런 이득도 되지 못할 것입니다. 도리어 그 말들을 돌보는 데 비용과 인력을 사용해야 하는 문제만 야기할

것입니다. 반면, 그 말들 위에 기병들을 태운다면 모든 문제는 사라지고 우리의 군사력도 더욱 증강될 것입니다.

[47] 그러니 여러분이 앞으로 위기를 헤쳐 나가기 위해 우리가 아니라 다른 사람들과 함께하고자 한다면 그 말들을 그들에게 주십시오. 하지만 우리와 함께하고자 한다면 그 말들을 우리에게 주십시오.

[48] 여러분이 우리 없이 말을 타고 위험 속으로 뛰어들었을 때, 우리는 여러분이 무슨 일을 당하지는 않을까 많이 염려했고 여러분이 있는 그곳에 우리가 없다는 사실 때문에 극심한 수치심을 느꼈습니다.

[49] 하지만 우리가 말을 얻는다면 여러분을 따라갈 것입니다. 우리는 우리가 말을 타고 여러분과 힘을 합쳐 싸우는 것이 여러분에게 이득이 된다고 생각하는 경우에는 반드시 그렇게 할 것입니다. 반면, 우리가 보병으로 싸우는 것이 여러분에게 이득이 된다고 생각하는 경우에는 그 즉시 말에서 내려 보병으로서 여러분 옆에 있을 것입니다. 그래서 우리는 말을 탈 사람들을 양성하려고 합니다."

[50] 키루스가 이렇게 말하자 그들이 대답했다. "키루스시여, 이 말들을 탈 사람이 우리에게는 없습니다. 설령 이 말들을 탈 사람이 있거나 다른 용도로 사용할 수 있다고 하더라도, 우리는 당신이 원하는 용도로 사용하는 쪽을 선택할 것입니다. 그러니 이 말들을 가져가셔서 당신이 최선의 용도라고 생각하시는 데 사용하십시오."

[51] 키루스가 말했다. "그러면 그 말들을 받겠습니다. 우리가 기병이 되고 여러분이 전리품을 나누어 주는 일에 행운이 함께하기를 기원합니다. 먼저 수도승들이 신들에게 바칠 것을 고르고 있으니 그들이 고른 것을 따로 두십시오. 다음으로는 키악사레스 왕께서 가장 만족하실 만한 것으로 여겨지는 것을 골라두십시오."

[52] 그들은 웃으면서 키악사레스 왕을 위해서는 여자들을 골라두어야 할 것이라고 말하자, 키루스가 말했다. "그렇다면 여자들을 골라

두고 나서, 여러분이 원하는 것들은 무엇이든지 선택하십시오. 히르카니아인이여, 여러분이 키악사레스 왕의 몫을 고른 후에는 자원해 나를 따라온 모든 메디아 병사가 불만을 갖지 않도록 최선을 다해 전리품을 나누어 주십시오.

[53] 또한 메디아인이여, 여러분은 우리의 최초의 동맹이 된 사람들에게 예를 갖추어 대함으로써, 그들이 우리의 친구가 되기로 결정한 것이 잘한 일이었다고 생각할 수 있게 해주십시오. 키악사레스 왕이 보낸 전령과 그가 데려온 병사들에게도 모든 것의 일부를 그들의 몫으로 나누어 주고, 그들에게 여기에 남아달라고 권유하면서 그것이 내가 원하는 것이라고 말해주십시오. 그렇게 하면, 그들은 우리의 모든 사정을 자세하게 알고서 키악사레스 왕께 우리에 관해 있는 그대로 보고할 것입니다.

[54] 나와 함께 있는 페르시아인에게는 여러분이 풍족하고 넉넉하게 나누어 갖고 난 후에 남아 있는 것을 주어도 충분합니다. 우리 페르시아인은 사치스럽지 않게 시골풍으로 검소하게 자랐습니다. 우리가 말에 탔다가 땅으로 떨어졌을 때 여러분에게 웃음거리가 되는 것처럼, 우리가 사치스럽게 하고 다니는 것도 여러분에게 웃음거리가 될 것입니다."

[55] 그러자 그들은 말에 탄 페르시아 기병이 땅에 떨어지는 모습을 상상하며 한참을 웃다가 전리품들을 나누어 주러 떠났다.

키루스는 페르시아군의 중대장들을 불러 말들과 마구들과 말 장식들을 가져와서 그 수량이 얼마나 되는지 파악한 후에 중대마다 똑같이 배분해 가져가라고 명령했다.

[56] 그리고 이번에는 키루스가 메디아, 페르시아, 박트리아, 카리아, 킬리키아, 그리스를 비롯한 다른 나라들에서 잡혀 와서 아시리아, 시리아, 아라비아의 군영에서 노예로 일했던 사람들은 신고하라는 포

고령을 내렸다.

[57] 이 포고령을 들은 많은 사람이 기쁜 마음으로 신고했다. 키루스는 그들 중에서 가장 좋은 조건을 갖추고 있는 자들을 선발했다. 그들을 노예 신분에서 해방시켜주는 대신에 주어지는 무기를 받고서 그들에게 맡겨진 일을 해야 한다고 말했다. 그리고 그들에게 필요한 보급품은 자기가 직접 챙기겠다고도 말했다.

[58] 키루스는 즉시 그들을 페르시아군의 중대장들에게 맡기고는 그들에게 방패와 가벼운 단검을 주고서 그 무기들을 들고 말들을 따라가게 하고, 페르시아 병사들에게 지급되는 것과 똑같은 보급품들을 그들에게도 주라고 명령했다. 또한 페르시아 병사들에게는 언제나 흉갑을 하고 창을 갖고서 말에 타라고 지시하고는, 자신도 직접 그렇게 하는 시범을 보였다. 또한 기병이 된 지휘관들은 귀족들 중에서 다른 사람을 자신의 보병 부대의 지휘관으로 세워 그들을 대신하게 하라고 지시했다.

제6장

[1] 키루스군이 이런 일들을 하고 있을 때, 나이 든 아시리아인 고브리아스가 기병대의 호위를 받으며 말을 타고 나타났다. 그들은 모두 기병의 무기를 지니고 있었기 때문에, 무기를 회수하는 임무를 맡은 병사들이 여느 때와 마찬가지로 그 무기를 소각하려고 그들에게 창을 내어달라고 명령했다. 하지만 고브리아스는 키루스를 먼저 만나게 해달라고 말했다. 그래서 병사들은 고브리아스가 데려온 기병대는 거기에 남겨두고 고브리아스만 키루스에게 안내했다.

[2] 고브리아스는 키루스를 보자 이렇게 말했다. "주군이시여, 저는

아시리아에서 태어나고 자란 아시리아인입니다. 저는 견고한 성을 갖고 있고 넓은 지역을 다스리고 있습니다. 제게는 1,000명 정도의 기병이 있는데, 그 기병은 저와 막역한 친구 사이인 아시리아 왕에게 맡겨두곤 했습니다. 하지만 훌륭한 사람이었던 그가 당신 군대의 손에 죽었고 저의 철천지원수인 그의 아들이 왕위에 올랐기 때문에, 저는 이렇게 당신 앞에 와서 엎드려 간청합니다. 저는 당신의 봉신이자 동맹이 될 것이니 당신은 저를 대신해 복수를 해주시라고 간청합니다. 이렇게 하기 위한 최선의 방법은 제게는 아들이 없으므로 당신을 제 아들로 삼는 것입니다.

[3] 주군이시여, 독자였던 제 아들은 용모가 준수하고 훌륭하며 저를 사랑하고 공경해 자식으로서 아버지인 저를 행복하게 해주던 아이였습니다. 지금의 아시리아 왕[49]의 선왕이 제 아들을 자기 딸과 결혼시키기 위해 왕궁으로 초대했고, 저는 제 아들이 정말 왕의 딸과 결혼하게 되는 줄로 알고 기뻐하며 제 아들을 보냈습니다. 지금의 왕은 제 아들에게 함께 사냥을 가자고 불렀고, 제 아들에게 온 힘을 다해 마음껏 사냥을 해도 좋다고 허락했습니다. 자기가 제 아들보다 훨씬 더 말을 잘 탄다고 생각했기 때문입니다. 이렇게 하여 제 아들은 지금의 왕의 친구 자격으로 함께 사냥을 나갔습니다. 곰이 나타나자 두 사람이 추격을 했습니다. 지금의 왕이 던진 그 창이 곰을 맞혔어야 했는데 그만 빗나가고 말았습니다. 제 아들이 던진 그 창도 빗나갔어야 했는데 곰을 맞혀 쓰러뜨렸습니다.

[4] 그때 그자는 사실 화가 났지만 시기심을 어둠 속에 감추어두었

---

49 "선왕"인 나보니두스가 죽은 후에 아시리아 왕이 된 자는 "벨샤자르"이다. 그는 나보니두스의 장자이자 신바빌로니아 제국의 마지막 왕이다. 기원전 539년에 수도 바빌론 성이 페르시아 연합군에 의해 함락되면서 죽임을 당했다.

습니다. 그리고 이번에는 사자가 나타났습니다. 그자는 또다시 창을 던졌지만 빗나갔습니다. 제 생각에는 이때까지만 해도 특별히 이상한 일은 없었습니다. 하지만 제 아들이 또다시 사자를 맞혀 쓰러뜨리고는 '나는 창을 두 번 연달아 던져 두 번 다 사냥감을 쓰러뜨렸어'라고 말했습니다. 그러자 그 추악한 자는 시기심을 더 이상 참지 못하고 자신의 시종에게서 창을 낚아채 하나밖에 없는 사랑하는 제 아들의 심장을 찔렀습니다.

[5] 비참하게도 저는 신랑이 된 아들이 아니라 시체가 된 아들을 데리고 집으로 돌아왔습니다. 이제 막 수염이 나기 시작한 꽃다운 나이에 죽은 너무나 훌륭한 제 소중한 아들의 장례를 치렀습니다. 하지만 그 살인마는 마치 적을 죽이기라도 한 것처럼 자신의 행동을 후회하는 모습은 전혀 보이지도 않았고, 자신의 악한 행동을 사죄하는 의미에서 땅속에 있는 제 아들을 위해 조의를 표하는 것조차 하지 않았습니다. 물론 그의 아버지는 저를 위로해주었고 저의 고통을 함께 아파해주었습니다.

[6] 그래서 만일 선왕이 지금도 살아 있다면 저는 제가 당신에게 옴으로써 선왕에게 해를 끼치는 일은 하지 않았을 것입니다. 저는 선왕에게서 많은 사랑을 받으면서 그를 섬겨왔기 때문입니다. 하지만 제 아들을 죽인 자가 왕위에 올랐기 때문에, 저는 이제 더 이상 그를 호의적으로 대할 수 없고 그자도 이제 더 이상 저를 친구로 여길 수 없습니다. 그는 자신에 대한 저의 감정이 어떠한지도 알고 있고, 전에는 즐겁고 밝게 살았던 제가 지금은 혼자 쓸쓸히 슬픔 속에서 노년을 보내고 있다는 것도 알고 있습니다.

[7] 그러니 당신이 저를 받아주셔서 제가 당신의 도움으로 제 사랑하는 아들의 복수를 하리라는 희망을 품을 수 있다면, 저는 다시 활기를 되찾고 살아 있는 동안에는 이제 더 이상 수치스러운 삶을 살지 않

게 될 것이라고 생각합니다. 죽을 때도 여한이 없이 죽을 수 있을 것이라고 생각합니다."

[8] 그가 이렇게 말하자 키루스가 대답했다. "고브리아스, 당신이 말한 것이 모두 사실이라면, 나는 당신을 신 앞에서 억울함을 호소하는 자로 여기고 당신의 아들을 죽인 자에게 신들의 이름으로 복수할 것입니다. 우리가 당신을 위해 복수를 해주고 당신이 전부터 가지고 있던 여러 성과 땅과 무기와 권력을 계속해서 갖게 해준다면, 당신은 이에 대한 보답으로 우리에게 무엇을 해줄 것인지 말해보십시오."

[9] 그가 대답했다. "당신이 오실 때마다 저의 성들을 당신의 거처로 내어드리겠습니다. 그리고 전에 제가 선왕에게 저의 영지에서 나온 것을 공물로 바쳤는데, 이제는 그 공물을 당신께 바치겠습니다. 또한 당신이 출정할 때마다 저도 제 영지에 있는 병력을 이끌고 함께 출전하겠습니다. 그리고 제게는 혼기가 꽉 찬 소중한 딸이 있습니다. 전에는 제가 지금의 왕의 신붓감으로 생각하고 키운 딸입니다. 하지만 지금 제 딸은 자주 눈물을 흘리며 오빠를 죽인 살인자에게 자기를 보내지 말아달라고 애원하고 있고 그 점에서는 제 생각도 같습니다. 이제 저는 제 딸에 대한 처분을 당신에게 맡김으로써, 제 결심이 확고하다는 것을 당신에게 보여드리고자 합니다."

[10] 그러자 키루스가 말했다. "나는 당신이 한 말이 모두 진실이라고 믿고 내 오른손을 내밀어 당신의 오른손을 잡겠습니다. 신들이 우리의 증인이 되어줄 것입니다."

이렇게 일이 성사되자, 키루스는 고브리아스에게 무기를 갖고 돌아가라고 하고는 그가 있는 곳이 여기에서 얼마나 떨어져 있는지 물었다. 거기에 직접 가보고 싶었기 때문이다. 그러자 고브리아스는 "내일 아침 출발하시면 이틀날 밤은 우리와 함께 보내실 수 있습니다"라고 대답했다.

[11] 고브리아스는 이렇게 말한 후에 길잡이를 남겨두고 떠났다. 한편 메디아인은 가서 수도승들이 신들에게 바칠 헌물을 수도승들에게 전해주었고, 키루스를 위해 가장 훌륭한 막사와 아시아에서 가장 아름답다고 하는 수사[50]의 여자 한 명과 악기를 연주하고 노래하는 데 탁월한 실력을 지닌 여자 두 명을 골라놓았다. 그런 후에는 키악사레스를 위해 두 번째로 좋은 것을 골라놓았고, 마지막으로는 남아 있는 것 중에서 각자가 필요한 것을 넉넉하게 챙겼다. 모든 것이 넉넉했기 때문에 그들은 전쟁을 계속하는 데 아무런 부족함이 없었다.

[12] 히르카니아인도 각자가 필요한 것을 가져갔고, 키악사레스 왕의 전령에게도 자신들과 동일한 몫을 주었으며, 나머지 막사들은 키루스에게 넘겨주어 페르시아군이 사용할 수 있게 했다. 그들은 금화가 전부 모이면 나누어 주겠다고 말했고, 나중에 실제로 그렇게 했다.

---

50 "수사"는 오늘날의 "슈시"로 이란 서남부 프지스탄 지방을 가리킨다. 나중에 키루스의 뒤를 이어 페르시아 제국의 왕이 된 캄비세스 2세가 이집트 원정 중에 죽자 아케메네스 왕조의 왕이 된 페르시아 왕족 다리우스 1세(기원전 522-486년)는 수사를 수도로 정해 도시 전체를 성과 요새로 두르고 장엄한 궁전을 조성했다. 그리고 이곳을 기점으로 고대 리디아 왕국의 사르디스까지 이르는 270킬로미터의 "왕의 길"을 개척했다. 여기에 언급된 여자는 수사 왕국의 왕비인 "판테이아"다. 수사 왕국의 왕은 그녀의 남편인 "아브라다타스"로 나중에 키루스군에 합류해 아시리아 연합군과 결전을 벌이다가 장렬하게 전사한다.

제5권

고브리아스와 가다타스

제1장

[1] 메디아인과 히르카니아인이 전리품을 나누는 일을 마치고 나서 키루스에게 보고하자, 키루스는 자기가 알고 있는 키악사레스의 가장 친한 친구들에게 자신에게 배정된 전리품을 주고서 나누어 가지라고 말했다. "여러분이 내게 준 것은 내가 기쁘게 받겠습니다. 하지만 전리품은 우리 중에서 누구보다 가장 절실하게 필요한 사람들에게 주어져야 합니다."

그러자 음악을 좋아하는 한 메디아인이 말했다. "키루스시여, 저는 어젯밤에 당신이 지금 소유하고 계시는 여자들이 악기를 연주하며 노래하는 것을 듣고서 너무나 즐거웠습니다. 그러니 그중 한 여자를 제게 주시면 저는 집에 머물러 있는 것보다 전쟁에 나가는 것을 더 즐거워하게 될 것입니다."

키루스가 말했다. "그 여자를 당신에게 주겠습니다. 당신이 내게서 그 여자를 받음으로써 내게 감사한 것보다 당신이 내게 그런 요청을 해줌으로써 내가 당신에게 감사한 것이 더 크다고 생각합니다. 왜냐하면 나는 여러분에게 어떤 것이라도 베푸는 데 목말라 있기 때문입니다."

이렇게 하여 그 메디아인은 키루스에게서 그 여자를 받았다.

[2] 키루스는 어린 시절 자신의 친구였던 아라스파스라는 메디아인을 불렀다. 그는 키루스가 자신의 외할아버지인 아스티아게스의 왕궁에서 지내다가 페르시아로 돌아갈 때 자기가 입고 있던 메디아풍의 옷을 벗어서 주었던 사람이다. 키루스는 그에게 자기를 위해 어떤 여자와 그녀의 막사를 지켜달라고 부탁했다.

[3] 그 여자는 수사 왕 아브라다타스의 왕비였다. 아시리아의 진영이 함락되었을 때, 그녀의 남편은 운 좋게도 그 진영에 있지 않았고 박트리아 왕에게 사신으로 가 있었다. 그는 박트리아 왕과 친분이 있어 아시리아 왕이 박트리아와의 동맹을 논의하려고 그를 거기로 보냈기 때문이다. 그래서 키루스는 그녀의 남편이 그를 찾으러 올 때까지 그녀를 지켜줄 것을 아라스파스에게 부탁했다.

[4] 아라스파스는 키루스의 부탁을 받고 이렇게 물었다. "키루스시여, 당신이 내게 지켜달라고 명령하신 그 여자를 직접 보신 적이 있으십니까?"

키루스가 대답했다. "제우스 신에게 맹세하건대, 나는 그녀를 보지 못했네."

아라스파스가 말했다. "저는 그녀를 당신에게 드릴 전리품으로 골랐을 때 그녀를 보았습니다. 물론 저희가 그녀의 막사로 들어갔을 때 처음에는 그녀를 알아보지 못했습니다. 그녀는 바닥에 앉아 있었고, 모든 시녀가 그녀를 둘러싸고 앉아 있었기 때문입니다. 게다가 그녀는 옷도 시녀들과 똑같이 입고 있었습니다. 하지만 저희가 거기 있는 모든 여자 중 누가 귀부인인지 알아내려고 둘러보자, 그녀는 얼굴을 망사로 가린 채 땅을 쳐다보고 앉아 있었지만 이내 거기 있는 모든 여자 중에서 단연 돋보였습니다.

[5] 저희가 그녀에게 일어서보라고 명령했더니, 그녀를 둘러싸고 있던 모든 시녀가 그녀와 함께 일어섰습니다. 그녀는 남루한 행색을 하고 서 있었지만 풍채나 기품이나 우아함에서 단연 으뜸이었습니다. 그녀는 하염없이 눈물을 흘리고 있었습니다. 그 눈물은 옷으로 떨어져 흐르다가 발까지 적셨기 때문에 그녀가 울고 있다는 것이 분명하게 드러났습니다.

[6] 그러자 저희 중에서 최연장자가 이렇게 말했습니다. '마음을 굳건히 하십시오, 부인. 우리는 당신의 남편이 고귀하고 훌륭한 분이라는 사실을 들어서 알고 있습니다. 하지만 지금 우리는 용모에서나 지성에서나 권력에서 당신의 남편 못지않은 분을 위해 당신을 선택하는 것임을 명심하십시오. 이 세상에 탄복할 만한 사람이 있다면 키루스 총사령관님뿐이라고 우리는 생각하는데, 이제 당신은 그 사람의 소유가 될 것입니다.'

이 말을 들은 그 여자는 자신의 윗옷을 찢으면서 대성통곡을 했고 시녀들도 함께 소리 내어 울었습니다. [7] 그러자 그녀의 얼굴 대부분과 목과 손이 드러났습니다. 키루스시여, 저를 비롯해 거기에 있던 모든 사람은 아시아에서 태어난 여자들 중에서 그녀만큼 아름다운 여자를 본 적이 없다는 것을 아시길 바랍니다. 그러니 당신은 반드시 그녀를 직접 보셔야 합니다."

[8] 키루스가 말했다. "제우스 신에게 맹세하건대, 그녀가 방금 자네가 말한 그런 여자라면 나는 더더욱 그녀를 보지 않겠네."

아라스파스가 물었다. "왜 안 보시겠다는 것입니까?"

키루스가 대답했다. "자네에게서 방금 내가 당장이라도 뛰어가서 보고 싶게 만들 정도로 그녀가 아름답다는 말을 들었기 때문이네. 그러니 내가 그렇게 한번 그녀를 보러 갔다가, 그녀가 나로 하여금 얼마 안 있어서 또다시 빨리 그녀를 보러 가고 싶게 만든다면, 그렇지 않아도 시간이 없는 내가 그녀를 보고 앉아서 빈둥거리며 시간을 보내느라 해야 할 일들을 소홀히 할 것이 염려되기 때문이네."

[9] 아라스파스는 그 말을 듣고 크게 웃으며 말했다. "키루스시여, 당신은 남자가 아름다운 여자를 보고서 이성적으로 최선이라고 생각되지 않는 것을 할 수도 있다고 생각하지 않으십니까? 그것이 자연스러운 일이라면 누구나 그렇게 할 수밖에 없을 것입니다.

[10] 불은 어떤 것이든 태운다는 사실을 당신도 아시지 않습니까? 그것이 불의 본성이고 불에게는 자연스러운 일이기 때문입니다. 하지만 똑같이 아름다운 것이라고 해도 어떤 것들은 사람들이 사랑하지 않고, 어떤 것들은 사람들이 사랑합니다. 누군가는 이런 아름다움을 사랑하지만, 또 다른 누군가는 저런 아름다움을 사랑합니다. 그것은 자신의 의지에 의한 선택의 문제여서, 사람들은 각자가 원하는 것을 사랑하기 때문에 그런 것입니다. 예컨대, 오빠는 자기 여동생을 이성으로 사랑하지 않지만, 어떤 다른 남자는 그녀를 이성으로 사랑합니다. 아버지는 자신의 딸을 이성으로 사랑하지 않지만, 어떤 다른 남자는 그녀를 이성으로 사랑합니다. 신들에 대한 두려움과 인간의 법이 그런 사랑을 금지하기 때문입니다.

[11] 반면, 음식을 먹지 않고도 배고프지 않아야 한다거나, 물을 마시지 않고도 목마르지 않아야 한다거나, 겨울에 추워서 떨어서는 안 된다거나, 여름에 더워하지 않아야 한다는 법이 제정된다면, 그런 법은 사람들 중 누구도 복종하게 만들 수 없을 것입니다. 왜냐하면 인간이라는 것은 본성적으로 그렇게 할 수 없기 때문입니다. 하지만 이성적으로 사랑하는 것은 자신의 의지에 의한 선택의 문제입니다. 그래서 사람들은 각자 자신에게 맞는 옷과 신발을 선택하듯이 자신에게 맞는 것을 사랑합니다."

[12] 키루스가 말했다. "사랑하는 것이 자신의 의지에 의한 선택의

문제라면, 사랑하지 않는 것도 자기가 원할 때 그만둘 수 있어야 하지 않겠는가? 하지만 나는 사람들이 사랑의 괴로움 때문에 울고, 사랑에 빠지기 전에는 노예가 되는 것이 아주 나쁘다고 생각했던 사람들조차도 자기가 사랑하는 사람의 노예가 되는 것을 보았네. 또한 자기가 소중히 여기는 것이어서 다른 사람에게 결코 내주고자 하지 않았던 많은 것을 자기가 사랑하는 사람에게는 기꺼이 내주는 것도 보았네. 또한 마치 질병에서 벗어나게 해달라고 기원하는 것처럼 사랑으로부터 벗어나게 해달라고 기원하면서도, 쇠사슬로 묶인 것보다 더 튼튼한 필연에 묶여 사랑에서 결코 벗어나지 못하는 것도 보았네. 어쨌든 사람들은 자기가 사랑하는 사람의 노예가 되어 자신의 모든 것을 내주고 그 사람이 시키는 것은 무엇이든지 하네. 그런데 이런 꼴을 당하는데도 사람들은 자기가 사랑하는 사람에게서 도망치려고 하는 것이 아니라, 도리어 자기가 사랑하는 사람이 자기에게서 도망치지 못하게 감시하네."

[13] 그러자 아라스파스가 이렇게 말했다. "그런 사람들도 있긴 합니다. 하지만 그런 사람들은 나약한 자들입니다. 그들은 자신이 비참하기 때문에 늘 죽게 해달라고 기원합니다. 그런데 실제로 죽음으로써 그런 삶에서 벗어날 수 있는 방법이 무수히 많은데도 그들은 죽음을 선택하지 않습니다. 도리어 그런 사람들은 손대지 말아야 할 다른 사람들의 재물을 훔치면서까지 살아남으려고 합니다. 누군가가 소매치기를 하거나 훔치는 것을 본다면, 누구보다도 가장 먼저 당신이, 그런 자들은 꼭 훔쳐야 할 사정이 있는 것도 아닌데 훔쳤으므로 그 절도범이나 소매치기범을 비난하면서 처벌하지 않겠습니까?

[14] 이렇게 아름다운 여자들이 남자들에게 그녀들을 사랑하지 않을 수 없게 만들거나 그들이 하지 않아야 할 일을 하지 않을 수 없게 만드는 것이 아니라, 나약한 자들이 자신의 온갖 욕망을 다스리지 못해

그렇게 해놓고는 사랑 때문에 그런 것이라고 변명합니다. 반면, 고귀하고 훌륭한 사람들은 재물이나 명마나 미녀를 가지고 싶어도 그런 것들을 갖는 것이 정당하지 않을 때는 결코 손을 대려고 하지 않습니다.

[15] 어쨌든 저는 그녀를 보았고, 제게 그녀는 정말 아름다워 보였습니다. 하지만 그런 것은 차치하고 저는 당신의 수하에 있는 기병이니 당신이 제게 명령하신 소임을 완수할 것입니다."

[16] 키루스가 말했다. "제우스 신에게 맹세하건대, 자네는 본능적으로 사랑에 붙잡히기 전에 그 자리를 나왔을 것이 틀림없네. 불을 만졌다고 해서 금세 화상을 입지도 않고 장작에 금방 불이 붙는 것도 아니네. 그럼에도 불구하고 나는 일부러 불을 만지거나 미녀를 쳐다보지도 않을 것이네. 나는 자네에게도 미녀들을 오래 쳐다보지 말라고 충고하고 싶네, 아라스파스. 불은 만질 때만 화상을 입게 되지만, 미녀들은 멀리서 쳐다보기만 해도 애욕의 불에 휩싸이기 때문이네."

[17] 아라스파스가 말했다. "걱정하지 마십시오, 키루스시여. 제가 그녀를 쳐다본다고 해도 저는 욕망에 져서 제가 해서는 안 될 일을 하지는 않을 것입니다."

키루스가 말했다. "그렇게만 해주게. 그러면 내가 부탁한 대로 그녀를 지켜주고 돌봐주게. 그녀는 때가 되면 우리에게 큰 도움이 될 여자이기 때문이네."

[18] 두 사람은 이런 대화를 나누고 나서 서로 헤어졌다.

아라스파스는 그 여자가 아름다울 뿐만 아니라 고귀하고 훌륭하다는 것도 알고서 그녀를 잘 돌봐주었고, 자기가 그녀를 기쁘게 해주고 있다고 생각했다. 그녀도 그에게 감사해 자신의 하녀들에게 그의 시중을 들게 했고, 그가 왔을 때 그가 필요로 하는 것은 무엇이든 해주게 했으며, 그가 아파서 누워 있을 때는 정성껏 돌봐주게 했다. 결국 그는 사랑에 빠졌는데, 전혀 이상한 일이 아니었다. 이 일은 이렇게 전개되어

가고 있었다.

[19] 한편, 키루스는 메디아인과 동맹군이 스스로 머물러 있고 싶어 하기를 바랐기 때문에, 주요 지휘관들을 소집한 후에 그들이 다 모이자 이렇게 말했다.

[20] "메디아인을 비롯해 이 자리에 오신 모든 분이여, 나는 여러분이 나와 함께 출정한 것은 돈이 필요해서도 아니고, 키악사레스 왕을 섬기고 있다고 생각해서도 아니라는 것을 잘 압니다. 도리어 여러분이 위험을 무릅쓰며 나와 함께 야간 행군을 한 것은 내게 호의를 베풀고자 하고 나를 존중하기 때문이라는 것을 잘 압니다.

[21] 이 모든 것에 대해 나는 여러분에게 감사하는 마음을 갖고 있고, 만일 내가 그런 마음을 갖고 있지 않다면 나는 잘못하고 있는 것입니다. 하지만 나는 아직까지는 여러분에게 적절한 보답을 할 수 있는 형편이 되지 않는다고 생각하고, 내가 그렇게 말하는 것을 수치스럽게 생각하지 않습니다.

반면, 여러분이 내 곁에 머물러준다면 내가 반드시 보답하겠다고 말하는 것은 여러분도 잘 아시다시피 수치스러운 일입니다. 왜냐하면 내가 그렇게 말하는 것은 여러분이 내 곁에 머물기를 더 원하게 만드는 일이라고 생각하기 때문입니다.

그래서 나는 그렇게 말하지 않고 여러분이 키악사레스 왕의 명령에 복종해 돌아가더라도 내가 이 출정을 성공리에 마친다면, 나는 이곳을 떠난 여러분조차도 나를 칭찬할 수 있도록 행동하고자 노력할 것이라고 말하겠습니다.

[22] 나는 분명히 돌아가지 않을 것이고, 히르카니아인 앞에서 맹세로써 한 약속을 반드시 지킬 것입니다. 그들을 배반하는 짓을 절대로 하지 않을 것입니다. 또한 지금 우리에게 자신의 성과 땅과 군대를 바치겠다고 한 고브리아스가 내게 온 것을 후회하지 않도록 행동하려고

노력할 것입니다.

[23] 무엇보다도 가장 중요한 것은 신들이 이처럼 분명히 우리에게 은총을 베풀어주시기 때문에, 우리가 신들이 베푸신 것을 내팽개치고 떠나버리는 일은 신들을 노엽게 하는 데다가 수치스러운 짓이라는 것이 나를 두렵게 합니다. 그러므로 나는 여기에 남아 계속 내가 해야 할 일을 해나갈 것입니다. 여러분도 어떻게 할 것인지 결정해 내게 말해주십시오."

[24] 키루스가 이렇게 말하자 전에 키루스의 친척이라고 했던 사람이 가장 먼저 말을 꺼냈다. "왕이시여, 내게 당신은 벌집에서 처음부터 벌들의 왕으로 태어나는 여왕벌처럼 타고난 왕이십니다. 벌들은 자원해 여왕벌에게 복종하고 단 한 마리도 여왕벌이 있는 곳을 떠나지 않습니다. 그리고 여왕벌이 다른 곳으로 가면 모든 벌이 여왕벌을 따라갑니다. 벌들은 여왕벌의 지배를 받으려고 하는 강렬한 열망을 태어나면서부터 지니고 있기 때문입니다.

[25] 마찬가지로 제가 생각하기에는 당신에 대한 사람들의 심정도 거의 동일한 것으로 보입니다. 당신이 우리나라에 머물다가 페르시아로 돌아가실 때, 메디아인은 나이가 적은 사람이든 많은 사람이든 아스티아게스 왕께서 우리를 돌려보내실 때까지 당신을 따라가며 배웅하지 않았습니까? 또한 당신이 페르시아를 출발해 우리를 도우러 달려오셨을 때는, 당신의 거의 모든 친구가 자원해 당신을 따르는 것을 우리는 보았습니다. 또한 당신이 이번 원정에 나서고자 하셨을 때는 모든 메디아인이 자발적으로 당신을 따랐습니다.

[26] 지금 우리의 심정도 그와 같아서 우리는 당신과 함께 있기만 한다면 적지에서도 두렵지 않지만, 당신이 없으면 고국에 돌아간다고 해도 두렵습니다. 따라서 다른 사람들은 자신들이 어떻게 할지를 스스로 결정하겠지만, 키루스시여, 저와 제가 지휘하는 사람들은 당신 옆에

남아서 당신을 계속 보고 당신이 베풀어주시는 은혜를 계속 누릴 것입니다."

[27] 이어서 티그라네스가 이렇게 말했다. "키루스시여, 제가 침묵을 지킨다고 해도 당신은 전혀 이상하게 생각하지 마십시오. 저는 당신께 조언을 드리는 것이 아니라 당신이 명령하시는 것은 무엇이든지 수행하고자 하는 마음의 준비가 되어 있습니다."

[28] 그러자 히르카니아 왕이 말했다. "메디아인이여, 지금 여러분이 떠나려고 한다면 그것은 여러분이 큰 행복을 누리지 못하게 하려는 악령의 음모로 보입니다. 인간적인 상식에 비추어 보았을 때, 적군이 도망치는 데 그냥 돌아서거나, 적군이 무기를 넘겨주는데 받지 않거나, 적군이 항복해 그들 자신과 그들의 재산을 내어놓는데 받지 않을 사람이 누가 있겠습니까? 특히 우리에게 이런 지도자가 있는 경우에는 더더욱 그렇지 않겠습니까? 모든 신의 이름으로 여러분에게 맹세하건대, 키루스께서는 자기 자신이 많은 재물을 얻는 것보다 우리에게 은혜를 베푸는 것을 더 기뻐하시는 분이라고 나는 생각합니다."

[29] 이어서 모든 메디아인이 이렇게 말했다. "키루스시여, 여기로 우리를 이끌고 오신 분은 당신입니다. 그러니 당신이 본진으로 돌아갈 때라고 생각하시는 그때 우리도 함께 이끌고 가주십시오."

키루스는 이런 말들을 듣고서 다음과 같이 기원했다. "위대하신 제우스 신이시여, 저들이 제게 보여준 믿음과 기대에 부응해 제가 그 이상으로 저들에게 은혜를 갚을 수 있게 해주시기를 구합니다."

[30] 이렇게 하여 키루스는 그들에게 경계 병력을 배치하고서 그 밖의 다른 사람들은 자신들이 하고 싶은 것을 하라고 명령했다. 페르시아인에게는 막사를 배정해주었는데, 즉 기병과 보병에게 각각 적합한 막사를 배정해주라고 명령했다. 이렇게 안배한 후에 키루스는 각 막사에 있는 하인들에게 페르시아인의 부대에 필요한 모든 것을 가져오게

하고 말들을 돌보게 함으로써 페르시아인은 오직 군사훈련에만 전념하게 했다. 키루스군은 이런 식으로 지냈다.

제2장

[1] 키루스는 아침에 일찍 일어나 고브리아스가 있는 곳을 향해 출발했다. 키루스는 말을 타고 이제 기병들이 된 페르시아인 기병대 2,000명가량을 이끌고 갔다. 기병이 사용할 방패와 칼을 든 종자들이 그 뒤를 따랐는데, 그 숫자도 2,000명가량 되었다. 다른 병력도 대형을 갖추고 행군했다. 키루스는 각 기병이 자신의 새로운 종자에게 주의 사항을 전달하라고 지시했다. 즉, 종자들 중 후위 부대보다 뒤처지거나, 선봉 부대를 앞지르거나, 대열에서 벗어나 측면으로 나가다가 발각된 자는 누구든지 처벌을 받게 될 것이라고 경고하게 했다.

[2] 출발하고 난 다음 날 저녁쯤에 키루스 일행은 고브리아스의 성에 도착했다. 요새는 아주 견고했고, 성벽에는 적의 공격에 맞서 아주 강력하게 싸울 수 있도록 모든 것이 갖춰져 있었으며, 사람들은 요새의 보호 아래 아주 많은 소와 양을 키우고 있었다.

[3] 고브리아스는 키루스에게 사람을 보내, 한편으로는 말을 타고 직접 둘러보며 성을 공략할 수 있는 곳이 과연 있는지 찾아보고, 다른 한편으로는 키루스가 신임하는 자들을 자기에게 보내 성안에 있는 것을 본 후에 그에게 보고할 것을 요청했다.

[4] 그래서 키루스는 고브리아스가 거짓말을 한 것으로 드러난 경우에 요새를 공격해 함락시킬 수 있을지를 직접 알아보고 싶어서, 말을 타고 구석구석 둘러보았지만, 모든 곳이 아주 견고해 요새를 공략하는 것은 불가능하다는 사실을 깨달았다. 그가 고브리아스에게 보낸 자

들은 성안에 성의 주민들이 한 세대는 충분히 버틸 정도로 많은 식량과 물품이 있다고 보고했다.

[5] 키루스가 앞으로 어떻게 해야 할지 숙고하고 있을 때, 고브리아스는 성안에 있는 모든 병력을 키루스에게 내보냈다. 그들 중 어떤 사람들은 포도주와 보릿가루와 밀가루를 가져왔고, 어떤 사람들은 소, 염소, 양, 돼지와 온갖 식량을 가져왔는데, 키루스의 군대 전체가 먹기에 충분한 양이었다. [6] 그런 후에 취사를 담당한 자들은 식사를 준비하기 시작했다.

고브리아스는 이렇게 자신의 모든 병력을 밖으로 보내고 나서, 키루스에게 가장 안전하다고 생각되는 방식으로 성안으로 들어와달라고 요청했다. 그래서 키루스는 정찰병과 선발대를 먼저 성안으로 들여보낸 뒤에 자신도 성안으로 들어갔다. 그는 자기가 데려온 모든 친구와 지휘관과 함께 활짝 열려 있는 성문을 통해 성안으로 들어갔다.

[7] 키루스 일행이 성안으로 들어가자, 고브리아스는 황금으로 된 술잔, 주전자, 꽃병, 금화 등 온갖 보물을 가져오게 했고, 마지막에는 자신의 딸을 데려왔다. 그의 딸은 키도 컸고 외모도 빼어났지만, 오빠의 죽음으로 상심해 있었다.

고브리아스가 말했다. "이 재물을 당신께 드리고 이 딸도 당신께 맡길 터이니 원하는 대로 하십시오. 그리고 전에 말씀드렸듯이, 제 아들이자 제 딸의 오빠에 대한 복수를 해달라는 저의 간곡한 부탁을 들어주십시오."

[8] 그 말을 들은 키루스가 대답했다. "전에 나는 당신이 나를 기만하는 것이 아니라면, 내가 최선을 다해 당신의 복수를 해주겠다고 약속했습니다. 그리고 이제 당신의 진실된 말을 확인했으니 나의 약속은 이미 확정된 것입니다. 또한 내가 당신에게 약속했던 것과 동일하게 신들의 도우심으로 당신의 딸에 대한 복수도 해줄 것을 약속합니다. 나는

이 재물들을 받기는 하겠지만 추후에 여기 있는 당신의 딸과 그녀와 결혼한 남자에게 돌려줄 것입니다. 다만 당신이 내게 준 한 가지 선물은 바빌론에 있는 모든 재물과도 바꿀 수 없고 세상의 모든 재물을 얻은 것보다 더 나은 선물이기 때문에, 그 선물만은 내가 이곳을 떠날 때 가져가겠습니다."

[9] 고브리아스는 그 선물이 무엇을 가리키는지 몰라 의아해하다가 자기 딸을 말하는 것이 아닌가 추측하고는 이렇게 물었다. "당신이 말씀하신 그 선물이 무엇입니까, 키루스시여."

키루스가 대답했다. "고브리아스여, 불경스럽거나 불의한 짓을 하지 않으려 하고 의도적으로 기만하고자 하지 않는 사람들은 많이 있다고 나는 생각합니다. 하지만 그들에게 자신의 많은 재물이나 왕권이나 성채나 귀한 자녀를 맡기려 하는 자가 아무도 없어서, 그들이 정말 훌륭한 사람들이라는 것이 분명하게 밝혀지지도 못한 채로 그들은 죽습니다.

[10] 그런데 지금 당신은 성채와 온갖 재물과 군대와 귀한 딸까지 내게 맡김으로써, 내가 내게 몸을 의탁한 사람을 불경하게 대하거나, 재물에 욕심내서 불의를 행하거나, 의도적으로 기만해 계약을 어기려고 하는 자가 아니라는 것을 모든 사람에게 분명히 보여주었습니다.

[11] 따라서 나는 당신이 이것을 통해 나를 정의로운 사람이라고 믿어준 것에 대해 그 기대에 부응하고 사람들로부터 정의로운 사람이라는 칭송을 받기 위해서라도, 당신이 보여준 신뢰를 결코 잊지 않고 그 신뢰에 걸맞은 온갖 훌륭한 처신으로 당신에게 보답할 것임을 알아두십시오.

[12] 그리고 당신의 딸은 그녀에게 어울리는 남편을 만나게 될 것이니 걱정하지 마십시오. 내게는 훌륭한 친구들이 많이 있고, 그들 중 누군가가 그녀와 결혼하게 될 것입니다. 물론 나는 그 남편감이 당신이

지금 내게 베푼 만큼의 재물이나 그 몇 배의 재물을 갖고 있는 사람일 것이라고 말하지는 못하겠습니다. 하지만 지금 이 자리에 있는 그들 중 누구도 당신이 이 재물을 그들에게 준다고 해서, 그들이 당신을 조금이라도 더 존경하지는 않을 것임은 분명히 알아두십시오. 그들은 나와 비교해 조금도 손색이 없으므로 언젠가는 자신들이 나 못지않게 친구들에게 신의가 있다는 것과, 신이 그들을 방해하지만 않는다면 목숨을 부지하려고 적군에게 항복하지 않을 것임을 증명해달라고 신들에게 기원하고 있는 사람들입니다. 그들은 당신의 전 재산에다가 시리아와 아시리아의 모든 재물을 다 준다고 해도, 자신들의 미덕과 고귀한 명성을 그런 것들과 바꾸지는 않을 것입니다. 그런 사람들이 여기에 앉아 있다는 사실을 알아두십시오."

[13] 고브리아스가 웃으며 말했다. "키루스시여, 신들의 이름으로 부탁하건대 그들이 어디에 있는지 제게 알려주십시오. 그러면 제가 그들 중에서 누가 제 사위가 되겠느냐고 물어보겠습니다."

키루스가 대답했다. "그런 것은 내게 물어볼 필요 없이 당신이 나와 함께 가셔서 그들 중에서 한 사람을 직접 고르시면 됩니다."

[14] 키루스는 이렇게 대답한 후에, 고브리아스의 오른손을 잡고 일어서서 자신과 함께 온 모든 사람을 데리고 나갔다. 고브리아스가 성 안에서 식사를 하시라고 여러 번 권했지만, 키루스는 고브리아스를 자신의 군영으로 데려가 함께 식사했다.

[15] 키루스는 짚으로 만든 침구 위에 비스듬히 앉으며 고브리아스에게 물었다. "고브리아스, 당신과 나 중에서 누가 더 침구를 많이 가지고 있다고 생각하십니까?"

고브리아스가 대답했다. "제우스 신에게 맹세하건대, 당신의 거처는 제 거처보다 훨씬 더 커서 당신은 땅과 하늘을 거처로 삼고 계시고 땅에 몸을 누이시고 주무시는 곳마다 다 침상을 갖고 계실 터이니, 당신이 저보다 더 많은 침구와 침상을 갖고 계실 것이 분명합니다. 왜냐하면 천연 양털로 만들어진 것이 아니라 산과 들에서 나오는 것을 침구로 사용하실 것이 뻔하기 때문입니다."

[16] 이렇게 하여 고브리아스는 그들과 처음으로 식사를 함께 하면서 사람들 앞에 차려진 소박한 음식을 보고는, 자기 성의 사람들이 먹는 음식이 그들의 것보다 더 자유민에게 맞는 세련된 음식이라고 생각했다.

[17] 하지만 그런 생각도 잠시 고브리아스는 함께 식사하는 사람들의 절제력을 알아차렸다. 교양 있는 페르시아 남자는 누구든지 어느 음식이나 음료를 편식한다거나, 눈독을 들인다거나, 쓸어 온다거나, 식사에 마음을 뺏겨서 식사 때가 아니었다면 당연히 알아차렸을 것을 알아차리지 못하는 법이 없었다. 기병이라면 말을 타고 있으면서 조금도 정신이 흐트러지지 않은 채 보고 듣고 말해야 하는 것처럼, 식사할 때도 교양 있는 페르시아 남자는 분별력과 절제력 있는 모습을 보여야 한다고 생각한다. 따라서 음식과 음료에 집착하는 것은 돼지 같은 짐승이나 하는 짓이라고 여긴다.

[18] 고브리아스는 계속 그들을 관찰했다. 그들이 주로 즐겁고 기분 좋은 질문을 서로 주고받는다는 것과 사람들을 즐겁게 해주는 농담을 주고받는다는 사실을 알았다. 또한 그들이 주고받는 농담이 사람들을 모욕하는 무례한 말과도 거리가 멀고, 상대방에게 수치심을 느끼게 만드는 말과도 거리가 멀며, 상대방을 화나게 하는 말과도 거리가 멀다는 것을 알았다.

[19] 그중에서도 고브리아스가 그들을 관찰하면서 가장 대단하다고 생각한 것은 아무도 전투에서 동일한 위험 속으로 뛰어든 동료들보다 자기가 더 큰 상을 받아야 한다고 생각하지 않는다는 것이었다. 도리어 그들은 자신이 아니라 자신과 함께 싸운 동료들에게 모든 공을 돌

리는 것을 최고의 기쁨으로 여겼다.

[20] 고브리아스는 성으로 돌아가기 위해 자리에서 일어나면서 말했다. "키루스시여, 술잔과 옷과 황금은 우리가 여러분보다 더 많이 가지고 있는데도, 우리가 여러분보다 못한 것이 이제 더 이상 제게 이상하게 생각되지 않습니다. 우리는 그런 것을 많이 가지는 데 관심을 갖는 반면, 제 생각에는 여러분은 가장 훌륭한 사람이 되는 데 관심을 갖기 때문입니다."

고브리아스가 이렇게 말하자 [21] 키루스가 말했다. "고브리아스, 우리가 당신의 병력을 볼 수 있도록 내일 아침 일찍 완전무장을 갖춘 기병을 대기시켜주십시오. 아울러 우리를 안내해 당신의 영지를 둘러보면서 우리의 친구인 것과 우리의 적인 것을 알게 해주십시오."

[22] 두 사람은 이런 이야기를 나누고 나서 서로 헤어져 각자가 해야 할 일들을 했다.

날이 밝자 고브리아스는 자신의 기병을 대기시키고 키루스에게 보여준 후에 키루스 일행을 안내해 자신의 영지를 둘러보게 했다. 하지만 키루스는 군대를 이끄는 총사령관답게 길을 따라 행군하는 데만 신경 쓴 것이 아니라, 행군하면서도 내내 어떻게 하면 적의 전력을 약화시키고 아군의 전력을 강화시킬 수 있을지 생각했다.

[23] 그래서 키루스는 고브리아스와 히르카니아 왕이 자기가 알고자 하는 것을 가장 잘 알고 있으리라고 생각해 그들을 불러서 말했다. "친구 여러분, 나는 신뢰할 만한 두 분과 함께 이렇게 이 전쟁에 관해 논의하는 일을 잘못이라고 생각하지 않습니다. 왜냐하면 어떻게 해야 아시리아가 우리를 이기지 못하게 할 수 있는지 나보다 두 분이 더 많이 고민해야 한다는 것을 알기 때문입니다. 나는 여기에서 실패한다고 해도 피할 곳도 있고 의지할 곳도 있지만, 아시리아가 이긴다면 두 분은 모든 것을 잃게 될 것이니 말입니다.

[24] 아시리아 왕이 나를 자신의 적으로 삼고 있는 것은 나를 미워하기 때문이 아니라, 우리나라가 커지는 것이 그에게 불리하다고 생각하기 때문입니다. 이것이 그가 우리와 전쟁을 하려는 이유입니다. 사실 그가 정말 미워하는 사람은 바로 두 분입니다. 그는 두 분이 자기에게 잘못했다고 생각합니다."

두 사람은 이 말을 듣고는 앞으로 전개될 상황이 두 사람에게 아주 중요한 문제라는 것을 깨닫고 키루스에게 계속 말씀해보시라고 이구동성으로 말했다.

[25] 그러자 키루스는 이렇게 말했다. "아시리아 왕은 오직 두 분만이 자신에게 적대적이라고 생각하고 있습니까, 아니면 그에게 적대적인 다른 사람이 있다는 것을 두 분도 알고 계십니까?"

히르카니아 왕이 말했다. "제우스 신에게 맹세하건대, 있습니다. 아시리아 왕에게 가장 적대적인 자들은 카두시아인입니다. 그들은 수도 많고 용맹한 민족입니다. 또한 우리의 이웃인 스키타이인도 아시리아 왕에게 많은 피해를 입어 아주 적대적입니다. 아시리아 왕이 우리에게 그랬던 것처럼 그들도 복속시키려고 했기 때문입니다."

[26] 키루스가 물었다. "그렇다면 두 분은 이 두 나라가 우리와 함께 아시리아를 공격하고 싶어 할 것이라고 생각합니까?"

두 사람이 대답했다. "우리와 힘을 합쳐 싸우는 것이 가능하기만 하다면 그들은 온 힘을 다해 싸울 것입니다."

키루스가 물었다. "우리와 그들이 힘을 합치는 것을 방해하는 자들은 누구입니까?"

두 사람이 대답했다. "당신이 지금 계시는 바로 이곳에 있는 민족인 아시리아인입니다."

[27] 이 말을 듣고 키루스가 물었다. "고브리아스, 그렇다면 당신이 지금 왕위에 오른 젊은이를 대단히 오만한 성품을 지닌 자라고 비난한

것은 무엇 때문입니까?"

고브리아스가 대답했다. "저는 그를 직접 겪어보고 나서 그렇게 생각했습니다."

키루스가 물었다. "그가 오직 당신에게만 그렇게 한 것입니까, 아니면 다른 사람들에게도 그렇게 한 것입니까?"

[28] 고브리아스가 대답했다. "제우스 신에게 맹세하건대, 그는 다른 많은 사람에게도 그렇게 했습니다. 하지만 그가 약자들에게 오만방자하게 행동한 것에 대해 굳이 제가 말해야 하는지는 모르겠지만, 한번은 저보다 훨씬 더 큰 권력을 지닌 사람의 아들이 그와 함께 술을 마시다가 제 아들과 마찬가지로 그의 친구였던 청년도 그에게 체포되어 거세당한 일이 있었습니다. 그런데 누군가의 말에 따르면, 장차 자신의 아내가 될 여자가 그 청년이 잘생겼다고 말하며 기분 좋아했다는 것이 이유였다고 합니다. 그래 놓고 이제 와서 그 청년이 자신의 아내가 될 여자를 범하려 했기 때문에 자기가 그렇게 한 것이라고 말하고 다닙니다. 결국 그 청년은 고자가 되었고, 지금은 그의 아버지가 세상을 떠났기 때문에 성주가 되었습니다."

[29] 키루스가 물었다. "그렇다면 당신은 우리가 그에게 도움이 된다고 생각되는 경우에는 그가 우리를 환영할 것이라고 생각합니까?"

고브리아스가 대답했다. "저는 그가 당연히 환영할 것이라고 확신합니다. 하지만 키루스시여, 그를 만나기는 어려울 것입니다."

키루스가 물었다. "왜 그렇습니까?"

"그와 동맹을 맺기 위해 그에게 가려면 바빌론 성 바로 옆을 지나가야 하기 때문입니다."

[30] 키루스가 물었다. "그렇게 하는 것이 왜 어렵습니까?"

고브리아스가 대답했다. "제우스 신에게 맹세하건대, 제가 알기로는 그 성에서 동원할 수 있는 병력만 해도 지금 당신에게 있는 병력보다 몇 배는 더 많기 때문입니다. 게다가 당신의 군대와 싸워본 자들이 당신이 보유하고 있는 병력이 얼마 되지 않는다는 것을 알았기 때문에, 이제 아시리아인은 전과는 달리 무기를 갖추고 말을 달려 당신을 치려 한다는 것을 아셔야 합니다. 그런 소문은 이미 널리 퍼져 있습니다. 따라서 군대를 이동시키는 것을 더욱 조심해야 합니다."

[31] 키루스는 고브리아스의 말을 듣고서 이렇게 말했다. "고브리아스, 나도 군대를 최대한으로 안전하고 조심스럽게 이동시켜야 한다는 당신의 조언이 옳다고 생각합니다. 하지만 아무리 생각해봐도 적의 주력부대가 바빌론에 있다면 우리가 거기로 진격하는 것이 가장 안전하리라는 생각을 떨쳐버릴 수 없습니다. 당신이 말한 대로, 적이 수가 많아 자신감을 얻어 사기가 높아진다면 우리에게 위협이 될 것이기 때문입니다.

[32] 그런데 우리가 그들을 두려워해 나타나지 않는 것이라고 그들이 생각한다면, 그들에게 이미 생겨나 있는 우리에 대한 두려움에서 그들은 벗어나게 될 것임을 알아야 합니다. 우리가 그들 앞에 나타나지 않는 기간이 길어질수록, 그들의 두려움은 줄어드는 대신에 그들의 자신감은 더 커질 것입니다. 반대로 우리가 그들을 공격한다면, 그들 중에는 우리 손에 죽은 자신의 전우들을 생각하며 눈물을 흘리는 자들도 많을 것이고, 우리 군에 의해 입은 상처를 매만지는 자들도 많을 것이며, 그들은 모두 우리 군이 얼마나 용맹했는지, 그들이 어떤 식으로 참패해 도주했는지 떠올리게 될 것입니다.

[33] 고브리아스, 내 말이 사실임을 알려면 이것을 알아야 합니다. 많은 사람으로 이루어진 집단은 자신감을 얻으면 사기가 충천해 아무도 그들을 대적할 수 없을 정도로 천하무적이 됩니다. 반면, 겁을 집어먹게 되면 그 수가 많으면 많을수록 그만큼 더욱더 큰 공포에 사로잡혀 혼비백산하게 됩니다. [34] 왜냐하면 많은 사람 가운데서 불길한 이

야기들이 점점 더 확산되면서, 많은 사람에게서 초조하고 불안한 표정들이 나타나고 많은 사람이 일그러진 얼굴을 하고 다니기 때문입니다. 그런 사람들이 많기 때문에 용기를 북돋는 말로 그 두려움을 그치게 하거나, 적에 대한 적개심을 고취함으로써 힘을 불어넣어주거나, 후퇴해 다시 사기를 끌어올리는 것이 쉽지 않습니다. 도리어 그들의 용기를 북돋워주고 사기를 고취하려 할수록, 그들은 자신들이 더 큰 위험에 처해 있어 지휘관들이 자신들의 사기를 고취하려고 저렇게 애를 쓰는 것이라고 생각합니다.

[35] 그러니 제우스 신에게 맹세하건대, 우리는 이것이 무엇을 의미하는지 정확하게 살펴봐야 합니다. 앞으로 전쟁에서 승리하는 것이 병력의 많고 적음에 달려 있다면, 당신이 우리에 대해 걱정하는 것도 옳고 우리가 위험에 처해 있는 것도 맞습니다. 반면, 전투의 승패가 이전과 마찬가지로 지금도 훌륭한 전투 능력에 의해 결정되는 것이라면, 당신은 자신감을 가져도 아무 문제가 없을 것입니다. 신들의 도우심으로 우리 군에는 싸우고자 하는 열의를 지닌 사람들이 적군보다 훨씬 더 많기 때문입니다.

[36] 또한 적군은 우리에게 패배를 당하기 전보다 그 수가 훨씬 줄어들었고 우리에게 패주하면서 그 힘도 훨씬 약화된 반면, 우리는 지난번 전투에서 승리해 지금 그 수가 한층 더 많아졌고 여러분이 우리에게 합류해 그 힘도 더 강해졌기 때문에 한층 더 큰 자신감을 가질 수 있습니다. 당신의 병력도 이제 우리와 함께하고 있기 때문에 이제 더 이상 과소평가해서는 안 됩니다. 고브리아스, 군대를 따라다니는 종군 인부들조차도 승자들과 함께라면 자신감을 가지고 함께한다는 사실을 아셔야 합니다.

[37] 또한 적이 우리를 공격하려고 마음만 먹는다면 지금이라도 우리를 공격할 수 있다는 것도 잊어서는 안 됩니다. 따라서 우리가 적에

게 가장 큰 공포를 안겨줄 수 있는 방법은 그들을 공격하는 것입니다. 그리고 이 모든 것을 감안했을 때, 우리는 지금 즉시 바빌론으로 진격해야 한다는 것이 내 판단입니다."

제3장

[1] 이렇게 하여 그들은 군대를 이끌고 출발해 나흘째 되는 날에 고브리아스의 영지 경계에 이르렀다. 적군 지역에 들어선 키루스는 자신의 휘하에 있는 보병과 적절한 수의 기병으로 전투대형을 갖추게 하고서, 나머지 기병을 보내 마을들을 유린했다. 키루스는 그들에게 무장한 자는 죽이고 그렇지 않은 자와 가축은 붙잡아서 자기 앞으로 끌고 오라고 명령했다. 또한 페르시아인에게도 그 약탈에 참여하라고 명령했는데, 그들 중에는 말에서 굴러 떨어져 말을 잃어버린 자들도 많았지만 많은 노획물을 가지고 돌아온 자들도 많았다.

[2] 노획물이 도착하자 키루스는 메디아와 히르카니아의 지휘관들과 페르시아 귀족 지휘관들을 불러 모아놓고 이렇게 말했다. "친구 여러분, 지금까지 고브리아스는 우리 모두를 아낌없이 지원해주었습니다. 따라서 이 노획물 중 일부를 관례에 따라 신들에게 바치고 군비로 사용할 것은 남겨둔 후에 나머지는 고브리아스에게 준다면, 우리에게 은혜를 베푼 자에게 반드시 은혜를 갚는 데서도 승리하려 한다는 것을 즉시 증명하는 일이니 우리가 잘하는 것이 아니겠습니까?"

[3] 그들은 이 말을 듣고서 모두 찬성했고 모두 그 제안에 갈채를 보냈다. 그들 중 한 사람이 이렇게 말했다. "키루스시여, 반드시 그렇게 합시다. 제 생각에는 고브리아스는 우리가 많은 금화를 가지고 있지도 않고 황금으로 된 술잔으로 술을 마시지도 않는 것을 보고는 우리를 거

지쯤으로 여기고 있는 것 같습니다. 하지만 우리가 당신의 제안대로 한다면 그도 황금이 없이도 교양 있는 자유민이 될 수 있다는 것을 알게 될 것입니다."

[4] 키루스가 말했다. "자, 그러면 신들에게 바칠 것은 수도승들에게 넘겨주고 군비로 사용할 것은 충분히 남겨둔 후에 나머지는 고브리아스에게 줍시다." 이렇게 하여 그들은 필요한 것을 남겨두고 나머지를 고브리아스에게 주었다.

[5] 그런 다음 키루스는 계속 전투대형을 갖추고 진군해 바빌론에 도착했다. 하지만 아시리아인이 출전하지 않자 키루스는 고브리아스에게 말을 타고 가서, 아시리아 왕이 출전해 나라를 위해 싸우려고 한다면 자기도 왕과 함께 싸우겠지만 왕이 나라를 지키려고 하지 않는다면 자기는 이기는 자에게 복종할 수밖에 없다고 말하도록 했다.

[6] 고브리아스는 안전한 곳까지 말을 타고 다가가서 그렇게 말했고, 아시리아 왕은 그에게 사람을 보내 이렇게 대답했다. "고브리아스, 너의 주군이 네게 말한다. 나는 너의 아들을 죽인 일을 후회하는 것이 아니라, 너까지 죽이지 못한 일을 후회한다. 나와 싸우고 싶다면 30일 후에 다시 와라. 지금은 우리가 무얼 좀 준비하고 있느라 너와 싸울 시간이 없다."

[7] 그러자 고브리아스가 말했다. "네가 그 일을 후회하기 시작한 때부터 나는 네게 고통을 주어왔다는 것이 분명하니 앞으로도 계속 그 후회를 멈추지 말기를 바란다."

[8] 고브리아스는 아시리아 왕이 한 말을 보고했다. 그 말을 들은 키루스는 자신의 군대를 뒤로 물러나게 하고 나서 고브리아스를 불러 물었다. "당신이 앞서 말한 대로 아시리아 왕에 의해 거세를 당한 사람이 우리와 함께할 것이라고 생각합니까?"

고브리아스가 대답했다. "저와 그 사람은 서로 흉금을 터놓고 많은 대화를 나눈 사이이므로 저는 그 사람이 그렇게 하리라는 것을 잘 알고 있습니다."

[9] "그렇다면 적절한 때에 그 사람을 만나보십시오. 무엇보다도 먼저 두 사람 사이에 오고 간 말들은 오직 두 사람만이 알고 있어야 합니다. 그를 만나서 그가 우리의 친구가 되고자 하는지 알아본 후에, 그가 우리의 친구가 되었다는 것을 아무도 모르게 해야 합니다. 전쟁에서는 자신의 친구를 마치 자신의 적인 것처럼 보이게 하는 일이 그 친구에게 가장 이득이 되고, 자신의 적군은 마치 친구인 것처럼 보이게 하는 일이 그 적군에게 가장 해악이 되기 때문입니다."

[10] 고브리아스가 말했다. "저는 가다타스가 지금의 아시리아 왕에게 심각한 타격을 가할 기회를 노리고 있다는 것을 압니다. 하지만 그가 아시리아 왕에게 어떤 타격을 가할 수 있는지 우리가 잘 생각해 정해야 합니다."

[11] 키루스가 물었다. "아시리아의 국경 지역에 있는 요새, 즉 아시리아가 히르카니아나 스키타이와 전쟁을 할 때 아시리아를 방어하기 위해 세웠다고 당신이 말한 요새로 그 거세당한 사람이 자신의 병력을 이끌고 간다면, 그 요새의 수비대장이 들어가게 해줄 것이라고 생각합니까?

고브리아스가 대답했다. "그가 지금처럼 아무런 의심도 받지 않는 상태에서 그 요새로 간다면 수비대장은 분명히 그를 들여보내줄 것입니다."

[12] 키루스가 말했다. "그러면 그가 의심받지 않도록 우리가 이렇게 하면 어떻겠습니까? 내가 마치 그 거세당한 사람의 영지를 빼앗으려는 듯이 그의 영지를 공격하고, 그는 온 힘을 다해 필사적으로 싸우는 것입니다. 그러다가 나는 그의 영지 중 일부를 점령하고, 그는 우리 병사 중 일부를 포로로 붙잡거나, 당신이 말한 아시리아 왕의 적군에게

내가 보낸 사자들을 붙잡는 것입니다. 포로로 붙잡힌 우리 병사들에게는 우리가 그 국경 요새를 점령하기 위해 병력과 사다리를 확보하려고 이 전투를 벌이게 된 것이라고 자백하게 하는 것입니다. 그리고 그 거세당한 사람은 그 소식을 알려 주기 위해 국경 요새로 온 것처럼 위장하는 것입니다."

[13] 고브리아스가 말했다. "그런 식으로 하면 수비대장은 가다타스를 들여보내줄 것이 분명합니다. 그리고 가다타스에게 당신이 물러갈 때까지 머물러달라고 할 것이 틀림없습니다."

키루스가 말했다. "가다타스가 그런 식으로 일단 요새 안으로 들어간다면 그 요새를 우리 손에 넘겨줄 수 있지 않겠습니까?"

[14] 고브리아스가 말했다. "밖에서는 당신이 맹공을 퍼붓고 안에서는 그가 공작을 꾸며서 돕는다면 충분히 가능한 일입니다."

키루스가 말했다. "그렇다면 가다타스에게 가서 지금 우리가 한 이야기를 설명해주어서 일을 성사시키고 돌아오십시오. 그로 하여금 우리를 신뢰하게 만드는 데는 어떤 말이나 신표보다도 당신이 우리에게 합류한 후에 우리에게서 어떤 대우를 받았는지 말해주는 것이 가장 효과적일 것입니다."

[15] 논의가 끝난 후에 고브리아스는 즉시 떠났다. 그 거세당한 사람은 고브리아스를 만나 그가 말한 모든 것에 기쁜 마음으로 동의하고 어떻게 할지 함께 협의해 결정했다. 그 거세당한 사람이 모든 제안을 강력하게 지지했다고 고브리아스가 보고하자, 이튿날 키루스는 공격했고 가다타스도 이에 맞서 필사적으로 싸우는 척했다. 키루스는 가다타스의 영지 중에서 가다타스가 미리 정해준 요새를 점령했다.

[16] 또한 키루스는 자신의 일부 병사들에게 어디로 가라고 미리 말해준 다음 적의 성안으로 보내 사다리를 훔쳐오게 했다. 가다타스는 그들 중 몇 사람은 사다리를 훔쳐 도망치게 내버려두고, 나머지 사람들

은 붙잡아서 많은 사람이 지켜보는 가운데 심문했다. 그리고 키루스군이 어디를 공격하려 하는지 알아낸 다음, 그 급보를 국경 요새에 알리기 위한 것처럼 그 밤에 즉시 준비를 갖추어 군대를 이끌고 출발했다.

[17] 마침내 가다타스는 지원군으로 온 사실로 신뢰를 얻어 그 요새로 들어갔다. 그리고 얼마 동안은 국경 수비대장이 키루스군의 공격에 대비해 싸울 준비를 하는 데 자신의 힘을 보탰다. 하지만 키루스가 도착하자 그는 앞서 포로로 붙잡아두었던 키루스의 부하들과 힘을 합쳐 국경 요새를 장악했다.

[18] 거세당한 자 가다타스는 요새를 장악하고 나서 즉시 요새 안을 정비한 후, 밖으로 나와 관례에 따라 키루스 앞에 엎드려 절하며 "키루스시여, 기쁨이 당신과 함께 하기를"이라고 말했다.

[19] 키루스가 말했다. "나는 이미 기쁩니다. 당신은 신들의 도우심으로 기쁨이 내게 있기를 빌어주었을 뿐만 아니라, 나로 하여금 기뻐하지 않을 수 없게 만들었기 때문입니다. 당신이 이 요새를 이 나라에 있는 나의 동맹군에게 우호적인 곳으로 남아 있게 한 일은 정말 훌륭합니다. 가다타스, 아시리아 왕이 자식을 낳을 수 있는 능력을 당신에게서 빼앗을 수는 있었던 것 같지만, 친구들을 얻는 능력을 당신에게서 빼앗을 수는 없었습니다. 당신은 이 일로 말미암아 우리를 당신의 친구들로 만들었으니, 우리는 당신이 불행한 일을 당하지 않았더라면 당신에게 있었을 자식들 못지않게 온 힘을 다해 당신을 도울 것임을 아십시오."

키루스가 이렇게 말을 마쳤을 때, [20] 이 일을 늦게야 알게 된 히르카니아 왕이 키루스에게 달려가서 그의 오른손을 잡고 말했다. "키루스시여, 당신은 당신의 친구들에게 큰 복입니다. 신들이 나를 당신과 함께하게 해주었으니 나는 신들에게 크나큰 은혜를 입었습니다."

[21] 키루스가 말했다. "당신은 이 요새 때문에 나를 축하해주었으니 지금 가서 요새를 차지하십시오. 당신의 부족과 그 밖의 다른 동맹

들, 특히 이 요새를 점령해 우리에게 넘겨준 여기 있는 가다타스에게 가장 이득이 되는 방식으로 처분해주십시오."

[22] 히르카니아 왕이 물었다. "그러면 카두시아인과 스키타이인과 내 부족의 사람들이 오면, 우리가 그들을 불러 모두가 함께 머리를 맞대고, 이 요새를 모두에게 가장 이득이 되는 방식으로 사용할 수 있는 방법이 무엇일지 의논하는 것이 좋지 않겠습니까?"

[23] 키루스는 그 말에 동의했다. 따라서 이 요새와 이해관계가 있는 모든 사람이 왔을 때, 그들은 이 요새가 그들 모두에게 우호적인 것이 그들에게 이득이 되기 때문에 함께 이 요새를 지키기로 결정하고서 전시에는 아시리아인을 저지할 방어선으로 활용하기로 했다.

[24] 이 사건을 계기로 카두시아, 스키타이, 히르카니아는 이 전쟁에 더 많은 병력을 파견했고 사기도 훨씬 더 높아졌다. 이렇게 하여 카두시아는 경무장 보병 2만 명과 기병 4,000명의 병력을 전쟁에 파견했고, 스키타이는 궁수 1만 명과 기마궁수 2,000명을 보냈으며, 히르카니아는 기존의 병력 외에 최대한으로 보병을 모아서 다시 보내고 기병의 수를 2,000명으로 늘렸다. 카두시아와 스키타이는 아시리아의 적국이어서 자신들이 보유하고 있던 대다수의 기병을 국내에 남겨두고 있었다.

[25] 키루스가 국경 요새를 정비하고 있느라 분주한 동안, 요새 인근의 많은 아시리아인이 자신의 말을 끌고 와서 갖다 바쳤고 많은 사람이 무기도 반납했다. 이제는 이미 그들이 이웃의 모든 나라를 두려워했기 때문이다.

[26] 어느 날 가다타스가 키루스에게 와서, 자기가 보낸 정탐들의 보고에 따르면, 아시리아 왕이 국경 요새에 관한 일을 알고 격노해 그의 영지를 쳐들어올 준비를 하고 있다고 말했다. "키루스시여, 당신이 저를 보내주신다면 저는 다른 곳에는 별 관심이 없으니 저의 성들을 지키고자 합니다."

[27] 키루스가 물었다. "지금 출발하면 당신의 영지에 언제쯤 도착하게 됩니까?"

가다타스가 대답했다. "사흘째 되는 날에는 제 영지에서 식사를 할 수 있습니다."

키루스가 물었다. "그때쯤이면 아시리아 왕이 이미 거기를 점령하고 있을 것이라 생각하지 않습니까?"

가다타스가 대답했다. "그러리라는 것을 저도 잘 알고 있습니다. 그는 당신이 멀리 떨어져 있는 동안에 거기를 치려고 서두를 것이기 때문입니다."

[28] 키루스가 물었다. "내가 나의 군대를 이끌고 거기에 도착하려면 며칠이나 걸릴 것이라고 생각합니까?"

가다타스가 대답했다. "주군께서는 대군을 이끌고 계시기 때문에 저의 영지까지는 최소한 6-7일은 걸릴 것입니다."

키루스가 말했다. "그렇다면 최대한 빨리 떠나십시오. 나도 최선을 다해 가겠습니다."

[29] 가다타스가 떠난 후에 키루스는 동맹군의 모든 지휘관을 소집했다. 거기에는 고귀하고 용맹한 지휘관이 이미 많이 모여 있는 것으로 보였다. 그들 가운데서 키루스는 이렇게 말했다.

[30] "동맹군 여러분, 가다타스는 우리 모두에게 아주 중요한 일을 해주었습니다. 우리에게서 미리 어떤 대가를 받지 않았는데도 그렇게 해주었습니다. 지금 아시리아 왕이 그의 영지를 침략하려고 진군해 오고 있다고 합니다. 아시리아 왕은 가다타스가 자기에게 큰 해를 끼쳤다고 생각해 그에게 보복하려는 것이 분명합니다. 아마도 아시리아 왕은 자기와 함께한 자들이 우리에게 멸망당한 상황에서 우리 편이 된 자들을 자기가 전혀 응징하지 않는다면, 얼마 있지 않아 아무도 자기와 함께하려고 하지 않을 것도 염두에 둔 것으로 보입니다.

[31] 따라서 여러분, 나는 우리에게 은혜를 베푼 가다타스를 우리가 기꺼이 돕는 일이 공정하다고 생각합니다. 아마도 그렇게 하는 것이 은혜를 갚고 정의롭게 행하는 일이 될 것입니다. 또한 나는 그렇게 하는 것이 우리에게도 이득이 되는 일이라고 생각합니다.

[32] 우리에게 해를 끼친 자에게는 반드시 그 이상으로 응징하고, 우리에게 은혜를 베푼 자에게는 반드시 그 이상으로 보답한다는 것을 우리가 모든 사람에게 보여준다면, 이를 본 많은 사람은 우리의 친구가 되려 할 것이고 우리의 적이 되려고 하는 사람은 아무도 없을 것이기 때문입니다.

[33] 하지만 우리가 가다타스를 버리기로 한다면, 신에게 맹세하건대 앞으로 우리가 어떤 말로 다른 사람들에게 우리를 도와달라고 설득할 수 있겠으며, 무슨 염치로 사람들에게 우리를 지지해달라고 말할 수 있겠습니까? 또한 다수인 우리가 이렇게 곤경에 처해 있는 가다타스 한 사람보다 더 못하게 행동한다면, 앞으로 우리 가운데서 누가 가다타스의 얼굴을 똑바로 쳐다볼 수 있겠습니까?"

[34] 키루스가 이렇게 말하자, 그들은 모두 이구동성으로 그의 말대로 하겠다고 적극적으로 나섰다. 키루스는 계속 이렇게 말했다.

"그렇다면 이제 여러분이 나와 뜻을 같이했으니, 먼저 우리는 짐을 싣고 갈 가축과 마차를 준비하고 마차를 호송할 적당한 수의 병사를 편성해 남겨둘 것입니다. [35] 그리고 고브리아스에게 이 호송 부대에 대한 지휘권을 맡겨 우리 대신 인솔하게 할 것입니다. 그는 길을 잘 알 뿐만 아니라 여러 가지로 이 일에 적임자이기 때문입니다. 그렇게 한 후에 우리는 최정예 병사와 기병을 선발해 사흘 치 식량만 지니고 출정할 것입니다. 군장을 더 가볍고 간단하게 할수록 우리는 앞으로 더 좋은 음식을 먹고 더 편안히 자게 될 것입니다. 이제 행군은 이렇게 하겠습니다.

[36] 크리산타스, 당신은 중무장 보병대[51]를 이끌고 선봉에 서서 행군하십시오. 길이 평탄하고 넓으니 모든 지휘관은 앞에 서고 각 부대는 각자의 지휘관 뒤에 일렬종대로 서게 하십시오. 이렇게 밀집대형으로 행군하면 우리는 가장 신속하고 안전하게 행군할 수 있을 것입니다.

[37] 중무장 보병대를 선봉에 세우는 것은 이 부대가 전군에서 행군 속도가 가장 느리기 때문입니다. 행군 속도가 가장 느린 부대가 선봉에 서면 행군 속도가 좀 더 빠른 모든 부대는 느긋하게 따라갈 수밖에 없습니다. 하지만 밤에는 경무장 보병대가 선봉에 서야 합니다. 이때는 선봉대가 빠르게 치고 나가기 때문에 행군 대형이 느슨해지는 것은 이상한 일이 아닙니다.

[38] 그 뒤로는 아르타바주스가 페르시아의 경무장 보병대와 궁수대를 이끌고 행군하십시오. 그 뒤로는 메디아의 안다미아스가 메디아의 보병을 이끌고 따르십시오. 그 뒤로는 엠바스가 아르메니아의 보병을 이끌고 따르십시오. 그 뒤로는 아르투카스가 히르카니아군을 이끌고 따르십시오. 그 뒤로는 탐브라다스가 스키타이의 보병을 이끌고 따르십시오. 그 뒤로는 다타마스가 카두시아군을 이끌고 따르십시오.

[39] 모든 분대에서는 지휘관이 앞에 서고 경무장 보병은 오른쪽에, 궁수는 왼쪽에 서십시오. 그런 식으로 행군하면 부대를 가장 원활하게 운용할 수 있습니다.

[40] 그 뒤로는 모든 종군 하인이 따르게 하십시오. 종군 하인을 담당한 지휘관은 그들이 잠자기 전에 모든 짐을 꾸려놓았는지 점검하고, 내일 아침 일찍 그들에게 자신의 짐을 가지고 정해진 장소에 나와 질서

---

51 "중무장 보병"은 지름 약 1미터의 둥근 청동제 방패, 청동 투구, 청동·가죽·삼베 등으로 된 흉갑과 무릎 보호대, 길이 2-2.5미터의 창과 단검으로 무장하고서 밀집대형으로 전투를 수행했다. 고대 그리스에서는 기원전 8세기 후반에 출현했다.

정연하게 행군 대열을 따라올 수 있게 하십시오.

[41] 종군 하인들 뒤로는 마다타스가 페르시아 기병대를 이끄십시오. 보병대와 마찬가지로 기병대도 각 기병대의 지휘관이 선두에 서고 각 기병대는 일렬종대로 행군하십시오.

[42] 그 뒤로는 람바카스가 메디아의 기병대를 앞에서 말한 것과 동일한 방식으로 이끄십시오. 그 뒤로는 티그라네스가 자신의 기병대를 이끄십시오. 나머지 다른 기병대 지휘관들은 각자의 기병대를 이끌고 우리와 합류하십시오. 그 뒤로는 스키타이군이 따르고, 마지막에는 카두시아군이 지금까지 그래왔듯이 따르십시오. 카두시아군을 이끄는 알케우나스는 당분간 후위 전체를 도맡아 아무도 당신의 기병대보다 뒤처지지 않게 하십시오.

[43] 지휘관들은 모두 현명한 사람들이니 행군하는 동안 소리를 내지 않도록 신경을 써주십시오. 밤에는 눈이 아니라 귀를 사용해 상황을 파악해 대처해야 합니다. 밤에 혼란이 생기면 낮보다 더 심각한 문제가 발생하고 수습하는 것도 더 어렵습니다. 따라서 소리를 내지 않아야 하고 대열을 유지해야 합니다.

[44] 아침 일찍 행군을 시작하는 경우에는 야간 경계는 가능한 한 짧게 서게 하고 자주 교대해주어야 합니다. 야간 경계 근무 때문에 잠이 부족해지면 행군할 때 훨씬 더 피로감을 많이 느끼기 때문입니다. 행군을 시작할 때가 되면 나팔로 신호를 주십시오.

[45] 여러분은 각자에게 필요한 것을 지참해 바빌론으로 가는 길에 모이십시오. 각 지휘관은 자기 부대를 출발시킬 때 뒷사람에게 명령을 전해 자기 부대원이 따라오게 하십시오.”

[46] 키루스의 말이 끝나자 지휘관은 각자의 막사로 돌아갔다. 그들은 키루스가 그들 모두의 이름을 부르며 각자의 행군 위치를 말해주고 지시를 하달하는 것을 보니 그의 기억력이 뛰어나다는 말을 주고받

으며 각자의 막사로 향했다.

[47] 사실 키루스는 그렇게 하려고 공을 들였다. 일개 기술자도 자신이 일할 때 사용하는 도구들의 이름을 알고, 의사도 자기가 사용하는 온갖 도구와 약의 이름을 안다. 그런데 사령관이 어떤 곳을 점령하거나 방어하고자 할 때나, 어떤 지휘관에게 용기나 두려움을 주고자 할 때나, 지휘관들을 도구로 사용해야 하는데도 자신의 휘하에 있는 지휘관들의 이름을 알지 못하면 어리석고 이상한 일이라 생각했기 때문이다. 또한 키루스는 어떤 사람을 존중하고자 한다면 그 사람의 이름을 불러주는 것이 당연하다고 생각했다.

[48] 키루스는 사령관이 지휘관들의 이름을 알고 그들을 개인적으로 알고 있을 때, 지휘관들은 모든 일에서 훌륭하게 행동하고 부끄러운 짓은 하지 않으려 더 애를 쓸 것이라고 생각했다.

[49] 키루스에게는 집에서 주인이 하인들에게 "누가 물 좀 가져오라"라고 하거나 "누가 장작 좀 패라"라고 명령하는 방식으로 어떤 일을 이루고자 하는 것은 어리석은 짓으로 보였다. [50] 그런 식으로 명령하면 하인들은 모두 서로를 쳐다보기만 할 뿐 주인의 명령을 실행에 옮기는 자는 아무도 없을 것이라고 생각했다. 그런 경우에는 그 명령을 실행하지 않는 잘못이 어느 한 사람이 아니라 모든 사람에게 똑같이 있어 아무도 부끄러워하거나 두려워하지 않기 때문이다. 그래서 키루스는 명령할 일이 있는 경우에는 특정한 사람의 이름을 호명해 그 사람에게 명령을 내렸다. [51] 이것이 이 문제에 대한 키루스의 판단이었다.

한편, 병사들은 저녁 식사를 마치고 나서 출정에 필요한 모든 준비를 갖춘 후에 야간 경계를 서거나 잠자리에 들었다. [52] 자정이 되자 출정 나팔이 울렸다. 키루스는 크리산타스에게 자기가 먼저 가서 바빌론으로 가는 길에서 군대를 기다리겠다고 말한 후에 자신의 부관들을 데리고 떠났다. 잠시 뒤에는 크리산타스가 중무장 보병대를 이끌고 출발했다.

[53] 키루스는 크리산타스에게 길잡이들을 넘겨주면서 아직 전군이 출발 준비를 하지 못했으니 천천히 행군하라고 지시했다. 그런 후에 키루스는 길 위에 서서 부대가 도착할 때마다 대형을 갖추어 앞으로 나아가게 했고, 출발 준비가 늦은 부대에게는 전령을 보냈다. [54] 전군이 행군을 시작하자 키루스는 몇몇 기병을 크리산타스에게 보내 이제 전군이 행군을 시작했으니 이제는 좀 더 속도를 내라고 지시했다.

[55] 키루스 자신은 천천히 말을 몰아 앞쪽으로 가면서 대열을 살폈다. 대열을 유지한 채 소리 내지 않고 행군하는 병사들을 보면 말을 탄 채 다가가서 그들이 누구인지를 물어보고는, 제대로 된 대답을 들은 경우에는 칭찬을 해주었다. 반면, 조금이라도 소란이 있는 것을 보았을 때는 그 원인을 조사해 문제점을 바로잡고자 했다.

[56] 그날 밤에 키루스가 신경 써서 취한 조치가 한 가지 더 있었다. 전군의 앞쪽으로 소수의 경무장 보병대를 보내 크리산타스와 서로 볼 수 있는 거리에 있게 한 것이다. 이 보병대는 자신들이 할 수 있는 모든 방법을 동원해 정보를 듣고 수집해 크리산타스에게 꼭 필요한 소식을 전달하는 역할을 했다. 이 부대에도 지휘관을 두고 질서를 유지하게 했다. 이 지휘관은 알려야 할 것들은 크리산타스에게 알렸지만, 알릴 필요가 없는 것들까지 알려서 크리산타스의 판단을 혼란스럽게 하지는 않았다.

[57] 키루스의 군대는 이런 식으로 밤을 새워가며 행군했다. 하지만 낮이 되자 키루스는 카두시아의 기병대를 뒤쪽으로 보내 가장 후미에 있는 카두시아의 보병과 함께 있게 함으로써 보병이 기병의 보호를 받게 했다. 그리고 적이 앞에 있었기 때문에 나머지 기병들에게는 앞쪽으로 가라고 명령했다. 키루스가 이런 조치를 취한 것은 이와 같은 대형을 갖추었을 때 적의 공격을 받을 경우에는 손쉽게 대항해 싸울 수 있고, 적이 도망치는 경우에는 손쉽게 추격할 수 있기 때문이다. [58] 키루

스는 언제나 적을 추격하더라도 자신의 군대 중 일부로만 추격하게 하고 일부는 반드시 자기 곁에 남겨두었다. 자신의 군대 대형 전체를 무너뜨리는 일은 결코 하지 않았다.

[59] 키루스는 자신의 군대를 이런 식으로 이끌었다. 하지만 키루스 자신은 한곳에만 머물러 있는 것이 아니라, 말을 타고 여기저기 돌아다니며 부지런히 살피고 필요한 경우에는 조치를 취했다. 키루스의 군대는 이런 식으로 행군해 나아갔다.

제4장

[1] 가다타스의 한 기병 지휘관은 가다타스가 아시리아 왕을 배신해 반란을 일으킨 것을 보고 나서, 가다타스를 죽이는 데 자기가 공을 세워 가다타스가 가졌던 모든 것을 아시리아 왕으로부터 하사받아야겠다고 생각했다. 그래서 자신의 측근 중 한 사람을 아시리아 왕에게 보냈다. 아시리아군이 이미 가다타스의 영지에 들어와 있다면 매복해 있다가 가다타스와 그의 부하들을 사로잡을 수 있다는 말을 아시리아 왕에게 전하게 했다.

[2] 아울러 가다타스가 이끄는 병력이 얼마 되지 않고 키루스가 함께 있지 않는 것이 분명하다는 사실도 전하라고 지시했다. 또한 그는 가다타스가 어느 길로 올 가능성이 높은지도 알려주었다. 더 큰 신임을 얻기 위해 자신의 가솔들에게 아시리아 왕에게 항복하라고 지시했고, 자기가 가다타스의 영지에서 맡고 있는 요새와 거기에 있는 모든 것도 넘기겠다고 말했다. 그리고 가다타스가 죽으면 자기가 직접 아시리아로 갈 것이지만, 실패하더라도 장차 아시리아 왕과 함께하겠다고 약속했다.

[3] 그가 보낸 밀사는 최대한 말을 빨리 몰아 아시리아 왕에게 가서 자신이 온 이유를 밝혔다. 아시리아 왕은 밀사의 말을 듣고 즉시 그 요새를 점령했고, 많은 수의 기병과 전차대를 가다타스가 지나갈 것으로 예상되는 여러 마을에 매복시켜놓았다.

[4] 가다타스는 이 마을들 가까이 와서 병사 몇 명을 보내 정찰하게 했다. 아시리아 왕은 정찰병이 온다는 것을 알고 전차 두세 대와 기병 몇 명에게 정찰병을 보면 마치 병력이 얼마 되지 않아 두려워하는 것처럼 서둘러 도망치라고 명령했다. 정찰병은 그들을 보고 추격하면서 가다타스에게도 신호를 보냈다. 가다타스는 속아서 온 힘을 다해 추격했다. 아시리아군은 가다타스가 충분히 가까이 와서 손쉽게 사로잡을 수 있을 때까지 기다렸다가 매복한 곳에서 나와 모습을 드러냈다.

[5] 가다타스군은 적군을 보고 두말할 필요도 없이 도망쳤고, 적군은 두말할 필요도 없이 추격했다. 바로 그때 가다타스를 죽이려는 음모를 꾸민 자가 가다타스를 공격했고, 치명상을 가하는 데는 실패했지만 어깨에 부상을 입혔다. 그 후에는 신속하게 그 자리를 떠나 가다타스를 추격하고 있던 아시리아군과 합류했다. 아시리아군이 그를 알아보자 그는 열심히 말을 몰아 아시리아 왕과 함께 가다타스군을 추격했다. [6] 가장 느린 말을 탄 사람들은 가장 빠른 말을 탄 사람들에게 점점 따라잡히고 있었다. 가다타스군은 고된 행군으로 지쳐 이미 기진맥진해 있었던 것이다.

그 순간 가다타스의 기병대는 키루스가 군대를 이끌고 오는 모습을 보았다. 가다타스군이 마치 폭풍우 속에서 항구를 발견한 것처럼 환호성을 지르며 키루스군을 향해 달려갔다는 사실은 굳이 말하지 않아도 될 것이다. [7] 키루스는 처음에는 깜짝 놀랐다. 하지만 사태를 파악하고 나서는 반대쪽에서 쇄도해 오는 적군과 맞서기 위해 군대를 전투 대형으로 유지했다. 적군은 상황이 바뀐 것을 알아차리고는 방향을 틀어 도망쳤다. 그러자 키루스는 적을 추격하는 임무를 맡은 부대에게 적군을 추격하라고 명령한 후에 자신은 나머지 군대와 함께 적절한 속도로 그 뒤를 따랐다.

[8] 그러는 동안에 적의 전차들이 수중에 들어왔다. 어떤 전차병은 빨리 회전하다가, 또는 그 밖의 다른 이유로 튕겨져 나가기도 했고, 어떤 전차병은 키루스의 기병대에 의해 차단되어 사로잡히기도 했다. 많은 적군이 죽임을 당했는데, 그중 가다타스에게 상처를 입힌 자도 죽임을 당했다.

[9] 가다타스의 요새를 포위하고 있던 아시리아 보병들 가운데 일부는 가다타스를 배신한 자가 아시리아 왕에게 넘긴 요새로 피했고, 나머지는 아시리아의 큰 성으로 도망쳤다. 아시리아 왕도 자신의 기병과 전차 부대를 이끌고 그 성으로 피했다.

[10] 키루스는 추격을 마치고 가다타스의 영지로 돌아왔다. 그는 전리품을 담당한 자들에게 필요한 지시를 한 후에 상처를 입은 가다타스의 상태가 어떤지 보려고 즉시 그에게로 갔다. 하지만 그가 가고 있는 도중에 가다타스는 자신의 상처에 붕대를 감은 채로 이미 키루스를 마중 나와 있었다. 키루스는 그를 보자 기뻐하며 "마침 당신이 어떤지 살펴보려고 지금 가고 있는 중이었습니다"라고 말했다.

[11] 그러자 가다타스가 말했다. "신에게 맹세하건대, 저도 이렇게 위대한 영혼을 소유하신 당신을 다시 뵙고 어떻게 지내시는지 보려고 가는 중이었습니다. 당신은 이제 저의 도움이 필요하지도 않고, 저를 위해 이런 일을 해주겠다고 약속하지도 않으셨습니다. 제게 아무런 의무도 없으시고, 적어도 사적인 의무가 없으신 데도 단지 제가 당신의 친구들에게 약간의 도움을 준 것을 생각하시고는 이렇게 급히 달려오셔서 죽을 뻔한 저를 구해주셨습니다.

[12] 키루스시여, 신에게 맹세하건대 설령 제가 예전처럼 아들을

가질 수 있다 해도 과연 당신같이 제게 대해줄 아들을 가질 수 있을 것 같지는 않습니다. 현재의 아시리아 왕은 지금 그가 당신에게 끼치는 것보다 더 큰 괴로움을 자신의 아버지에게 안겨주었고, 이것은 다른 많은 아들들도 마찬가지이기 때문입니다."

[13] 그러자 키루스는 그에게 이렇게 말했다. "가다타스, 당신이 내가 한 일을 보고 이렇게 놀라는 것을 보니 훨씬 더 놀라운 일을 아직 알지 못하는 것이 틀림없습니다."

가다타스가 물었다. "그 일이 무엇입니까?"

키루스가 대답했다. "아주 많은 페르시아인이 당신에게 큰 관심을 보이고 있고 그것은 여기 있는 메디아인, 히르카니아인, 아르메니아인, 스키타이인, 카두시아인도 마찬가지입니다."

[14] 가다타스는 "제우스 신이시여, 신들로 하여금 그들에게 많은 복을 내리게 해주시고, 특히 그들에게 나를 그렇게 대하도록 만들어주신 키루스께 복을 내려주십시오"라고 기원했다. 그런 후에 그는 "키루스시여, 당신이 칭찬하는 사람들을 흐뭇하게 해주시려면, 비록 보잘것없지만 제가 준비한 이 우정의 선물을 받아주십시오"라고 말하면서, 자신이 가져온 많은 것을 내놓았다. 이렇게 하여 원하는 사람은 누구나 신에게 제를 올릴 수 있었고, 군대 전체는 그들의 고귀한 행위와 업적에 걸맞게 잔치를 벌일 수 있었다.

[15] 한편, 카두시아 왕은 후미를 지켰기 때문에 적을 추격하는 데 아무런 역할도 하지 못했다. 그래서 그는 전공을 세우려고 키루스와 상의하거나 보고하지도 않은 채 바빌론 인근 지역을 약탈했다. 그런데 카두시아의 기병대가 흩어져 있는 동안, 아시리아 왕은 피신해 있던 성에서 나와 전열을 가다듬고 카두시아군을 공격했다.

[16] 아시리아 왕은 카두시아군이 홀로 있다는 것을 알고 공격해 카두시아 왕을 비롯한 많은 카두시아 병사들을 죽였고, 말들을 빼앗았

으며, 카두시아군이 약탈한 것을 회수했다. 그런 후에 아시리아 왕은 퇴각하는 카두시아군을 추격해도 안전하다고 생각되는 곳까지 추격했다가 다시 돌아왔다. 패주한 카두시아군의 첫 번째 무리는 저녁이 다 되어서야 키루스의 본진에 도착할 수 있었다.

[17] 키루스는 그제야 사태를 파악한 다음 카두시아군을 맞으러 나갔고, 부상병을 보는 즉시 손수 맞아들여서 가다타스에게 보내 치료를 받게 했다. 또한 키루스는 나머지 병사들을 막사로 들여보내고 그들에게 필요한 보급품을 공급하는 한편, 페르시아 귀족 지휘관들과 함께 직접 부상병을 돌보았다. 이런 상황에서는 고귀한 사람들은 자신의 노고를 아끼지 않는 것이 당연한 일이었기 때문이다.

[18] 걱정이 아주 컸던 키루스는 다른 사람들이 저녁 식사를 하러 간 동안에도 부상병들을 돌보는 데 한시라도 공백이 없게 하려고 자신의 부관들 및 의사들과 함께 부상병들 옆에 남았다. 이렇게 키루스는 자기가 직접 부상병들을 돌보거나 그렇게 할 수 없는 경우에는 다른 사람들을 보내 돌보게 함으로써 그들에 대한 관심을 보여주었다.

[19] 다음 날, 날이 밝자마자 키루스는 다른 모든 지휘관과 카두시아군 전체를 불러 모아놓고 이렇게 말했다. "동맹군 여러분, 어제 일어난 일은 누구에게나 일어날 수 있습니다. 사람은 누구나 실수할 수 있는 법이니 나는 이 일을 전혀 이상하게 생각하지 않습니다. 하지만 이 일을 통해 우리는 한 가지 교훈을 얻어야 합니다. 적군보다 열세인 부대는 절대로 본대에서 떨어져 행동해서는 안 된다는 것입니다.

[20] 나는 적군보다 열세인 부대가 절대로 단독으로 행동해서는 안 된다고 말하는 것은 아닙니다. 설령 카두시아군보다 훨씬 더 열세인 병력을 지닌 부대라도 필요한 경우에는 단독으로 행동해야 합니다. 하지만 위급할 때 도와줄 수 있도록 본대와 상의한 후에 병력을 움직여야 합니다. 그렇게 한다면 혹시라도 그 부대가 위기에 처했을 때, 배후에

있는 본대가 적을 공격하거나 그 밖의 다른 방식으로 적을 교란해 적으로부터 그 부대를 안전하게 구해낼 수 있기 때문입니다. 또한 그 부대가 본대와 멀리 떨어져 있다고 해도 긴밀하게 서로 연락을 주고받을 수 있기 때문에 본대로부터 완전히 고립되어 있는 것이 아닙니다. 반면, 상의하지도 않은 채 병력을 움직인다면 그 부대는 어디에 있든지 단독으로 전쟁을 수행하는 것과 조금도 다르지 않습니다.

[21] 그리고 어제 일어난 일에 대해서는, 신이 원한다면, 우리는 머지않아 반드시 적에게 되갚아줄 것입니다. 따라서 아침 식사를 마치는 대로 나는 이 일이 일어난 바로 그곳으로 여러분을 데려갈 것입니다. 거기에서 우리는 전사자들을 묻어주고, 신이 원한다면, 적이 자신들이 이겼다고 생각하는 그곳에서 우리가 그들보다 더 강하다는 것을 보여줄 것입니다. 적이 우리와 싸우려고 나오지 않는다면, 우리는 여러 마을을 불태우고 그들의 땅을 유린할 것입니다. 그럼으로써 적으로 하여금 우리에게 한 짓을 보며 기뻐하는 것이 아니라, 자신들이 당한 재앙을 보며 고통을 느끼게 해줄 것입니다. 적은 우리의 동맹군을 죽인 그곳을 보며 결코 기뻐할 수 없게 될 것입니다.

[22] 그러니 나머지 분들은 가서 아침 식사를 하시고, 카두시아군은 먼저 가서 여러분의 관습에 따라 새로운 왕을 선출해 여러분을 돌보게 하십시오. 필요한 경우에는 신들과 우리도 여러분을 도울 것입니다. 여러분이 왕을 선출하고 식사를 한 후에는 그 왕을 내게 보내주십시오."

[23] 카두시아군은 키루스가 말한 대로 했다. 키루스는 군대를 이끌고 나온 후에 카두시아군에 의해 선출된 왕에게 그의 부대가 있어야 할 위치를 정해주고, "우리가 카두시아 병사들의 사기를 다시 회복하는 데 최선을 다할 수 있도록" 자기 가까이에서 그의 부대를 이끌게 했다. 이렇게 키루스군은 진군을 시작했고, 목적지에 도착해 전사한 카두시아 병사들을 묻어준 후에 그 지역을 유린했다. 작전을 마친 키루스군은

적에게서 노획한 것을 많이 가지고서 가다타스의 영지로 돌아왔다.

[24] 하지만 키루스는 아시리아인 중에서 바빌론 근방에 살고 있다가 자신에게 투항한 사람들과 언제까지나 함께 있으면서 그들을 지켜줄 수는 없다는 사실을 알고 있었기 때문에, 그들이 자기에게 투항한 일로 인해 나중에 큰 해악을 입게 될 것이라고 생각했다. 그래서 포로로 잡힌 적군 중 일부를 풀어주고서 아시리아 왕에게 다음과 같은 자신의 뜻을 전하라고 명령했고, 아울러 직접 따로 사자를 보내 아시리아 왕에게 동일한 말을 전하게 했다.

"아시리아 왕이 키루스에게 투항한 농민들이 계속 농사를 지으며 살아갈 수 있게 해준다면, 나도 농민들이 평화롭게 땅을 경작하며 살아갈 수 있게 하고 그들에게 해를 끼치지 않을 것이다. [25] 설령 당신이 내게 투항한 농민들의 경작을 방해한다고 해도, 당신이 방해할 수 있는 땅은 극소수에 지나지 않을 것이다. 왜냐하면 내게 투항한 농민들이 소유한 땅은 얼마 되지 않지만, 나는 그들에게 당신이 소유한 많은 땅을 경작하게 할 것이기 때문이다. 거기에서 나오는 농작물은 전쟁이 벌어지면 승자가 독차지하겠지만, 평화가 유지된다면 당신이 차지할 것이 분명하다. 하지만 내게 속한 농민이 당신에게 반기를 들거나 당신에게 속한 농민이 내게 반기를 드는 경우에는, 우리 각자가 할 수 있는 만큼 응징하기로 하자."

[26] 키루스는 사자를 아시리아 왕에게 보내 이런 내용을 전하게 했다. 이 말을 들은 아시리아인은 모든 수단을 동원해 왕을 설득해서 이 제안을 받아들이게 하고 전쟁을 최소화하려고 애썼다.

[27] 아시리아 왕은 아시리아인에게 설득된 것인지, 아니면 자기 자신이 원한 것인지는 알 수 없지만, 결국 키루스의 제안을 받아들였다. 이렇게 하여 전쟁은 군인들이 하고 농부는 평화롭게 땅을 경작하게 한다는 합의가 이루어졌다.

[28] 키루스가 그렇게 한 것은 농민을 위한 일이었다. 들에 방목된 가축은 아군이 원하는 경우에는 끌고 와서 아군의 통제 아래 있는 지역에 둘 수 있게 했다. 적의 가축은 아무 데서나 전리품으로 가져올 수 있었기 때문에 동맹군은 이 전쟁에 틀림없이 만족했을 것이다. 이 합의로 식량을 확보하기가 불가능해져서 위기를 맞았지만, 적의 가축으로 군대의 식량 문제를 해결할 수 있어 부담을 덜 수 있었기 때문이다.

[29] 키루스가 떠날 준비를 하고 있을 때, 또다시 가다타스가 부유한 가문답게 온갖 많은 선물을 가지고 왔다. 그중에는 가다타스에게 반기를 들었던 자들에게서 몰수한 말도 많았다.

[30] 가다타스는 키루스에게 다가와서 이렇게 말했다. "키루스시여, 지금은 제가 여기 있는 이것들을 바치오니 조금이라도 쓸모 있다고 여기시면 받아주십시오. 제게 있는 다른 모든 것도 당신의 것이라고 생각해주십시오. 저의 재산을 물려줄 아들도 없고 앞으로도 없을 것이므로 제가 죽으면 제 가문과 이름은 완전히 없어질 것이기 때문입니다. [31] 키루스시여, 모든 것을 보시고 들으시는 신들의 이름을 걸고 당신에게 맹세하건대, 저는 지금 이런 고통을 당하고 있지만 어떤 불의하거나 부끄러운 짓도 저지르지 않았습니다." 가다타스는 자신의 처지를 생각하며 울음을 터뜨렸고 더 이상 말을 이을 수 없었다.

[32] 그의 말을 듣고 있던 키루스는 그를 불쌍히 여기며 이렇게 말했다. "이 말들은 내가 받겠습니다. 나는 당신을 배반했던 그자들보다 틀림없이 당신에게 더 호의적이고 당신을 더 많이 생각하는 사람들에게 이 말들을 주어 당신에게 도움이 되게 하겠습니다. 또한 하루빨리 페르시아 기병대를 1만 명으로 키워서 나의 오랜 숙원을 이루려고 합니다. 하지만 나머지 재물은 다시 가져가서 내가 당신이 주는 선물에 대해 그 이상으로 답례할 수 있을 정도의 재산을 갖게 될 때까지 보관해두십시오. 우리가 헤어지는 마당에 당신이 내게 주는 선물이 내가 당

신에게 주는 선물보다 더 크다면, 신들에게 맹세하건대 나는 수치스러워서 어쩔 줄 모를 것입니다."

[33] 그러자 가다타스가 대답했다. "저는 당신이 어떤 분인지 알기 때문에 당신이 방금 하신 말씀을 믿습니다. 하지만 제가 과연 이 재물을 보관하기에 적합한 사람인지 아닌지를 한번 생각해보십시오. [34] 우리 가문이 아시리아 왕과 사이가 좋았을 때, 저는 제 아버지의 영지가 가장 좋은 곳이라고 생각했습니다. 바빌론이라는 가장 큰 성이 가까이 있어 가장 큰 성의 혜택은 다 누리면서도 이 영지로 다시 돌아오면 가장 큰 성이 지닌 온갖 골치 아픈 문제에 휘말려들지 않고 피할 수 있었기 때문입니다. 하지만 이제 우리 가문은 아시리아 왕의 적이 되었기 때문에, 당신이 떠나시고 나면 저와 우리 온 가문은 음모에 희생될 것이고 우리는 고통스러운 삶을 살아가게 될 것이 뻔하다고 저는 생각합니다. 우리의 적이 가까이에 있고 그 적은 우리보다 더 강하다는 것을 알기 때문입니다.

[35] 사람들은 '아무런 대비책도 없이 반역했다는 것이 말이 되는가'라고 생각할지도 모릅니다. 하지만 키루스시여, 저는 제가 당한 모욕과 이에 대한 분노로 인해 가장 안전한 길을 찾아서 살아올 수 없었고, 언제나 제 머릿속에는 어떻게 하면 그자에게 복수할 수 있을까 하는 생각으로 가득했습니다. 그자는 자기에게 잘못한 사람만이 아니라 자기보다 더 낫다고 여겨지는 사람에게조차도 앙심을 품고 증오하며 살아가는 자여서, 사람들에게는 물론 신들에게도 미움을 받는 사람입니다.

[36] 그자는 악인이기 때문에 주변에 모여 있는 자들은 모두 그자보다 더 사악한 악인들뿐입니다. 키루스시여, 설령 그들 중에서 누군가가 그자보다 더 선하다고 해도 당신이 그 선한 사람과 싸워야 할 일은 결코 생기지 않을 것이니 걱정하지 마십시오. 그자는 자기보다 더 낫다 싶은 사람은 끊임없이 모함해 결국 해치우고 마는 인물이므로 그 문제

를 스스로 해결해줄 것입니다. 하지만 그자는 저보다 더 강하기 때문에 자신의 주변에 있는 악인들과 더불어 저를 괴롭히는 것은 쉬운 일이라고 생각합니다."

[37] 이 말을 들은 키루스는 간과할 뻔한 문제를 가다타스가 마침 지적해주었다고 생각해 이렇게 말했다. "그렇다면 이렇게 하는 것이 어떻겠습니까, 가다타스? 먼저 당신의 요새들에 수비대를 보강해 당신이 안심하고 요새들에 들어가는 것입니다. 그리고 당신은 우리와 함께 이 원정에 참가하십시오. 신들이 지금까지 우리와 함께했듯이 앞으로도 우리와 함께한다면, 그자는 당신을 두려워할 것이지만 당신이 그자를 두려워할 일은 없을 것입니다. 당신이 보고 싶거나 당신 곁에 두고 싶은 것은 모두 가지고 우리에게 오십시오. 당신은 내게 아주 쓸모 있는 사람으로 보입니다. 나도 최선을 다해 당신에게 쓸모 있는 사람이 되려고 노력하겠습니다."

[38] 가다타스는 이 말을 듣고 안도의 한숨을 내쉬며 말했다. "그러면 당신이 출발하시기 전에 제가 준비할 시간을 가져도 되겠습니까? 어머니를 모시고 갔으면 합니다."

그러자 키루스가 대답했다. "제우스 신에게 맹세하건대, 천천히 준비하십시오. [39] 당신이 준비가 다 되었다고 말할 때까지 나는 기다릴 것입니다."

이렇게 하여 가다타스는 키루스와 함께 수비대를 보강해 요새들의 방비를 강화한 후에 키루스군에 합류해 출발했다. 그는 부유한 가문을 유지하는 데 필요한 온갖 것을 챙겨 가져오고 자신의 부하들도 데려왔다. 자신이 기뻐하고 신뢰하는 자들을 데려온 것은 물론이고 신뢰하지 않는 자들도 데려왔지만, 가족을 볼모로 그들을 묶어두기 위해 그들 중 어떤 자들에게는 아내를, 어떤 자들에게는 형제나 자매를 반드시 데려오게 했다.

[40] 키루스는 출발할 때부터 가다타스를 자기 옆에 두었다. 이는 길, 물, 말 사료, 식량에 관한 정보를 가다타스에게 얻어 가장 좋은 입지를 골라 전군을 야영시키기 위한 것이었다.

[41] 행군을 하다 보니 바빌론 성이 보였다. 키루스는 자기가 가고 있는 길이 성벽 옆으로 이어진 길이라는 생각이 들어 고브리아스와 가다타스에게 다른 길이 있느냐고 물었다. 성벽 바로 옆으로 갈 필요는 없었기 때문이다.

[42] 고브리아스가 말했다. "있습니다, 주군. 많은 길이 있습니다. 하지만 저는 주군께서 우리 군대가 이미 대군이 되었고 정예병이라는 것을 아시리아 왕에게 과시하려고 성 가까이 다가가고 싶어 하시는 것이라고 생각했습니다. 전에 우리 군대의 병력이 지금보다 더 적었을 때도 주군께서는 성벽 바로 앞까지 군대를 진군시켰고, 아시리아 왕은 우리의 병력이 그리 많지 않다는 것을 알았습니다. 주군께서 이미 그에게서 싸울 준비를 하고 있다는 말을 들으셨기 때문에, 지금 그는 어느 정도 전쟁 준비가 되어 있긴 할 것입니다. 하지만 우리 병력을 직접 다시 보게 되면 자신이 사실은 전혀 준비되어 있지 않았다는 느낌을 받게 될 것이라고 저는 확신합니다."

[43] 그 말을 듣고 키루스가 말했다. "고브리아스, 내가 전에는 우리 군대의 병력이 훨씬 적었는데도 성벽 가까이까지 행군하게 해놓고는, 지금은 병력이 훨씬 더 많은데도 성벽 옆으로 행군시키지 않는 것을 보고 당신은 이상하게 여기는 것 같습니다.

[44] 하지만 이상하게 생각할 것 없습니다. 성벽 앞을 향해 진군하는 것과 성벽 옆으로 행군하는 것은 다릅니다. 성벽 가까이까지 진군할 때는 모든 병사가 전투하기에 가장 좋다고 여겨지는 대형을 갖추고서 진격하는 데다가 가장 안전하게 퇴각할 수도 있습니다. 현명한 사람은 가장 빠르게 퇴각하는 사람이 아니라, [45] 가장 안전하게 퇴각하는 사

람입니다. 반면, 군대가 성 옆으로 행군할 때는 마차들이 긴 행렬을 이룰 수밖에 없고, 짐을 실은 수레들도 길게 이어질 수밖에 없습니다. 병사들은 이 마차들과 수레들을 보호해야 하고, 병사들의 보호를 받지 못하는 짐수레들을 적군이 보지 못하게 해야 합니다.

[46] 이런 식으로 행군하면 전투 병력은 분산되어 취약해질 수밖에 없습니다. 따라서 성벽 위에 있는 적군이 행군 중인 아군의 어느 지점을 공격해 오든 적군은 행군하는 아군보다 훨씬 더 많아서 전력이 우위에 있게 됩니다.

[47] 게다가 병사들은 마차와 짐수레를 호위하려고 그 대열이 길게 늘어져 있어서, 적의 공격을 받은 아군을 지원하러 오는 데 시간이 걸립니다. 반면, 성에서 나와 아군을 공격한 적은 거리가 가까워서 신속하게 다시 성으로 퇴각할 수 있습니다.

[48] 우리가 지금처럼 길게 늘어져서 행군한다고 할지라도, 성벽으로부터 멀리 떨어져서 행군한다면 적은 우리의 병력 전체를 볼 것입니다. 그러나 병사들이 호위하지 않는 마차와 짐수레에 있는 많은 사람까지도 적에게는 두려움의 대상이 될 것입니다.

[49] 적이 성을 나와 행군 중인 아군의 어느 지점을 공격한다고 해도, 우리는 멀리서 이미 적의 동태를 볼 수 있기 때문에 아무런 대비도 못한 채로 공격당하지 않을 것입니다. 게다가 적은 우리를 공격하려고 성에서 나와 멀리까지 와야 하는 경우에는, 자신들이 우리의 군대 전체보다 전력이 더 강하다고 확신하지 못하면 퇴각하는 데 위험이 따른다는 것을 알기에 공격할 엄두조차 내지 못할 것입니다."

[50] 키루스가 이렇게 말하자, 고브리아스와 가다타스는 그의 말이 옳다고 생각했다. 고브리아스는 키루스가 지시한 대로 군대의 행군을 이끌었다. 군대가 성으로부터 멀리 떨어져서 옆으로 행군하는 동안에 키루스는 대열의 후미로 갈수록 병력이 점점 더 많아지게 했다.

[51] 키루스군은 이런 식으로 여러 날 행군해 가다타스를 도우러 떠나기 전에 주둔해 있던 시리아와 메디아의 국경 지대에 예정대로 도착했다. 키루스는 친히 병력을 이끌고 거기에 있는 시리아의 세 요새 중에서 가장 약한 곳을 공격해 빼앗았다. 나머지 두 요새 중 한 곳은 키루스가 겁을 주자 수비대가 스스로 항복했고, 다른 한 곳은 가다타스의 설득으로 수비대가 항복했다.

제5장

[1] 시리아의 세 요새를 점령하고 나서 키루스는 키악사레스에게 전령을 보냈다. 자신이 점령한 요새들을 어떻게 처리할 것인지 논의하고 군대의 현황을 보고한 뒤 앞으로 해나갈 일들에 대해 조언을 구하기 위해 자신의 진영으로 와주도록 요청했다. 키루스는 전령에게 "만약 그가 나에게 돌아오라고 명령한다면, 내가 군대를 이끌고 그에게로 가서 합류하겠다"라는 말도 전하도록 지시했다.

[2] 전령은 키루스의 말을 전하려고 길을 떠났다. 한편, 키루스는 전에 메디아인이 키악사레스에게 주기 위해 따로 챙겨놓은 아시리아 왕이 쓰던 막사를 가져오게 하고, 온갖 비품을 비치해 최고로 꾸미게 했을 뿐만 아니라, 막사 안에 방들도 마련해 키악사레스를 위해 선발해놓은 여자와 노래하는 소녀들도 들여놓았다. [3] 이렇게 하여 키악사레스를 영접할 준비가 끝났다.

전령이 키악사레스에게 가서 키루스의 말을 전하자, 키악사레스는 키루스에게 가 있던 자신의 군대를 거기에 그대로 두는 것이 더 좋겠다고 생각했다. 페르시아가 키루스의 요청대로 추가 병력을 파병해 4만 명의 궁수와 경무장 보병이 이미 도착해 있었는데, [4] 키악사레스는 추가로 파병된 페르시아군이 메디아의 영토에 큰 짐이 되고 있는 것을 보고는 이 군대조차도 자기 옆에 두는 것보다는 키루스에게 보내버리는 것이 더 좋겠다고 생각한 것이다. 그래서 페르시아 증원군을 이끌고 온 지휘관이 키루스가 본국에 보낸 서신에서 요청한 대로 키악사레스에게 증원군이 그의 옆에 있는 것이 필요하냐고 묻자, 키악사레스는 필요하지 않다고 대답했다. 그 지휘관은 키루스가 가까운 곳에 있다는 말을 듣고서 바로 그날 즉시 병력을 이끌고 키루스에게로 갔다.

[5] 이튿날 키악사레스는 자기 옆에 남아 있던 메디아 기병대와 함께 출발했다. 키루스는 키악사레스가 오고 있다는 소식을 전해 듣고는 이미 대군이 된 페르시아 기병대를 이끌고 마중을 나갔다. 그뿐만 아니라 메디아군, 아르메니아군, 히르카니아군도 모두 데려갔고, 나머지 동맹군 중에서 최고의 말과 무기로 무장한 기병대들도 데려갔다. 이는 자신의 병력이 어느 정도인지 키악사레스에게 과시하기 위한 것이었다.

[6] 키악사레스는 키루스를 따르는 병력이 많고 훌륭하며 용맹한 반면, 자신을 호위하는 병력은 작고 초라한 것을 보고는 수치심과 서러움이 엄습했다. 그래서 키루스가 말에서 내려 그에게 다가와 예법을 따라 입맞춤을 하려고 했지만, 키악사레스는 말에서 내린 후에 키루스에게 입맞춤하지 못하고 흐르는 눈물을 감추기 위해 뒤돌아섰다.

[7] 그러자 키루스는 군대를 모두 뒤로 물리고 가만히 서 있다가, 키악사레스의 오른손을 잡아 길에서 조금 떨어진 야자수 아래로 데려갔다. 그런 다음 시종들에게 메디아의 깔개를 바닥에 펴라고 지시하고는 그에게 앉으라고 권했다. 그런 후에 자신도 키악사레스 옆에 앉아 이렇게 말했다.

[8] "외삼촌, 신들의 이름으로 요청드리오니 왜 제게 화가 나셨는지, 제가 무슨 잘못을 저질러서 외삼촌이 이렇게 서러워하시는지 말씀해주십시오."

그러자 키악사레스가 대답했다. "키루스, 나는 왕이셨던 아버지의 아들이자 인간이 기억하는 저 까마득한 옛날까지 모든 조상이 왕이었던 가문의 후손이고 지금도 명색이 왕이다. 그런 나는 이렇게 초라하고 보잘것없는 한 무리의 시종을 거느리고 온 반면, 너는 나의 시종들과 너의 모든 병사들이 보기에도 위풍당당한 모습으로 나타났다.

[9] 내가 적에게 이런 수모를 당해도 서러울 것이라는 생각이 드는데, 내게 이런 수모를 안겨줄 것이라고는 상상도 할 수 없었던 사람들로부터 이런 수모를 당하니, 제우스 신에게 맹세하건대 내가 느끼는 서러움은 이루 말할 수가 없구나. 내가 이런 수모를 당하고 내 병사들로부터 무시와 조롱을 당하느니 차라리 열 번이라도 땅속에 묻히는 편이 더 낫겠다는 것이 지금의 내 심정이다. 물론 네가 나보다 더 힘 있고 강할 뿐만 아니라, 나의 병사들조차도 나보다 더 힘이 세 내가 그들에게 위해를 가할 수 있는 힘보다 그들이 내게 위해를 가할 수 있는 힘이 더 크다는 사실도 모르지는 않는다."

[10] 키악사레스는 이렇게 말하면서 한층 더 격하게 흐느끼자 키루스의 눈에도 눈물이 그렁그렁 맺혔다. 잠시 후에 키루스는 이렇게 말했다. "메디아 병사들이 저를 믿고서 외삼촌에게 위해를 가하고 있다고 외삼촌이 생각하신다면, 그것은 진실을 말씀하시는 것도 아니고 올바르게 알고 계시는 것도 아닙니다.

[11] 저는 외삼촌이 화를 내시고 병사들에게 겁을 주시는 것을 이상하게 생각하지 않습니다. 외삼촌이 그들에게 화를 내시는 것이 과연 옳은 일인지 그른 일인지는 말하지 않겠습니다. 제가 그들 편을 든다고 외삼촌이 못마땅해하실 것을 알기 때문입니다. 하지만 통치자가 자신의 모든 신민에게 화를 내는 것은 큰 잘못이라고 생각합니다. 많은 사람을 겁박하면 그 많은 사람을 적으로 만들게 되고, 모든 사람에게 동시에 화를 내면 모든 사람에게 반감을 심어주기 때문입니다.

[12] 제가 함께 가지 않는 상황에서 메디아의 기병대만 외삼촌에게 보내지 않은 것은 바로 그런 이유 때문이라는 것을 외삼촌도 아셔야 합니다. 외삼촌이 그들에게 화를 냄으로써 우리 모두에게 뼈아픈 일이 발생하는 것을 제가 우려해 그렇게 한 것이기 때문입니다. 그러니까 신들의 두우심으로 제 덕분에 외삼촌이 안전할 수 있었던 것입니다. 외삼촌으로 하여금 제가 외삼촌에게 잘못했다고 생각하시도록 제가 처신한 것은 저도 죄송하게 생각합니다. 하지만 저의 친구들인 외삼촌과 외삼촌의 병사들이 다 잘되도록 최선을 다하다 보니 그런 오해가 빚어지게 된 것이라고 생각합니다.

[13] 하지만 지금 와서 그 일을 두고 책임 소재를 따지는 것은 부질없는 짓이니 그만두겠지만, 적어도 제가 과연 외삼촌에게 잘못한 것이 있는지에 대해서는 가능한 한 분명히 해두고 싶습니다. 저는 친구들 간에 할 수 있는 가장 공정한 제안을 외삼촌에게 하겠습니다. 만약 제가 외삼촌에게 해가 되는 일을 했다는 것이 밝혀진다면 저는 제가 잘못했다는 것을 시인하겠습니다. 하지만 제가 외삼촌에게 해가 되는 일을 하지 않았고 그렇게 할 의도도 없었다는 것이 밝혀진다면, 이번에는 외삼촌이 제가 잘못한 일이 없다는 것을 시인하셔야 하지 않겠습니까?"

[14] 키악사레스가 말했다. "그렇게 해야겠지."

"만약 제가 외삼촌에게 좋은 일을 했고 최선을 다해 외삼촌을 위해 좋은 일을 하려고 애를 썼다는 것이 분명해진다면, 외삼촌은 저를 비난하시는 것이 아니라 칭찬하셔야 마땅하지 않겠습니까?"

[15] 키악사레스가 말했다. "그렇게 하는 것이 옳지."

키루스가 말했다. "그러면 그동안 제가 한 모든 일을 하나씩 살펴보죠. 그렇게 하면 그동안 제가 한 일 중에서 어떤 것이 잘한 일이고 어떤 것이 잘못한 일인지 아주 분명하게 드러날 것입니다.

[16] 외삼촌이 처음부터 모든 것을 다 살펴보고 싶으시다면, 이 일

의 발단부터 시작해보기로 하겠습니다. 아시다시피 외삼촌은 많은 수의 적군이 모여 외삼촌의 영토를 침략하려는 것을 아시고서, 즉시 페르시아 정부에 사자를 보내 지원군을 요청하셨습니다. 아울러 제게도 페르시아가 지원군을 파견하기로 결정하면 제가 그 지원군을 이끌고 와줄 것을 부탁하셨습니다. 그래서 저는 외삼촌의 부탁을 받아들여 최선을 다해 최대한 많은 병사들을 이끌고 여기 외삼촌에게 달려오지 않았습니까?"

[17] 키악사레스가 대답했다. "분명히 그랬지."

키루스가 말했다. "그러면 먼저 그 일과 관련해 제가 외삼촌에게 어떤 잘못을 했는지, 아니면 제가 외삼촌에게 좋은 일을 한 것인지 말씀해주십시오."

키악사레스가 대답했다. "적어도 그 일과 관련해 네가 그렇게 한 것은 분명히 내게 잘한 일이지."

[18] 키루스가 말했다. "이것은 어떻습니까? 적군이 공격해 와서 우리가 그들과 맞서 싸워야 했을 때, 외삼촌은 제가 힘들고 어려운 일을 하지 않거나 위험한 일을 피하는 것을 보셨습니까?"

[19] 키악사레스가 대답했다. "제우스 신에게 맹세하건대, 너는 결코 그렇게 하지 않았지."

"이것은 어떻습니까? 신들의 도우심으로 우리가 승리를 거두고 적이 퇴각하고 나서, 저는 외삼촌에게 우리가 함께 적을 추격해 응징하고 훌륭한 보물을 노획할 수 있을 것이니 함께 그 전리품을 거두자고 제안했습니다. 이 일과 관련해 외삼촌은 제가 어떤 사사로운 이득을 챙겼다고 비난하실 것이 있습니까?"

[20] 이 질문에 대해 키악사레스는 아무 대답도 하지 않았다.

그래서 키루스는 다시 이렇게 말했다. "이 질문에 대해 외삼촌은 대답하기보다는 아무 말도 하지 않는 편이 더 낫겠다고 생각하시는 것 같습니다. 그렇다면 외삼촌이 적을 추격하는 것은 위험하다고 말씀하셔서서 제가 이 위험한 일에 외삼촌을 제외시키고, 대신에 외삼촌의 기병대가 저와 함께 갈 수 있도록 허락해달라고 요청한 것이 외삼촌에게 잘못한 일이라고 생각하시는지 말씀해주십시오. 외삼촌의 요청으로 외삼촌을 지원하려고 달려온 제가 외삼촌에게 병력을 지원해달라고 요청한 것이 잘못이라면, 왜 잘못인지는 외삼촌이 증명해야 합니다."

[21] 이번에도 키악사레스가 아무 대답도 하지 않자, 키루스가 말했다. "외삼촌이 이 질문에 대해서도 대답하지 않고자 하신다면, 그 이후의 일과 관련해 제가 잘못한 것이 있다면 말씀해주십시오. 외삼촌은 메디아 장병들이 즐기고 있는 것을 보시고는, 그들이 즐기는 것을 중단시키고서 그들을 위험 속으로 떠밀고 싶지 않다고 제게 대답하셨습니다. 이때 제가 외삼촌의 그런 대답에 화를 내지 않고, 외삼촌이 메디아 장병들에게 아무런 부담 없이 아주 손쉽게 할 수 있는 명령을 내려달라고 다시 한번 요청한 것이 제가 외삼촌에게 잘못한 일입니까? 그때 저는 메디아 장병들 중에서 이 일에 참여하고 싶어 하는 사람들을 제게 달라고 했습니다.

[22] 하지만 외삼촌에게서 허락을 얻어냈다고 해도 제가 장병들을 설득하지 못한다면 아무런 소용이 없게 될 것이었습니다. 그래서 저는 그들에게 가서 설득했고 저의 말에 동의한 사람들과 함께 외삼촌의 허락을 받아 원정을 떠났습니다. 만일 외삼촌이 제가 그렇게 한 것이 잘못한 일이라고 생각하신다면, 외삼촌이 주신 것을 받는 일은 모두 잘못이 되고 맙니다.

[23] 이렇게 하여 우리는 출전했습니다. 우리가 원정을 떠나서 무슨 일을 했는지는 이미 모두가 알고 있습니다. 적의 진지를 점령했고, 외삼촌을 적대하던 많은 적군을 죽였으며, 살아남은 적군에게서는 많은 무기와 말을 빼앗았다는 사실을 모르는 사람이 누가 있습니까? 전에

외삼촌을 공격해 외삼촌의 재물을 약탈해 갔던 자들이 지니고 있던 것들은 이제 외삼촌과 외삼촌의 휘하에 있는 사람들에게 다시 주어졌습니다.

[24] 하지만 그중에서도 가장 크고 중요한 사실은 외삼촌의 영토가 확장된 반면 적군의 영토는 축소되었다는 것입니다. 전에 외삼촌의 소유였다가 결국 아시리아로 넘어가서 그들의 지배를 받고 있던 요새들이 지금은 다시 외삼촌에게 넘어왔습니다. 이들 중에서 어떤 것이 외삼촌에게 나쁜 일이었거나 안 좋은 일이었는지에 대해서는 사실 제가 시시비비를 따지고 싶지도 않지만, 외삼촌이 하실 말씀이 있다면 저도 굳이 듣는 것을 피하지는 않겠습니다. 그러니 외삼촌의 생각이 어떤지 말씀해주십시오."

[25] 키루스가 말을 마치자, 키악사레스가 이렇게 말했다. "키루스, 네가 한 이 모든 일이 나쁘다고 말할 사람이 누가 있겠느냐? 하지만 네가 한 훌륭한 일들이 많아질수록 그 일들은 나를 더욱더 짓누르게 된다는 사실을 명심해야 한다.

[26] 영토만 해도 그렇다. 할 수만 있다면 나는 너의 힘을 빌려 나의 영토를 넓히는 것보다는 내 힘으로 너의 영토를 넓혀주고 싶구나. 네가 네 힘으로 나의 영토를 넓혀주는 것은 네게는 훌륭한 업적이 되겠지만, 내게는 치욕만 안겨줄 뿐이기 때문이다.

[27] 돈 문제도 마찬가지다. 지금처럼 네가 주는 돈을 내가 받는 것보다는, 할 수만 있다면 내가 네게 돈을 주는 것이 속 편할 수 있다. 이렇게 네 덕분에 내가 부자가 될수록 나는 점점 더 내가 비렁뱅이가 되어가는 느낌을 받는다. 그리고 지금처럼 나의 장병들이 너에게서 큰 은혜를 입는 일을 보는 것보다는, 네가 그들에게 어느 정도 작은 잘못을 하는 일을 보는 편이 내게는 덜 고통스러울 것이다.

[28] 너는 내가 이렇게 생각하는 것이 이해가 되지 않겠지만, 네가

나의 입장이라면 이 모든 것이 어떻게 보일지 숙고해보아라. 만일 네가 네 자신과 네 재산을 지키기 위해 개들을 길렀는데, 누군가가 그 개들을 잘 돌봐주어서 개들이 너보다 그 사람을 더 따른다면, 그것을 지켜보는 너의 마음이 즐거울 것 같으냐?

[29] 네게 아무것두 아닌 일처럼 생각된다면 이것도 생각해보아라. 만일 너를 경호하게 하고 전쟁을 하게 하려고 고용한 부하들에게 어떤 사람이 잘해주어서 그 부하들이 네가 아니라 그 사람을 따르고자 한다면, 너는 그 사람이 너의 부하들에게 잘해준 것을 고마워할 수 있겠느냐?

[30] 사람들이 가장 아끼고 소중히 여기는 대상과 관련해서는 어떻겠느냐. 그러니까 누군가가 너의 아내에게 잘해주어서 너의 아내가 너보다 그 사람을 사랑하게 되었다면, 너는 그 사람이 네 아내에게 잘해준 것을 기뻐하겠느냐? 절대로 기뻐하지 않을 것이라고 나는 생각한다. 그 사람은 네게 가장 큰 잘못을 하고 있는 것임을 나는 잘 안다.

[31] 내가 겪고 있는 것과 아주 비슷한 예를 들어보자. 만일 네가 여기로 데려온 페르시아 장병들을 누군가가 잘해주어서 그 장병들이 너보다 그 사람을 따르고 싶어 한다면, 너는 그 사람을 너의 친구라고 생각하겠느냐? 그렇지 않을 것이다. 너는 너의 장병들을 많이 죽인 자보다도 그 사람이 더 큰 적이라고 생각하게 될 것이다.

[32] 또 이런 경우는 어떻겠느냐. 네가 어느 친구에게 우정을 베풀어 너의 재산 중에서 마음에 드는 것은 무엇이든지 가져도 좋다고 했는데, 그 친구가 그 말을 듣고 자기가 가져갈 수 있는 것은 다 가져갔다. 그래서 그 친구는 너의 재산으로 부자가 되고, 너는 가진 것이 없어서 근근이 입에 풀칠만 하게 되었다고 하자. 그러면 너는 그런 친구에게 잘못이 없다고 할 수 있겠느냐?

[33] 키루스, 나는 그동안 네가 내게 한 일들이 그 정도까지는 아니

지만 대충 엇비슷하다고 생각한다. 내가 네게 함께 가고 싶어 하는 자들을 데려가도 좋다고 한 것은 네 말대로 분명히 사실이다. 하지만 너는 나의 병력을 전부 데려가고 나를 혼자 남아 있게 했다. 그리고 너는 나의 병력을 사용해 전리품을 얻고 나의 영토를 늘린 것이니, 실제로는 나의 힘을 빌려서 그렇게 한 것이다. 그런데도 나는 그 전리품을 나누는 데 아무런 역할도 할 수 없었고, 마치 여인네처럼 은혜를 베풀어주기만 바라는 처지가 되었지. 그래서 너는 모든 사람에게만이 아니라 나의 장병들에게까지 영웅이 되었지만, 나는 왕이 될 자격도 없는 사람이 되고 말았다.

[34] 키루스, 너는 이런 것들이 네가 내게 잘한 일들이라고 생각하는 것이냐? 네가 나를 조금이라도 배려했다면 너는 나의 위엄과 명예가 훼손되지 않도록 주의를 기울였어야 한다. 하지만 전혀 그렇게 하지 않았다는 것을 명심해라. 나의 영토가 늘어났다고 해도 나 자신이 명예를 잃는다면 그것이 무슨 소용이 있겠느냐? 내가 메디아 왕이 된 것은 내가 모든 메디아인보다 더 힘이 강했기 때문이 아니라, 모든 메디아인이 모든 것에서 내가 그들보다 더 낫다고 여겼기 때문이다."

[35] 키악사레스는 계속 말을 이어가려고 했지만, 키루스는 그의 말을 끊고 이렇게 말했다. "외삼촌, 제가 전에 조금이라도 외삼촌에게 도움이 되었다면, 지금은 외삼촌이 저의 부탁을 들어주셔서 저를 도와주십시오. 제 부탁은 이런 것입니다. 지금은 저를 꾸짖으시는 것을 잠시 중단해주시고 우리가 외삼촌을 어떻게 생각하고 대하는지 분명히 밝혀져서, 제가 외삼촌을 위해 한 일들이 외삼촌에게 잘한 일들이라는 것을 외삼촌이 분명히 알게 되시면 저를 반갑게 맞아주시고, 그렇지 않다는 것이 밝혀졌을 경우에는 저를 꾸짖어주십시오."

[36] 키악사레스가 말했다. "네 말도 맞는 것 같으니 나는 그렇게 하겠다."

키루스가 말했다. "그러면 제가 외삼촌에게 입맞춤을 해도 되겠습니까?"

키악사레스가 대답했다. "네가 원한다면 그렇게 해라."

"아까처럼 제게서 몸을 돌리지는 않으시겠죠?"

키악사레스가 대답했다. "물론이다."

키루스는 키악사레스에게 입을 맞추었다.

[37] 이 문제가 어떻게 결론이 날지 노심초사하며 관심을 가지고 지켜보던 메디아군과 페르시아군을 비롯한 모든 사람은 키루스가 키악사레스에게 입을 맞추는 것을 보자 즉시 기뻐하며 표정들이 밝아졌다. 키루스와 키악사레스는 말에 올라 선두에 서서 출발했다. 그러자 메디아군은 키악사레스를 따랐고(키루스가 그들에게 그렇게 하라고 고갯짓을 했기 때문에), 페르시아군은 키루스를 따랐으며, 나머지 군은 모두 그 뒤를 따랐다.

[38] 진영에 도착하자 키악사레스는 그를 위해 준비된 막사로 안내받았다. 그의 수발을 들도록 미리 정해진 사람들은 키악사레스에게 필요한 것을 가져다주는 등 그의 시중을 들었다.

[39] 키악사레스가 저녁 식사 전에 휴식을 취하고 있는 동안 메디아 장병들이 그를 찾았다. 일부는 자원해 찾아온 사람들도 있었지만, 대다수는 키루스의 권고를 받고 키악사레스에게 바칠 선물을 가지고 찾아온 사람들이었다. 그중에는 꽃미남처럼 생긴 술 따르는 자도 있었고, 솜씨 좋은 요리사도 있었고, 빵 굽는 자도 있었고, 악기를 잘 연주하는 자도 있었고, 뛰어난 재단사도 있었다. 그들은 모두 관례대로 각자 적어도 한 가지 선물을 키악사레스에게 바쳤다.

[40] 그러자 키악사레스는 키루스가 메디아 장병들의 마음을 자기에게서 멀어지게 하거나 그들이 자기를 무시하는 것이 아니라 이전과 다름없이 자기를 존중하고 있다고 생각하게 되었다.

[41] 저녁 식사 시간이 되자 키악사레스는 키루스를 불러 오랜만에 만났으니 함께 식사를 하자고 했다. 하지만 키루스가 말했다. "외삼촌, 그 명령은 거두어주십시오. 여기에 있는 사람들이 모두 우리를 도우려고 와 있다는 것을 외삼촌도 아시지 않습니까? 그런데 제가 그들이 식사하든 말든 나 몰라라 무시하고 저만 혼자 외삼촌과 함께 가서 식사를 해서 저 좋은 대로만 하는 것처럼 비친다면, 저는 그들에게 잘못하는 것이 됩니다. 병사들은 자신들이 무시당하고 있다고 생각하면, 그들 중 괜찮은 사람들은 더욱 의기소침해지고 못된 사람들은 한층 안하무인이 되고 맙니다.

[42] 외삼촌은 먼 길을 오셨으니 지금 가서 식사하십시오. 누가 와서 외삼촌에게 예를 표했을 때는 외삼촌도 반갑게 그 사람에게 답례를 해 기분 좋게 해주십시오. 그러면 사람들이 외삼촌을 신뢰하게 될 것입니다. 저는 앞서 외삼촌에게 말씀드렸던 문제들을 다시 한번 살펴보러 가겠습니다.

[43] 내일 아침에 제가 저의 참모들과 함께 이 막사로 와서, 이후에 어떻게 할지 모두 함께 심도 있게 논의해보고자 합니다. 그러니 그 자리에서 외삼촌이 우리가 이 원정을 계속해나가는 것이 좋을지, 아니면 지금 이 원정을 마치고 군대를 해산할 때인지 논의해보자고 제안해주십시오."

[44] 이 말을 듣고 난 후 키악사레스는 저녁 식사를 하러 갔고, 키루스는 전략을 짜는 데 아주 유능하고 도움이 필요할 때마다 기꺼이 협력해주는 친구들을 불러 모아놓고 이렇게 말했다. "친구들이여, 우리는 처음에 우리가 신들에게 이루어달라고 기원했던 모든 것을 이제 신들의 도우심으로 다 이루었습니다. 그래서 지금 우리는 이 땅에서 우리가 가고 싶은 곳은 어디든 갈 수 있게 되었습니다. 게다가 병력에서나 전력에서나 적은 쪼그라들어 있고 우리는 점점 더 커지고 강성해져가고 있습니다.

[45] 이제 새롭게 합류한 동맹군이 우리 곁에 있어주기만 한다면, 우리는 힘이 요구되는 상황에서는 힘을 통해, 설득이 요구되는 상황에서는 설득을 통해 훨씬 더 많은 일을 이룰 수 있게 되었습니다. 그런데 가능한 한 많은 동맹군이 우리 곁에 남아 있기로 결정하도록 만드는 것은 내가 할 일이라기보다는 여러분이 해주어야 할 일입니다.

[46] 사람들이 전투를 해야 할 때는 가장 많은 적을 이기는 사람을 가장 용맹한 사람으로 여기는 것과 마찬가지로, 사람을 설득해야 할 때는 가장 많은 사람을 우리의 견해에 동조하게 만드는 사람이 가장 말솜씨가 뛰어나고 유능한 사람이라고 하는 것이 옳은 일입니다.

[47] 한 사람 한 사람을 설득할 때 어떻게 하면 여러분의 말솜씨를 과시해 그 사람을 끌어들일 수 있을지 생각하지 마시고, 여러분이 설득하려고 하는 사람이 여러분이 제안한 대로 하는 경우에 그 사람이 어떻게 될 것인지 실감할 수 있게 해주려는 마음가짐으로 사람들을 설득할 준비를 하십시오.

[48] 그리고 병사 자신들이 원정에 계속 참여할지 숙고하는 동안에 그들에게 필요한 보급품을 공급해주는 데 나도 최선을 다해 관심을 가지고 신경을 쓰겠지만, 여러분도 그 점을 잘 살펴주십시오."

제6권

아시리아 연합군과 제2차 전쟁을 앞두고

제1장

[1] 키루스군은 그렇게 그날을 보내고 저녁 식사를 한 후에 휴식을 취했다. 다음 날 일찍부터 모든 동맹군이 키악사레스의 막사 앞으로 모여들었다. 많은 무리가 자신의 막사 앞에 모여 있다는 말을 들은 키악사레스가 치장을 하고 있는 동안, 키루스의 친구들 중 어떤 이들은 카두시아군을 내세워 키루스에게 머물러달라고 간청했다. 어떤 이들은 히르카니아군을 내세워서, 어떤 이들은 스키타이군을 내세워서, 어떤 이들은 고브리아스를 내세워서, 히스타스파스는 고자인 가다타스를 내세워서 키루스에게 머물러달라고 간청했다.

[2] 키루스는 가다타스가 오래전부터 키루스군이 해산될 것을 두려워해 초주검이 되어 있었다는 사실을 알고서 웃으며 말했다. "가다타스, 당신은 여기 있는 히스타스파스에게 설득당해 지금 내게 이렇게 말하고 있는 것이 분명합니다."

[3] 가다타스는 하늘을 향해 손을 높이 들고 맹세하면서 자기는 히스타스파스에게 설득당해 이렇게 말씀드리는 것이 아니라고 하면서 이

렇게 말했다. "하지만 저는 당신의 군대가 가버리면 제게는 모든 일이 끝장이라는 것을 알기 때문에, 제가 스스로 히스타스파스에게 찾아가 당신이 군대를 해산하는 것과 관련해 논의를 하려는 의도가 무엇인지 아느냐고 물은 것입니다."

[4] 키루스가 대답했다. "그렇다면 이것을 히스타스파스의 책임으로 돌린 일은 내 잘못 같습니다."

히스타스파스가 말했다. "키루스시여, 제우스 신에게 맹세하건대 주군의 잘못이 아닙니다. 단지 저는 혹시 당신의 아버지께서 당신을 호출하실 수 있고, 그러면 당신이 원정을 계속하실 수 없을지도 모른다는 말만 여기 있는 가다타스에게 했을 뿐입니다."

[5] 키루스가 말했다. "당신은 내가 페르시아로 돌아가고 싶어 하는지 그렇지 않은지 확인하지도 않고, 순전히 짐작으로 내가 페르시아로 돌아간다고 말했다는 것입니까?

히스타스파스가 대답했다. "제우스 신에게 맹세하건대, 제가 그렇게 말했습니다. 왜냐하면 저는 당신이 페르시아로 돌아가서 온 나라를 순회하며 백성들의 칭송을 받고, 당신이 여기에서 이룬 모든 업적을 아버지께 과시하고자 하는 욕망이 아주 크다는 것을 알기 때문입니다."

키루스가 말했다. "당신은 집으로 돌아가고 싶은 마음이 없다는 것입니까?"

히스타스파스가 대답했다. "제우스 신에게 맹세하건대, 제게는 그럴 마음이 없습니다. 저는 집으로 돌아가지 않고 여기에 남아 총사령관이 될 것이고, 여기에 있는 가다타스를 아시리아의 주인으로 만들 것입니다."

[6] 그들은 이렇게 서로 농담을 주고받았지만, 거기에는 진심이 섞여 있었다. 그사이에 키악사레스가 위엄을 풍기는 의상을 갖춰 입고 밖으로 나와 메디아식으로 차려진 왕좌에 앉았다. 모이기로 되어 있던 모

든 사람이 모인 가운데 좌중이 조용해지자 키악사레스가 이렇게 말했다. "동맹 여러분, 마침 내가 이 자리에 와 있고 키루스보다 연장자이니 이 회의는 내가 주재하는 것이 적절할 것 같습니다. 나는 먼저 지금이 원정을 계속해나가야 할 때인지, 아니면 군대를 해산할 때인지 논의하는 것이 좋겠다고 생각합니다. [7] 그러니 누구든지 이 문제에 의견이 있는 사람은 발언해주십시오."

그러자 가장 먼저 히르카니아 왕이 말했다. "동맹 여러분, 어느 쪽이 좋은지가 이미 현실 속에서 명백한데, 우리가 굳이 이 문제를 논의해야 하는지 저는 잘 모르겠습니다. 왜냐하면 지금처럼 우리가 함께 모여 있으면 우리에게서 적이 입는 피해가 적에게서 우리가 입는 피해보다 더 많지만, 전에 우리가 따로 있었을 때 적은 자신에게는 아주 기분 좋고 우리에게는 아주 괴롭고 곤혹스러운 방식으로 우리를 다루었기 때문입니다."

[8] 다음으로 카두시아 왕이 말했다. "왜 지금 이 마당에 우리가 흩어져 각자 집으로 돌아가는 문제를 논의해야 합니까? 전쟁을 할 때 흩어지는 것은 전혀 도움이 되지 않는 데다가, 여러분도 아시다시피 우리가 본대로부터 떨어져 단독으로 싸우러 나갔다가 혹독한 대가를 치른 지도 얼마 되지 않았습니다."

[9] 다음으로는 전에 키루스의 친척으로 자처했던 아르타바주스가 이렇게 말했다. "키악사레스시여, 저의 생각은 앞에서 말한 분들과 약간 다릅니다. 그들은 우리가 지금처럼 여기에 머물러 있으면서 전쟁을 계속해나가야 한다고 말하지만, 저는 전에 집에 있었을 때도 계속 전쟁을 해왔다는 말을 하고자 합니다.

[10] 집에 있던 제가 우리의 재산이 적에게 약탈당했을 때 그 재산을 되찾아오기 위해 출전해야 했던 일이 비일비재했고, 적이 온갖 술수를 부려서 우리의 요새를 차지하려고 했을 때는 그 요새를 지켜내기 위

해 두려움 가운데서 노심초사했던 일도 비일비재했습니다. 그리고 집에 있을 때 저는 그렇게 하는 데 드는 비용을 스스로 감당하면서 이 모든 것을 해야 했습니다. 하지만 지금은 제가 적의 요새들을 차지하고 있고 적을 두려워하는 마음도 제게는 없습니다. 저는 적의 소유였던 것으로 배불리 먹고 마시며 지내고 있습니다. 집에서 살았던 지난날이 전쟁이었다면, 지금 여기에서 살아가는 날은 축제입니다. 그래서 저는 이 축제를 해산하면 안 된다고 생각합니다.”

[11] 다음으로 고브리아스가 말했다. “동맹 여러분, 나는 지금까지 키루스의 신의를 칭송해왔습니다. 그는 자신이 약속한 모든 일에서 거짓이 없었기 때문입니다. 하지만 그가 이 땅을 떠난다면, 아시리아 왕은 여러분에게 저지르고자 했던 잘못과 내게 저지른 잘못에 대해 아무런 응징도 당하지 않고 다시 힘을 얻어 부활할 것입니다. 도리어 이번에는 내가 당신의 친구였다는 이유로 그에게서 응징을 당할 것입니다.”

[12] 마지막으로 키루스가 말했다. “여러분, 우리가 군대를 해산한다면 우리의 입지는 약화되고 적의 입지는 강화될 것임을 나도 모르지 않습니다. 적군은 우리에게 무기를 빼앗겼지만 다시 신속하게 무기들을 만들어낼 것이고, 우리에게 말을 빼앗겼지만 다시 신속하게 다른 말들을 확보할 것이고, 아이들은 자라나서 성인이 되어 죽은 자들을 대신할 것이고, 계속 아이들은 태어나게 될 것입니다. 따라서 얼마 지나지 않아 적군이 우리를 다시 괴롭힐 수 있게 되리라는 것은 전혀 이상한 일이 아닙니다.

[13] 여러분은 내가 키악사레스 왕께 우리의 군대를 해산하는 문제를 토의에 부쳤으면 좋겠다고 제안한 이유를 아십니까? 그것은 앞날이 염려되었기 때문이라는 것을 여러분이 아셔야 합니다. 우리가 지금처럼 전쟁을 계속하면 앞으로 우리를 공격해 오는 적군과 싸워 이길 수 없기 때문입니다.

[14] 지금 추운 겨울이 다가오고 있습니다. 여기 있는 우리에게는 추위를 피할 곳이 있지만, 지금으로서는 말이나 하인이나 일반 병사가 추위를 피할 곳은 없는 실정입니다. 그런데 그들 없이는 우리가 전쟁을 치를 수가 없습니다. 우리는 지금까지는 원정을 나간 곳에서 식량을 구해 해결하곤 했습니다. 하지만 아직 우리가 점령하지 않은 지역들에서는 적군이 우리에게 식량을 빼앗길 것을 두려워해 식량을 요새들에 가져다두었습니다. 그래서 적군은 식량을 이미 확보한 상태인 반면, 우리는 원정을 나간 곳에서 식량을 확보할 수가 없습니다.

[15] 아무리 용맹하고 강한 군대라고 해도 어떻게 굶주림과 추위와 맞서 싸우면서 전쟁을 수행할 수 있겠습니까? 그래서 나는 우리가 지금처럼 전쟁을 해나간다면 어쩔 수 없이 강제로 이 땅에서 쫓겨나게 될 것이기 때문에, 그런 꼴을 당하기 전에 우리 스스로 자발적으로 군대를 해산해야 한다고 말하고 있는 것입니다.

반대로 우리가 계속 전쟁을 수행하고 싶다면, 우리는 아주 신속하게 적의 요새를 많이 점령하고 우리를 위해 가능한 한 더 많은 요새를 구축해야 합니다. 그렇게 해서 더 많은 요새를 차지해 구축해놓은 쪽은 더 많은 식량과 보급품을 확보하게 될 것이고, 적은 수의 요새를 가진 쪽은 궁지에 몰리게 될 것입니다.

[16] 지금 우리는 바다 위에서 항해하는 선원들과 전혀 다르지 않습니다. 선원들은 계속 항해하지만 한 번도 가보지 않은 바다가 아니라 자주 가서 친숙한 바다를 항해합니다. 우리가 요새를 차지한다면 적군은 그 지역에 들어올 수 없게 될 것이고, 우리가 하는 모든 일은 아주 순조롭게 진행될 것입니다.

[17] 아마도 여러분 중에는 각자의 본국으로부터 멀리 떨어져 있는 요새를 지켜야 하므로 본국에 대한 방비가 느슨해지면 어쩌나 하고 우려하는 분이 계실 테지만, 그런 걱정은 전혀 하지 마십시오. 우리는 지

금도 각자의 본국으로부터 멀리 떨어져 있는 데다가, 앞으로도 적과 가장 인접해 있는 지역에서 요새를 지키게 될 것입니다. 그렇게 되면 여러분 각자의 본국과 접해 있는 아시리아 땅은 여러분이 차지해 관리하고 경작하게 될 것입니다.

[18] 우리가 적과 인접한 지역에 있는 요새를 점령해 안전하게 지킬 수 있다면, 여러분은 적으로부터 더 먼 지역을 차지해 아주 평화롭게 지내게 될 것입니다. 왜냐하면 적이 가까이 있는 우리에 대한 경계를 소홀히 하고 그들로부터 멀리 떨어져 있는 지역을 공략할 수 없을 것이라고 나는 생각하기 때문입니다."

[19] 키루스가 발언을 마치자, 키악사레스를 포함해 모든 사람이 자리에서 일어나 기꺼이 그렇게 하는 데 동참하겠다는 뜻을 밝혔다. 가다타스와 고브리아스는 동맹군이 믿고 맡겨준다면 자신들도 각각 요새를 구축해 동맹군에 힘을 보태겠다고 말했다.

[20] 키루스는 모든 사람이 기꺼이 나서는 것을 보고 끝으로 이렇게 말했다. "우리가 해야 한다고 말한 것들을 이루어내고자 한다면, 적의 요새를 무너뜨릴 탑차[52]와 우리를 위해 요새를 구축할 인부를 가능한 한 신속하게 확보해야 합니다."

[21] 그러자 키악사레스가 한 대의 탑차를 만들어 내놓겠다고 약속

---

52 "탑차"로 번역한 그리스어 '메카네'(μηχανή)는 단순히 "장치"를 뜻한다. 이 단어는 주로 비극 무대에서 신이 공중에서 등장할 수 있게 하려고 목재로 만든 높은 탑 장치를 가리키는 데 사용된다. 그리스어에서는 적의 성문을 부수기 위해 고안된 공격용 무기인 "공성퇴"를 구체적으로 가리키는 데는 "숫양"을 뜻하는 '크리오스'(κριός)를 사용한다. 공성퇴의 기능이 숫양이 뿔로 들이받는 것과 비슷하기 때문인 것 같다. 공성퇴는 바퀴 달린 높은 탑차 앞으로 길고 뾰족한 기둥 혹은 밧줄로 연결된 철퇴가 달려 있어 성문을 부수도록 고안되었다. 이 수레 위에는 활을 쏘는 병사들이 있어 공성퇴를 성벽으로 가까이 이동시키는 아군을 엄호했다. 아마도 여기에서 '메카네'는 "탑차"를 가리키지만, "공성퇴"도 포함하는 의미일 수도 있다.

했고, 가다타스와 고브리아스와 티그라네스도 각각 한 대씩 탑차를 만들겠다고 약속했다. 키루스는 자기도 두 대의 탑차를 만들어보겠다고 말했다.

[22] 이렇게 일이 결정되자 그들은 탑차를 제작하는 데 필요한 기술자들과 자재들을 확보해 가장 적임자로 여겨지는 사람들에게 이 일을 맡겼다.

[23] 키루스는 탑차를 제작하는 데 시간이 걸릴 것을 알고서, 거기에 소요되는 모든 것을 조달하는 데 가장 유리하고 편리한 곳이라고 여겨지는 지점에 진영을 따로 구축해 자신이 직접 이끄는 군대를 주둔시켰다. 그는 본대로부터 멀리 떨어져 있는 곳에 진영을 구축했지만, 본대에 남아 있는 장병들의 안전을 위해 필요한 것을 모두 찾아서 보강하는 데 신경 썼다.

[24] 그렇게 하는 한편으로 키루스는 그 지역을 가장 잘 알 것으로 생각되는 사람들에게 어디에서 자신의 군대를 위한 양식과 보급품을 가능한 한 가장 많이 확보할 수 있을지 물었고, 다른 한편으로는 꾸준히 양식과 보급품을 노획하려고 자신의 군대를 이끌고 나갔다. 그가 그렇게 한 것은 가능한 한 많은 보급품을 확보하려는 목적도 있었지만, 노획을 위한 작전을 펼침으로써 병사들을 단련해 한층 더 강한 체력을 지니게 함과 동시에 병사들이 실전에 배치되었을 때 각자의 위치를 기억하게 하고자 하는 목적도 있었다.

[25] 키루스가 이렇게 하고 있을 때, 바빌론에서 탈출한 적군의 탈영병과 아군 포로가 아시리아 왕이 다량의 금과 은, 그 밖에 다른 온갖 재물과 보석을 챙겨 리디아 쪽으로 도주했다고 이구동성으로 말했다.

[26] 아시리아 왕이 두려움에 사로잡혀 자신이 지닌 금은보화를 벌써부터 안전한 곳에 숨겨놓았다는 말이 일반 병사들 사이에서 돌고 있었다. 하지만 키루스는 아시리아 왕이 자기와 맞서기 위해 어떻게 해서

든 동맹 세력을 규합하려고 간 것임을 간파하고, 둘 간의 전쟁은 피할 수 없다고 생각해 전쟁에 대비하는 데 만전을 기했다. 그래서 그는 포로들에게서 빼앗은 말들과 친구들에게서 받은 말들을 가지고 페르시아 기병대를 한층 더 보강했다. 키루스는 모두 다른 사람들에게서 받은 말들을 가지고 그렇게 할 수 있었는데, 이것은 누군가가 그에게 좋은 무기나 말을 준다고 하는 경우에는 그 선물을 절대로 사양하지 않았기 때문이다.

[27] 또한 키루스는 적군 포로들에게서 빼앗은 전차와 그 밖의 다른 방법으로 획득한 전차로 전차대를 창설했다. 그는 옛적에 트로이아인이 사용했고 오늘날까지도 키레네인 사이에서 사용되고 있는 전차 운용 기술을 폐지했다.[53] 과거에는 메디아, 시리아, 아라비아는 물론이고 아시아에 있는 모든 나라가 오늘날의 키레네인처럼 전차를 운용했기 때문이다.

[28] 하지만 키루스는 정예병을 전차병으로 삼게 되면 군대의 주력 부대가 될 수 있는 병사들이 척후병 역할밖에 할 수 없기 때문에 전투에서 승리하는 데 크게 기여할 수 없다고 생각했다. 300대의 전차 부대를 운용하려면 300명의 전투병과 1,200마리의 말이 있어야 하고, 전투병들이 안심하고 싸울 수 있도록 전차를 능숙하게 몰 수 있는 최고의 마부들도 있어야 한다. 이것은 적과 싸울 수 있는 300명의 정예병을 사장시킨다는 것을 의미했다.

[29] 그래서 키루스는 그런 식의 전차 운용을 폐지했다. 대신에 강

---

53 "트로이아"는 호메로스의 『일리아스』에서 "일리오스"로 불린 고대 도시다. 이 도시는 그리스 전설과 『일리아스』에 나오는 트로이아 전쟁으로 유명해졌다. "키레네"는 고대 그리스 식민 도시 중 하나로 오늘날 리비아의 샤하트에 있었다. 소크라테스의 제자인 아리스티포스(기원전 약 435-356년)가 창시해 널리 이름이 알려진 키레네 학파가 있던 곳이기도 하다. 키레네는 당시에 "아프리카의 아테네"라는 별명을 얻었다

력한 바퀴들을 장착해 쉽게 부서지지 않게 하고, 폭이 넓으면 잘 전복되지 않는다는 것에 착안해 전차의 폭을 넓혀 전투용 전차로 개조했다. 마부석에는 튼튼한 나무로 만든 작은 탑 모양의 보호 장치를 설치해 마부의 팔꿈치 부분까지 이르게 해서, 마부가 그 장치 속에 들어가 팔을 뻗어 말을 조종할 수 있게 했고, 눈을 제외한 마부의 온 몸을 갑옷으로 두르게 했다.

[30] 또한 전차가 적진 가운데로 돌진할 때를 대비해 양쪽 바퀴 옆으로는 차축들에 1미터가량 되는 쇠로 만든 낫을 장착했고, 차축들 아래에도 땅 쪽으로 낫을 장착했다. 키루스의 영토에서는 오늘날까지도 키루스가 이렇게 개조한 전차를 사용하고 있다. 아울러 키루스에게는 낙타도 많이 있었다. 그중 일부는 친구들에게서 받은 것이었고 다른 일부는 전쟁에서 획득한 것이었는데, 그는 이 낙타들을 모아두었다.

[31] 이렇게 하여 키루스가 결전을 위해 계획했던 일들이 모두 순조롭게 이루어져가고 있었다. 그래서 키루스는 리디아로 첩자를 보내 아시리아 왕이 무슨 음모를 꾸미고 있는지 알아내고자 했다. 키루스는 자기가 전에 수사의 귀부인을 돌보는 임무를 맡겼던 아라스파스가 이 일에 적임자라고 생각했다.

그사이에 아라스파스에게는 이런 일이 일어났다. 즉, 그는 그 미녀를 보고 사랑에 빠져 청혼하지 않을 수 없었던 것이다. 하지만 [32] 그녀는 멀리 떨어져 있는 남편을 열렬히 사랑했기 때문에 그의 청혼을 거절하고 절개를 지켰다. 그런데도 그녀는 친구인 키루스와 아라스파스의 사이가 틀어질 것을 염려해 이 일을 키루스에게 고발하지는 않았다.

[33] 하지만 아라스파스는 어떻게든 자신이 원하는 것을 이루려는 생각에 그녀가 자원해 자신의 청혼을 받아들이지 않는다면, 강제로라도 자신의 뜻을 관철시키겠다고 위협했다. 그러자 그녀는 그가 폭력을 사용할 것을 두려워한 나머지 이제 더 이상 이 일을 비밀에 부치지 못하

고, 자신의 시중을 드는 환관을 키루스에게 보내 모든 것을 알리게 했다.

[34] 환관에게서 모든 사정을 전해 들은 키루스는 아라스파스가 전에 자기는 이성 간의 열렬한 사랑의 감정도 얼마든지 이겨낼 수 있다고 큰소리쳤던 것을 생각하며 웃었다. 키루스는 아르타바주스를 그 환관과 함께 보내 그 여자에게 폭력을 사용해서는 안 된다고 아라스파스에게 경고했지만, 그녀를 설득할 수 있다면 그것까지 막을 생각은 없다고 말했다.

[35] 아르타바주스는 아라스파스에게 가서, 키루스께서 그 여자를 돌보는 일을 그에게 맡겨놓았더니 불경과 불의와 무절제의 잘못을 저질렀다고 말하며 그를 꾸짖었다. 그러자 결국 아라스파스는 자기가 한 짓을 몹시 부끄러워하고 괴로워하면서 눈물을 펑펑 쏟았고, 키루스에게 벌을 받게 될까 봐 두려워 초주검이 되었다.

[36] 이것을 안 키루스는 그를 불러 단 둘이서 이야기를 했다. "아라스파스, 자네가 나를 두려워하고 자신의 행동이 너무 수치스러워서 어쩔 줄 몰라 한다는 것을 잘 아네. 하지만 그러지 말게. 신들도 사랑의 포로가 된다고 하고 아주 현명한 사람들조차도 사랑 앞에서는 어쩔 도리가 없다는 것도 내가 알기 때문이네. 나 자신도 미인과 함께 있으면 마음이 흔들리지 않을 만큼 강한 의지를 지니고 있지 않다는 것을 나는 진즉부터 알고 있었네. 그런데도 자네를 궁지로 몰아넣은 것은 바로 나이기 때문에, 자네가 이렇게 된 데는 사실 내 책임이 크네."

[37] 그러자 아라스파스가 도중에 끼어들어 말했다. "키루스시여, 다른 사람들은 저를 비난하며 고통 속으로 몰아넣는데 당신은 다른 일에서처럼 이런 일에서도 똑같이 너그러우셔서 사람들의 잘못을 용서하십니다. 저에 관한 소문이 쫙 퍼지자 저의 적군은 고소해하고 떨 듯이 기뻐하고, 저의 친구들은 저를 찾아와서는 제가 중죄를 지어 당신의 손에 죽게 될 것이니 어서 이곳을 떠나라고 조언합니다."

[38] 키루스가 말했다. "아라스파스, 자네에 관한 소문 덕분에 자네는 나를 위해 큰일을 해줄 수 있게 되었고 우리 동맹들에게도 큰 도움을 줄 수 있게 되었네."

아라스파스가 말했다. "당신께 도움이 될 수 있는 기회가 제게 주어진다면 기꺼이 그렇게 하겠습니다."

[39] 키루스가 말했다. "그렇다면 자네는 나를 피해 도망친 것으로 가장해 적에게 가게. 그러면 적이 자네의 말을 믿어줄 것이라고 나는 생각하네."

아라스파스가 말했다. "제우스 신에게 맹세하건대, 틀림없이 그럴 것입니다. 그리고 제가 당신을 피해 도망쳤다는 말을 제 친구들을 통해서도 퍼뜨리겠습니다."

[40] 키루스가 말했다. "그렇게 한 후에 적의 동태를 빠짐없이 알아내 우리에게 다시 돌아오게. 그들은 자네를 신뢰하니 함께 모여 작전을 짤 때 자네를 참여시킬 것이네. 우리가 적에게서 알아내고자 하는 모든 것을 자네에게 숨기지 않을 것이네."

아라스파스가 말했다. "그러면 지금 즉시 떠나겠습니다. 적에게 믿게 만들려면 제가 당신에게 처벌받지 않기 위해 도망친 것처럼 보여야 합니다."

[41] 키루스가 말했다. "저 아름다운 판테이아를 놔두고 혼자 떠날 수 있겠는가?"

아라스파스가 말했다. "제게 혼이 둘이라는 것이 분명합니다. 저는 '에로스'라는 저 못된 소피스트를 만나 함께 지혜를 탐구하는 과정에서 그것을 깨달았습니다.[54] 왜냐하면 만일 혼이 하나라면 선함과 동시

---

54 "소피스트"는 고대 그리스에서 주로 정치를 위한 대중 연설과 배심원 앞에서 행하는 법정 변론에서 꼭 필요했던 "수사학"을 전문적으로 가르친 직업 교사였다. 소피스트들은

에 악할 수 없으니 고귀한 것과 수치스러운 것을 둘 다 동시에 사랑하는 일도 불가능할 것이고, 한 가지 동일한 것을 하고 싶어 하면서 동시에 하고 싶어 하지 않는 일도 불가능할 것이기 때문입니다. 하지만 혼이 둘이라면, 선한 혼이 이긴 경우에는 선한 일을 하게 되고, 악한 혼이 이긴 경우에는 악한 일을 하게 될 것이 분명합니다. 지금은 제 혼이 당신을 동맹으로 삼았기 때문에 선한 혼이 완벽하게 이겼습니다."

[42] 키루스가 말했다. "자네가 이렇게 가기로 생각했으니 반드시 다음과 같이 해야 하네. 적군이 자네를 더욱 믿게 하려면 우리의 동태를 그들에게 자세하게 알려주게. 하지만 그들이 작전을 세우는 데 최대한으로 방해가 되는 방향으로 자세하게 알려주어야 하네. 예를 들어, 우리가 적의 어느 지역을 공격할 준비를 하고 있다고 그들에게 알려준다면, 이 말을 들은 그들은 각자 자신의 관할 지역에 두고 온 처자식과 재산이 걱정되어 어느 정도의 병력을 거기에 남겨두기 위해 그 지역의 전 병력을 우리와 싸움하는 데 동원하지 않으려고 할 것이네. 자네의 그 말은 그들의 작전을 방해하는 효과를 낳게 될 것이네.

[43] 최대한 오랫동안 적군 가운데 머물러주게. 적의 동태에 관한 가장 최근의 정보야말로 우리가 알아야 할 가장 쓸모 있는 정보이기 때문이네. 특히 가장 훌륭한 전투대형이 어떤 것인지도 적군에게 조언해주게. 나중에 자네가 적군에게서 빠져나왔을 때 적군은 자네가 자신들의 전투대형을 잘 알고 있다는 것을 알면서도, 결전이 임박한 때 전투대형을 바꾸면 군대가 혼란에 빠질 것을 알아 그들은 전투대형 바꾸기를 주저할 것이기 때문이네."

돈을 받고 그 기술을 가르치면서, 사람들을 정상적으로 설득하는 것이 아니라 어떻게든 목적을 달성하려고 온갖 술수와 사기적인 수법을 사용하는 법을 가르쳤다. 그래서 아라스파스는 여기에서 자기가 "에로스"(연정)라는 사기꾼 소피스트에게 걸려들어 잘못을 저지르게 된 것이라고 말했다.

[44] 아라스파스는 물러 나와서 자신의 몇몇 친구들에게 자신에게 맡겨진 소임에 도움이 될 만한 말을 한 후에, 자기가 가장 신임하는 시종들만 데리고 떠났다.

[45] 판테이아는 아라스파스가 떠났다는 것을 알고 키루스에게 이런 말을 전했다. "키루스시여, 아라스파스가 적군에게 간 것에 가슴 아파하지 마십시오. 제 남편에게 사람을 보내도록 당신이 허락해주신다면, 아라스파스보다 훨씬 더 신뢰할 만한 친구를 얻도록 해드리겠습니다. 게다가 제 남편은 최대한 많은 병력을 모아 당신에게 올 것입니다. 지금의 아시리아 왕은 제 남편이 부왕의 친구라는 이유로 제 남편과 저를 갈라놓으려 했기 때문에, 제 남편은 지금의 아시리아 왕을 오만방자한 자로 여기고 있어 기꺼이 당신 같은 분에게 몸을 의탁하고자 할 것입니다."

[46] 이 말을 전해 들은 키루스는 그녀가 남편에게 소식을 전할 수 있게 했고 그녀는 그렇게 했다. 아내의 전갈을 받고 아내의 의중을 알아챈 아브라다타스는 상황이 바뀌었다는 사실을 알고, 1,000명가량의 기병을 이끌고 기꺼이 키루스의 진영을 향해 출발했다. 그는 페르시아군이 지키는 전초기지에 도착해 자기가 누구인지 키루스에게 알리게 했다. 키루스는 즉시 그를 그의 부인에게 안내하라고 지시했다.

[47] 아브라다타스와 그의 부인은 다시는 못 볼 줄 알았다가 다시 만나게 되어 기쁨의 포옹을 했다. 그런 후에 판테이아는 키루스가 신을 공경하는 경건하고 사리를 잘 분별하는 사람으로 자신의 처지를 가엾게 여기며 잘 돌봐주었다고 자기 남편에게 말했다.

아브라다타스는 그 말을 듣고 말했다. "판테이아, 키루스가 당신과 내게 베풀어준 은혜에 보답하려면 내가 어떻게 해야 하겠소?"

판테이아가 대답했다. "그가 우리에게 해준 그대로 우리도 그에게 해주는 것 외에 달리 무엇을 할 수 있겠어요?"

[48] 이렇게 자신의 부인을 만나고 나서 아브라다타스는 키루스에

게 갔다. 아브라다타스는 키루스를 보자 그의 오른손을 붙잡고 말했다. "키루스시여, 당신이 우리에게 베풀어주신 은혜에 대한 보답으로 저는 당신의 친구이자 시종이자 동맹이 되겠다는 말밖에는 할 말이 없습니다. 당신이 무슨 일을 하시든지 저는 당신과 함께하고 저의 온 힘을 다해 당신을 돕겠습니다."

[49] 키루스가 말했다. "나도 당신의 제안을 기쁜 마음으로 받아들이겠습니다. 지금은 당신을 보내드릴 테니 가셔서 부인과 함께 식사를 하십시오. 나중에 다시 나와 나의 친구들, 그리고 당신과 당신의 친구들이 내 막사에서 함께 식사를 합시다."

[50] 그 후에 아브라다타스는 키루스가 낫을 장착한 전차를 만들고 말과 마부에게 갑옷을 입히는 일에 몰두하는 것을 보고서, 자신의 기병대로 100대의 전차대를 만들었다. 자신도 전차에 올라 전차대를 지휘할 준비를 갖춤으로써 키루스에게 도움이 되고자 했다.

[51] 또한 아브라다타스는 자신의 전차에 네 개의 채를 달아 여덟 마리의 말을 멜 수 있게 했다. 그의 아내 판테이아도 자신의 패물로 친히 남편에게 금으로 된 흉갑과 투구와 팔 보호대를 만들어주었다. 아브라다타스는 온통 청동으로 된 갑옷을 제작해 자신의 전차를 끄는 말들에게 입혔다.

[52] 아브라다타스가 이렇게 하자, 네 개의 채가 달린 그의 전차를 본 키루스는 여덟 개의 채를 단 것도 만들 수 있겠다는 생각이 들었다. 그래서 맨 아래층에 여덟 개의 채를 달아 여덟 마리의 황소로 끌게 하는 여러 층으로 된 탑차를 만들었다. 이 탑차의 높이는 바퀴를 포함해 5미터가 조금 넘었다.

[53] 그는 그런 탑차를 각 부대에 배치하면 아군이 밀집대형을 유지하는 데 큰 도움이 되고 적에게는 큰 타격을 가할 수 있을 것이라고 생각했다. 탑차의 각 층에는 통로를 내고 화살을 쏠 수 있는 구멍을 만

들어 탑차 한 대에 20명의 궁수가 타게 했다.

[54] 키루스는 탑차를 만들어 모든 것을 장착한 다음에 끄는 실험을 해보았다. 여덟 마리의 황소는 탑차와 거기에 탑승한 병사들을 거뜬하게 끌었다. 한 마리의 황소가 통상적으로 끌 수 있는 무게는 대략 630킬로그램인 데 비해, 비극 무대의 기계 장치를 만드는 데 사용되는 두꺼운 목재들로 만든 탑차 몸체와 20명의 병력과 그들이 든 무기를 모두 합하면 한 마리당 끌어야 할 무게는 평균 380킬로그램에 불과했기 때문이다.

[55] 이렇게 탑차를 쉽게 끌 수 있다는 것을 알게 된 키루스는 군대가 적을 공격할 때 탑차를 끌고 갈 수 있도록 준비했다. 전쟁에서 우위를 점하면 안전과 정의와 행복을 한꺼번에 거머쥘 수 있다는 것이 그의 소신이었다.

제2장

[1] 이때 인도 왕이 보낸 사신단이 돈을 가져왔고, 인도 왕이 키루스에게 전하라는 말을 전했다. "키루스여, 당신이 필요한 것을 내게 알려주어 무척 기쁩니다. 나는 당신과 친구가 되고 싶어 이 돈을 당신에게 보냅니다. 달리 더 필요한 것이 있다면 내게 알려주십시오. 내가 보낸 사신단에게는 당신이 무엇을 시키든 그대로 하라고 지시해두었습니다."

[2] 키루스는 인도 왕이 전하는 말을 듣고 이렇게 말했다. "그렇다면 여러분 중 일부는 우리가 정해준 막사에서 보관된 돈을 지키면서 여러분이 하고 싶은 것을 하며 지내도록 하십시오. 하지만 여러분 중에서 세 분은 우리의 적에게 가서 마치 인도 왕이 보내서 온 것처럼 위장하십시오. 두 나라 간에 동맹을 맺는 문제를 논의하는 척하면서 그들의

동태를 살피고 그들이 무슨 말을 하고 무슨 일을 하고 있는지 알아내 최대한 신속하게 나와 인도 왕에게 알려주십시오. 여러분이 나를 위해 이 일을 훌륭하게 완수해준다면 나는 여러분이 내게 돈을 가져다준 것보다 훨씬 더 많이 여러분에게 감사할 것입니다. 노예로 가장해 침투한 첩자들은 다지 누구나 이미 아는 것 말고는 다른 것을 알아낼 수 없지만, 여러분은 대체로 그들이 계획하고 있는 것들까지도 알아낼 수 있기 때문입니다."

[3] 인도의 사신단은 그 말을 듣고 기뻐했다. 키루스에게서 환대를 받은 후에, 적군으로부터 가능한 한 많은 것을 알아내 최대한 신속하게 돌아오겠다고 약속하고는 이튿날 여장을 꾸려 길을 떠났다.

[4] 키루스는 소인배처럼 비열한 방법을 써서 전쟁을 치를 인물이 전혀 아니었기 때문에, 전쟁과 관련된 다른 준비들도 큰 인물답게 해나갔다. 그는 동맹군이 서로 협의해 결정한 일들을 완수해내는 데서 그친 것이 아니라, 자신의 친구들 간에도 서로 경쟁하게 해서 각자가 맡은 사람들을 최고의 보병, 최고의 기병, 최고의 궁수와 창병, 최고의 종군 인부로 만들게 했다.

[5] 그렇게 하려고 키루스는 자신의 장병들을 데리고 사냥을 나갔다. 각각의 종목에서 가장 뛰어난 기량을 보인 장병들에게 상을 주었을 뿐만 아니라, 자신의 병사들을 정예병으로 만드는 데 힘을 쏟는 지휘관들을 보았을 때는 아낌없이 칭찬했다. 자기가 할 수 있는 한 최대한으로 혜택을 주어 그들의 사기를 북돋워주었다.

[6] 또한 신에게 제를 지낼 때나 축제를 할 때마다 전쟁과 관련된 기량을 겨루는 온갖 시합도 함께 열어 우승한 병사들에게는 큰 상을 수여했기 때문에, 키루스군의 사기는 하늘을 찌를 듯이 높았다.

[7] 이렇게 하여 키루스는 출정 전에 갖추고자 했던 것들을 탑차만 빼고는 거의 모두 완비하게 되었다. 페르시아 기병대는 이미 1만 명의

기병을 보유하게 되었고, 그가 직접 고안해낸 낫을 장착한 전차도 이미 100대가 준비되었으며, 수사의 아브라다타스가 확보한 전차도 키루스의 전차대와 마찬가지로 100대가 갖추어졌다.

[8] 또한 키루스가 키악사레스를 설득해 트로이아식과 리비아식으로 제작된 전차를 키루스 자신의 방식으로 개조한 것도 100대가 완성되었다. 낙타 부대도 창설해 한 마리의 낙타에 두 명의 궁수를 배치했다. 이렇게 하여 대다수의 장병들은 아군이 이미 완벽하게 승리했고 적군은 아예 상대가 되지 않는다고 생각하고 있었다.

[9] 키루스군이 이런 상황에 있을 때, 적의 동태를 낱낱이 파악해 오라는 임무를 받고 적진에 첩자로 갔던 인도의 사신들이 돌아왔다. 그들은 크로이소스가 적의 모든 동맹국의 맹주이자 총사령관으로 선출되었고, 적의 동맹국의 모든 왕도 자신의 전 병력을 이끌고 참전함과 동시에, 막대한 돈으로 최대한 많이 용병을 모집하고 병사들에게 보수를 지급하기로 결정했다고 보고했다.

[10] 또한 트라키아의 무사들도 이미 용병으로 고용되었고 이집트인들도 배를 타고 오고 있었다. 그 수는 12만 명이고, 발까지 닿는 큰 방패와 지금도 사용하고 있는 큰 창과 칼로 무장하고 있다고 보고했다. 게다가 키프로스군이 오고 있고, 킬리키아, 대(大)프리지아와 소(小)프리지아, 리카오니아,[55] 파플라고니아, 카파도키아, 아라비아, 페니키아에서 온 모든 군대가 이미 집결해 있었으며, 바빌로니아 왕이 지휘하는 아시리아군도 와 있다는 것이었다. 이오니아인, 아이올리스인[56]을 비롯

---

55 "리카오니아"는 고대 소아시아 중남부 지방의 옛 이름으로, 동쪽은 카파도키아, 북쪽은 갈라티아, 서쪽은 프리지아, 남쪽은 킬리키아트라케이아로 둘러싸인 지역이다. 리카오니아인은 거칠고 호전적이었다.

56 "이오니아인"과 "아이올리스인"은 도리아인, 아카이아인과 함께 그리스 고전 시대의 그리스인을 구성하는 4대 부족이다. "이오니아인"은 원래 펠레폰네소스반도 북부의 에이

해 아시아에 있는 모든 그리스 식민지에서 살아가는 그리스인들도 크로이소스를 따라오지 않을 수 없었고, 크로이소스는 스파르타에도 사신을 보내 동맹을 맺기까지 했다는 것이다.

[11] 이 군대는 지금 팍톨로스⁵⁷ 강변에 집결해 있지만, 오늘날까지도 아시리아 왕에게 복속되어 있는 시리아 남부 지역의 야만인들이 집결하는 장소인 팀브라라⁵⁸에 있는 시장에서 보급품을 마련하라는 명령이 이 군대 전체에 내려진 것으로 보아 머지않아 거기까지 올라올 것이라고 인도의 사신들은 보고했다. 포로들도 비슷하게 말했다. 이렇게 키루스는 포로들을 통해 정보를 얻어내는 것에도 신경을 썼고, 노예들을 스스로 주인에게서 도망친 것처럼 위장해 첩자로 보내기도 했다.

[12] 이 소식을 들은 키루스군은 당연한 말이지만 동요했고, 분위기가 평소보다 많이 가라앉았으며, 표정도 밝지 못했다. 병사들은 모두 여기저기 삼삼오오 모여 서로의 생각을 묻고 대화를 나누었다.

[13] 키루스는 두려움이 전군에 걸쳐 기승을 부리고 있는 것을 감지하고는 각 부대의 지휘관들을 소집했다. 그러면서 병사들 전체의 사기에 영향을 미치는 자들로서 그들의 사기가 높으면 군 전체의 사기도 높아지고 그들의 사기가 떨어지면 군 전체의 사기도 떨어지게 하는 병

길리우스 지방에서 살다가, 아카이아인에게 쫓겨나서 한 무리는 그리스 동부의 아티카 지방에 정착했고, 다른 한 무리는 소아시아(또는 아나톨리아아)에 정착했는데, 여기에서는 후자를 가리킨다. "아이올리스인"은 기원전 2000년경에 그리스 본토의 중부에 있는 테살리아와 보이오티아 지방에서 레스보스섬으로 이주했고, 아나톨리아 서부에 12곳의 도시국가를 건설했다.

57 "팍톨로스"는 터키 지역의 에게해 가까이에 있는 강의 이름이다. 티몰로스산에서 발원한 이 강은 지금도 고대 도시 사르디스의 유적지를 관통해 흐른다. "황금 손"으로 유명한 미다스 왕이 강물에 손을 씻은 후에 이 강에서 황금이 나왔는데, 헤로도토스는 이 황금이 엄청난 거부였던 리디아 왕 크로이소스의 부의 원천이었다고 말한다.

58 "팀브라라"는 리디아의 수도 사르디스에서 가까운 성읍이었고, 팍톨로스강에서도 별로 멀지 않았다.

사들도 모두 함께 불러 모았다. 또한 그는 자신의 부관들에게 회의에서 오가는 말들을 듣고 싶어 하는 다른 병사들은 자유롭게 와서 들을 수 있게 하라고 지시했다. 모두 모이자 키루스는 이렇게 말했다.

[14] "동맹 여러분, 내가 여러분을 이렇게 불러 모은 것은 적의 동태에 관한 소식을 들은 여러분 중 일부가 완전히 겁에 질린 사람처럼 된 것을 보았기 때문입니다. 지금 우리는 전에 적군을 상대해 이겼을 때보다 더 많은 병력을 지닌 대군이 되었고, 신들의 도우심으로 이전보다 더 나은 전투 장비를 갖추고 있습니다. 그런데도 여러분이 자신감을 갖지 못하고 단지 적군이 집결한다는 이유만으로 겁을 집어먹는 것이 내게는 이상하게 보입니다.

[15] 여러분 중에서 지금 겁을 집어먹은 사람들에게 내가 신들의 이름으로 묻겠습니다. 만약 지금 우리 같은 군대가 우리의 적이 되어 우리를 공격해온다고 누군가가 소식을 전해 온다면 여러분의 심정은 어떻겠습니까?

먼저, 전에 우리를 이긴 적군이 전에 승리한 그 기세를 몰아 또다시 우리를 공격해 온다는 말을 듣는다면, 여러분의 심정이 어떻겠습니까? 다음으로, 전에는 궁수와 창병으로 구성된 척후대 정도 되는 병력으로 우리를 이겼던 적군이 이번에는 그때와는 비교할 수 없을 정도의 대군이 되어 진격해 오고 있다는 말을 듣는다면, 여러분의 심정이 어떻겠습니까?

[16] 전에 보병대로 우리를 이겼던 바로 그 적군이 지금은 기병으로 무장하고서 우리의 기병을 공격하러 온다면, 즉 그들이 전에 사용했던 활과 단창을 버리고 이제는 각자 강력한 긴 창을 한 자루씩 거머쥐고 말을 타고 돌진해 와서 백병전을 벌일 것이라는 말을 듣는다면, 여러분의 심정은 어떻겠습니까?

[17] 전에는 여차하면 뒤쪽으로 달아나기 위해 전진하지도 못하고

그 자리에 서서 머뭇거렸던 적의 전차들이 지금은 전차를 끄는 말들조차 갑옷을 입히고, 마부석에는 튼튼한 나무로 만든 탑을 설치해 마부가 그 속으로 들어가고, 탑 위로 노출된 마부의 상체 전체를 흉갑과 투구로 두른 채 쇠로 만든 낫을 바퀴의 축에 장착한 전차들로 바꿔서 아군이 포진해 있는 곳으로 돌진해 올 것이라는 말을 듣는다면, 여러분의 심정은 어떻겠습니까?

[18] 100마리의 말이 낙타 한 마리만 보아도 기겁을 하고 줄행랑을 치는데, 적군이 그런 낙타들을 타고 우리에게 돌진해 올 것이라는 말을 듣는다면 여러분의 심정은 어떻겠습니까? 적군이 여러 대의 탑차에 몸을 숨기고서 그 높은 탑차들에서 우리를 향해 화살을 퍼부어대 우리는 그들과 맞붙어 싸울 수조차 없을 것이라는 말을 듣는다면 여러분의 심정은 어떻겠습니까?

[19] 누군가가 여러분에게 적이 이런 모습으로 쳐들어올 것이라고 알려 온다면, 여러분의 심정은 어떻겠습니까? 지금 여러분 중에는 크로이소스가 적군의 총사령관으로 선출되었다는 말을 듣고 겁을 집어먹은 사람들이 있습니다. 하지만 크로이소스는 시리아군보다 더 형편없는 겁쟁이입니다. 전에 시리아군이 우리와 전투하다가 패배해 도망쳤을 때, 크로이소스는 자신의 동맹군이 패하는 것을 보고는 도울 생각은 하지 않고 즉시 도망쳐버린 자이기 때문입니다.

[20] 다음으로, 우리의 적군은 용병들이 그들을 위해 그들 자신보다 더 잘 싸워줄 것이라고 믿고서 용병들을 고용하고 있다고 하는데, 이것은 적군이 우리와 맞붙어 싸워서는 승산이 없다고 생각하기 때문이라는 것을 알아야 합니다. 상황이 이러한데도 적군은 가공할 만한 데 반해 우리는 형편없어 보인다고 생각하는 사람들이 있다면, 그런 사람들을 적군에게 넘겨주어야 합니다. 그런 사람들은 아군 쪽에 있기보다는 적군 쪽에 있는 것이 우리에게 훨씬 더 도움이 될 것이기 때문입니다."

[21] 키루스의 말이 끝나자, 페르시아인 크리산타스가 일어나 이렇게 말했다. "키루스시여, 적군에 관한 소식을 듣고 우리 가운데 못마땅해하는 사람들이 있다고 해서 이상하게 생각하지 마십시오. 그들은 겁을 집어먹어서가 아니라 짜증이 나서 그런 반응을 보이는 것일 뿐입니다. 이를테면, 어떤 사람들이 이제 막 점심 식사를 하려고 하는데 누군가에게서 그들이 식사 전에 지금 반드시 해야 할 일이 있다는 말을 듣는다면, 그 말을 듣고 좋아할 사람은 아무도 없을 것입니다. 우리가 이제 막 부자가 될 것이라고 생각하고 있는데, 부자가 되기 위해 해야 할 일이 아직 한 가지 더 남았다는 말을 듣는다면 우리는 당연히 못마땅해할 것입니다. 그런 경우에 우리는 겁을 집어먹어서가 아니라, 미리미리 다 해놓으면 되었을 것을 이제 하려고 하니 짜증이 나는 것입니다.

[22] 하지만 우리는 이제 곡식과 가축과 대추야자가 많이 나는 시리아만이 아니라, 포도주도 많이 나고 무화과도 많이 나며 올리브유도 많이 나는 데다가, 바다를 끼고 있어 바다를 통해 누구도 본 적 없는 좋은 물건이 많이 들어오는 리디아도 차지할 수 있게 되었으니, 이 모든 것을 생각해 이제 더 이상 짜증내고 있지만 말고 리디아의 이 좋은 것들을 하루빨리 누리기 위해서라도 최대한 우리의 사기를 끌어올리도록 합시다."

그 자리에 있던 모든 사람이 크리산타스의 말을 듣고 기뻐하며 박수를 쳤다.

[23] 키루스가 말했다. "여러분, 나는 우리가 최대한 빨리 출전해야 한다고 생각합니다. 그렇게 하면 먼저 우리는 적군이 보급품을 다 준비하기 전에 그곳에 도착해 그들을 공격할 수 있고, 다음으로는 우리가 신속하게 진격할수록 적군은 전열을 제대로 갖출 수 없게 되어 그들의 약점이 많이 노출될 것입니다. [24] 내가 하고 싶은 말은 여기까지입니다. 우리에게 더 안전하거나 쉬운 다른 전략을 알고 있는 분이 계신다

면 누구라도 가르쳐주십시오.”

그 자리에 있던 사람들 중에서 대다수가 최대한 신속하게 적군을 향해 진격하는 것이 이득이라고 말했고, 이에 반대하는 사람이 아무도 없자 이윽고 키루스는 이렇게 말했다.

[25] “동맹 여러분, 우리가 사용해야 할 우리의 정신과 신체와 무기는 신의 도우심으로 이미 오래전에 갖추어져 있습니다. 하지만 이제 이 원정길에서 우리는 적어도 20일 동안 먹을 수 있는 식량을 준비해야 합니다. 계산해보니 우리는 이 행군에서 15일 넘는 기간 동안 식량을 구하지 못할 것으로 예상합니다. 우리가 이미 약탈한 데다가 남아 있던 것들은 적군이 이미 최대한으로 가져갔기 때문입니다. [26] 그러니 우리는 식량을 충분히 준비해 가져가야 합니다. 그렇게 하지 않으면 전투를 할 수도 없고 살아남을 수도 없습니다.

포도주는 각자가 물을 마시는 것에 익숙해질 때까지 마실 수 있는 정도의 양만 가져가야 합니다. 우리가 행군해 가야 하는 지역에는 대부분 포도주가 없고 포도주를 아무리 많이 준비해 가져간다 해도 결국 떨어질 것입니다. [27] 따라서 포도주가 갑자기 떨어져 병에 걸리는 일이 없게 하려면 지금부터 우리는 식사할 때 물을 마시는 습관을 들여야 합니다. 그렇게 하면 이번 원정길에서 식습관을 많이 바꾸지 않아도 될 것입니다.

[28] 보리빵을 먹던 사람은 물을 넣고 반죽해 만든 보리전을 먹고, 밀빵을 먹던 사람은 물을 섞은 빵을 먹어야 하며, 모든 음식을 물을 많이 넣고 끓여 조리해야 합니다. 그런 식으로 만든 음식을 먹고 나서 포도주를 조금 마신다면, 우리의 정신은 이전과 다름없이 생기를 회복할 것입니다.

[29] 이런 식으로 식사하는 습관을 들인 후에는 우리 자신도 모르는 사이에 포도주를 아예 마시지 않고 물만 마시는 사람들이 되어야 합

니다. 무슨 일이든지 조금씩 바꿔가다 보면 그 일에 완전히 적응할 수 있기 때문입니다. 이것은 신이 가르쳐주신 방법입니다. 신은 우리를 서서히 이끌어 겨울의 혹독한 추위에서 점차 빠져나와 여름의 혹독한 더위 속에서 견딜 수 있게 하고, 여름의 혹독한 더위에서 점차 빠져나와 겨울의 혹독한 추위를 견딜 수 있게 합니다. 그러니 우리도 신이 사용하는 방법을 모방해 미리부터 조금씩 적응해서 우리가 정한 목표에 도달해야 합니다.

[30] 무거운 침구 대신 그 무게만큼의 식량을 가져가야 합니다. 식량은 아무리 많아도 쓸모가 있기 때문입니다. 침구가 부족해 편안히 잠을 자지 못할 것을 걱정하지 마십시오. 만일 여러분이 침구가 부족해 편안히 잠자지 못한다면 내가 책임을 지겠습니다. 그러나 옷을 많이 가져간다면 건강할 때든 병이 났을 때든 많은 도움이 될 것입니다.

[31] 고기와 반찬은 얼얼할 정도로 맵고 짜게 조리해 가져가야 합니다. 그래야 빵을 먹기에 좋고 오래 보관할 수 있기 때문입니다. 우리가 행군하는 도중에 아직 약탈당하지 않은 곳으로 지나가게 되면 거기에서는 식량을 구할 수도 있을 것이기에, 즉석에서 빵을 해먹을 수 있도록 맷돌을 준비해 가야 합니다. 맷돌은 빵을 만들기 위해 필요한 도구 중에서 가장 가볍기 때문입니다.

[32] 사람들이 병이 났을 때 필요한 도구들도 가져가야 합니다. 부피도 얼마 되지 않으면서 사람이 병이 났을 때 가장 필요한 것이기 때문입니다. 끈도 많이 가져가야 합니다. 사람이든 말이든 많은 것을 묶는 데 끈이 필요하고, 끈이 닳거나 끊어졌을 때 여분의 끈이 없으면 아무것도 하지 못하기 때문입니다.

긴 창을 손질해야 하는 사람들은 창 자루를 다듬기 위한 줄을 가져가는 것을 잊지 말아야 하고, [33] 창날을 다듬기 위한 줄도 가져가는 것이 좋습니다. 자신이 사용하는 창날을 날카롭게 다듬는 사람은 자신의 정신을 날카롭게 다듬는 사람이기도 합니다. 창날을 날카롭게 다듬어놓고서 정작 싸울 때는 겁쟁이처럼 행동한다면 그것은 부끄러운 일입니다.

또한 전차와 수레에 사용할 목재도 넉넉히 가져가야 합니다. 전차와 수레는 빈번하게 사용되므로 여기저기 고장이 잦을 수밖에 없습니다. [34] 아울러 고장 난 곳들을 고치는 데 필요한 도구도 가져가야 합니다. 어디에서나 기술자를 구할 수 있는 것이 아니니, 거의 모든 사람이 임시방편으로 고쳐서 사용할 수 있어야 합니다. 또한 수레마다 삽과 곡괭이를 비치해야 하고, 짐을 실어 나르는 짐승마다 도끼와 낫을 갖추어야 합니다. 이러한 도구들은 개인에게도 유용하고 공용으로 사용하는 데도 도움이 됩니다.

[35] 무장한 병사들을 통솔하는 지휘관들은 자신의 휘하에 있는 병사들이 갖추고 있는 무기와 군수품을 잘 살펴서 그들에게 있어야 할 무기와 필요한 것이 모두 제대로 있는지 확인해야 합니다. 병사들에게 있어야 할 것 중에서 어느 하나라도 없다면 그것을 무시해버려서는 안 됩니다. 병사들에게 있어야 할 것이 단 하나라도 빠져 있다면 그것은 곧 우리 군 전체의 결함이 되고 말 것입니다.

내가 짐을 실어 나르는 짐승들에 갖추라고 명령한 것과 관련해서는 수송을 담당한 지휘관들이 잘 살펴서, 수송을 맡은 사람들이 내가 갖추라고 명령한 것을 모두 갖출 수 있게 해주십시오.

[36] 공병대를 통솔하는 지휘관들은 창병이나 궁수나 투석병의 임무에서 해제되어 공병대에 편입된 병사들의 명단을 받아가서, 창병이었던 병사에게는 벌목용 도끼를, 궁수였던 병사에게는 곡괭이를, 투석병이었던 병사에게는 삽을 지참해 행군하게 해야 합니다. 공병대는 각자의 도구를 지참하고 수레들 앞에서 행군하다가, 길을 만들어야 할 경우에는 즉시 투입해 작업하게 해주십시오. 공병대의 위치를 항상 내게

알려주어 공병대가 필요하면 즉시 활용할 수 있게 해주십시오.

[37] 또한 나는 군복무를 해야 할 나이에 있는 사람들 중에서 대장장이와 목수와 구두 제조공에게 각자 도구를 지참하고 이 원정에 참여하게 할 것입니다. 군대 내에서 그런 기술들이 필요한 경우에 공백이 생기지 않게 하려는 것입니다. 그들은 전투병으로 편입되는 것을 면제받는 대신에, 일정한 자리를 지키고 있다가 군대 내에서 그들의 기술을 원하는 장병이 있는 경우에 돈을 받고 자신의 기술을 제공하게 될 것입니다.

[38] 군대 내에서 원하는 사람에게 자신의 물건을 팔기 위해 우리를 따라가려 하는 상인들은 누구라도 그렇게 해도 좋지만, 병사들 각자가 지급받은 보급품을 검사하는 기간 동안에 물건을 팔다가 발각되는 경우에는 그 상인의 물건 전부를 몰수할 것입니다. 하지만 그 기간이 지난 후에는 원하는 대로 물건을 팔아도 좋습니다. 가장 많은 물건을 공급한 상인은 동맹국들과 내게서 그 공로를 인정받아 표창과 상금을 받게 될 것입니다.

[39] 물건을 구입하기 위한 돈이 필요한 상인은 자신의 신원을 증명할 수 있는 것과 우리의 군대를 반드시 따라간다고 보증할 수 있는 것을 내게 가져오면, 우리가 가지고 있는 돈을 빌려줄 것입니다. 내가 출정하기 전에 여러분에게 말해둘 것은 여기까지입니다. 여러분 중에서 우리가 해야 할 일 가운데 빠진 것이 있다고 생각하는 분은 지금 말해주십시오.

[40] 이제 여러분은 가서 준비해주십시오. 나는 우리의 출정을 위해 신들에게 제를 올릴 것입니다. 신들이 보여주는 징조가 길조라면 우리는 그 길조를 보게 될 것입니다. 그러면 모두 돌아가서 모든 준비를 마친 후에 행군 대열에서 각자에게 정해진 위치로 가서 각자의 지휘관의 통솔에 따르십시오. [41] 지휘관 여러분은 각자 자기 부대로 돌아가

서 모든 부대원이 준비를 갖추게 한 후에 내게 와서 각자의 위치를 숙지하십시오."

제3장

[1] 키루스군의 모든 장병은 이러한 명령에 따라 출정을 준비했고, 키루스는 신들에게 제를 올렸다. 징조가 길조로 나오자 그는 군대를 이끌고 출발했다. 첫날에는 출발한 지점에서 가능한 한 가까운 곳에 진을 쳤다. 무엇인가를 잊어버리고 가져오지 않은 사람은 출발 지점으로 다시 돌아가서 그것을 쉽게 가져올 수 있게 하고, 어떤 것을 미처 갖추지 못한 것을 뒤늦게 깨달은 사람은 그것을 쉽게 갖출 수 있게 하려는 의도였다.

[2] 키악사레스는 자신의 영토를 비워두지 않기 위해 메디아군 병력의 3분의 1과 함께 후방에 그대로 머물러 있었고, 키루스는 기병대를 선봉에 세우고 최대한 신속하게 행군했다. 그러면서 계속 정찰병과 정탐꾼을 본대보다 앞서 보내 근방을 살피게 했을 뿐만 아니라, 멀리까지 내다볼 수 있는 고지들로 올려 보내 먼 곳까지 살피게 했다.

다음으로는 수송대에게 기병대를 따르게 했다. 넓고 평탄한 길에서는 많은 수레와 짐을 실은 짐승이 여러 줄로 나란히 가게 했고, 그 뒤를 보병대가 밀집대형을 이루어 따라가게 했다. 수레나 짐을 실은 짐승이 대열에서 이탈해 뒤처진 경우에는, 그것을 본 지휘관에게 행군에 방해가 되지 않도록 조치를 취하게 했다.

[3] 좁은 길에서는 수레들과 짐을 실은 짐승들이 한가운데로 가도록 하고 전투병들은 길 양옆으로 행군하게 했다. 그러다가 행군에 방해되는 것이 나타났을 때는 그 근방에 있는 병사들이 처리했다. 대다수의

병사들은 자신의 짐을 수송하는 짐꾼 옆에서 행군했고, 짐꾼들도 어쩔 수 없는 사정이 있는 경우가 아니라면 자신이 수송하는 짐의 주인인 병사 옆에서 행군하라는 명령을 받았다.

[4] 각 부대 지휘관의 짐꾼은 해당 부대원들이 모두 아는 깃발을 들고 선두에서 행군했다. 이렇게 키루스는 각 부대에게 지휘관을 중심으로 부대원과 짐꾼이 모두 함께 무리를 지어 행군하게 함으로써, 모든 장병이 각자의 물건을 잃어버리는 일이 없도록 했다. 장병들은 이런 식으로 대열을 이루어 행군했기 때문에 서로를 찾아다니지 않아도 되었다. 아울러 모든 것이 장병들 각자의 곁에 좀 더 안전하게 있었기 때문에 자신들이 필요로 하는 것을 좀 더 빠르게 손에 넣을 수 있었다.

[5] 본대보다 먼저 앞으로 간 정찰병들은 사람들이 들판에서 마초와 땔감을 구하러 다니는 것을 보았고, 짐을 실어 나르는 짐승이 그런 종류의 짐을 실어 나르거나 풀을 뜯고 있는 모습도 보았다. 좀 더 앞쪽으로 저 멀리에서는 높이 솟아오르는 연기와 먼지가 보여 멀지 않은 곳에 틀림없이 적군이 있다고 생각했다.

[6] 정찰대의 지휘관은 즉시 전령을 보내 이 사실을 키루스에게 보고했다. 보고를 들은 키루스는 정찰대에게 계속 그곳에 머물면서 새로운 것을 보았을 때마다 알리라고 지시했다. 아울러 적의 동태를 좀 더 분명하게 알아내기 위해 기병대를 보내 들판에 있는 사람들 중 몇몇을 잡아오게 했다. [7] 키루스의 명령을 받은 기병대는 즉시 그 명령을 실행하려고 출발했다. 키루스는 적진에 아주 가까이 접근하기 전에 만반의 준비가 되었는지 점검해야겠다고 생각해 전군에게 그 지점에서 행군을 멈추게 했다. 그런 후에 먼저 점심 식사를 하고 나서 모두 자신의 위치에 대기한 채 다음 명령을 기다리게 했다.

[8] 점심 식사 후에 키루스는 기병대, 보병대, 전차대, 탑차 부대, 수송대의 지휘관들을 소집했다. [9] 키루스의 명령으로 들판으로 달려간

기병대는 몇몇 사람들을 잡아서 데려왔다. 키루스가 취조하자 잡혀 온 사람들은 자신들의 군대는 어마어마한 대군이어서 모든 것이 부족했기 때문에 자신들은 본진을 떠나 전초기지를 지나서 더 앞쪽으로 나와 마초와 땔감을 찾고 있었다고 대답했다.

[10] 그 말을 들은 키루스가 물었다. "여기에서 너희 군이 있는 곳까지 얼마나 떨어져 있느냐?"

그들이 대답했다. "대략 10킬로미터 정도 됩니다."

그러자 키루스가 물었다. "너희 병사들은 우리에 대해 무엇이라고 말하느냐?"

그들이 대답했다. "제우스 신에게 맹세하건대, 적이 이미 가까이 와 있다고 수근거립니다."

키루스가 물었다. "그렇다면 우리가 오고 있다는 말을 듣고 그들이 기뻐하느냐?" 키루스는 자기 주변에 있는 사람들이 들으라고 일부러 이런 질문을 한 것이었다.

그들이 대답했다. "제우스 신에게 맹세하건대, 아닙니다. 기뻐하기는커녕 아주 괴로워하고 있습니다."

[11] 키루스가 물었다. "지금 그들은 무엇을 하고 있느냐?"

그들이 대답했다. "전투대형을 연습하고 있습니다. 어제도 그제도 똑같이 전투대형을 연습했습니다."

키루스가 물었다. "누가 전투대형을 지휘하고 있느냐?"

그들이 대답했다. "크로이소스가 직접 지휘하고 있고 어떤 그리스인과 메디아인도 함께 지휘하고 있는데, 그 메디아인은 적군에서 도망쳐 온 사람이라고 합니다."

키루스가 말했다. "위대하신 제우스 신이시여, 저의 소원대로 그자를 사로잡을 수 있게 해주십시오."

[12] 키루스는 잡아 온 적병들을 끌고 나가라고 명령한 뒤에, 거기

에 있던 사람들에게 무엇인가를 말하려고 했다. 그때 정찰대 지휘관이 보낸 또 다른 전령이 와서 들판에 많은 적군 기병대가 출현했다고 보고했다.

그러자 키루스가 말했다. "그들은 여기에 있는 우리 군이 어떻게 대응하는지 떠보기 위해 오고 있는 것으로 추정됩니다. 그리고 이 많은 적군 기병대로부터 앞쪽으로 상당한 거리를 두고 30명가량의 또 다른 기병대가 오고 있는 것으로 보아 여차하면 우리의 전초 기지를 장악하려는 것 같습니다. 우리의 전초 기지에 있는 정찰대 병력은 10명에 불과합니다."

[13] 키루스는 자신의 친위대 기병들 중 일부에게 전초기지로 가서 가까이에 적의 눈에 띄지 않게 매복해 있으라고 명령하면서, "우리 10명의 정찰대가 전초기지를 떠나고 나면, 매복 지점에서 나와 전초기지를 향해 오는 적의 기병을 공격하라"라고 지시했다. 또한 히스타스파스에게는 이렇게 명령했다. "후방에서 오는 적의 기병대가 많아서 나의 친위대 기병들이 곤경에 처할 수 있으니, 당신은 1,000명으로 이루어진 당신의 기병 연대를 이끌고 가서 적에게 우리의 위용을 보여주기만 하고 당신이 알지 못하는 곳까지 추격하지는 마십시오. 우리의 전초기지를 안전하게 확보하는 것이 당신의 임무입니다. 적의 기병 중에서 오른손을 들고 말 타고 달려오는 사람들은 따뜻하게 맞아주십시오."

[14] 히스타스파스는 가서 출전 준비를 했고 키루스가 지시한 대로 친위대 기병은 즉시 출발했다. 그들은 전초기지의 경계선 바로 안쪽에서 적군에 첩자로 보내졌던, 수사의 귀부인을 돌보는 책임을 맡은 아라스파스와 그의 시종들을 만났다.

[15] 이 일을 보고받은 키루스는 자리에서 벌떡 일어나 그를 마중하러 나가서 반갑게 맞이했다. 하지만 다른 사람들은 무슨 영문인지 전혀 알지 못했기 때문에 당혹스러워했다. 그러자 키루스가 말했다.

"친구 여러분, 가장 용기 있는 분이 우리에게 다시 돌아왔습니다. 이제는 그가 무슨 일을 했는지 모든 사람이 알아야 합니다. 이 사람은 자기가 한 일에 대한 수치심을 견딜 수 없었거나 내게 처벌받을 것이 두려워서 적에게로 넘어간 것이 아닙니다. 내가 적의 동태를 자세히 알아내 우리에게 알려주게 하려고 그를 적진으로 보낸 것입니다.

[16] 아라스파스, 나는 자네에게 약속한 것을 지금도 기억하고 있고 여기 있는 모든 사람과 함께 그 약속을 반드시 지킬 것이네.

이 사람은 우리가 잘되게 하려고 스스로 불명예와 오명을 뒤집어쓰는 고통을 감수한 채로 죽을 위험도 마다하지 않고 이 임무를 완수해주었습니다. 그러니 여러분도 모두 이 사람을 훌륭한 사람으로 인정하고 높이는 것이 옳습니다."

[17] 그러자 그들은 너도나도 앞다투어 아라스파스와 포옹하며 반갑게 맞아주었고, 키루스는 그 정도면 충분하다고 말린 후에 이렇게 말했다. "아라스파스, 지금 우리가 꼭 알아야 할 것을 자세하게 말해주게. 사실과 한 치도 달라서는 안 되고 적의 전력을 축소해 말해서도 안 되네. 적이 약하다고 들었다가 나중에 실제로 맞붙어보니 더 강하다는 것을 알게 되는 것보다는 적이 강하다고 들었다가 나중에 실제로는 더 약하다는 것을 알게 되는 것이 우리에게는 더 낫기 때문이네."

[18] 아라스파스가 말했다. "적군이 전투대형을 연습하는 자리에 저도 있었기 때문에 적의 병력이 어느 정도인지 가장 정확하게 알고 있다고 진심으로 말씀드릴 수 있습니다."

키루스가 말했다. "그러면 틀림없이 자네는 적의 병력만이 아니라, 그들이 어떤 전투대형을 사용하는지도 알고 있을 것이네."

아라스파스가 말했다. "제우스 신에게 맹세하건대, 저는 적군이 어떤 식으로 전투를 수행하려고 하는지도 알고 있습니다."

키루스가 말했다. "하지만 먼저 적의 병력이 얼마나 되는지부터 말해주게."

[19] 아라스파스가 말했다. "이집트군을 제외하고 적군 전체의 보병과 기병은 30열 횡대로 정렬해 있었고, 1열은 대략 7킬로미터에 걸쳐 있었습니다. 저는 적군 전체가 정렬해 있는 땅의 면적이 얼마나 되는지 알아내는 데 특히 심혈을 기울였습니다."[59]

[20] 키루스가 물었다. "자네는 '이집트군을 제외하고'라고 말했네. 그렇다면 이집트군의 병력은 얼마나 되는가?"

"이집트군 1만 명을 통솔하는 사단장들은 각자 1만 명의 병력을 사방으로 100명씩 배치해 밀집대형의 방진[60]을 쳤습니다. 이 방진은 이집트에서 통상적으로 사용하는 진법이라고 합니다. 크로이소스는 이집트군이 그런 식의 전투대형을 사용하는 것을 마지못해 동의하긴 했지만 아주 못마땅해했습니다. 크로이소스는 우리 군대를 가능한 한 측면에서 포위해 공격하고 싶어 하기 때문입니다."

키루스가 물었다. "크로이소스가 그렇게 하고자 하는 이유는 무엇인가?"

아라스파스가 대답했다. "제우스 신에게 맹세하건대, 우리보다 훨씬 더 많은 병력으로 우리 군대를 에워싸서 포위하기 위한 것입니다."

키루스가 말했다. "적을 포위하면 자신은 적에게 포위당하지 않는

---

59 고대에 병사 한 명이 차지하는 길이가 90센티미터였기 때문에 1열에는 8,000명이 도열해 있었던 것이 된다. 따라서 전체 병력은 $30 \times 8,000 = 240,000$명이 된다.

60 "방진"은 네모난 진이라는 뜻으로, 말 그대로 병사들을 사각형 모양으로 촘촘하게 사방으로 정렬시킨 진을 가리킨다. 원어인 '팔랑크스'($\varphi \acute{\alpha} \lambda \alpha \gamma \xi$)는 기원전 7세기경에 고대 그리스에서 중무장 보병들을 사용한 밀집 전투대형을 지칭한다. 이때 중무장 보병들은 오른손에는 '사리사'라고 하는 2.5미터 정도의 긴 창을 들었고, 왼손에는 '호플론'이라고 하는 크고 둥근 방패를 들었다. 이 진은 백병전에서 적을 압박하고 방어하는 데는 유용하지만, 진이 무너졌을 때는 큰 혼란에 빠지므로 이 진을 누가 돌파하느냐가 승리의 중요한 관건이 된다. 이 책에서는 "방진"이라는 표현 대신에 "밀집대형"으로 표현했다.

다는 것을 알고서 그렇게 하려는 것 같네. [21] 자네가 말해준 덕분에 우리가 꼭 알아야 할 것들을 알게 되었네.

그러니 여러분은 이렇게 행동해야 합니다. 이제 여러분은 이 자리를 떠나자마자 여러분 각자의 무장과 말의 장비를 점검하십시오. 사소한 것을 빠뜨려서 사람과 말과 전차가 쓸모없게 되는 일이 비일비재하게 일어나기 때문입니다. 내일 아침 일찍 내가 신들에게 제를 올리는 동안 먼저 모든 장병은 아침 식사를 마치고 말들에게도 먹이를 주어 언제든 출전할 수 있도록 만반의 준비를 갖추십시오. 그래서 출전할 때 허둥지둥 준비하는 일이 없게 해주십시오."

키루스는 계속 말했다. "여느 때처럼 아르사마스는 좌익을 맡고 크리산타스는 우익을 맡으십시오. 나머지 사단장들은 각자가 현재 맡고 있는 위치를 그대로 지켜주십시오. 전차대가 밀집해 있으면 말을 교체할 수 없습니다. 그러니 사단장들은 자신의 휘하에 있는 중대장들과 소대장들에게 명령해 24명으로 이루어진 한 소대를 2열 횡대로 정렬하게 하십시오."

[22] 그러자 한 사단장이 물었다. "키루스시여, 아군이 그런 식으로 2열 횡대로 대형을 이룰 경우에 적의 두꺼운 밀집대형을 상대하기에 충분하다고 생각하십니까?"

키루스가 대답했다. "밀집대형이 두꺼우면 병사들의 무기가 적에게 닿지도 않을 것이기 때문에, 적군에게 피해를 줄 수도 없고 아군에게 도움이 될 수도 없을 것이라고 생각하지 않습니까? [23] 사실 나는 할 수만 있다면 현재 100열 종대로 되어 있는 중무장 보병을 1만 열 종대로 편성하고 싶습니다. 그렇게 하면 아군 병사 한 사람이 상대해야 할 적병의 수가 아주 적을 것입니다. 내가 짠 전투대형을 사용하면 아군의 병력 전체가 전투에 참여할 수 있게 되고 병사들은 어디에서나 서로서로 도와가면서 전투를 할 수 있게 됩니다.

[24] 나는 중무장 보병 뒤에 창병을 배치하고, 창병 뒤에는 궁수를 배치할 것입니다. 백병전을 하게 되면 절대적으로 불리하다는 것을 스스로도 너무나 잘 알고 있는 창병과 궁수를 최전방에 배치할 사람이 누가 있겠습니까? 반면 중무장 보병이 앞에서 보호해주면, 창병과 궁수는 중무장 보병 뒤에서 그들의 머리 위로 창과 화살을 퍼부을 수 있습니다. 이런 전투대형에서 병사들은 누구든지 자신의 전우를 믿고 부담 없이 가벼운 마음으로 적에게 타격을 가할 수 있습니다.

[25] 가장 뒤쪽에는 전쟁터에서 잔뼈가 굵은 아주 노련한 병사들로 이루어진 후위대를 배치할 것입니다. 집을 지을 때 토대와 지붕이 튼튼하지 않으면 아무 소용이 없는 것과 마찬가지로, 전투대형에서도 전위와 후위에 용맹한 병사들을 배치하지 않으면 아무 소용이 없습니다.

[26] 이렇게 여러분은 내가 방금 지시한 대로 부대를 배치하십시오. 경무장 보병대 지휘관들도 똑같은 방식으로 각자의 소대를 중무장 보병대 뒤에 배치하고, 궁수대 지휘관들도 똑같은 방식으로 각자의 부대를 경무장 보병대 뒤에 배치하십시오.

[27] 모든 부대의 가장 뒤에 있는 후위대를 맡은 지휘관들은 자신의 부대원들에게 각자 자기 앞에 있는 병사들을 지켜보다가, 자신의 소임을 제대로 수행하고 있는 병사들은 독려하고, 겁을 집어먹은 병사들은 강력하게 질책하십시오. 그런데도 전열에서 이탈하려고 뒤돌아서는 병사들은 즉결 처분으로 죽이라고 지시를 내리십시오. 선봉대에 속한 병사들이 해야 할 일은 자신들을 뒤따르는 병사들의 사기를 말과 행동으로 고취시키는 것인 반면, 후위대에 속한 병사들이 해야 할 일은 앞에 있는 병사들에게 적군이 주는 공포보다 더 큰 공포를 심어주어 도망치려다가 아군에게 죽느니 차라리 적군과 죽기 살기로 싸우는 편이 낫겠다고 생각하게 만드는 것입니다. [28] 이상이 여러분이 앞으로 해야 할 일입니다.

또한 탑차 부대를 통솔하는 에우프라타스는 탑차를 끄는 황소들을 밀집 보병대 뒤에 최대한 붙이십시오. [29] 수송대를 통솔하는 다우쿠스는 수송대 병력 전체를 탑차 뒤에 배치하고 당신의 부관들에게 앞서 나가거나 뒤처지는 자들을 강하게 처벌하라고 지시하십시오. [30] 여자들을 수송하는 수레들을 담당한 카르두쿠스는 수송대 뒤에 그 수레들을 배치하십시오.

우리의 전투대형을 이런 식으로 갖추게 된다면, 우리의 병력이 많아 보이고 매복 작전을 펼치기도 훨씬 수월해질 것입니다. 또한 적이 우리를 포위하려 해도 훨씬 더 넓은 범위를 에워싸지 않으면 안 될 것이고, 적이 포위해야 할 범위가 넓어질수록 그들의 대형은 그만큼 취약해질 수밖에 없습니다. [31] 그러니 여러분은 내가 방금 지시한 대로 하십시오.

또한 아르타오주스와 아르타게르세스는 1,000명으로 이루어진 각자의 보병 연대를 수레들 뒤에 배치하십시오. [32] 파르누쿠스와 아시아다타스는 1,000명으로 이루어진 각자의 기병 연대를 완벽하게 무장시켜 밀집대형으로 되어 있는 본대가 아니라 수레들 뒤에 배치하십시오. 그렇게 한 후에 다른 지휘관들과 함께 내게 오십시오. 당신들은 후위에 있더라도 선봉에서 적군과 맞서 싸울 때처럼 언제나 즉시 전투할 수 있도록 완벽하게 준비하고 있어야 합니다.

[33] 낙타 부대를 통솔하는 지휘관도 여자들을 수송하는 수레들 뒤에 자신의 부대를 배치하고서 아르타게르세스의 명령을 따르십시오.

[34] 전차대의 지휘관들은 제비를 뽑아 그중 한 지휘관은 자신이 통솔하는 전차 100대를 밀집대형으로 이루어진 본대 앞에 배치하십시오. 나머지 200대의 전차 중에서 100대는 본대의 오른쪽에서 일렬로 따라가고, 100대는 왼쪽에서 일렬로 본대를 따라가십시오."

키루스는 자신의 군대 전체를 이런 식으로 배치했다.

[35] 수사 왕 아브라다타스가 말했다. "키루스시여, 당신이 저의 군대와 관련해 다른 계획이 없으시다면, 저는 밀집대형을 이룬 적군의 본대 바로 앞에 포진하고 싶습니다."

[36] 키루스는 그를 칭찬하며 고마움을 표하고는 다른 전차대를 통솔하고 있는 페르시아인 지휘관들에게 물었다. "여러분도 그렇게 하는 데 찬성하십니까?" 그들은 자신들이 거기에 찬성한다면 명예롭지 못한 일이 될 것이라고 대답했기 때문에, 키루스는 그들이 제비를 뽑아 정하게 했다. 결국 아브라다타스는 자기가 원하는 위치에서 이집트군을 상대하게 되었다.

[37] 회의가 끝나자 그들은 모두 돌아가서 키루스가 방금 지시한 사항들을 점검했다. 그리고 나서 저녁 식사를 한 후에 보초를 세우고 잠자리에 들었다.

제4장

[1] 이튿날 아침 일찍 키루스는 신들에게 제를 올렸고, 장병들은 아침 식사를 하고 제주를 따른 후에 멋진 겉옷과 갑옷과 투구로 무장했다. 말의 이마와 가슴 부분에도 갑옷을 입혔다. 기병대가 타는 말은 다리에도, 전차를 끄는 말은 옆면에도 갑옷을 입혔다. 군대 전체가 청동으로 빛이 났으며 붉은 빛으로 가득했다.

[2] 네 개의 채에서 여덟 마리의 말이 끄는 아브라다타스의 전차 장식은 유별나게 훌륭했다. 그가 자기 나라에서 입는 아마포로 된 윗옷을 입으러 오자, 판테이아는 황금으로 된 갑옷과 투구, 팔 보호대, 발까지 흘러내리는 자주색 겉옷, 히아신스로 염색한 검붉은 투구 장식을 가져다주었다. 그녀가 남편이 평소에 사용하는 군장의 치수를 몰래 재서

직접 만든 것이었다.

[3] 아브라다타스는 그것들을 보고 깜짝 놀라 판테이아에게 물었다. "부인, 부인에게 있는 패물을 모두 처분해 나를 위해 이 군장을 만든 것 같습니다. 그렇지 않은가요?"

판테이아가 대답했다. "제우스 신에게 맹세하건대, 결코 그렇지 않습니다. 당신은 나의 가장 귀한 보석이니 적어도 제게 가장 귀한 보석은 남아 있는 셈입니다. 당신이 제게 그렇게 보인다면 분명히 다른 사람들에게도 그렇게 보일 것입니다."

판테이아는 이렇게 말하고 나서 남편의 갑옷과 군장을 입혀주기 시작했다. 그녀는 두 뺨에 흐르는 눈물을 감추려고 했지만 감출 수 없었다.

[4] 아브라다타스는 원래 잘생긴 데다가 이런 군장들로 무장하고 나니 더할 나위 없이 훌륭하고 고귀해 보였다. 그는 실제로 그런 사람이었다. 그는 마부에게서 고삐를 건네받고서 전차에 오르려고 했다.

[5] 그때 판테이아는 거기 있던 모든 사람에게 물러가라고 지시하고는 남편에게 말했다. "아브라다타스, 이 세상에서 남편을 자신의 목숨보다 더 소중히 여기는 여자가 있다면 저도 그런 여자에 속한다는 사실을 당신도 알 것이라고 생각합니다. 그런데도 제가 당신에게 그런 말을 매번 하지 않는 것은 저는 어떤 말보다도 행동으로 당신을 사랑한다는 것을 분명하게 보여주고 있다고 생각하기 때문입니다.

[6] 이렇게 저는 당신을 저의 목숨보다 더 사랑하지만, 수치스러운 남자와 함께 수치스럽게 살아가기보다는, 당신이 용맹하게 싸우다가 전사한다면 그런 당신과 함께 땅에 묻히기를 원합니다. 이 말을 당신에 대한 저의 사랑과 저에 대한 당신의 사랑을 걸고 맹세합니다. 저는 당신과 제가 이처럼 가장 고귀한 운명을 누릴 자격이 있다고 생각해왔습니다.

[7] 저는 우리가 키루스에게 아주 큰 빚을 지고 있다고도 생각합니다. 제가 포로로 잡혀 왔을 때, 그는 저를 하찮은 노예나 자유민 여자로 취급하기는커녕 마치 형제의 아내인 것처럼 보호해주었습니다.

[8] 게다가 저를 돌봐주는 일을 맡은 아라스파스가 도망쳤을 때, 저는 남편에게 사람을 보내 소식을 전할 수 있게 허락해준다면, 당신이 그에게 와서 아라스파스보다 훨씬 더 용맹하고 믿음직하고 훌륭한 친구가 되어줄 것이라고 그에게 약속했습니다."

[9] 아브라다타스는 심금을 울리는 판테이아의 말을 듣고는 그녀의 머리에 손을 얹고 하늘을 쳐다보며 기원했다. "가장 위대하신 제우스 신이시여, 제가 판테이아에게 어울리는 남편이 되게 해주시고, 우리를 명예롭게 대한 키루스에게 어울리는 친구가 되게 해주십시오." 그는 이렇게 기원하고 나서 전차에 올랐다.

[10] 그가 전차에 오르고 마부가 문을 닫아버리는 바람에 판테이아는 남편에게 작별의 입맞춤을 할 수 있는 방법이 없게 되자 전차에 입을 맞추었다. 그가 탄 전차는 출발했고 그녀도 남편이 눈치 채지 않게 한참을 뒤따라갔다. 이윽고 아브라다타스는 전차에서 고개를 돌려 그녀를 바라보며 말했다. [11] "판테이아, 걱정하지 말고 잘 지내시오. 그리고 이만 돌아가시오." 그런 후에 내시들과 시녀들이 판테이아를 수레로 데려가서 앉게 하고 차양막으로 그녀를 가렸다. 아브라다타스와 그가 탄 전차는 정말 멋있었지만 사람들은 판테이아가 탄 수레가 시야에서 사라질 때까지 그녀에게서 눈을 뗄 수 없었다.

[12] 키루스는 신들에게 제를 올렸을 때 길조를 얻고 자신의 군대에 지시해 전투대형을 갖추었다. 자신이 보낸 선발대가 적의 전초기지를 하나씩 점령해나가는 동안 지휘관들을 소집해 이렇게 말했다.

[13] "친구와 동맹 여러분, 신들은 전에 우리에게 길조를 보여주어 승리하게 해주신 것과 마찬가지로 이번에 제를 올릴 때도 우리에게 길

조를 보여주셨습니다. 이제 나는 여러분에게 몇 가지를 상기시켜드리고자 하는데, 여러분이 이것들을 기억해둔다면 훨씬 더 높은 사기를 지니고 전투에 임하게 될 것입니다.

[14] 여러분은 전쟁에 대비해 적군보다 훨씬 더 많이 훈련했고, 적군보다 훨씬 더 오랫동안 같은 장소에서 함께 호흡을 맞춰 전술훈련을 했으며, 함께 싸워서 연전연승을 거두었습니다. 하지만 적군은 대다수가 우리와 싸워 패배한 자들입니다. 적군이나 아군이나 처음으로 싸워보는 자들이 있는 것은 마찬가지입니다. 하지만 적군은 자기 옆에서 함께 싸우는 자들 중에 배신자들이 있다는 것을 알고 있는 반면, 우리는 우리 옆에 있는 전우들이 우리와 함께 기꺼이 싸우고자 한다는 것을 알고 있습니다.

[15] 서로를 신뢰하는 병사들은 제자리를 지키고 한마음 한뜻이 되어 싸우겠지만, 서로를 믿지 못하는 병사들은 모두가 한시라도 빨리 전쟁터에서 벗어나 도망칠 궁리만 할 것입니다. [16] 그러니 여러분, 적군을 향해 진격해 백병전을 벌여서 우리의 무장한 전차로 적의 무장하지 않은 전차를 박살내고, 우리의 무장한 기병으로 적의 무장하지 않은 기병을 박살냅시다.

[17] 여러분이 상대하게 될 적의 보병들은 이집트군만 제외하면 여러분이 전에 이미 싸워보았던 자들이고, 이집트군은 무장한 것도 형편없고 전투대형도 형편없습니다. 왜냐하면 그들은 큰 방패를 지니고 있어 어떤 것을 할 수도 없고 앞을 잘 볼 수도 없는 데다가, 100열 횡대로 정렬해 있어 전투하는 데 서로가 방해되어 앞쪽에 있는 소수의 병사들 외에는 싸우지 못할 것이 분명하기 때문입니다.

[18] 적군이 두꺼운 밀집대형으로 우리의 전열을 흐트러뜨릴 수 있다고 믿는다면, 먼저 그들은 강철 무기로 무장해 한층 더 강력해진 우리 기병들의 공격을 견뎌내야 합니다. 적군 중에서 그 공격에 살아남는

자들이 있더라도 우리의 기병들과 밀집대형을 이룬 우리의 보병들과 탑차들이 한꺼번에 공격해 오는 것을 어떻게 막아내고 상대할 수 있겠습니까? 탑차에 있는 우리 병사들이 우리를 도와 적군을 향해 화살을 퍼부으면 적군은 싸우기보다는 혼비백산해 도망치기 바쁠 것입니다.

[19] 아직도 우리에게 미비한 것이 있다고 생각하는 분은 말해주십시오. 우리는 신들의 도우심으로 한 치의 부족함도 없는 가운데 전투에 임해야 할 것입니다. 그러니 누구든지 할 말이 있다면 말해보십시오. 할 말이 없다면 제를 지낸 곳으로 가서 신들에게 기원한 후에 각자의 위치로 돌아가십시오.

[20] 여러분은 각자 내가 여러분에게 방금 상기시켜주었던 것을 여러분이 지휘하는 병사들에게 그대로 상기시켜주시고, 또한 여러분의 자세와 표정과 말을 통해 결연한 의지를 병사들에게 보여주어 병사들이 여러분을 믿고 따를 수 있게 하십시오."

제7권
사르디스와 바빌론의 함락

제1장

[1] 모든 지휘관은 신들에게 기원을 올린 후에 각자의 위치로 돌아 갔다. 키루스와 그의 친위대 장병들이 여전히 신들에게 제를 올리는 곳에 머물러 있는 동안, 시종들은 그들에게 먹을 것과 마실 것을 가져다 주었다. 그곳에 계속 서 있던 키루스는 먼저 음식의 일부를 신들에게 바치고 나서 아침 식사를 했다. 그는 식사를 하면서도, 음식이 부족한 사람들이 있으면 연신 자신의 음식을 나누어 주었다. 키루스는 포도주를 마실 때도 먼저 제주를 따라 신들에게 바치고 기원한 후에야 자신도 마셨고, 그의 주변에 있는 사람들도 그렇게 했다. 아침 식사를 마치자, 키루스는 제우스 신에게 자기를 이끌어주시고 자기편에서 함께 싸워주시라고 기원하고 나서 말에 올랐다. 친위대 장병들에게도 그렇게 하라고 지시했다.

[2] 키루스의 친위대 장병들은 모두 키루스와 똑같이 무장했다. 모두가 자주색 겉옷, 청동 흉갑, 청동 투구를 쓰고 흰 투구 장식을 했으며, 칼을 차고 산딸나무로 자루를 만든 창을 들었다. 말에는 이마와 가슴과

다리 부분에 청동으로 된 보호 장비를 입혔다. 친위대의 군장은 황금빛으로 도금되어 있었던 반면, 키루스의 군장은 거울처럼 반짝이는 것만 달랐을 뿐이다.

[3] 키루스가 말에 올라 행군해 나가게 될 쪽을 응시하고 있을 때, 오른쪽에서 천둥치는 소리가 났다. 그러자 그가 말했다. "오, 가장 위대하신 제우스 신이시여, 우리가 당신을 따르겠습니다." 키루스는 앞으로 나아갔고, 그의 오른쪽에는 기병대장인 크리산타스와 그가 이끄는 기병대가, 그의 왼쪽에는 아르사마스가 이끄는 보병대가 따랐다.

[4] 키루스는 자신의 친위대에게 군기(軍旗)를 주시하면서 대열을 유지한 채 전진하라는 명령을 하달했다. 그가 사용한 군기는 날개를 활짝 편 황금 독수리 문양을 수놓아 긴 장대 위에 매단 것이었다. 이 군기는 오늘날까지도 페르시아 왕의 군기로 계속 사용되고 있다. 키루스는 적군이 보일 때까지 세 차례에 걸쳐 전군의 행군을 정지시켰다.

[5] 키루스군이 4킬로미터쯤 전진하자 반대편에서 오고 있는 적군의 모습이 보이기 시작했다. 아군과 적군이 모두 서로에게 모습을 드러내자 키루스군을 향해 다가오던 적군은 그 자리에 멈춘 채로 자신의 밀집대형을 양쪽으로 아주 넓게 산개해 — 이렇게 하지 않으면 에워쌀 수 있는 다른 방법이 없기 때문에 — 키루스군의 양쪽 측면에서 점점 거리

를 좁혀 감마 모양의 진[61]을 만들기 시작했다. 그렇게 하면 사방에서 한 꺼번에 키루스군을 공격할 수 있었기 때문이다.

[6] 하지만 키루스는 이것을 보고도 전혀 뒤로 물러나지 않았고 도리어 계속 전진했다. 그는 적군이 아군의 정면에 늘어서 있는 밀집대형의 좌우에 있는 어느 지점에서 방향을 틀어 아군의 양쪽 측면으로 넓게 산개해 거리를 좁혀 오는 것을 주시하면서 말했다. "크리산타스, 적군이 어느 지점에서 방향을 틀고 있는지가 보입니까?"

크리산타스가 대답했다. "물론입니다. 밀집대형으로부터 저렇게 먼 지점에서 방향을 틀어 양쪽 측면으로 산개하는 것 같아서 저도 놀라고 있는 중입니다."

키루스가 말했다. "제우스 신에게 맹세하건대, 우리 아군으로부터도 너무 멉니다."

[7] "왜 저렇게 하는 것일까요?"

"밀집대형으로 되어 있는 적군의 중앙군이 아직 우리 아군에게서 멀리 있는 가운데 양쪽 측면의 군이 우리에게 가까이 다가오면 우리가 그들의 좌우익군을 칠까 봐 겁을 내는 것이 분명합니다."

크리산타스가 물었다. "각 부대가 저렇게 멀리 서로 떨어져 있으면 한 부대가 다른 부대를 지원할 수 없지 않겠습니까?"

키루스가 대답했다. "지금 우리 아군의 양쪽 측면에서 산개해 다가오고 있는 적군이 밀집대형을 갖추게 되면, 사방에서 한꺼번에 우리를 공격하려는 것이 분명합니다."

[8] 크리산타스가 물었다. "그렇다면 적군의 작전이 좋다고 생각하십니까?"

---

61 그리스어 알파벳에서 "감마"의 모양은 "γ"다. 즉, 중앙군을 중심으로 좌우익으로 갈라져 진을 치고 적군을 삼면에서 에워싸는 진법이다.

키루스가 대답했다. "적군의 눈에 보이는 우리 아군의 상황에 대처하는 데는 좋은 작전이라고 할 수 있습니다. 하지만 그들의 눈에 보이지 않는 우리 아군의 상황에 비추어 보았을 때는 적군이 하나의 밀집대형을 이루어 정면에서 우리와 맞붙는 것보다 (그들에게) 훨씬 더 좋지 않은 작전입니다. 아르사마스, 당신은 보병대를 이끌고 나를 주시하면서 내 뒤를 따라오십시오. 크리산타스, 당신도 기병대를 이끌고 아르사마스의 보병대와 보조를 맞추어 따라오십시오. 나는 전투를 시작하기에 가장 좋은 지점으로 갈 것입니다. 그 지점으로 가면서 어떻게 하는 것이 우리에게 가장 유리한지도 살펴볼 것입니다.

[9] 내가 그 지점에 도착하고 우리가 서로 한데 모이면 나는 승전가를 시작할 것이니 여러분은 적군을 압박하십시오. 그러다가 우리가 적군과 접전을 벌이게 될 때가 찾아올 것입니다. 여러분이 압박해도 적군은 꼼짝도 못하고 있을 것이기 때문에, 여러분은 우리가 공격할 때가 언제일지 알게 될 것입니다.

그때가 되면 아브라다타스가 자신의 전차대를 이끌고 적군을 공격할 것입니다. 내가 그렇게 하라고 지시해두었기 때문입니다. 그러면 여러분은 최대한 전차대 뒤로 바짝 붙어서 따라가야 합니다. 그렇게 해야만 우리는 적군을 극심한 혼란에 빠뜨리는 가운데 그들을 공격할 수 있습니다. 신들이 원한다면 나도 적군을 추격하는 데 최대한 신속하게 합류할 것입니다."

[10] 키루스는 이렇게 말하고 나서 "우리의 구원자이자 대장이신 제우스"를 암호로 정해 하달한 후에 출발했다. 그는 전차대와 중무장 보병대 사이를 지나면서, 대열을 갖추어 진격하는 병사들 중 몇몇을 바라보고 이렇게 말했다. "전우들이여, 여러분의 얼굴만 바라보아도 나는 매우 즐겁습니다." 조금 더 가서는 다른 병사들에게 이렇게 말했다. "지금 이 전투의 승리는 오늘의 승리만이 아니라, 우리가 전에 거두었던

승리와 함께 앞으로 있을 우리의 모든 행복을 결정짓게 될 것임을 명심하십시오."

[11] 그는 앞으로 나아가면서 또 다른 병사들에게 이렇게 말했다. "여러분, 앞으로 우리는 더 이상 신들을 원망하지 못하게 될 것입니다. 왜냐하면 신들은 지금 우리에게 좋은 것을 쟁취할 기회를 주셨기 때문입니다. [12] 그러니 용맹하게 싸워서 신들이 우리에게 주신 좋은 것을 쟁취합시다." 그는 앞으로 나아가며 또 다른 병사들에게는 이렇게 말했다. "여러분, 우리 모두는 지금 세상에서 가장 성대한 잔치에 서로를 초대했습니다. 우리가 용맹하게 싸우기만 한다면 얼마든지 서로에게 좋은 것을 안겨줄 수 있습니다."

[13] 그는 앞으로 나아가며 또 다른 병사들에게 이렇게 말했다. "지금 승자 앞에 놓여 있는 상은 적군을 추격하고, 공격해 죽이고, 좋은 것을 차지하고, 청송을 받고, 자유를 누리고, 지배하는 것이지만, 겁쟁이들은 분명히 정반대의 운명에 처하게 될 것임을 여러분도 잘 알고 있을 것이라고 나는 생각합니다. 그러니 자신을 사랑하는 자는 누구든지 나와 함께 싸웁시다. 나는 비겁하거나 수치스러운 짓은 결코 하지 않을 것이기 때문입니다."

[14] 그는 전에 자기와 함께 싸워본 병사들 앞을 지나갈 때마다 이렇게 말했다. "여러분에게 내가 무슨 말을 더 할 필요가 있겠습니까? 여러분은 전투를 벌이는 날이 용맹한 사람들에게는 어떤 날이 되고 비겁한 사람들에게는 어떤 날이 되는지 너무도 잘 아는 사람들이기 때문입니다."

[15] 키루스는 아브라다타스 옆에 이르자 멈춰 섰다. 아브라다타스는 손에 쥐고 있던 고삐를 마부에게 넘겨주고 키루스에게 왔다. 근방에 정렬해 있던 보병대와 기병대의 병사들도 달려왔다. 키루스는 모여든 병사들 앞에서 말했다. "아브라다타스, 당신과 당신의 병사들이 동맹군

의 선봉에 서겠다고 요청했고, 신도 그렇게 하는 것이 합당하다고 여기셨습니다. 하지만 당신이 적군과 싸울 때 페르시아군은 당신이 싸우는 것을 지켜만 보지 않고 당신의 뒤를 따라가서 함께 싸울 것이고, 당신이 혼자 싸우도록 내버려두지 않을 것임을 기억하십시오."

[16] 아브라다타스가 말했다. "키루스시여, 제 생각에는 선봉에 서서 정면을 공격하는 저희 부대가 처한 상황은 양호해 보입니다. 도리어 양쪽 측면이 걱정입니다. 우리 군의 양쪽 측면에 있는 적군에게는 전차를 비롯해 온갖 무기로 무장한 부대들이 포진해 있어 강한 반면, 저희가 맡은 정면에는 적의 전차들만 포진되어 있기 때문입니다. 그러니 만일 제비뽑기로 결정된 것이 아니었다면, 저희가 이 자리에 있는 것이 수치스러웠을 것입니다. 제 생각에는 이 자리가 가장 안전해 보이기 때문입니다."

[17] 키루스가 말했다. "당신의 부대가 안전하다면, 양쪽 측면에 있는 부대들에 대해서도 안심하십시오. 내가 신들의 도우심으로 양쪽 측면에 포진한 적군을 섬멸해 보이겠습니다. 당신이 지금 걱정하는 양쪽 측면의 적군들이 도망치는 것을 볼 때까지는, 당신이 맡은 정면의 적군 속으로 너무 깊숙이 진격해 들어가지 마시기를 꼭 부탁드립니다." 그 전에는 그렇게까지 큰소리친 적이 없었는데 전투가 임박하자 이렇게 키루스는 큰소리쳤다.

"하지만 양쪽 측면의 적군이 도망치는 것을 보면, 그때는 내가 벌써 당신 옆에 와 있다고 믿고서 적진으로 돌격해 들어가십시오. 그 순간 적군은 최고의 겁쟁이들이고, 아군은 가장 용맹한 자들이라는 사실을 알게 될 것입니다.

[18] 아직은 시간적인 여유가 있으니 지금은 당신의 전차대로 가서 부하들의 전투 의지를 독려하고, 결연한 태도로 사기를 북돋우며 희망을 주어 그들을 고무시키십시오. 또한 당신의 전차대가 가장 강력하다

는 것을 증명해 보이자고 말함으로써 승부욕을 불어넣어주십시오. 이 일이 성공적으로 이루어진다면 장차 모든 사람이 용맹함보다 더 큰 미덕은 없다고 말하게 될 것입니다."

아브라다타스는 말에 올라 자기 부대로 가서 키루스가 말한 대로 했다.

[19] 다시 순시를 계속한 키루스는 이번에는 히스타스파스와 그가 이끄는 페르시아 기병대 절반이 있는 왼쪽 측면으로 가서 히스타스파스를 불러 말했다. "히스타스파스, 이제 당신의 빠른 속도를 보여줄 때가 왔습니다. 우리가 전광석화처럼 신속하게 쳐들어가서 적군을 죽인다면, 아군은 단 한 명도 죽지 않을 것입니다."

[20] 히스타스파스는 호탕하게 웃으며 말했다. "그러면 우리는 바로 앞쪽에 있는 적군을 맡겠습니다. 그 옆에 있는 적군은 아군의 다른 부대에게 맡기십시오. 다른 부대가 할 일이 없어 놀고 있어서는 안 될 것입니다."

키루스가 말했다. "다른 부대에게는 내가 직접 가서 그렇게 하도록 할 것입니다. 하지만 히스타스파스, 신이 우리 중 누구에게 먼저 승리를 안겨주시면 다른 부대들에 합류해 아직 남아 있는 적군을 상대로 계속 싸워야 한다는 것도 잊어서는 안 됩니다."

[21] 이렇게 말하고 나서 키루스는 다시 출발해 아군의 측면을 따라가서 거기에 있는 전차대의 지휘관에게 말했다. "나는 당신을 도와주러 왔습니다. 우리가 아군의 측면에 있는 적군 중에서 가장 바깥쪽에 있는 적군을 공격하는 것을 보는 즉시, 당신도 앞에 있는 적군을 공격해 돌파하십시오. 적진을 공격해 돌파해 빠져나가는 것이 적군 가운데 갇혀서 싸우는 것보다 훨씬 안전할 것입니다."

[22] 키루스는 순시를 계속하다가 여자들을 태운 수레들 뒤로 가서, 각각 보병 연대와 기병 연대를 이끌고 거기에 있던 아르타게르세스

와 파르누쿠스에게 이렇게 명령했다. "내가 아군의 오른쪽에 있는 적군을 공격하는 것을 보는 즉시, 여러분도 각자 앞에 있는 적군을 공격하십시오. 여러분의 부대들은 가장 강력한 전력을 발휘할 수 있는 밀집대형을 이루고 있다가 적의 가장 취약한 곳인 측면을 공략하십시오. 여러분도 알다시피, 적의 기병대는 측면의 가장 끝에 있으니 반드시 낙타부대를 보내 그들을 공격하십시오. 내가 장담하건대, 여러분은 제대로 싸워보기도 전에 꽁무니를 빼는 우스꽝스러운 적군의 모습을 보게 될 것입니다."

[23] 이렇게 순시를 마친 키루스는 아군의 오른쪽으로 갔다. 한편, 크로이소스는 자신이 친히 이끄는 밀집대형으로 이루어진 중앙군이나 좌우로 산개한 부대들이 이미 적과 가까워졌다고 생각해, 양쪽 측면으로 산개한 부대들에게 더 이상 전진하지 말고 그 자리에 멈춰서 전투대형을 갖추라는 신호를 보냈다. 양쪽 측면의 부대들이 키루스군을 마주 보고 서자, 크로이소스는 적을 향해 진격하라는 신호를 보냈다.

[24] 이렇게 밀집대형을 이룬 적군들이 삼면에서, 즉 하나는 전면에서, 다른 둘은 양쪽 측면에서 키루스군을 향해 진격해 오자 큰 공포가 키루스군 전체를 엄습했다. 마치 큰 타일 안에 있는 작은 타일처럼, 키루스군은 후방을 뺀 세 방향에서 적군의 기병과 중무장 보병과 창병과 궁수와 전차에 에워싸였다.

[25] 그런데도 키루스의 명령이 떨어지자 키루스군의 모든 병사는 적군을 향해 섰다. 앞으로 무슨 일이 벌어질지 모르는 긴장감 때문에 깊은 정적이 전체를 뒤덮었다. 키루스는 바로 이때라고 생각해 승전가를 불렀고 키루스군 전체가 따라 불렀다.

[26] 승전가가 끝나자 키루스의 전군은 에니알리우스[62]를 향해 일

---

62 "에니알리우스"는 그리스신화에서 전쟁의 신 "아레스"의 별칭으로 사용되기도 하고, 전쟁

제히 함성을 질렀고, 바로 그 순간 키루스는 말을 타고 돌격했다. 그는 자신의 친위 기병대를 이끌고 즉시 측면에 있는 적군 속으로 신속하게 돌진해 그 자리에서 적군과 백병전을 벌였다. 밀집대형을 이룬 키루스의 보병들이 신속하게 그를 따라와 적군을 양쪽으로 에워싸며 아군의 측면에 포진해 있던 적군을 공격했기 때문에, 적군은 있는 힘을 다해 도망쳤다. 키루스는 확실하게 승기를 잡았다.

[27] 아르타게르세스는 키루스가 행동을 개시하는 것을 보자마자, 키루스가 지시한 대로 낙타 부대를 이끌고 적의 좌익을 공격했다. 적의 말들은 낙타들이 아직 한참 멀리 떨어져 있고 낙타들의 공격을 받지 않았는데도 기겁해 도망치거나, 놀라서 앞다리를 치켜세우거나, 우왕좌왕하다가 서로 부딪쳤다. 원래 말은 낙타를 보면 그런 행동을 보이는 것이 정상이었다.

[28] 아르타게르세스는 전투대형을 흔들림 없이 유지한 채로 진격해 가는 자신의 부대를 이끌고 혼란에 빠진 적군을 덮쳤다. 아군의 전차들도 적군의 오른쪽과 왼쪽으로 동시에 돌진했다. 전차를 피해 도망치던 적병들은 측면을 공격하던 기병대에 의해 죽임을 당했고, 기병대를 피해 도망치던 많은 적병들은 전차대에 걸려들었다.

[29] 한편, 아브라다타스도 더 이상 기다리지 않고, "친구들이여, 나를 따르라"라고 외치며 적의 중앙군으로 돌격했다. 말들에게 사정을 두지 않았기 때문에 채찍을 휘두를 때마다 말들에게서는 피가 뿜어져 나왔다. 다른 기병들도 함께 쇄도했다. 적의 기병들은 즉시 도망치기 시작했는데, 말에서 떨어진 자신의 전우들 중 일부는 태워서 데려갔고 일부는 내버려두고 갔다.

의 신 아레스와 전쟁의 여신 사이에서 태어난 아들의 이름으로 사용되기도 한다. 후자로 사용된 경우에 "에니알리우스"는 특히 병사와 전사의 신으로 여겨졌다.

[30] 아브라다타스는 자신의 정면에서 밀집대형으로 포진해 있던 이집트군을 향해 돌진했고, 그와 함께 전투대형을 갖추고 있던 전차대들도 함께 돌진했다. 수많은 전투에서 입증되었듯이, 동고동락하는 친구 같은 전우들이 똘똘 뭉쳐 있는 부대보다 더 강력한 부대는 존재하지 않는다. 이번에도 그것이 사실로 증명되었다. 아브라다타스의 전차대는 한솥밥을 먹으며 살아온 친구들이어서 아브라다타스를 따라 적진 속으로 용감히 돌진했다. 하지만 다른 전차대들은 거대한 밀집대형을 이루고 있는 이집트군을 보자, 옆으로 우회해 도망치는 적의 전차들을 추격했다.

[31] 아브라다타스의 전차대로부터 공격을 받은 이집트군은 워낙 촘촘하게 사방으로 밀집대형을 이루고 있었기 때문에 퇴각할 수도 없어 옴짝달싹 못하고 그 자리에 서 있을 수밖에 없었다. 그렇게 서 있던 적병들은 맹렬하게 돌진해 오는 전차들에 치여 쓰러졌고, 그렇게 쓰러진 적병들과 그들의 무기는 말발굽과 전차 바퀴에 깔려 박살 났다. 게다가 전차에 장착된 낫들은 사람들의 신체와 무기를 가차 없이 베어 두 동강을 내버렸다.

[32] 이루 말할 수 없는 극심한 혼란 속에서 온갖 것이 산더미처럼 쌓여 있던 탓에 전차 바퀴들이 빠졌다. 그 바람에 아브라다타스와 이 공격에 가담했던 그의 전차병들은 전차에서 튕겨져 나와 바닥에 떨어졌고, 자신들이 용사라는 것을 스스로 증명했던 그들은 그 자리에서 적군에 의해 무참히 죽임을 당했다. 뒤이어 페르시아군이 아브라다타스와 그의 전차대가 돌진한 곳에 당도해 혼란에 빠진 적군을 공격해 죽였다. 하지만 워낙 병력이 많아서 별 타격을 입지 않은 이집트군이 페르시아군을 향해 전진해 왔다.

[33] 곧이어 그 자리에서는 단창과 장창과 칼을 사용한 무시무시한 전투가 벌어졌다. 하지만 병력에서나 무기에서나 이집트군이 우세했다.

이집트군이 오늘날까지도 계속 사용하고 있는 창은 길고 튼튼했다. 그들이 지닌 큰 방패는 흉갑이나 손 방패보다 훨씬 더 효과적으로 신체를 보호해주었다. 밀집대형을 이루고서 서로의 큰 방패를 맞대며 전진하는 경우에는 밀고 들어오는 데도 유리했다. 실제로 이집트군은 서로의 큰 방패를 맞대고 전진하며 밀고 들어왔다.

[34] 작은 방패를 손에 들고 있던 페르시아군은 그들을 향해 밀고 들어오는 이집트군을 저지할 수 없었기 때문에, 한 걸음씩 뒤로 밀리며 치고받다가 탑차가 있는 곳까지 이르게 되었다. 하지만 페르시아군이 그 지점에 이르자 이번에는 이집트군이 탑차로부터 공격을 받았다. 뒤쪽에 있던 이집트군의 후위대가 자신들의 궁수나 창병이 도망치지 못하게 했다. 도리어 칼을 빼들고 위협했기 때문에 이집트군의 궁수와 창병은 화살을 쏘고 창을 던져야 했다.

[35] 결국 대살육전이 벌어졌다. 무기들이 서로 부딪히고 화살들이 날아가는 섬뜩한 소리가 난무하는 가운데, 어떤 병사들은 비명을 지르며 도와달라고 소리쳤고, 어떤 병사들은 큰 소리로 싸움을 독려했고, 어떤 병사들은 신의 이름을 불렀다.

[36] 그때 키루스는 자신의 친위 기병대를 이끌고 왔다가 페르시아군이 밀리는 것을 보고 마음이 아팠다. 하지만 그는 적군의 전진을 가장 신속하게 차단하려면 우회해 적군의 후위를 치는 것 외에는 다른 방법이 없다는 것을 깨달았다. 그래서 자신의 친위 기병대에게 자기를 따르라고 명령한 후에 말을 돌려 적군의 후위로 달려가 앞쪽을 보고 있던 적을 쳐서 많은 적병을 죽였다.

[37] 무슨 일이 벌어지고 있는지 알게 된 이집트군은 적이 뒤쪽에도 있다고 소리치고는 뒤돌아서서 접전을 벌였다. 거기에서도 보병과 기병이 서로 뒤섞여 혼전을 벌였다. 그 와중에 싸우다가 넘어져 키루스의 말발굽에 깔린 적병이 칼로 키루스가 타고 있던 말의 배를 찔렀다.

칼에 찔린 말이 몸부림치는 바람에 키루스가 말에서 떨어졌다.

[38] 그때 지휘관이 자신의 부하들에게 사랑을 받는 것이 얼마나 중요한 것인지 알게 해주는 일이 일어났다. 그 즉시 친위 기병대는 키루스를 구하려고 모두 일제히 함성을 지르며 돌격해 밀고 밀리는 가운데 치고받았다. 친위대 기병 중 한 명이 말에서 뛰어내려 키루스를 부축해 자기 말에 오르게 했다.

[39] 말에 오른 키루스는 이집트군이 이미 사방에서 공격을 받고 수세에 몰려 있는 것을 보았다. 히스타스파스와 크리산타스도 이미 페르시아 기병대를 이끌고 와 있었지만, 키루스는 그 기병대들이 밀집대형을 이루고 있는 이집트군을 향해 돌격하지 말고 밖에서 화살을 쏘고 창을 던지라고 명령했다. 키루스는 말을 타고 우회해 탑차들이 있는 곳으로 갔다. 그리고 적군이 아직도 아군과 맞서 싸우고 있는 곳이 어디인지를 살펴보기 위해 탑차 중 하나에 직접 올라갔다.

[40] 탑차의 꼭대기에 올라가자 말들과 사람들과 전차들이 온통 뒤엉켜서 도망치고 추격하며 이기고 지는 현장이 한눈에 들어왔다. 하지만 적군 중에서 이집트군 외에 아직도 버티고 있는 부대는 어디에서도 찾아볼 수 없었다. 이집트군은 철저하게 수세에 몰려 완전한 원 모양으로 진을 치고 방패 뒤에 웅크리고 앉아 있었기 때문에 밖에서는 그들의 무기만 보였다. 하지만 이집트군은 치명적인 타격을 입어 이제 더 이상 아무것도 할 수 없었다.

[41] 키루스는 이집트군이 이미 아무런 희망이 없는데도 끝까지 저항하는 모습을 보고 감명을 받았다. 이렇게 용맹한 사람들이 죽는다면 안타까운 일이라고 생각해 그들을 포위해 공격하고 있던 병사들을 모두 물러나게 하고 더 이상 공격하지 않게 했다. 그리고 이집트군에게 전령을 보내 그들을 버리고 도망친 지휘관들을 위해 그들 모두가 죽기를 원하는지, 아니면 목숨도 건지고 용사들로 대우도 받고자 하는지 물

었다. 그러자 그들이 되물었다. "어떻게 우리가 목숨도 건지고 용사로 대우도 받을 수 있단 말입니까?"

[42] 키루스가 다시 말했다. "적군 중에서 오직 너희만이 끝까지 버티고 우리와 맞서 싸우고자 하는 것을 두 눈으로 똑똑히 목격했으므로 너희는 그렇게 할 수 있다."

이집트 병사들이 말했다. "그렇다면 우리가 어떻게 해야 우리의 명예도 지키고 목숨도 건질 수 있겠습니까?"

그러자 키루스가 대답했다. "우리는 너희를 죽일 수 있지만, 너희가 무기를 버리고 투항하면 너희를 죽이지 않고 친구로 대할 것이니 너희는 목숨을 구할 수 있다. 따라서 너희가 투항한다고 해도 너희의 전우 중 아무도 죽지 않을 것이니 너희는 누구도 배신하는 것이 아니어서 너희의 명예도 지킬 수 있다."

[43] 이 말을 들은 이집트 병사들은 이렇게 물었다. "우리가 당신들의 친구가 된다면, 당신들은 거기에 걸맞게 우리를 어떤 식으로 대해줄 것입니까?"

키루스가 대답했다. "친구 사이에서 그렇듯이, 우리는 너희에게 호의를 베풂과 동시에 너희로부터 호의를 기대할 것이다."

이집트 병사들이 다시 물었다. "어떤 호의를 말씀하시는 것입니까?"

그러자 키루스가 대답했다. "전쟁 기간 동안에는 너희가 지금 받고 있는 것보다 더 많은 보수를 너희에게 지급할 것이고, 전쟁이 끝나고 평화가 찾아왔을 때 너희 중에서 내 곁에 남아 있고 싶어 하는 사람들에게는 땅과 성읍과 아내와 하인을 줄 것이다."

[44] 이 말을 들은 이집트 병사들은 크로이소스와는 잘 아는 사이였기 때문에 크로이소스와 싸우는 것만 피하게 해준다면, 다른 조건들은 모두 받아들이겠다고 대답했다. 키루스와 이집트 병사들은 서로 신의를 지키겠다는 맹세를 주고받았다.

[45] 이렇게 키루스 옆에 남아 있게 된 이집트 병사들은 오늘날까지도 페르시아 왕에게 충성하고 있다. 키루스는 그들에게 여러 성읍을 하사했는데, 그중에서 내륙에 있는 성읍들은 지금도 이집트인의 성읍들이라 불리고 있다. 해변에 있는 키메 근방의 라리사와 킬레네도 오늘날까지 그들의 자손들이 소유하고 있다.[63] 이 일이 다 끝났을 때는 이미 날이 어두워졌고, 키루스는 자신의 군대를 이끌고 회군해 튐브라라에 진을 쳤다.

[46] 적군 중에서는 이집트군만이 전투에서 빛났고 키루스군 중에서는 페르시아 기병대가 가장 눈부시게 싸운 것으로 여겨졌기 때문에, 당시에 키루스가 자신의 기병대를 무장시킬 때 사용했던 전투 장비들은 지금도 계속 사용되고 있다. [47] 낫이 장착된 전차도 전투에서 눈부신 활약을 했기 때문에, 후대의 페르시아 왕들은 지금도 계속 그런 전차를 사용하고 있다.

[48] 반면, 낙타를 가지고는 적의 말들에게 겁을 집어먹게 하는 것 외에는 할 수 있는 것이 없었다. 낙타에 탄 병사들은 적의 말들이 낙타에 접근할 수 없어서 적의 기병에 의해 죽임을 당하지도 않았지만, 적의 기병들을 죽일 수도 없었다. [49] 낙타가 유용한 것으로 여겨지긴 했지만, 훌륭하고 용맹한 사람이라면 아무도 낙타를 타기 위해 기르거나 전투용으로 사용하려 하지 않았다. 낙타는 다시 자신의 원래 자리로 돌아가서 짐을 실어 나르는 용도로 사용되고 있다.

---

63 "키메"는 리디아 왕국 근방의 아이올리스에서 고대 그리스의 가장 중요한 해상 무역 도시였다. 아이올리스는 소아시아의 남쪽과 북서쪽의 해안 지역을 가리킨다. "라리사"는 고대 리디아의 성읍으로 에페소스 지방에 있었고, "킬레네"는 고대 아이올리스의 항구였다.

제2장

[1] 키루스군은 여느 때와 마찬가지로 저녁 식사를 하고 보초를 세운 후에 잠자리에 들었다. 반면, 크로이소스는 즉시 자신의 군대를 이끌고 사르디스로 도망쳤고, 다른 부대들은 각자 알아서 밤중에 그곳을 떠나 고국으로 돌아갔다.

[2] 날이 밝자 키루스는 즉시 군대를 이끌고 사르디스로 진격했다. 사르디스의 성벽 앞에 도착한 키루스는 성벽을 공격할 탑차를 세우고, 병사들이 성벽으로 기어오를 수 있도록 사다리를 준비시켰다.

[3] 키루스는 그렇게 하다가 밤이 되자 몇 명의 칼데아인과 페르시아인을 보내 사르디스의 성벽 중에서 가장 가파른 지점으로 여겨지는 곳을 기어오르게 했다. 한 페르시아인이 그들의 길잡이가 되었는데, 그는 전에 그 요새를 지키던 한 병사의 노예로 있을 때 가파른 성벽을 타고 아래에 있는 강으로 내려왔다가 다시 올라가곤 했다. 그래서 성벽을 오르는 법을 잘 알고 있었다.

[4] 요새가 점령되었다는 것이 알려지자, 성벽을 지키던 모든 리디아군은 성내 곳곳으로 도망쳤다. 날이 밝자마자 키루스는 입성했고, 아무도 자신의 위치에서 이탈하지 말라고 지시했다.

[5] 왕궁에 틀어박혀 있던 크로이소스가 키루스를 만나고 싶다고 했지만, 키루스는 크로이소스를 감시할 부대만 남겨놓고 자신은 전군을 이끌고 이미 그의 수중에 들어온 요새로 물러났다. 페르시아군은 자기가 명령한 대로 성채를 지키고 있었던 반면, 칼데아군이 말을 타고 성내로 내려가서 주민들의 집에 침입해 약탈하는 것을 보고서, 키루스는 즉시 칼데아군 지휘관들을 불러 최대한으로 신속하게 칼데아군을 이끌고 떠나라고 명령했다.

[6] 키루스가 말했다. "나는 명령에 불복종한 병사들이 명령에 복종

한 병사들보다 더 큰 이득을 얻는 것을 볼 수 없습니다. 이 원정에 참여해 나와 함께 싸워준 당신들을 모든 칼데아인 가운데서 가장 행복한 사람들로 만들어주려고 했지만, 이제 당신들이 이곳을 떠나서 돌아가는 도중에 칼데아군보다 더 강한 군대를 만난다고 해도 놀라지 말아야 한다는 것을 명심하십시오."

[7] 이 말을 들은 칼데아군은 사색이 되어 자신들이 약탈한 재물을 모두 내놓을 테니 제발 노여움을 거두어달라고 애걸했다. 하지만 키루스는 자기에게는 그 재물이 필요 없다고 말했다. "당신들이 나의 분노를 그치게 하고자 한다면, 당신들이 약탈해 온 모든 재물을 요새를 지키는 데 힘을 쏟은 병사들에게 가져다주십시오. 명령에 복종한 사람들이 명령에 불복종한 사람들보다 더 큰 이득을 얻는다는 것을 모든 병사가 깨닫는다면 나는 그것으로 충분합니다."

[8] 칼데아군은 키루스가 명령한 대로 했다. 이렇게 하여 그들이 약탈해 온 온갖 재물은 명령에 복종한 병사들의 차지가 되었다. 키루스는 자신의 부하들을 성에서 가장 적절하다고 생각되는 곳에 배치하고서 그들에게 무장한 채 각자 자리를 지키고 식사도 그 자리에서 하라고 명령했다.

[9] 이 일이 마무리되자 키루스는 크로이소스에게 전령을 보내 자기에게 오라고 명령했다. 크로이소스는 키루스를 보자 이렇게 말했다. "인사를 받으십시오, 주군. 하늘이 당신에게 이 칭호를 내리셨으니 저는 앞으로 당신을 주군이라 부르겠습니다."

[10] 키루스가 말했다. "나도 당신에게 인사를 드립니다, 크로이소스. 우리는 둘 다 인간이기 때문입니다. 하지만 크로이소스, 당신이 내게 조언 좀 해주시겠습니까?"

크로이소스가 대답했다. "키루스시여, 당신에게 도움이 된다면 얼마든지 그렇게 하겠습니다. 그렇게 하는 것이 제게도 좋을 것으로 생각됩니다."

[11] 키루스가 말했다. "그렇다면 들어보십시오, 크로이소스. 나의 병사들은 그동안 수없이 피땀을 흘리고 많은 위험을 감수한 끝에, 이제 아시아에서 바빌론 다음으로 가장 부유한 성을 차지하게 되었다고 생각하고 있습니다. 그리고 그렇게 해온 나의 병사들이 마땅히 상을 받아야 한다고 생각합니다. 그들이 그동안 그렇게 피땀을 흘렸는데도 보상을 받지 못한다면, 그들에게 더 이상 복종하라고 말할 수 없다는 것도 알고 있습니다. 하지만 나는 그들이 이 성을 약탈하도록 내버려두고 싶지는 않습니다. 이 성이 약탈당하도록 내버려두면, 완전히 황폐해져서 다시는 일어서지 못할 것입니다. 또한 나는 약탈이라는 것은 가장 사악한 자가 가장 많은 몫을 챙기는 수단이라고 확신합니다."

[12] 이 말을 들은 크로이소스가 말했다. "제가 리디아인들을 이끄는 고위층을 만나도록 허락해주십시오. 그러면 당신이 당신의 군대에게 약탈을 하지 못하게 하고 아이들과 여자들을 끌고 가지 못하게 하겠다는 약속을 제가 당신에게서 받아냈고, 이에 대한 보답으로 리디아인들이 자원해 사르디스에서 귀하고 좋은 것을 당신에게 바치기로 약속했다고 그들에게 말하겠습니다.

[13] 그들이 이 말을 들으면, 남녀를 불문하고 모두가 와서 온갖 귀하고 좋은 것을 당신에게 바칠 것입니다. 게다가 당신이 내년에 다시 여기로 오시면, 이 성에는 온갖 좋은 것이 가득할 것입니다. 반면, 당신이 이 성을 약탈하면 온갖 좋은 것을 만들어내는 원천이라고 사람들이 말하는 여러 가지 기술도 함께 파괴될 것입니다.

[14] 당신은 사람들이 어떤 것을 가져오는지 보신 후에 마음에 들지 않으면 그때 가서 이 성을 약탈하실 수도 있습니다. 먼저 당신의 병사들을 저의 보물창고로 보내셔서 그곳을 지키고 있는 제 병사들에게서 저의 보물들을 가져오게 하십시오."

키루스는 크로이소스의 모든 말에 동의하고 그대로 하기로 했다.

[15] 키루스가 말했다. "그런데 크로이소스, 당신이 델포이⁶⁴에서 어떤 신탁을 받았는지 내게 사실대로 말해줄 수 있겠습니까? 당신은 지극정성을 다해 아폴론 신을 섬겼고, 모든 것을 그 신탁에 복종해 행했다는 말을 내가 들었습니다."

[16] 크로이소스가 대답했다. "키루스시여, 저도 제가 그렇게 했으면 좋았을 것이라고 생각합니다. 하지만 사실 저는 처음부터 아폴론 신이 내려준 신탁과는 정반대로 해왔습니다."

키루스가 말했다. "당신이 지금 말한 것은 나의 예상과는 완전히 반대되는 것이니, 무슨 말인지 내게 자세하게 설명해주십시오."

[17] 크로이소스가 말했다. "처음에 저는 제가 어떤 일을 어떻게 해야 하느냐고 신에게 묻는 데는 관심이 없었고, 도리어 신이 정말 진실을 말해줄 수 있는지 먼저 시험해보았습니다. 아무리 훌륭하고 고귀한 사람들도 그들을 불신하고 있는 사람에게는 호의적이지 않듯이, 신도 마찬가지일 것이기 때문입니다.

[18] 비록 제가 델포이에서 멀리 떨어져 있더라도, 아폴론 신은 제게 일어나는 온갖 일을 알고 계실 것이라고 생각해 저는 사람을 보내 제가 아들을 얻을 수 있는지 물었습니다.

[19] 아폴론 신은 처음에는 제게 아무 대답도 해주지 않았습니다. 하지만 제가 많은 금과 은을 보내고 많은 제물을 드려 아폴론 신을 달래자, 그제야 제가 어떻게 해야 아들을 얻을 수 있느냐고 묻자 장차 여

---

64 "델포이"는 그리스 본토 중부의 파르나소스산에 위치해 있다. 바다의 신 포세이돈의 아들 파르나소스는 이 산에 세워진 델포이의 아폴론 신전에서 사제가 되어 최초로 새를 이용해 점을 치고 미래를 예견했다. 델포이의 신탁은 그리스는 물론이고 주변 국가들에서도 유명해졌다. 이 신탁을 주관한 것은 '피티아'라 불린 여사제였고, '펠리노스'라는 세금을 바치면 신탁을 받을 수 있었다. 고대 그리스인들은 델포이를 "세상의 중심"으로 여기고, "배꼽"이라는 뜻의 '옴팔로스'라는 돌을 세웠다.

러 명의 아들을 얻게 될 것이라고 대답해주었습니다.

[20] 실제로 제게 아들들이 생겼으니까, 아폴론 신이 거짓말을 한 것은 전혀 아니었습니다. 하지만 그렇게 생긴 제 아들들은 아무런 도움도 되지 않았습니다. 한 아들은 아직도 말을 못하는 농아로 살아가고 있고, 그래도 좀 괜찮은 아들 하나는 한창 나이에 죽고 말았습니다. 아들들 문제로 늘 괴로움 가운데 지내왔던 저는 다시 사람을 델포이로 보내, 이번에는 제가 여생을 행복하게 살아갈 수 있겠느냐고 물었습니다. 그러자 아폴론 신은 이렇게 대답해주었습니다. '크로이소스, 너 자신을 알라.[65] 그러면 너는 여생을 행복하게 살아가게 될 것이다.'

[21] 그 신탁을 받고 저는 기뻤습니다. 아폴론 신이 제게 행복의 조건으로 제시한 것은 세상에서 가장 쉬운 일이라고 생각했기 때문입니다. 다른 사람들에 대해서는 제가 어떤 부분은 알고 어떤 부분은 모를 수 있겠지만, 자기 자신에 대해서는 누구나 다 알고 있다고 생각했기 때문입니다.

[22] 이 일 후에 저는 마음 편하게 살았고, 아들이 죽은 후에도 저의 운명을 전혀 원망하지 않았습니다. 그런데 저는 전에 아시리아 왕에게 설득당하는 바람에 당신의 군대와 맞서 싸우면서 온갖 위험에 처하게 되었던 적이 있습니다. 그런데도 저는 아무런 해를 당하지 않고 무사할 수 있었습니다. 그래서 아폴론 신을 전혀 탓하지 않았습니다. 그때

---

65 "너 자신을 알라"라는 문구가 델포이의 아폴론 신전 현관 기둥에 새겨져 있었다. 나중에 소크라테스가 한 말로도 유명해졌다. 소크라테스는 진리가 무엇인지 탐구하려고 당시 아테네에서 내로라하는 유명 인사들을 찾아다니며 질문했지만, 결국 그가 추구한 문답법을 통해 모두 모순이 발견되어 실제로는 진리를 아는 사람이 없다는 결론을 내린다. 소크라테스는 진리는 이성적으로 모순이 없을 것이라는 전제 아래 철저하게 이성적 변증을 따른 진리를 추구했다. 자기 자신을 실제로는 알지 못하는데 안다고 착각한다면, 그런 사람의 생각과 언행으로부터는 거짓만 나올 수밖에 없다는 것이 소크라테스의 생각이었다. 크로이소스는 키루스 앞에서 이 말을 자신에게 적용해 위기를 벗어난다.

제가 당신의 군대와 싸워 결코 이길 수 없다는 사실을 알고 재빨리 철수함으로써, 신의 도우심으로 저와 제 군대는 무사했습니다.

[23] 그런데 이번에 또다시 저는 온갖 위험에 처하게 되었습니다. 제가 그렇게 된 것은 제가 지닌 큰 부 때문이기도 하고, 제게 자신들의 총사령관이 되어달라고 애걸한 자들 때문이기도 하며, 그들이 제게 뇌물을 바쳤기 때문이기도 하고, 사람들이 제가 총사령관이 되어준다면 모두가 복종할 것이고 저는 가장 위대한 사람이 될 것이라고 말하며 아부하는 것에 넘어가서 오만해졌기 때문이기도 합니다. 주변의 모든 왕이 이 전쟁에서 저를 총사령관으로 선출했고, 저는 제 자신이 가장 위대한 사람이라고 여겨 총사령관직을 수락했습니다.

[24] 저는 당신을 상대로 전쟁을 치러 충분히 이길 수 있다고 생각했으니 제 자신을 잘 알지 못한 것입니다. 당신은 첫째로 신들의 소생인 데다가, 둘째로 까마득한 옛날부터 대대로 이어져온 왕들의 자손이고, 셋째로 어린 시절부터 미덕을 훈련해온 분입니다. 반면, 저의 조상들 중에서 처음으로 왕이 된 분은 원래 노예였다고 합니다.[66] 제가 이런 사실들을 알지 못했으니 벌을 받는 것은 마땅합니다.

[25] 하지만 키루스시여, 지금 저는 제 자신을 압니다. 당신은 제가 제 자신을 안다면 행복하게 살아갈 것이라고 한 아폴론 신의 신탁이 여전히 사실이라고 생각하십니까? 이것을 당신에게 묻는 것은 이 질문에 대답해줄 최고의 적임자가 당신이라고 생각되는 데다가 당신은 저의 운명을 결정하실 수 있는 위치에 계시기 때문입니다."

---

66 플라톤의 『국가』에 따르면, 리디아 왕국의 메름나다이 왕조의 시조인 기게스(재위 기원전 약 687-652년)는 원래 양치기였다고 한다. 사람들의 눈에 보이지 않게 해주는 마술 반지를 우연히 발견하고는 그 반지를 이용해 고대 리디아 왕국의 헤라클레이다이 왕조의 마지막 왕인 칸다울레스를 죽이고 그의 왕비와 결혼해 메름나다이 왕조를 연다. 크로이소스(재위 기원전 560-546년)는 이 왕조의 제5대 왕이었다.

[26] 키루스가 말했다. "아폴론 신의 신탁에 대한 일은 좀 더 생각해봐야 할 것 같습니다, 크로이소스. 당신이 지금까지 누려왔다고 하는 행복이 내게는 측은하게 생각되기 때문입니다. 하지만 나는 지금 당신에게 있는 아내와 딸들(당신에게는 몇 명의 딸이 있다고 하니), 친구들과 하인들과 앞으로도 계속 함께할 수 있게 해드리겠습니다. 하지만 이후로는 전투와 전쟁에는 일체 관여하지 마십시오."

[27] 크로이소스가 말했다. "제우스 신에게 맹세하건대, 이제 더 이상 저의 행복에 관한 아폴론 신의 신탁을 알려주시려고 번거롭게 생각하실 필요가 없습니다. 당신이 지금 제게 말씀한 대로만 해주신다면, 저는 다른 사람들이 최고로 축복받은 삶을 살고 있다고 생각하고 저도 동의하는 한 사람과 똑같은 삶을 앞으로 살아가게 될 것임을 이 자리에서 분명하게 말씀드릴 수 있습니다."

[28] 키루스가 물었다. "그런 축복받은 삶을 살고 있는 사람이 누구입니까?"

크로이소스가 대답했다. "키루스시여, 그 사람은 바로 제 아내입니다. 그녀는 제게 있는 온갖 좋은 것 덕분에 편안하고 안락하고 즐거운 삶을 저와 똑같이 누리면서도, 저처럼 그것들을 지키기 위해 염려하지도 않고 전쟁이나 전투에 참가하지도 않습니다. 그런데 제가 세상에서 가장 사랑하는 아내를 위해 해주었던 것과 똑같은 것을 당신이 지금 제게 해주셨으니, 저는 다시 한번 아폴론 신에게 감사의 제사를 올려야 할 것 같습니다."

[29] 그의 말을 들은 키루스는 그의 말솜씨에 감탄하고서 그 후로 어디를 가든지 그를 데리고 다녔다. 크로이소스가 자기에게 쓸모 있다고 생각했고, 그렇게 그를 데리고 다니는 것이 더 안전하다고 생각하기도 했다.

제3장

[1] 두 사람의 만남은 이렇게 끝났고 그들은 잠자리에 들었다. 이튿날 키루스는 자신의 친구들과 군대의 지휘관들을 소집해 몇몇 사람들에게는 크로이소스가 넘겨주기로 한 온갖 보물과 재물을 보관해둔 창고를 접수하게 했다. 나머지 사람들에게는 먼저 수도승들로 하여금 신들에게 바칠 물건을 지정하게 해 따로 보관해둔 후에, 나머지 재물을 궤짝에 담아 수레에 싣고 제비뽑기로 각자가 가져갈 수레를 정하고 나서 그 수레를 각자의 부대로 가져가게 했다. 이것은 전리품을 분배해야 할 때가 오면, 모든 장병이 각자 자신의 전공에 따라 전리품을 분배 받기 위한 것이었다. [2] 그리고 그들은 키루스가 지시한 대로 했다.

키루스는 자신의 몇몇 측근을 불러서 물었다. "여러분 중에서 아브라다타스를 본 사람이 있으면 내게 말해주게. 전에는 자주 왔었는데 지금은 통 보이지가 않아서 말이야."

[3] 한 측근이 대답했다. "주군, 그는 이미 산 사람이 아닙니다. 이집트군을 향해 돌진해 들어가 싸우다가 전사했습니다. 밀집대형을 이루고 있는 이집트군을 보고서 다른 부대들은 모두 옆으로 비켜났는데, 오직 그의 전차대만 적을 향해 돌진했다고 합니다. [4] 이후에 그의 아내가 그의 시신을 거두어 자신이 늘 타고 다니던 수레에 싣고, 이 근처에 있는 팍톨로스 강변 어딘가로 옮겼다고 합니다. [5] 그를 모시던 내시들과 시종들이 그의 시신을 묻기 위해 어느 언덕에 무덤을 파고 있는데, 그의 아내는 남편의 시신을 자신이 지닌 것들로 장식하고 나서, 지금은 땅바닥에 앉아서 남편의 시신을 자신의 무릎에 누인 채 머리를 감싸 안고 있다고 합니다."

[6] 이 말을 들은 키루스는 아차 싶어서 무릎을 치고는 즉시 말에 올라 기병 연대를 거느리고 현장으로 달려갔다. [7] 키루스는 가다타스

와 고브리아스에게 장렬하게 전사한 사랑하는 용사의 시신을 장식하는 데 사용할 가장 아름다운 장신구들을 가지고 뒤따라오라고 지시했다. 죽은 아브라다타스를 위해 위령제를 지내주기 위해 가축을 담당하고 있던 자들에게는 많은 소와 말과 양을 몰고 자기가 어디 있는지 알아내서 그곳으로 오라고 지시했다.

[8] 땅바닥에 앉아 있는 부인과 그의 무릎에 누워 있는 아브라다타스의 시신을 본 키루스는 비통한 광경에 눈물을 흘리며 말했다. "용맹하고 지조 있는 분이 우리를 남겨두고 이렇게 떠나다니요." 그가 이렇게 말하며 아브라다타스의 오른손을 잡자, 아브라다타스의 오른손이 그의 시신에서 떨어져 나왔다. 그의 오른쪽 손목이 이집트군의 칼에 잘렸기 때문이다. [9] 이것을 본 키루스의 마음은 더욱 찢어질 듯이 아팠다. 부인은 울음을 터뜨리며 키루스에게서 남편의 오른손을 가져와 입을 맞춘 후에 다시 제자리에 붙여놓고 말했다.

[10] "키루스시여, 남편의 시신 전체가 다 이 모양입니다. 하지만 왜 당신이 제 남편의 그런 꼴을 보셔야 합니까? 저는 남편이 이렇게 된 데는 제 책임이 크다는 것을 알고 있습니다. 키루스시여, 당신의 책임도 결코 저보다 작지 않습니다. 저는 어리석게도 제 남편에게 자신이 당신의 친구가 될 자격이 있는 사람이라는 것을 증명해 보이라고 자주 부추겼습니다. 남편은 자기가 어떻게 되든 상관하지 않고, 오로지 당신에게 입은 은혜를 갚을 생각만 했으리라는 것을 저는 잘 압니다. 하지만 남편은 한 점 부끄러움 없는 죽음을 선택했는데, 그를 사지로 내몬 저는 지금 이렇게 살아서 그의 곁에 앉아 있습니다."

[11] 키루스는 한동안 소리 내지 않고 울다가 입을 열었다. "하지만 부인, 그는 우리에게 승리를 안겨주고 전사했으니 가장 고귀한 죽음을 선택한 것입니다. 내게서 이것들을 받아서 그를 단장해주십시오." 거기에는 이미 고브리아스와 가다타스가 온갖 아름다운 장신구를 가지고

와 있었다.

키루스가 이어서 말했다. "그리고 앞으로도 용맹한 남편을 기리기 위해 많은 사람을 동원해 대규모의 봉분을 조성하고 추모비를 세워 제를 올리는 등 남편을 추모하는 사업들을 해나가겠다고 약속드립니다. [12] 부인도 사려가 깊고 모든 미덕을 갖추었으니, 부인을 홀로 쓸쓸하게 내버려두지 않을 것이고, 온갖 예를 갖추어 명예롭게 살아갈 수 있게 해드릴 것입니다. 당신을 지켜줄 사람을 당신에게 주어서 당신이 어디를 가든지 보호하게 할 것입니다. 누가 당신을 보호하기를 원하는지만 내게 말해주십시오."

[13] 판테이아가 말했다. "키루스시여, 안심하십시오. 제가 누구에게 가고 싶어 하는지 머지않아 당신은 똑똑히 알게 되실 것입니다."

[14] 키루스는 이렇게 말하고 그 자리를 떠났지만, 남편을 잃은 부인과 부인을 남겨놓고 떠난 남편을 생각하니 측은한 마음이 엄습했다. 키루스가 떠나가자, 부인은 내시들에게 "내가 원하는 만큼 죽은 남편을 애도하고자 하니 멀리 물러가 있으라"고 지시하고는 유모만 남게 했다. 자기가 죽으면 자기와 남편을 한 벌의 외투로 함께 덮어달라고 지시했다.

유모는 여러 번에 걸쳐 그렇게 하지 마시라고 애원했지만 아무 소용이 없었고, 도리어 부인이 화만 내는 것을 보자 땅바닥에 주저앉아 소리 내어 울었다. 판테이아는 오래전부터 준비해두었던 단검을 꺼내 자신을 찌르고 나서 남편의 가슴에 머리를 기댄 채 숨을 거두었다. 유모는 큰 소리로 통곡하면서 판테이아가 지시한 대로 두 사람의 시신을 한 벌의 외투로 덮었다.

[15] 판테이아에게 무슨 일이 일어났는지 알게 된 키루스는 대경실색해 자기가 무엇이라도 할 수 있는 일이 있을까 해서 현장으로 급히 말을 타고 달려갔다. 한편, 부인이 지시한 곳에 서 있던 세 명의 내시도 나중에야 무슨 일이 일어났는지 알고서 단검을 빼어 이미 자결한 상태

였다. 내시들의 무덤과 그들을 추모하는 비석이 오늘날까지도 그 자리
에 세워져 있는데, 위쪽에 있는 비석에는 남편과 아내의 이름이 시리아
문자로 새겨져 있고, 아래쪽에 있는 세 개의 비석에는 "왕의 홀을 받든
자들"[67]이라는 글귀가 새겨져 있다.

[16] 현장에 도착한 키루스는 죽은 판테이아에게 경의를 표하고 애
도한 후에 돌아왔다. 나중에 그는 죽은 아브라다타스와 판테이아, 그리
고 그들을 따라 죽은 내시들이 합당한 명예를 누릴 수 있게 했고, 그들
을 기려서 쌓은 봉분은 어마어마하게 컸다.

제4장

[1] 그 후에 카리아인이 두 진영으로 갈라져서 서로 전쟁을 벌였다.
양 진영은 요새 같은 각자의 성에 틀어박혀서 둘 다 키루스에게 도움을
요청했다. 그러자 키루스는 사르디스에 머물면서 자신의 명령에 복종
하기를 거부하는 자들의 성벽을 무너뜨리기 위해 탑차와 공성퇴를 만
들었다. 그리고 페르시아인 아두시우스에게 군대를 주어 카리아로 보
냈다. 아두시우스는 모든 일에서 판단력이 뛰어난 데다 전투 경험도 있
었고, 무엇보다도 외교에 능숙한 사람이었다. 킬리키아군과 키프로스
군도 그와 함께 아주 적극적으로 이 원정에 참여했다.

[2] 킬리키아인과 키프로스인은 이렇게 키루스에게 충성을 다했고,
키루스는 이 두 나라의 왕들에게 언제나 만족했기 때문에 두 나라에는

---

67 "왕의 홀을 받든 자들"로 번역한 '스켑투코스'(σκηπτοῦχος)는 왕의 신분과 권위를 상
  징하는 표시인 "홀"을 "받드는 자들"이라는 뜻이다. 즉, 왕이 어디를 가든 그가 왕이라는
  것을 보여주는 홀을 지니고 옆에서 수행하는 시종들(특히 환관들)을 가리킨다.

페르시아인 총독을 파견하지 않았다. 하지만 두 나라로 하여금 자기에게 공물을 바치게 했고 필요할 때는 언제든지 병력을 요청해 지원받기도 했다.

[3] 이렇게 아두시우스가 군대를 이끌고 카리아로 가자, 카리아의 두 진영은 각자 그를 자기편으로 끌어들여 상대 진영에 타격을 가하려고 사자를 보내 자신의 성으로 모시고자 했다. 아두시우스는 양 진영의 사자를 각각 따로 만나서, 어느 진영의 사자가 말하든 그의 말이 상대 진영이 하는 말보다 더 옳다고 말했다. 그리고 자기가 어느 한쪽 진영의 친구가 되었다는 사실을 상대 진영이 알지 못해야 불시에 그들을 칠 수 있으니 상대 진영에게는 이 사실을 비밀로 해야 한다고 말해두었다. 그런 후에 카리아의 각 진영에게 키루스와 페르시아에 대해 충성 맹세를 할 것을 요구하고는, 그들이 키루스와 페르시아의 이익을 위해 자신의 군대를 거짓 없이 그들의 성으로 맞아들일 것을 맹세하면, 자기도 자신의 군대를 맞이하는 자들의 이익을 위해 거짓 없이 그들의 성으로 들어가겠다고 말했다.

[4] 아두시우스는 그렇게 말하고 나서 그날 밤에 두 진영과 동시에 협약을 맺었지만, 두 진영은 그 사실을 전혀 알지 못했다. 그날 밤에 그는 두 진영의 성으로 동시에 입성해 양쪽 성을 모두 장악했다. 날이 밝자 아두시우스는 자신의 군대를 거느리고 가서 두 진영의 중간에 자리를 잡은 후에 각각의 우두머리를 불렀다. 두 진영의 우두머리는 서로를 보자마자 자신들이 속았다는 사실을 알고 분개했다.

[5] 하지만 아두시우스는 이렇게 말했다. "여러분, 나는 나를 맞아들이는 자들의 성으로 들어가서 그들의 이익을 위해 거짓 없이 행하겠다고 맹세했습니다. 따라서 내가 여러분 중 어느 진영을 공격한다면, 나는 여기에 와서 카리아인에게 피해를 입힌 것이라고 생각합니다. 반면 내가 여러분을 서로 화목하게 만들어 두 진영이 모두 안심하고 자신

의 땅을 경작하게 해드린다면, 나는 여기에 와서 여러분의 이익을 도모한 것이라고 생각합니다. 그러니 오늘부터 여러분은 서로 친구처럼 지내고, 안심하고 땅을 경작하고, 여러분의 자녀들을 서로 결혼시켜야 합니다. 만약 어느 한 진영이 이 협약을 어기고 잘못된 시도를 하다면 그들은 키루스와 우리의 적이 될 것입니다."

[6] 그 후에 두 진영의 성문이 활짝 열렸고, 두 성의 거리들은 상대 진영의 성에서 온 사람들로 북적거렸으며, 밭에는 일하는 사람들로 가득했다. 그들은 함께 축제를 열어 즐겼고 어디에나 평화와 즐거움이 넘쳐났다.

[7] 그때 키루스가 보낸 사람들이 와서 공성용 장비나 병력이 더 필요한지 물었다. 아두시우스는 자기가 지금 이끌고 있는 군대도 너무 많아서 다른 곳에 배치해야 할 지경이라고 대답했다. 이렇게 말하고 나서 그는 각 성에 수비대만 남겨둔 채 군대를 철수할 준비를 시작했다. 그러자 카리아인은 그에게 머물러줄 것을 간청했지만, 그가 난색을 표하자 키루스에게 사신을 보내 아두시우스를 자신들을 통치할 총독으로 파견해줄 것을 요청했다.

[8] 그즈음에 키루스는 히스타스파스에게 군대를 이끌고 가서 헬레스폰트에 있는 소(小)프리지아를 치라고 명령했다. 그래서 키루스는 아두시우스가 돌아오자 그에게 다시 그의 군대를 이끌고서 히스타스파스가 간 방향으로 가라고 지시했다. 또 다른 병력이 오고 있다는 말을 들으면 프리지아인이 좀 더 빨리 히스타스파스에게 항복할 것이라고 생각했기 때문이다.

[9] 그래서 해변에 사는 이 그리스인들(프리지아인)은 많은 선물을 바치고, 야만인들(페르시아인)이 자신들의 성안으로 들어오지 않는 대신에, 이후로 공물을 바치는 것은 물론이고 키루스가 지시할 때는 언제든 병력을 지원하는 조약을 맺었다.

[10] 하지만 프리지아 왕은 자신의 요새들에서 저항하기로 결심하고는, 자신의 군대에 투항하지 말라는 명령을 하달했다. 하지만 그의 휘하에 있던 지휘관들이 그의 명령에 복종하지 않자, 혼자 고립된 프리지아 왕은 결국 키루스를 자신의 재판관으로 세워줄 것을 조건으로 히스타스파스에게 항복했다. 히스타스파스는 강력한 페르시아 수비대를 요새에 주둔시켜놓은 뒤에, 자신의 군대와 함께 프리지아인으로 구성된 많은 기병과 경무장 보병을 이끌고 돌아왔다.

[11] 키루스는 아두시우스에게 히스타스파스와 합류해, 자원해서 우리 편이 된 프리지아 병사들은 각자의 무기를 지니고 오게 하고, 우리와 계속 싸우고자 하는 자들에게서는 말과 무기를 빼앗고, 투석용 돌만 들고 따라오라고 지시했기 때문에 [12] 그들은 그대로 했다.

키루스는 사르디스에 많은 보병으로 이루어진 수비대를 남겨놓은 채, 온갖 재화를 실은 수많은 수레를 이끌고서 크로이소스를 데리고 사르디스를 출발했다. 크로이소스는 각각의 수레에 어떤 물건이 실려 있는지 꼼꼼하게 기록한 장부를 가져와 키루스에게 주면서 말했다. "키루스시여, 이 장부를 보시면 누가 어떤 물건들을 운반해 정확하게 당신에게 반납했고 누가 그렇게 하지 않았는지 알 수 있습니다."

[13] 키루스가 말했다. "크로이소스, 이 장부를 만드시느라 큰 수고를 하셨습니다. 하지만 나는 재화를 운반하는 사람들은 그 재화들을 가질 자격도 있다고 생각하기 때문에, 그중 어떤 물건을 가져간다고 해도 그것은 자신의 것을 가져가는 것입니다."

키루스는 이렇게 말하고 나서 그 장부를 친구들과 지휘관들에게 주어 수송을 담당한 자들 중에서 물건을 그대로 반환한 자는 누구이고 그렇지 않은 자는 누구인지 알 수 있게 했다.

[14] 키루스는 리디아군도 데려갔다. 리디아군은 멋진 무기와 말과 전차를 보유한 데다가, 키루스가 기뻐하는 일이라고 생각되는 것은 무

엇이든지 하려고 했기 때문이다. 키루스는 리디아군이 각자의 무기를 지니고 자기를 따라오게 했다. 하지만 마지못해 따라오는 병사들을 보았을 때는 그들의 말을 빼앗아 처음부터 원정에 참여해왔던 페르시아 병사들에게 주었고, 그들의 무기를 불태워버린 후에 투석용 돌만 들고 **따라**오게 했다.

[15] 키루스는 자신의 휘하 병사가 된 자들 중에서 무기가 없는 자들에게는 돌을 던지는 훈련을 하게 했다. 투석용 돌은 노예에게 가장 잘 어울리는 무기라고 생각했기 때문이다. 다른 무기들을 사용하는 병력들과 함께 싸우는 경우에는 돌을 던지는 투석병들도 종종 유용하지만, 투석병들 자체만으로는 그 수가 아무리 많다고 해도 다른 무기들을 들고 가까이 다가와서 백병전을 벌이는 극소수의 적군조차 상대할 수 없었다.

[16] 키루스는 바빌론으로 진군하는 도중에 대(大)프리지아에 있는 프리지아인을 복속시켰고, 카파도키아인을 복속시켰으며, 아라비아인을 자신의 신민으로 만들었다. 이 모든 전투에서 승리한 덕분에 그는 페르시아 기병 4만 명을 완벽하게 무장시킬 수 있었고, 포로들에게서 많은 말을 빼앗아 자신의 모든 동맹군에게 나누어 주었다. 마침내 키루스는 그 수를 헤아릴 수 없을 정도로 많은 기병을 비롯해 궁수와 창병, 투석병을 이끌고 바빌론에 도착했다.

제5장

[1] 키루스는 바빌론에 도착하자 자신의 전군에게 성을 빙 둘러 에워싸도록 명령했다. 그러고는 자신의 친구들과 동맹군 지휘관들과 함께 말을 타고 성 주위를 한 바퀴 돌아보았다.

[2] 그는 성벽을 둘러본 후에 자신의 군대를 성으로부터 좀 더 멀찍이 물러나게 할 준비를 했다. 그때 적의 탈영병이 와서 그가 군대를 물러나게 하는 동안 적이 그들을 공격할 것이라고 알려주면서, "성에서 내려다보면 당신의 병력은 약해 보이기 때문"이라고 말해주었다. 실제로 바빌론[68]처럼 아주 큰 성을 에워싼 경우에 병사들 대열의 밀집도는 낮아질 수밖에 없었기 때문에, 적군이 그렇게 생각한 것은 전혀 이상한 일이 아니었다.

[3] 그러자 이 말을 들은 키루스는 자신의 친위대와 함께 전군의 중앙에 서고, 양쪽에 포진해 있던 중무장 보병들로 하여금 모두 자기가 서 있는 중앙의 뒤쪽으로 이동해 좌군과 우군이 중앙군 뒤에서 서로 만나는 대형을 이루게 했다.

[4] 그러자 처음부터 중앙에 있던 병사들은 대열의 깊이가 두 배로 두꺼워졌기 때문에 한층 더 사기가 올랐다. 마찬가지로 좌우익에 있다가 후위로 옮겨 간 병사들도 선봉에 있는 병사들이 적군을 직접 상대하게 되었고 자신들은 뒤로 빠져 있기 때문에 사기가 더 올랐다. 이렇게 좌군과 우군이 양쪽에서 중앙으로 이동해 서로 합류하자, 모든 병사는 서로에게 힘이 되어주었다. 후위로 이동한 병사들은 선봉에 있는 병사들로부터 힘을 얻었고, 선봉에 있는 병사들은 후위의 병사들로부터

---

68 "바빌론"은 고대 메소포타미아에 있던 도시로, 지금의 바그다드에서 남쪽으로 80킬로미터 떨어진 곳에 위치했다. 기원전 2300년경에 세워져 오랜 역사를 자랑하는 이 도시는 아케메네스 왕조의 페르시아 제국 시대에는 행정 수도 역할을 했는데, 이때가 바빌론이 가장 번성한 시기였다. 바빌론은 페르시아 제국의 교육과 과학의 중심지로 바빌로니아의 수학과 천문학이 발달했고, 고대 세계에서 가장 번영하고 위대한 도시로 부상했다. 헤로도토스에 따르면, "바빌론 성"은 사각형으로 이루어진 성벽으로 둘러싸여 있었다. 성벽 한 변의 길이는 21킬로미터로 성벽 전체의 길이는 84킬로미터였고, 성벽의 높이는 89미터였고, 두께는 25미터였다. 그리고 청동으로 만들어진 성문이 100개가 있었다. 하지만 이것은 과장된 것일 가능성이 크다. 오늘날에는 성벽의 전체 길이를 약 16킬로미터로 추정한다.

힘을 얻었다.

[5] 이렇게 밀집대형이 두꺼워지자, 가장 용맹한 병사들은 가장 앞쪽과 가장 뒤쪽에 포진되었고, 가장 약한 병사들은 가운데에 배치되었다. 이러한 병력 배치는 적과 싸울 때를 대비해서만이 아니라 병사들이 도망가지 않게 하려고 고안된 것이었다. 밀집대형이 두꺼워져 전체 거리가 짧아짐으로써 좌우익에 있는 기병대와 경무장 보병대도 전군의 지휘관과 한층 더 가까워졌다.

[6] 키루스군은 밀집대형을 이루자 후퇴하기 시작했는데, 처음에는 성에서 쏜 화살이나 돌이 닿을 수 있는 지점에서는 뒷걸음쳐서 후퇴했다. 하지만 화살이나 돌이 닿을 수 있는 지점을 벗어났을 때는 뒤돌아서 몇 걸음 가다가 다시 돌아서서 성벽을 주시하기를 반복했다. 하지만 성에서 멀어질수록 돌아서서 성벽을 주시하는 횟수를 줄였고, 이제는 안전하다고 생각되자 그대로 멈추지 않고 행군해 진을 칠 곳에 도착했다.

[7] 진을 다 치자 키루스는 주요 지휘관들을 소집해 말했다. "동맹 여러분, 우리는 이 성을 다 둘러보았습니다. 나는 어떻게 해야 저렇게 높고 거대한 성벽을 공략할 수 있을지 알아낼 수 없었습니다. 하지만 적군이 밖으로 나와 싸우려고 하지 않는 상황에서, 이 성안에 있는 사람들이 많으면 많을수록, 그들은 그만큼 더 빨리 굶주림 때문에 결국은 항복할 것입니다. 따라서 여러분이 다른 좋은 방법을 제시하지 않는다면, 나는 지금처럼 이렇게 적군을 포위하는 전략을 펴는 것이 좋으리라고 생각합니다."

[8] 크리산타스가 말했다. "하지만 폭이 300미터가 훨씬 넘어 보이는 강이 성 한복판을 관통해 흐르고 있지 않습니까?"

그러자 고브리아스가 말했다. "제우스 신에게 맹세하건대, 게다가 이 강은 두 사람의 키를 합한 것보다 더 깊어서, 한 사람이 다른 사람의 어깨 위에 올라서도 머리가 수면에 닿지 않을 것 같습니다. 그러니 성벽이 아니라 이 강 때문에 바빌론 성이 더 견고한 것입니다."

[9] 키루스가 말했다. "크리산타스, 우리의 능력으로 어쩔 수 없는 것은 신경 쓰지 않기로 합시다. 지금 우리가 해야 할 일은 경계 병력은 최소한으로 줄이고, 부대별로 지역을 할당해 신속하게 가능한 한 넓고 깊은 참호를 파 진지를 구축하는 것입니다."

[10] 키루스군은 성 둘레의 길이를 측정한 후에, 강가에 커다란 탑들을 세울 수 있는 충분한 공간을 남겨놓고 부대별로 지역을 담당해 동시에 여러 곳에서 거대한 참호를 파기 시작했다. 파낸 흙은 참호의 양쪽 둔덕 중에서 아군 쪽의 둔덕에 쌓았다.

[11] 키루스군은 먼저 강가에 탑들을 쌓기 시작했는데, 맨 밑에는 길이가 30미터나 되는 대추야자나무를 놓았다(이 나무 중에는 30미터 이상으로 자란 것들도 있다). 이렇게 대추야자나무를 맨 밑에 놓는 것은 이 나무가 큰 압력을 받으면 짐을 실어 나르는 당나귀의 등처럼 위로 구부러지는 특성을 지니고 있기 때문이다.

[12] 대추야자나무를 맨 밑에 놓으면 강물이 참호 속으로 들어와도 탑들이 물에 휩쓸려 떠내려가지 않을 것이었기 때문에 성을 에워싸고 포위망을 구축하는 데 아주 적합했다. 최대한으로 감시초소를 많이 만들기 위해 파낸 흙으로 쌓은 흙벽 위에도 탑을 많이 세웠다.

[13] 키루스군이 이렇게 하자, 성벽에 있던 적군은 키루스군이 성을 장기간 에워싸는 전략을 펴고 있는 것이라고 생각해 비웃었다. 그들은 2년 이상 버틸 수 있는 식량을 확보해둔 상태였기 때문이다. 그 말을 들은 키루스는 마치 부대별로 1년에 한 달씩 경계 임무를 맡기기 위한 것처럼 자신의 군대를 열두 부대로 나누었다.

[14] 하지만 이 말을 들은 바빌론군은 프리지아군, 리디아군, 아라비아군, 카파도키아군이 경계 임무를 맡는다는 것을 알게 되자 한층 더 비웃었다. 그들은 이 나라들이 모두 페르시아보다 아시리아에 더 우호

적이라고 생각했기 때문이다.

[15] 키루스군은 드디어 참호를 다 팠다. 그때 키루스는 바빌론에 축제가 있어 모든 바빌론인이 밤새워 떠들썩하게 술을 마시며 흥청거린다는 말을 들었다. 그래서 날이 어두워지자 많은 병사를 데려가서 참호의 둑을 터 강물이 참호 속으로 흘러들어오게 했다. [16] 마침내 강물은 밤새도록 참호로 흘러들어왔고, 성을 관통하는 강물의 수위는 사람이 걸어서 건널 수 있을 정도로 낮아졌다.

[17] 강물의 수위를 낮추어놓은 키루스는 페르시아 보병대와 기병대의 연대장들에게 보병과 기병을 2열 종대로 정렬해 자기에게 데려오라고 지시했다. 다른 동맹군에게는 이전처럼 대열을 갖추어 그 뒤를 따르라고 지시했다.

[18] 키루스는 자신이 지시한 대로 군대가 집결하자 자신의 부관들과 몇몇 보병과 기병을 보내 수위가 낮아진 강줄기를 따라가며 강바닥으로 사람들이 걸어서 건널 수 있는지 살펴보게 했다. [19] 그들이 강바닥으로 걸어서 건널 수 있다고 보고하자, 키루스는 보병대와 기병대의 지휘관들을 소집해 이렇게 말했다.

[20] "친구 여러분, 강이 우리에게 성으로 진입할 수 있는 길을 열어주었습니다. 이제 우리에게는 두려움 없이 용기백배해 성안으로 들어갈 일만 남았습니다. 지금 우리가 상대할 적은 그들이 자신의 동맹군과 함께 완전무장하고 정신을 집중해 온 힘을 다해 우리와 싸워서도 패배한 자들이라는 점을 명심하십시오.

[21] 지금 우리가 공격하려는 적군은 대다수가 잠들어 있고, 깨어 있는 자라고 해도 대부분 술에 취해 있어 전투대형을 갖추고 있는 자는 아무도 없습니다. 게다가 우리가 성으로 들어와서 성안에 이미 있다는 것을 알면 그들은 혼비백산해 지금보다 훨씬 더 무기력해질 것입니다.

[22] 사람들이 지붕 위로 올라가 여기저기서 화살을 쏘며 성안으로

들어간 우리를 기습하면 어쩌나 하는 걱정은 전혀 하지 않아도 됩니다. 헤파이스토스 신[69]이 우리 편이므로 그들은 지붕 위로 올라가지 못할 것이기 때문입니다. 바빌론 성에 있는 집들의 문은 대추야자나무로 되어 있고 불이 잘 붙는 역청으로 칠해져 있어 지붕으로 올라가는 입구는 쉽게 불길에 휩싸일 것입니다.

[23] 우리에게는 횃불을 만들 때 사용하려고 준비한 나무와 역청과 아마포가 많이 있어 신속하게 많은 불을 만들어내 온 성을 삽시간에 불바다로 만들 수 있습니다. 그러므로 집에 있던 자들은 빨리 도망쳐 나오지 않으면 집 안에서 타 죽고 말 것입니다.

[24] 그러니 무기를 들고 진격합시다. 내가 신들과 함께 앞장설 것입니다. 가다타스와 고브리아스는 성안의 지리를 잘 아니 길잡이를 하십시오. 우리가 성안으로 들어가면 지름길을 이용해 왕궁으로 우리를 가장 신속하게 안내해주십시오."

[25] 고브리아스와 그의 부대 지휘관들이 말했다. "오늘밤에는 성 전체가 술을 마시며 떠들썩하게 축제를 즐기고 있으니, 왕궁으로 통하는 대문들이 모두 활짝 열려 있다고 해도 전혀 이상한 일이 아닙니다. 하지만 대문들을 지키는 수비병은 언제나 배치되어 있으니 우리는 그 수비병들을 맞닥뜨리게 될 것입니다."

키루스가 말했다. "우리는 최대한 적군이 전혀 준비되지 않은 상태일 때 급습해야 합니다."

[26] 이런 말들이 오간 후에 키루스군은 진군하기 시작했다. 도중에 마주친 적군 중에서 어떤 자들은 그들의 칼에 맞아 죽었고, 어떤 자

---

69 "헤파이스토스 신"은 올림포스 12신 중 하나로, 불과 대장장이의 신이다. 절름발이에 망치와 집게 등을 손에 들고 있다. 아테나 여신과 함께 기술과 장인의 수호신으로 숭배된다. 로마신화에 나오는 불의 신 불카누스와 동일시된다.

들은 집안으로 도망쳤으며, 어떤 자들은 놀라 비명을 질렀다. 그러자 고브리아스의 병사들은 마치 자신들도 축제를 즐기는 사람들인 척 고함을 질러댔다. 이런 식으로 그들은 최대한으로 신속하게 진군해 왕궁에 도착했다.

[27] 고브리아스와 가다타스가 이끄는 병사들은 왕궁으로 통하는 문이 닫혀 있는 것을 발견했다. 수비병들을 처리하는 임무를 맡은 병사들은 활활 타오르는 불 옆에서 술을 마시고 있는 수비병들을 공격했고, 순식간에 접전이 벌어졌다. [28] 고함 지르는 소리와 무기 부딪히는 소리가 나자 왕궁 안에 있던 사람들이 밖에서 소동이 벌어졌다는 것을 알았다. 왕으로부터 무슨 일인지 알아보라는 명령을 받은 자들이 문을 열고 밖으로 달려 나왔다.

[29] 가다타스의 병사들 중 일부가 왕궁의 문이 열리는 것을 보고 궁 안으로 쇄도했고 나머지 병사들도 뒤따라 들어갔다. 그들은 다시 안쪽으로 달아나는 자들을 공격해 죽이고서 왕 앞에 이르렀다. 왕은 이미 자신이 지니고 있던 단검을 빼들고 서 있었다. [30] 가다타스와 고브리아스의 병사들은 왕을 죽였고, 왕과 함께 있던 자들도 죽였다. 숨으려다가 죽은 자들도 있었고, 도망치다가 죽은 자들도 있었으며, 최선을 다해 방어하려다가 죽은 자들도 있었다.

[31] 키루스는 기병대 중 일부를 길거리로 보내 집밖에 나와 있는 자들을 모두 죽이라고 명령했다. 그리고 아시리아어를 아는 사람들에게 지시해 집에 있는 자들은 집밖으로 나왔다가 잡히면 누구든지 죽게 될 것이니 집 안에만 머물러 있어야 한다고 알리게 했다.

[32] 이런 일들이 진행되고 있는 동안에, 가다타스와 고브리아스가 임무를 마치고 돌아왔다. 그들은 먼저 사악한 왕을 복수하게 해준 신들에게 경배했고, 다음으로는 키루스의 손과 발에 입을 맞추며 기쁨의 눈물을 흘렸다.

[33] 날이 밝자 요새들에 있던 적병들은 성이 함락되고 왕이 죽은 것을 알고는 투항하고서 요새들을 키루스에게 바쳤다. [34] 키루스는 즉시 수비대 지휘관들과 수비대를 보내 요새들을 접수했고, 죽은 적병들을 가족에게 넘겨주어 장례를 치를 수 있게 해주었다. 또한 전령들에게 지시해 모든 바빌론인은 무기를 가져와 자진 반납하라는 포고문을 알리게 했다. 집에 무기를 그대로 소지하고 있는 경우에는 그 집에 있는 모든 사람을 죽이라고 명령했다. 그래서 바빌론인은 무기를 반납했고, 키루스는 나중을 대비해 무기들을 요새들에 보관해두었다.

[35] 이 모든 일을 마친 후에 키루스는 바빌론 성을 무력으로 점령했다. 먼저 수도승들을 불러 전리품 중에서 가장 좋은 것들과 땅의 일부를 골라 신들에게 바치게 했다. 다음으로는 비빌론 성을 점령하는 데 공을 세운 사람들에게 집과 공공건물을 나누어 주었다. 키루스는 미리 정해져 있는 원칙에 따라 그것들을 나누어 주었다. 가장 많은 전공을 세운 자에게 가장 좋은 것을 준다는 것이 원칙이었다. 자신의 전공에 비해 상을 적게 받았다고 생각하는 사람이 있는 경우에는 자기 앞에 나와서 그 이유를 설명하게 했다.

[36] 키루스는 바빌론인에게 계속 땅을 경작해 공물을 바치고, 각자에게 정해진 주인을 섬기라는 포고를 내렸다. 그리고 자신과 함께 원정에 참여한 페르시아인과 자기 옆에 남아 함께 싸우는 쪽을 선택한 동맹군 병사들에게는 각자에게 주어진 바빌론인의 주인이 되어 그들을 하인으로 두게 했다.

[37] 그런 다음 키루스는 친구들의 추대로 왕이 되기로 결심하고서, 먼저 왕에 걸맞은 방식으로 처신하기로 했다. 그렇게 하려면 대중 앞에 모습을 드러내는 것을 삼가고 어쩌다가 그렇게 하더라도 위엄을 갖추고서 대중 앞에 나타나면서도 다른 사람들에게 생겨날 수 있는 시기와 질투를 최대한으로 줄여야 했다. 그래서 그는 적합한 장소를 골라

집무실을 마련해 동이 트면 거기에 머물면서, 자기에게 할 말이 있는 사람은 누구든지 와서 자기에게 묻고 대답을 받아 돌아가게 했다.

[38] 사람들은 키루스가 집무실을 마련하고 고충을 들어준다는 것을 알고 몰려들었다. 집무실은 인산인해를 이루었고, 서로 먼저 키루스를 만나기 위해 온갖 술수와 싸움이 난무했다. [39] 키루스의 측근들은 그렇게 몰려든 사람들을 최대한 선별해 키루스에게 들여보냈다. 키루스는 자신의 친구들이 수많은 사람의 틈새를 비집고 자기에게 오려는 것을 볼 때마다 손을 뻗어 그들을 자기에게 데려오게 하고는 이렇게 말했다. "친구들이여, 이 사람들이 다 각자 내게 볼일을 보고 떠날 때까지 기다렸다가 우리끼리 오붓한 시간을 보냅시다." 그래서 친구들은 주위에서 기다렸지만, 더 많은 사람이 계속 몰려들었기 때문에 키루스는 저녁이 되어서야 친구들과 만날 수 있었다.

[40] 키루스가 친구들에게 이렇게 말했다. "여러분, 지금은 우리가 헤어져야 할 시간입니다. 내가 여러분과 상의할 일이 있으니 내일 아침에 오십시오." 이러지도 못하고 저러지도 못한 채 온종일 기다리느라 제대로 먹지도 못하고 쉬지도 못한 친구들은 그 말을 듣고 기뻐하며 돌아가서 잠자리에 들었다.

[41] 이튿날 키루스는 다시 집무실로 나갔는데, 전날보다 훨씬 더 많은 사람이 그의 친구들보다 훨씬 더 빨리 그를 만나기 위해 와 있었다. 그래서 키루스는 페르시아의 창병을 자신의 집무실 앞에 둥그렇게 포진시키고는, 자신의 친구들과 페르시아와 동맹군의 지휘관들 외에는 아무도 들여보내지 말라고 지시했다.

[42] 친구들과 지휘관들이 모이자 키루스는 이렇게 말했다. "친구들과 동맹 여러분, 우리가 지금까지 신들에게 기원했던 모든 것을 신들이 하나도 빠짐없이 다 이루어준 것은 아니지만, 정말 많은 것을 이루어주었습니다. 그러니 우리는 신들을 탓할 수 없습니다. 하지만 우리가

큰 성공을 거두었다고 하더라도, 혼자서든 친구들과 함께든 여유로운 시간을 즐길 수 없다면 나는 그런 성공은 사양합니다.

[43] 우리는 날이 밝자마자 우리를 찾아온 사람들을 만나기 시작했습니다. 그러나 저녁이 되어서도 우리를 찾아온 사람들을 다 만나지 못했다는 것을 여러분도 어제 분명히 보셨습니다. 그리고 여러분이 보시다시피 오늘은 어제보다 더 많은 사람이 여기에 와 있으니 오늘은 더 골치가 아플 것입니다.

[44] 우리가 계속 이런 식으로 해나가면, 여러분이 나를 만나고 싶어도 만날 수 있는 시간이 거의 없을 것입니다. 마찬가지로 내가 여러분을 만나고 싶어도 만날 수 있는 시간이 거의 없을 것입니다. 또한 나 혼자만의 시간을 갖는 것도 불가능할 것이 뻔합니다.

[45] 게다가 나는 지금처럼 했을 때 불합리한 점이 또 한 가지 있다는 것을 알게 됐습니다. 여러분과 나는 서로 끈끈한 우정으로 맺어진 친밀한 사이가 분명하지만, 밖에 와 있는 사람들은 내가 잘 알지 못하거나 전혀 모르는 사람들입니다. 그런데도 그 사람들은 모두 여러분보다 먼저 이곳에 와 있으면 자신들이 원하는 것을 여러분보다 먼저 내게서 얻어낼 수 있다는 사실을 당연하게 생각합니다. 그래서 나는 어떤 사람이 자기가 원하는 것을 내게서 얻어내고자 하는 경우에는 먼저 나의 친구들인 여러분에게 와서 나를 만나게 해달라고 요청하는 것이 옳다고 생각합니다.

[46] 여러분 중에는 왜 내가 처음부터 그렇게 조치하지 않고, 모든 사람이 나를 찾아와서 만나게 했느냐고 반문할 사람도 아마 계실 것입니다. 그 이유는 이렇습니다. 전시에는 총사령관이 전쟁과 관련해 알아야 할 모든 것을 가장 먼저 알아야 하고, 취해야 할 조치를 가장 먼저 취해야 합니다. 그래서 내가 전면에 나서다 보니, 그동안 그런 일들에서 소외된 장군들이 자신이 알아야 하고 조치를 취해야 할 일들을 건너

뛴 경우가 비일비재해 이런 일에 익숙하지 않다는 것입니다. 나는 이런 사정을 알고 있기 때문에 이렇게 먼저 내가 솔선수범을 보이지 않으면 안 되었던 것입니다.

[47] 하지만 지금은 어렵고 힘든 전쟁이 끝났으니, 내게도 어느 정도 휴식을 취할 권리가 있다고 생각합니다. 게다가 우리의 이해관계와 우리가 신경 써야 할 다른 사람들의 이해관계를 잘 조화시키기 위해 어떻게 해야 하는지 나도 잘 모르기 때문에, 이 문제와 관련해 어떻게 하는 것이 최선인지 아는 분은 내게 조언을 해주십시오."

[48] 키루스가 이렇게 말하고 나자, 전에 키루스의 친척이라고 나섰던 아르타바주스가 일어나 말했다. "키루스시여, 당신이 먼저 그런 이야기를 꺼내주시니 정말 기쁩니다. 당신이 어렸을 때부터 저는 무척 당신의 친구가 되고 싶었지만, 제가 당신에게 아무 도움도 되지 못할 것이라고 생각해 다가가는 것을 주저했습니다.

[49] 그러다가 전에 당신이 키악사레스 왕에게서 메디아군 중 당신과 함께 출정하기를 원하는 자들은 출정해도 좋다는 허락을 받으시고 나서 왕의 이 명령을 메디아군에게 전하라는 임무를 제게 주셨습니다. 그때 저는 그 임무를 열과 성을 다해 수행하면, 오래전부터 원하던 대로 당신과 친해질 수 있을 것이라고 생각했고, 실제로 그 임무를 잘 수행해 당신에게 칭찬을 받았습니다.

[50] 우리에게 동맹군이 절실하게 필요할 때 히르카니아인이 가장 먼저 우리의 친구가 되어주었습니다. 그래서 우리는 그들을 우리의 품 안에 두고 아낌없이 사랑을 베풀 수밖에 없었습니다. 그런 후에 우리가 적의 진지를 점령했을 때, 저는 당신에게 저와 함께해줄 시간적인 여유가 없을 것이라고 생각해 당신을 탓하지 않았습니다.

[51] 고브리아스가 우리의 친구가 되었고 저는 기뻤습니다. 곧이어 가다타스가 우리의 친구가 되었기 때문에 제가 당신의 관심을 받는 것

은 아주 어려운 일이 되었습니다. 하지만 스키타이인과 카두시아인이 우리의 동맹군이 되었을 때, 그들은 당신에게 지대한 관심을 가졌으므로 당신은 그들에게 관심을 주셨습니다.

[52] 우리가 처음에 원정을 시작했던 곳으로 다시 돌아왔을 때, 당신은 말과 전차와 성용 탑차를 준비하는 데 몰두하시는 것을 보고는, 당신이 이런 일을 끝내고 여유가 생기면 제게도 관심을 주실 것이라고 생각했습니다. 천하의 모든 사람이 우리를 공격하려고 집결했다는 무시무시한 소식이 전해졌을 때, 저는 이 문제를 가장 중차대한 문제로 여겼으므로 이 일이 잘 해결되면 제가 당신과 교제할 기회가 많을 것임을 믿어 의심치 않았습니다.

[53] 우리는 대전투에서 승리해 사르디스와 크로이소스를 손에 넣었고, 바빌론을 차지했으며, 모든 것을 굴복시켰습니다. 하지만 미트라스 신[70]에게 맹세하건대, 어제 저는 군중과 마치 전쟁을 벌이는 것처럼 싸워서 돌파하지 않았다면 당신에게 가까이 갈 수 없었을 것입니다. 하지만 당신이 오른손을 들어 제게 반갑게 인사하시면서 당신 옆에 있으라고 지시하셨을 때, 거기에 있던 모든 사람이 저를 부러워했습니다. 그렇게 저는 먹거나 마시지도 않은 채 온종일 당신 곁에 있었습니다.

[54] 따라서 이제 어떤 식으로든 당신 곁에 있을 자격이 가장 많은 사람이 당신과 가장 많은 시간을 보내는 것이 옳습니다. 만약 그렇게 되지 않는다면 저는 다시 한번 기꺼이 처음부터 당신의 친구인 우리를 제외한 모든 사람이 당신에게서 물러가라고 당신의 이름으로 선포할 것입니다."

---

70 "미트라스 신"은 고대 아리아인, 즉 인도인과 이란인이 오래전부터 숭배해온 빛, 진실, 맹약의 민족신이다. 이란인의 성전인 『아베스타』에서는 "미트라"로 불렸고, "죽음을 이기는 구원자," "축복을 주는 자," "승리자," "전사" 등으로 지칭된다. 페르시아 제국 시대에는 왕실의 수호신이었고 각지에 신전이 있었다.

[55] 키루스와 그 자리에 있던 대부분의 사람들이 그 말을 듣고 크게 웃었다. 페르시아인 크리산타스가 일어나서 이렇게 말했다. "키루스시여, 당신이 지금까지 당신을 만나고 싶어 하는 모든 사람을 누구나 만나주신 것은 아주 잘하신 일입니다. 당신이 친히 말씀하신 이유 때문이기도 하지만, 우리는 당신이 특별히 호의를 얻어내려고 애쓰셔야 할 사람들이 아니기 때문입니다. 우리는 자원해 당신과 함께해온 사람들이지만, 백성들이 우리와 함께 기쁜 마음으로 힘든 일을 같이하고 목숨을 걸게 만들려면, 당신은 모든 수단과 방법을 동원해 백성들의 마음을 얻으셔야 합니다.

[56] 그런데 백성들의 마음을 얻기 위해서는 지금과 같은 이 방법만이 아니라 다른 방법도 사용해야 하는데, 그중 가장 좋은 방법은 자신의 집을 갖는 것입니다. 천하를 다스리는 권력을 쥐고 있다고 하더라도, 자신의 보금자리도 없이 혼자 살아간다면 무슨 즐거움이 있겠습니까? 인간 세상에서 자기 집보다 더 신성하고 즐거우며 편안한 곳은 없습니다. 게다가 우리 각자는 집에서 즐겁게 살아가면서, 당신이 혼자 집무실에서 힘들게 살아가는 모습을 보는 것이 우리에게 부끄러운 일이라고 생각하지 않으십니까?"

[57] 크리산타스가 이렇게 말하자, 거기에 있는 대다수의 사람들이 그 말을 지지하고 나섰다. 이 일 후에 키루스는 왕궁으로 옮겨 갔고, 사르디스에서 금은보화를 수송해 온 사람들은 그것을 왕궁에 가져다놓았다. 왕궁으로 옮겨 간 키루스는 먼저 헤스티아 신에게 제를 올렸고, 다음으로는 주신인 제우스에게 제를 올렸으며, 수도승들이 일러준 다른 신들에게도 제를 올렸다.

[58] 그렇게 한 후에 키루스는 다른 모든 것도 정비하기 시작했다. 자신과 관련해서는 자기가 많은 사람을 통치해야 할 위치에 있고, 세상에서 가장 큰 성이자 자기에게 적대적인 성에서 살아가야 한다는 점을

고려해 자신의 신변을 위험에서 보호해줄 사람들이 있어야 한다고 생각했다.

[59] 키루스는 사람의 신변이 가장 큰 위험에 노출되는 때는 식사하는 때, 술 마시는 때, 목욕하는 때, 잠자는 때라는 사실을 알고 있었다. 그래서 자기 곁에 둘 가장 믿을 만한 사람이 누구인지 생각해보았다. 키루스보다 더 소중하게 생각하는 사람이 있다면 그런 사람은 믿을 만하지 않다고 생각했다. [60] 따라서 자녀가 있거나 천생연분인 아내가 있거나 연인이 있는 사람들은 본능적으로 그들을 가장 사랑할 수밖에 없을 것이다. 하지만 내시들은 그런 것과는 거리가 먼 자들이어서, 자신들을 부자로 만들어줄 수 있는 사람, 자신들이 부당한 일을 당했을 때 도와줄 수 있는 사람, 자신들에게 명예를 안겨줄 수 있는 사람을 가장 소중히 여길 것이다. 게다가 키루스는 내시들에게 그런 것을 해주는 데서 자기를 능가할 자가 없기 때문에, 내시들이야말로 자기 곁에 두기에 최적임자라고 생각했다.

[61] 또한 내시들은 다른 사람들에게 멸시받는 자들이었고, 사람들은 누구나 내시들의 뒤를 봐주는 권력자가 없기만 하다면 내시들을 얼마든지 등쳐먹어도 아무 문제가 없다고 생각했기 때문에, 그런 이유만으로도 내시들에게는 자신을 돌봐줄 주인이 필요했다. 내시일지라도 자신의 주인인 권력자에 대한 충성심이 깊기만 하다면 다른 모든 사람을 능가하는 최고의 자리에 오르는 것은 얼마든지 가능했다.

[62] 대다수의 사람들은 내시가 남자의 힘을 잃어버려 아무짝에도 쓸모없는 자라고 생각했지만, 키루스는 그렇게 생각하지 않았다. 그는 다른 짐승들의 사례를 보고서 그런 결론을 내렸다. 예컨대, 사나운 말도 거세하면 더 이상 물지 않고 고분고분해질 뿐만 아니라, 전쟁에서도 유용하게 사용할 수 있다. 거세된 황소는 사납게 날뛰는 것이 어느 정도 사라지면서도, 힘이나 일하는 능력은 사라지지 않는다. 거세된 개는

주인에게서 달아나지 않을 뿐만 아니라, 집을 지키거나 사냥하는 능력은 전혀 줄어들지 않는다.

[63] 마찬가지로 사람도 성욕이 제거되면 더 온순해지지만, 자기에게 맡겨진 일을 세심하게 수행하는 데는 전혀 뒤지지 않는다. 기병이나 창병이 되기에도 전혀 손색이 없고 명예심도 다른 사람에 비해 결코 뒤지지 않는다.

[64] 내시들이 전쟁과 사냥에서 보이는 명예심이 다른 사람에 비해 결코 뒤지지 않는다는 사실은 이미 분명하게 증명되었다. 특히 주인이 몰락했을 때 내시들이 끝까지 충성심을 보여준다는 것도 증명되었다. 주인이 궁지에 몰렸을 때 내시보다 더 큰 충성심을 보여준 사람은 아무도 없었다.

[65] 내시가 되면 육체적인 힘은 조금 줄어드는 것으로 보이지만, 전쟁에서는 아무리 힘이 약한 사람이라도 칼만 잡으면 강한 자가 되는 법이다. 이런 점을 알고 있던 키루스는 문지기를 비롯해 자기 옆에 있으면서 자기를 위해 해주어야 할 모든 일을 내시들에게 맡겼다.

[66] 하지만 키루스는 자기에게 적개심을 지닌 자들이 많다는 것에 비추어 보았을 때 자신의 신변을 지키는 데 내시들만으로는 충분하지 않다고 여겼다. 따라서 왕궁을 지켜줄 가장 믿을 만한 사람들이 누구일지 생각해보았다.

[67] 그는 고국에 있는 페르시아인이 가난 때문에 아주 어려운 삶을 살았고, 땅이 척박해 손으로 하는 노동을 하며 아주 힘든 삶을 살았다는 것을 알고 있었기 때문에, 그들이 자기와 함께하는 삶을 가장 좋아하리라고 생각했다. [68] 그래서 페르시아군 중에서 1만 명의 창병을 선발해, 자기가 궁 안에 있는 동안에는 왕궁 주위에 빠짐없이 배치해 밤낮으로 수비하게 했다. 자기가 궁 밖으로 나갈 때는 어디를 가든지 양옆에서 자기를 호위하게 했다.

[69] 키루스는 자기가 바빌론 성에 머물러 있을 때나 성 밖에 나가 있을 때나 바빌론 성 전체를 지킬 수 있는 충분한 병력을 배치해야 한다고 생각했기 때문에, 바빌론 성에도 충분한 수비대를 주둔시켰다. 수비대의 급료는 바빌론인이 부담하게 했다. 이는 바빌론인의 재산을 최대한으로 줄이고 가난하게 만들어서 쉽게 통제하기 위한 것이었다. [70] 그때 키루스가 자신을 경호하고 바빌론 성을 지키기 위해 창설한 수비대는 오늘날까지도 이어지고 있다.

키루스는 제국 전체를 탄탄히 하고 확장해나가려면 어떻게 해야 하는지 숙고하면서, 용병은 그 수가 얼마 되지 않기 때문에 자신의 신민을 활용하는 것보다 더 나을 것이 없다고 생각했다. 그는 신들의 도우심으로 자신에게 승리를 안겨준 용맹스러운 장병들을 단결시켜야 하고, 그들이 지금까지 보여준 미덕을 잃지 않도록 신경 써야 한다는 사실을 깨달았다.

[71] 하지만 그는 굳이 명령하지 않아도, 그들이 스스로 그렇게 하는 것이 최선임을 깨달아서 미덕을 지키고 길러나가게 하고 싶었다. 그래서 지금까지 자신과 함께 피땀을 흘려 대업을 이루는 데 가장 크게 기여해 이제 그 대가를 받을 자격이 충분하다고 여겨지는 중요한 사람들과 페르시아 귀족들을 모두 소집했다.

[72] 그들이 모두 모이자 키루스는 이렇게 말했다. "친구들과 동맹 여러분, 우리가 누릴 자격이 있다고 생각한 것들을 우리로 하여금 얻게 해주신 신들께 먼저 큰 감사를 드립시다. 지금 우리에게는 넓고 좋은 땅과 그 땅을 경작해 우리를 든든하게 받쳐주는 사람들이 있고 집과 가재도구들이 있습니다.

[73] 여러분 중 아무도 자기가 다른 사람의 것을 빼앗아 가졌다고 생각해서는 안 됩니다. 전쟁으로 어떤 성이 함락된 경우 그 성의 사람과 재산은 모두 성을 점령한 사람들의 것입니다. 이는 인류의 만고불변

의 법칙입니다. 따라서 지금 여러분에게 주어진 것을 앞으로도 계속 소유하는 일은 결코 불의하지 않습니다. 여러분에게 주어진 것을 이 성의 사람들에게서 가져오지 않고 그들로 하여금 계속 갖게 한다면, 단지 여러분이 그들에게 호의를 베푸는 것일 뿐입니다.

[74] 하지만 앞으로 우리가 사악한 인간들처럼 안일하고 나태한 가운데 향락에 빠져 사치스러운 삶을 살아가면서 땀 흘려 일하는 것은 고생이고, 땀 흘리지 않고 편안하게 사는 것이 행복이라고 생각한다면, 우리는 머지않아 자신이 보기에도 형편없는 자들이 되어서 지금 우리가 지닌 모든 좋은 것을 잃게 될 것입니다.

[75] 지금은 용맹한 사람이라고 하더라도 용맹함을 유지하려고 끝까지 노력하지 않는다면 계속 용감할 수는 없습니다. 다른 기술들도 갈고닦지 않고 소홀히 하면 퇴보하고, 튼튼한 신체를 지닌 사람도 안일하고 나태한 삶을 살면 신체가 이전보다 더 나빠지는 것처럼, 사리 분별과 절제력과 체력도 계속 단련하지 않으면 다시 나빠집니다.

[76] 따라서 우리는 방심해서도 안 되고, 눈앞의 즐거움에 빠져 있어서도 안 됩니다. 제국을 얻는 것도 큰일이지만, 일단 얻은 제국을 계속 유지하는 것은 한층 더 큰일이라고 나는 생각합니다. 제국을 얻는 데는 흔히 대담하고 용감하기만 하면 되지만, 일단 얻은 제국을 유지하는 일은 사리 분별과 절제력과 각고의 노력 없이는 불가능하기 때문입니다.

[77] 이것을 안다면 지금 우리는 이 좋은 것들을 얻기 전보다 미덕을 단련하는 데 한층 더 힘써야 합니다. 게다가 다른 사람들이 갖지 못한 좋은 것을 많이 가진 사람일수록, 적이 되어 그를 시기하고 해치려고 하는 사람들이 더 많아집니다. 우리처럼 전쟁에서 승리해 다른 사람들의 것을 차지하고 그들을 종으로 부리는 처지에 있는 사람은 특히 그렇습니다. 그러므로 우리는 무엇보다도 먼저 신들이 우리 편이라는 것

을 믿어 의심치 않아야 합니다. 왜냐하면 우리는 다른 사람들을 불의하게 해치고서 그들의 것을 우리가 부당하게 차지한 것이 아니라, 도리어 우리에게 불의하게 행하고 부당하게 해친 자들을 응징한 것이기 때문입니다.

[78] 다음으로 중요한 것은 우리 자신의 힘으로 해내야 하는데, 이는 우리가 신민들보다 더 나은 자들임을 보임으로써 그들을 다스릴 자격이 있다는 것을 증명하는 일입니다. 물론 우리는 더위와 추위, 먹을 것과 마실 것, 일하는 것과 자는 것을 노예들과 함께해야 합니다. 하지만 그들과 함께하는 가운데 우리가 그들보다 더 나은 자들이라는 것을 먼저 보여주려고 해야 합니다.

[79] 또한 우리는 전쟁을 알고 수행하는 것과 관련해서는 우리를 위해 일하고 공물을 바치는 사람들과 함께할 필요가 전혀 없지만, 신들이 전쟁을 인간의 자유와 행복을 위한 수단으로 정한 것을 우리가 알기 때문에, 전쟁을 알고 수행하는 것에서 반드시 우리 신민들보다 우위에 있어야 합니다. 또한 우리는 무기를 가장 가까이 하는 자들이 자기가 원하는 것들을 가장 잘 이루어낼 수 있다는 것을 잘 알기 때문에, 우리의 신민들에게서는 무기를 제거해야 하는 반면, 우리 자신은 결코 무기를 놓아서는 안 됩니다.

[80] '우리가 원하던 것을 얻었다고 해도, 계속 굶주리고 목말라하며 피땀을 흘리고 고생해야 한다면, 그것이 무슨 소용이 있겠는가'라고 속으로 생각하는 사람이 있다면, 그런 사람은 좋은 것들을 얻기 위해 고생한 정도만큼 기쁨도 더 커진다는 사실을 명심해야 합니다. 고생은 좋은 것을 더욱 맛있게 만들어주는 양념이기 때문입니다. 사람이 부족한 것이 없어지면 아무리 좋은 것이 그에게 있어도 거기에서 기쁨을 얻을 수 없는 법입니다.

[81] 신이 우리에게 사람들이 가장 원하는 것을 얻게 해주셨기 때

문에, 이제 우리가 최대한의 기쁨을 얻을 수 있는 방식으로 그것을 사용하기만 한다면, 우리는 인간의 삶에서 필요한 많은 것을 가지고 있지 않은 자들에 비해 큰 이점을 지니게 된 것입니다. 왜냐하면 그렇게 했을 때 우리는 굶주릴 때 가장 맛있는 것을 먹고, 목마를 때 가장 좋은 것을 마시며, 휴식해야 할 때 가장 편안하게 휴식함으로써, 어느 때든지 가장 큰 기쁨을 얻을 수 있기 때문입니다.

[82] 우리에게는 용맹함의 미덕을 유지하기 위한 각고의 노력이 필요하다는 것을 내가 이토록 역설하는 이유는, 첫째는 우리가 좋은 것을 누리되 거기로부터 가장 큰 기쁨을 누릴 수 있는 최고의 방식으로 누리기 위한 것이고, 둘째는 사람이 겪는 일 중에서 가장 힘들고 고통스러운 일을 우리가 겪지 않기 위한 것입니다. 왜냐하면 좋은 것을 얻지 못하는 일도 힘들고 고통스럽지만, 좋은 것을 얻어서 누리다가 잃는 일이 더 고통스럽기 때문입니다.

[83] 또한 이것도 생각해보십시오. 우리가 이전보다 더 형편없는 사람이 되도록 우리 자신을 방치한다면, 우리는 무슨 말을 할 수 있겠습니까? 그래도 지금 우리는 지배자들이기 때문에 괜찮다고 말하겠습니까? 하지만 지배자가 자신의 신민들보다 더 형편없는 자가 된다는 것은 말이 되지 않습니다. 우리는 이전보다 지금이 더 행복하니 그것으로 된 것이 아니냐고 말하겠습니까? 우리가 그렇게 말한다면, 다른 사람들은 행복하기만 하면 악덕을 저질러도 되는 것이냐고 반문할 것입니다. 우리에게는 노예들이 있고, 그들이 악하게 굴면 처벌하면 된다고 말하겠습니까? [84] 우리 자신은 악하고 형편없이 살아가면서, 다른 사람들이 악하고 나태하다고 처벌한다는 것이 말이 되겠습니까?

이것도 생각해보십시오. 우리는 다른 많은 사람을 동원해 우리의 집을 지키고 신변을 보호하도록 조치해놓았습니다. 그런데 우리가 다른 사람들에게 창을 주어 우리를 안전하게 지키게 해놓고는, 우리는 우리 자신을 지키기 위해 창을 들지 않아도 괜찮다고 생각한다면 얼마나 부끄러운 일이겠습니까? 게다가 우리는 자신이 훌륭하고 용맹한 사람이 되는 것이 우리를 가장 안전하게 지킬 수 있는 길임을 알아야 합니다. 그런 미덕을 갖추지 않은 사람이 다른 좋은 것을 누리는 일은 합당하지 않기 때문에, 좋은 것을 가장 안전하게 누리기 위해서는 반드시 그런 미덕을 갖추어야 합니다.

[85] 그렇다면 이 미덕을 단련하고 실천하려면 우리는 어떻게 해야 합니까? 여러분, 그에 대해 내가 새롭게 할 말은 아무것도 없습니다. 페르시아에서 귀족들이 관청에 나와서 시간을 보내는 것처럼, 나는 여기에 있는 모든 귀족들도 그렇게 해야 한다고 말하고 싶습니다. 여러분은 내 옆에 있으면서 나를 보며 내가 해야 할 일들을 제대로 하면서 시간을 보내는지 살펴야 하고, 나도 여러분을 살피고 지켜보다가 훌륭하고 고귀한 일을 하는 사람들을 보면 그들에게 상을 내릴 것입니다.

[86] 또한 우리는 앞으로 태어날 아이들을 왕궁에서 교육해야 합니다. 우리가 아이들에게 최고의 본이 되려 하면 우리 자신도 더 발전하게 될 것입니다. 아이들은 수치스러운 것은 전혀 보지도 못하고 듣지도 못하는 가운데 온종일 훌륭하고 고귀한 것만 보고 들으며 지내게 되면서 악해지고 싶어도 쉽게 악해질 수 없을 것입니다.”

제8권
제국의 건설과 키루스의 죽음

제1장

[1] 키루스가 말을 마치자 뒤이어 크리산타스가 일어나 이렇게 말했다. "여러분, 저는 전에 다른 기회를 통해 훌륭한 통치자는 훌륭한 아버지와 전혀 다르지 않다는 것을 여러 차례 확인했습니다. 아버지는 자녀에게 좋은 것이 결핍되지 않게 하려고 미리미리 어떻게 해야 하는지 자녀에게 알려줍니다. 그런 것처럼 키루스께서는 우리가 여생을 계속 행복하게 지낼 수 있도록 지금 우리에게 조언해주신 것이라고 생각합니다. 하지만 분명히 해두어야 할 것이 있는데도 키루스께서 분명히 말씀하시지 않은 것이 한 가지 있는 듯합니다. 그래서 이 자리에 계신 분들 중 혹시라도 모르시는 분이 있을까 해서 제가 말씀드리려고 합니다.

[2] 한번 생각해보십시오. 명령에 불복종하는 자들이 적군의 성을 점령할 수 있겠습니까? 명령에 복종하지 않는 자들이 아군의 성을 지켜낼 수 있겠습니까? 명령에 불복종하는 자들로 이루어진 군대가 어떻게 승리할 수 있겠습니까? 자기 자신을 우선시해 자기만 살 궁리를 하는 자들로 이루어진 군대가 전투에서 지는 것은 당연한 일 아니겠습니까?

상관에게 복종하지 않는 자들을 데리고 어떤 좋은 일을 이룰 수 있겠습니까? 그런 자들과 함께할 때, 어떻게 국가를 제대로 다스리거나 가정을 지키거나 배가 목적지에 도달할 수 있겠습니까?

[3] 지금 우리에게 주어져 있는 좋은 것들과 관련해서도 우리가 지도자에게 복종하지 않았다면 무슨 수로 그것들을 얻을 수 있었겠습니까? 우리가 지도자에게 복종했기 때문에 밤이든 낮이든 우리가 가고자 하는 곳에 신속하게 도착할 수 있었고, 많은 사람이 한마음으로 지도자를 따랐기 때문에 우리가 천하무적이 될 수 있었으며, 우리에게 맡겨진 모든 과업을 완수할 수 있었습니다. 따라서 좋은 것을 이루는 데 지도자에게 복종하는 것이 가장 중요하다는 사실이 증명되었다면, 이미 이룬 좋은 것을 계속 유지하는 데도 지도자에게 복종하는 일이 가장 중요합니다.

[4] 우리 가운데 다수는 전에 다른 사람을 다스려본 적은 없고 다스림을 받기만 했습니다. 하지만 이 전쟁을 통해 여기에 계신 분들은 모두 크고 작은 부대를 맡아 다른 사람들을 다스려왔습니다. 따라서 자신의 휘하에 있는 사람들을 다스릴 권한이 여러분에게 있다고 생각하는 것과 마찬가지로, 우리가 복종해야 하는 사람들에게 복종하는 것이 마땅합니다. 노예는 어쩔 수 없이 주인을 섬기는 반면, 우리가 우리 자신을 자유민으로 생각한다면 우리 스스로가 가장 가치 있다고 여기는 것을 해야 합니다. 군주제를 채택하지 않은 국가에서조차도 병사들이 지휘관에게 기꺼이 복종하면 적에게 잘 굴복하지 않는다는 사실을 여러분도 잘 아실 것입니다.

[5] 그러니 키루스께서 지시하신 대로 우리도 날마다 관청으로 출근해, 우리가 가장 잘할 수 있고 반드시 해야 할 일을 하고, 키루스께서 필요하다고 생각하시는 일에 우리를 사용하시게 합시다. 또한 우리와 키루스께 이익이 되는 일도 동일하고 적도 동일하기 때문에, 우리는 키루스께서 우리에게는 이익이 되지 않고 오직 자기에게만 이익이 되는

일에 우리를 사용하는 경우는 절대로 일어날 수 없다는 것을 확신해야 합니다."

[6] 크리산타스가 이렇게 말하고 나자, 페르시아 귀족들과 동맹군 지도자들 중 다수가 일어나 그의 발언을 지지했다. 마침내 귀족들은 왕궁으로 나와서 키루스가 시키는 일들을 하다가 저녁이 되면 집으로 돌아가기로 결정했다. 아시아에서는 오늘날에도 왕의 신하들은 왕궁으로 출근해 왕이 하라는 일을 하며 시간을 보낸다.

[7] 지금까지 우리는 키루스가 자기 자신과 페르시아인을 위해 제국을 튼튼히 지키고자 마련했던 여러 제도에 대해 언급했다. 키루스 이후의 왕들도 오늘날까지 이 제도들을 그대로 유지하고 있다.

[8] 그때나 지금이나 그대로인 것으로는 다른 사항들도 있다. 관청의 책임자가 훌륭한 사람일수록 그 관청에서 하는 일도 깨끗하게 이루어지는 반면, 관청의 책임자가 형편없는 사람일수록 그 관청에서 하는 일도 부패하게 이루어진다는 사실이다.

이렇게 하여 귀족들은 창을 들고 말을 타고서 키루스의 왕궁으로 출근하게 되었다. 키루스와 힘을 합쳐 제국을 건설한 훌륭한 사람들이 그렇게 결정했기 때문이다.

[9] 다음으로 키루스는 여러 가지 사무를 담당할 관리를 임명했다. 그에게는 징세를 담당하는 자들, 금전의 출입을 담당하는 자들, 국가의 공사를 담당하는 자들, 국고를 담당하는 자들, 일상적인 물품을 관리하는 자들이 있었다. 또한 키루스는 말과 개를 언제나 최고의 상태로 사용할 수 있도록 관리하는 자들도 임명했다.

[10] 하지만 키루스는 자신의 통치를 뒷받침해줄 공동 수호자들[71]

---

71 "공동 수호자"(συμφύλαξ, '쉼퓔락스')는 키루스가 자신의 제국을 다스릴 국정의 동반자로 삼은 사람들을 가리킨다. 나중에는 실제로 "동반자"(κοινῶν, '코이논')라는 표현을

로 어떤 사람들이 가장 좋을지 판단해 선발하는 일은 자신이 직접 해야 한다고 생각해 다른 사람들에게 맡기지 않았다. 그는 전투를 해야 할 상황이 발생했을 때 자신의 양옆과 뒤에 서서 자기를 보호해주고, 큰 위기가 닥쳤을 때 자기와 생사를 함께할 사람들을 이 공동 수호자들로부터 선발해야 한다는 것을 알고 있었기 때문이다. 또한 키루스는 보병대와 기병대의 지휘관도 공동 수호자 중에서 뽑아야 한다고 생각했다.

[11] 또한 자기가 직접 갈 수 없는 곳에 장군을 보내야 하는 경우에도 공동 수호자 중에서 선발해 보내야 한다는 것을 알았다. 또한 성을 지킬 성주와 한 민족 전체를 다스릴 총독도 공동 수호자 중에서 뽑아야 하고, 외국에 보내는 사신도 공동 수호자 중에서 선발해야 한다는 것을 알았다. 그는 사신을 보내 설득하는 것은 전쟁을 하지 않고 자신이 필요한 것을 얻을 수 있는 가장 중요한 방법으로 여겼기 때문이다.

[12] 키루스는 중요한 국사를 맡아서 처리해야 할 공동 수호자를 제대로 선발하지 않는다면, 자신의 통치는 실패하고 말 것이라고 생각했다. 반면, 공동 수호자를 제대로 선발한다면, 자신의 통치는 모든 점에서 성공적일 것이라고 믿었다. 키루스는 이런 소신을 지니고 있었기 때문에 공동 수호자를 선발하는 일을 직접 맡아서 했다. 또한 훌륭하고 고귀한 일을 하는 미덕을 단련하고 실천하는 일에서도 귀족들도 똑같이 했다. 자기가 솔선수범하지 않으면 다른 사람들에게 훌륭하고 고귀한 일을 하도록 이끌 수 없다고 생각했기 때문이다.

[13] 이러한 결론에 도달하자 키루스는 가장 중요한 일에 몰두할 수 있으려면 먼저 자신에게 시간적인 여유가 필요하다고 생각했다. 그는

사용한다. 플라톤은 『국가』에서 통치자와 군인을 한 묶음으로 "수호자"로 지칭하는데, 국가를 수호하는 자들이라는 뜻이다. 여기서는 국가 행정과 군대 지휘를 담당하는 귀족을 가리킨다.

큰 제국을 다스리려면 막대한 자금이 필요할 것이라고 예상해, 국가의 수입 문제를 소홀히 할 수 없다고 판단했다. 하지만 국가의 수입원에 자기가 일일이 다 관여하다 보면, 제국 전체의 안전에 신경 쓸 시간이 없으리라는 것도 잘 알고 있었다.

[14] 이렇게 행정적인 문제들을 훌륭하게 처리하면서도 시간적인 여유를 가지려면 어떻게 해야 하는지 숙고하던 키루스는 군대 조직에 생각이 미쳤다. 일반적으로 10인 분대장은 10명의 분대원을 관리하고, 소대장은 분대장들을 관리하고, 중대장은 소대장들을 관리하고, 연대장은 중대장들을 관리하고, 사단장은 연대장들을 관리하기 때문에, 사람들이 아무리 많아도 관리를 받지 않는 사람은 단 한 명도 없다. 총사령관은 어떤 일에 자신의 군대를 사용하고자 할 때마다 사단장들에게 명령을 내리기만 하면 된다.

[15] 키루스는 군대 조직을 본떠 행정 조직도 중앙 집중화했다. 그 결과 키루스는 소수의 사람들에게 지시함으로써 제국의 행정 업무를 하나도 빠짐없이 관리하고 감독할 수 있었다. 마침내 그는 한 가정이나 한 척의 배를 관리하는 사람보다도 더 많은 시간적인 여유를 갖게 되었다. 그는 행정 조직을 정비하고 나서, 자신의 측근들에게도 이런 식으로 조직을 활용하라고 지시했다.

[16] 키루스와 그의 측근들이 시간적인 여유를 얻게 되자, 키루스는 자신을 보좌하는 자들이 적임자인지 살펴보기 시작했다. 먼저 다른 사람들이 하는 일로 자신의 신분을 유지하고 살아가는 사람들인 귀족들이 날마다 왕궁으로 출근하는지 알아보았다. 왜냐하면 왕궁으로 출근하는 사람들은 가까이에 통치자가 있고 자기가 왕궁에서 하는 일들은 다른 귀족들이 보고 있다는 사실을 알고 있어 함부로 악하거나 부끄러운 일을 하지 않는다. 하지만 왕궁으로 출근하지 않는 사람들은 무절제하거나 불의한 짓을 저질렀거나 자신이 해야 할 일을 소홀히 했기 때

문에 오지 않은 것이라고 생각했다.

[17] 따라서 먼저 우리는 키루스가 어떻게 그런 사람들을 왕궁으로 출근하도록 만들었는지 설명하고자 한다. 키루스는 자신의 친한 친구들 중 한 사람을 시켜 왕궁으로 출근하지 않는 귀족의 재산 중 일부를 빼앗아 그 재산이 원래 자신의 소유에서 가져온 것이라고 주장하게 했다. 이런 일이 벌어지자, 자신의 재산을 빼앗긴 귀족들은 즉시 왕궁으로 와서 키루스에게 자기가 부당한 일을 당했다고 억울함을 호소했다.

[18] 하지만 키루스는 귀족들의 호소를 자세히 들어줄 만한 시간적 여유가 없다는 핑계로 오랜 시간에 걸쳐 여러 번 그들을 불러 이야기를 들으며 판결을 미루었다. 그러다 보면 키루스는 그들이 왕궁으로 출근하는 것이 습관처럼 될 것이고, 처벌을 통해 강제로 왕궁으로 출근하게 만드는 것보다 반감을 덜 사게 될 것이라고 생각했다.

[19] 이것이 왕궁으로 출근하지 않는 사람들을 출근시키기 위해 키루스가 사용한 방법 중 하나였다. 또 한 가지 방법은 왕궁에 출근하는 귀족들에게 가장 많은 이득을 얻으면서도 가장 쉽게 할 수 있는 일을 맡기는 것이었다. 또 다른 방법으로는 왕궁으로 출근하지 않는 귀족들에게는 아무것도 나누어 주지 않는 것이 있었다.

[20] 하지만 가장 확실한 방법은 왕궁으로 출근하지 않는 귀족에게서 재산을 모두 빼앗아 키루스가 필요할 때마다 왕궁에 출근한 귀족에게 나누어 주는 것이었다. 키루스는 앞에서 말한 세 가지 방법이 통하지 않는 귀족에게는 네 번째 방법을 사용했다. 이런 식으로 키루스는 쓸모없는 자 대신에 쓸모 있는 자를 친구로 얻게 되었다. 오늘날까지도 왕은 왕궁에 출근해야 할 사람이 출근하지 않으면 출근하지 않은 이유를 캐묻는다.

[21] 이것이 키루스가 왕궁으로 출근하지 않은 귀족에게 행한 조치였다. 한편 왕궁으로 출근한 귀족이 훌륭하고 고귀하게 행하도록 이끌

수 있는 가장 효과적인 방법은 군주인 자신이 신하들 앞에서 그런 미덕을 솔선수범하는 것이었다.

[22] 키루스는 법률을 제정해 사람들을 더 나아지게 만들 수 있다는 것을 알았다. 하지만 훌륭한 통치자는 질서를 제대로 잡기 위해 사람들이 지켜야 할 법을 제정하는 데서 그치는 것이 아니라, 법을 어기는 자들을 반드시 처벌해야 한다고 믿었다.

[23] 그러한 소신으로 키루스는 먼저 자신의 생애 중에서 가장 행복한 시절을 맞은 이때 신들을 섬기는 일에서 모범을 보이려고 한층 더 노력을 기울였다. 그래서 처음으로 그는 수도승들에게 날이 밝자마자 가서 모든 신에게 찬양을 드리고, 자기는 수도승들이 말해주는 신들에게 매일 제를 올리는 것을 제도화했다.

[24] 키루스가 이때 제정한 제도는 후대의 모든 왕에 의해 오늘날까지도 유지되고 있다. 다른 페르시아인이 처음에 키루스를 본받은 것은 한편으로는 자신들의 군주이자 가장 행복한 사람이 했던 방식으로 신들을 섬기면 자신들도 행복해질 것이라고 믿었기 때문이다. 다른 한편으로는 그렇게 하는 것이 키루스를 기쁘게 하는 것이라고 생각했기 때문이다.

[25] 키루스는 자신과 함께하는 사람들이 신들을 공경하는 것이 자기에게 이롭다고 믿었다. 사람들이 불경한 일을 저지르며 살아온 사람들과 함께 여행하는 것보다는 신들을 공경하는 사람들과 함께 여행하는 것을 더 선호하는 것과 같다고 생각했다. 게다가 그는 국정을 함께 이끌어가는 동반자들에게 자신이 은혜를 베푸는 은인이라고 믿었기 때문에, 이 모든 동반자가 신들을 공경하는 자가 되면 서로에게 불경한 짓을 저지를 가능성이 줄어들 것이라고 생각했다.

[26] 자기가 친구나 동맹에게는 어떤 잘못도 저지르지 않고 공명정대하게 대하는 것에 지대한 관심을 쏟는다면, 그들도 부끄러운 짓을 통

해 이득을 얻으려 하지 않고 바르게 행동할 것이라고 생각했다.

[27] 자기가 모든 사람을 존중해 부끄러운 말이나 행동을 전혀 하지 않는 것을 보여주면, 모든 사람이 서로 다른 사람을 존중하는 풍토가 자리 잡게 될 것이라고 생각했다. [28] 키루스는 다음과 같은 결론을 내렸다. 사람들은 통치자만이 아니라 다른 사람을 존중하지 않는 사람보다 다른 사람을 존중하는 사람을 존중한다. 심지어 다른 사람을 존중하는 여자를 더 기꺼이 존중해준다.

[29] 또한 키루스는 아주 대단한 미덕들을 온 힘을 다해 실천하고 있다고 생각하는 사람들보다는 자신의 명령에 무조건 복종하는 사람들을 더 존중한다면, 자기 주변에 있는 사람들에게 복종의 미덕을 심어줄 수 있을 것이라고 생각했다.

[30] 키루스는 이런 생각들을 가지고 행동했다. 그는 솔선수범해 절제하는 삶을 살아나감으로써 다른 모든 사람도 절제하는 삶을 실천하게 만들고자 했다. 얼마든지 제멋대로 방자하고 방탕하게 살아갈 수 있는 사람이 절제하며 살아간다면, 이를 본 다른 힘없는 사람들은 더욱 방자하고 방탕한 짓을 하지 않을 것이라고 생각한 것이다.

[31] 키루스는 존중과 절제를 다음과 같이 구별했다. 다른 사람을 존중하는 자들은 사람들이 보는 곳에서 부끄러운 짓을 하지 않지만, 절제하는 자들은 사람들이 보지 않는 곳에서조차도 부끄러운 짓을 하지 않는다.

[32] 키루스는 자기가 순간의 쾌락을 누리기 위해 선한 것들을 벗어던지는 것이 아니라, 고귀한 즐거움을 위해 먼저 기꺼이 고통을 감수하는 모습을 스스로 보여준다면, 모든 사람에게 절제 훈련을 가장 잘시킬 수 있으리라고 생각했다.

[33] 이렇게 키루스는 왕궁에서 아랫사람들 사이에서 대단히 올바른 풍토가 조성되게 했다. 아랫사람은 윗사람을 공경했고 서로를 존중

하고 예의 바르게 대했다. 왕궁에서는 화가 나서 소리를 지르거나 기쁘다고 방자하게 웃는 사람은 단 한 명도 찾아볼 수 없었다. 만일 여러분이 그런 모습을 보았다면 진정으로 고귀하게 살아가고 있다고 생각했을 것이다. [34] 사람들은 모두 왕궁에서 스스로 그렇게 행했고 다른 사람들이 그렇게 행하는 것을 보며 지냈다.

키루스는 군사훈련이 필요하다고 생각되는 사람들을 데리고 사냥을 나갔다. 사냥은 최고의 군사훈련인 동시에 기병에게는 실전과 다름없다고 생각했다.

[35] 사냥을 할 때는 기병들이 달아나는 사냥감을 추격해 온갖 장소로 말을 타고 달린다. 따라서 기병들이 말 위에 탄 채 온갖 지형을 달리는 훈련을 하는 데 최고인 데다가, 사냥감을 잡기 위해 온 힘을 다해 서로서로 경쟁하기 때문에 기마술을 숙달시키는 데도 최고의 훈련이었다.

[36] 사냥은 키루스가 자신의 국정 동반자들이 절제와 인내, 더위와 추위, 굶주림과 목마름을 견디는 것도 익힐 수 있게 해주는 최고의 수단이었다. 오늘날까지도 왕을 비롯해 국정을 돌보는 사람들은 사냥을 통해 계속 훈련들을 해나가고 있다.

[37] 지금까지 말한 모든 것이 분명하게 보여주는 사실은 키루스는 어떤 사람이 자기가 다스리는 사람들보다 못하면 그들을 다스릴 자격이 없다고 생각했다는 것이다. 또한 키루스는 자신의 측근들을 훈련시킴으로써 그 자신도 절제와 군사 기술과 실전 훈련을 아주 잘할 수 있었다는 것이다.

[38] 키루스는 왕궁에 꼭 머물러 있어야 할 때가 아니면 언제든지 자신의 측근들을 데리고 사냥을 나갔고, 왕궁에 머물러 있어야 할 때조차도 왕궁 내에 있는 공원에서 기르는 짐승들을 사냥했다. 그는 반드시 먼저 땀 흘려 운동한 후에야 식사를 했고, 말들에게도 반드시 먼저 운동을 시킨 후에 먹이를 주었다. 그는 사냥할 때 자신을 수행하는 내시

들도 데리고 나갔다.

[39] 키루스와 그의 측근들은 이렇게 끊임없이 단련한 덕분에 온갖 남자답고 고귀한 일에서 아주 탁월했는데, 이런 일에서도 키루스는 타인의 모범이 되었다. 게다가 키루스는 이런 일에서 다른 사람들을 능가하려고 최선을 다해 노력하는 사람을 볼 때마다 선물과 관직을 비롯한 온갖 상을 내렸다. 이렇게 키루스는 사람들에게 모든 사람 가운데 가장 훌륭하고 고귀한 사람으로 보이고자 하는 뜨거운 열망을 심어주었다.

[40] 이제 우리는 키루스가 다스리는 자는 다스림을 받는 자보다 더 뛰어나야 한다고 믿었을 뿐만 아니라, 다스림을 받는 사람을 매료시켜야 한다고 생각했다는 것을 알게 된다. 그는 스스로 메디아풍의 복장을 했고, 자신의 국정 동반자에게도 메디아풍의 의상을 입으라고 권했다. 어떤 사람이 신체적 결함을 지니고 있더라도 메디아풍의 옷이 그 결함을 감춰주고, 메디아풍의 옷을 입으면 사람이 더 잘생겨 보이며 키도 더 커 보인다고 생각했다.

[41] 키루스는 그들에게 밑창에 높은 깔창을 깔아 감쪽같이 키가 커 보이게 해주는 신발을 신고, 눈 주위를 색칠해 실제보다 아름답고 멋지게 보이게 하며, 화장품을 사용해 실제보다 얼굴빛이 나아 보이게 하라고 권했다.

[42] 키루스는 그들이 사람들 앞에서 침을 뱉거나 코를 풀지 않게 했고, 오직 정면만 응시한 채 다른 것에 눈을 돌리지 않음으로써 어떤 것도 마음을 흐트려놓을 수 없음을 보여주게 했다. 이 모든 것을 지켜 그대로 행하면 아랫사람들이 얕잡아 볼 수 없게 하는 데 도움이 될 것이라고 생각했다.

[43] 이렇게 키루스는 자신의 측근들을 훈련시키고 그들에게 자신의 위엄을 보여줌으로써, 함께 국정을 이끌어갈 사람들을 직접 챙겼다. 한편, 자유민을 섬기는 일을 해야 하는 노예에게는 자유민이 받아야 하

는 힘든 훈련을 전혀 시키지 않았고, 무기를 지니는 것도 허용하지 않았다. 하지만 그들이 자유민을 섬기는 일을 하면서 먹고 마시는 데는 어려움이 없게 했다.

[44] 키루스는 노예들이 기병을 위해 사냥감을 들로 몰아 사냥감이 잡혔을 때는 오직 노예들에게만 사냥한 짐승을 주어서 먹게 했다. 원정을 나갔을 때는 짐을 실어 나르는 가축은 물론이고 노예들도 물가로 데려가 물을 마시게 했다. 식사 시간이 되었을 때는 자기는 기다리면서 그들이 먼저 먹고 허기에 지치지 않게 해주었다. 이렇게 키루스는 아무런 불평 없이 일생동안 노예로 살아갈 수 있게 해주었기 때문에, 귀족들이 키루스를 "아버지"라고 불렀듯이 노예들도 키루스를 "아버지"라고 불렀다.

[45] 이 모든 일을 통해 키루스는 페르시아 제국을 튼튼한 반석 위에 올려놓았다. 자신의 신변과 관련해서도 그는 자기가 복속시킨 자들에게 위해를 당할 위험이 없어졌다고 자신 있게 말할 수 있었다. 이처럼 자신하게 된 것은 그들이 철저하게 무력화되고 조직도 와해되었을 뿐만 아니라, 밤이든 낮이든 키루스에게 접근할 수 있는 자가 아무도 없었기 때문이다.

[46] 하지만 키루스의 주변에는 군대를 직접 이끄는 강력한 자들이 있었다. 그들은 기병대 지휘관이거나 보병대 지휘관이었다. 그들 중 대다수는 스스로 제국을 다스릴 능력과 자격을 갖추고 있다고 생각한다는 것을 키루스도 알고 있었다. 그들은 키루스의 수비대와 가깝고 키루스와도 자주 어울리는 자들이었다. 키루스가 그들을 활용하려면 그렇게 할 수밖에 없었다. 하지만 키루스에게는 위험성도 상존했다.

[47] 그래서 키루스는 그들이 자기에게 위협이 되지 않도록 어떤 조치를 취해야 한다는 생각을 늘 가지고 있었지만, 그들의 무장을 해제시켜 전쟁을 할 수 없게 만들지는 않았다. 그렇게 하는 것은 부당하고

제국을 파국으로 몰고 가는 일이라고 생각했기 때문이다. 또한 그들을 불신해 자기에게 가까이 오지 못하게 할 수도 없었다. 그렇게 하면 곧 내전이 일어나게 될 것이라고 생각했기 때문이다.

[48] 키루스는 이 모든 방법 대신에 자신의 안전을 지키는 가장 효과적이면서도 명예롭고 고귀한 한 가지 방법을 생각해냈다. 가장 힘 있는 자들이 서로 가까워지기보다 자신과 더 친해지게 만드는 것이었다. 이제 키루스가 어떤 식으로 그들을 친구로 만들었는지 살펴보자.

제2장

[1] 먼저 키루스는 늘 진심으로 사람들을 아끼고 따뜻하게 대했다. 우리를 미워하는 사람을 사랑하거나 악의를 지닌 사람을 선의로 대하는 것이 쉽지 않은 것처럼, 자신에게 사랑과 선의를 베푸는 사람을 미워할 수는 없는 법이라고 생각했다.

[2] 키루스는 초기에는 재물을 이용해 사람들의 마음을 얻을 만한 형편이 되지 않았기 때문에, 그들을 배려하고, 잘되게 하려고 애쓰고, 기쁜 일이 생겼을 때는 함께 기뻐해주고, 좋지 않은 일이 생겼을 때는 함께 아파해줌으로써 그들의 마음을 얻고자 했다. 하지만 나중에 재물을 주어 사람들의 마음을 얻을 수 있는 형편이 되자, 키루스는 똑같은 비용을 들였을 경우에 먹고 마시는 것을 사람들과 함께 나누는 일보다 사람들의 마음을 얻게 해주는 것은 없다는 사실을 처음부터 알았던 것으로 보인다.

[3] 키루스는 그런 소신을 가지고서 먼저 자신의 식탁에 자기가 평소에 먹는 음식을 아주 많은 사람이 먹을 만큼 충분하게 차리게 한 다음, 자기와 함께 식사하는 사람들이 먹을 만큼의 양을 제외한 나머지

음식을 자신의 호의를 보여주거나 자기가 그들을 기억하고 있다는 것을 보여주고 싶은 사람들에게 나누어 주었다. 자기를 경호하거나 왕궁에서 자기를 섬기거나 그 밖의 다른 일로 그를 기쁘게 해주는 사람들에게도 음식을 돌렸다. 그렇게 함으로써 키루스는 그들이 수고하고 있다는 사실을 자신도 알고 있다는 것을 보여주었다.

[4] 키루스는 자신의 시종들 중에서 칭찬하고 싶은 사람이 있는 경우에는 자신의 음식을 그 사람에게 하사해 명예를 높여주었다. 또한 모든 시종의 음식을 자신의 식탁 위에 차려 먹게 했다. 이것은 개에게 먹이를 주면 개의 환심을 살 수 있듯이, 시종의 마음을 얻을 수 있을 것이라고 생각했기 때문이다. 어느 사람을 많은 이로부터 사랑받게 하고자 할 때는 자기가 먹는 음식을 그 사람에게 하사했다. 오늘날에도 왕으로부터 음식을 하사받은 사람은 모든 사람이 부러워하고 가까이 하려고 한다. 사람들은 왕으로부터 총애를 받는 자는 무엇이든 자기가 바라는 것을 이룰 수 있는 사람이라고 믿기 때문이다. 이런 이유로 왕이 하사한 음식을 받는 기쁨은 왕이 하사한 다른 것을 받는 기쁨보다 훨씬 컸다.

[5] 하지만 그렇게 이상하거나 놀랄 만한 일은 아니다. 큰 성들에서는 다른 온갖 기술이 아주 뛰어난 수준을 자랑하는 것과 마찬가지로, 왕이 먹는 음식을 만드는 솜씨도 아주 뛰어났기 때문이다.

작은 성들에서는 한 사람이 침대도 만들고 문짝도 만들고 쟁기도 만들고 식탁도 만들 뿐만 아니라 집을 짓는 경우도 비일비재하다. 충분한 고객이 없어서 한 가지 기술로는 먹고살 수 없고, 사람들이 필요로 하는 여러 가지를 이것저것 만들어야 생계를 유지할 수 있기 때문이다. 하지만 여러 가지 기술을 이용하는 사람이 모든 기술에서 뛰어난 실력을 발휘하는 것은 불가능하다.

반면, 큰 성들에서는 고객이 충분해 한 가지 기술만으로도 충분히 먹고살 수 있는 것은 물론이고, 한 가지 기술 전체가 아니라 그 기술의 일부분을 아는 것만으로도 먹고살 수 있다. 그래서 어떤 사람은 남자용 신발을 만들어서 먹고살고, 어떤 사람은 여자용 신발을 만들어서 먹고 산다. 신발을 수선하는 일, 신발 가죽을 자르는 일, 신발의 위창만 재단하는 일, 신발의 여러 부분을 결합하는 일 하나만으로 먹고사는 사람도 있다. 이렇게 일이 분업화되어 아주 작은 한 가지 일만 집중적으로 하는 사람이 그 일에서 가장 뛰어난 기술자가 되는 것은 당연하다.

[6] 주방에서도 마찬가지다. 한 사람이 식사할 의자도 놓고, 식탁도 차리고, 빵도 만들고, 여러 가지 요리도 계속 해내야 한다면 그는 이 일들을 대충 할 수밖에 없다. 반면, 동일한 일감이 많아 한 사람이 한 가지 일만 해도 되면, 즉 고깃국을 끓이는 사람, 고기를 굽는 사람, 생선국을 끓이는 사람, 생선을 굽는 사람, 빵을 만드는 사람이 따로 있어서 한 사람이 한 가지만 잘 만들어내도 된다면 음식 맛은 분명 뛰어날 것이다.

[7] 이렇게 음식으로 사람의 마음을 얻는 일에 키루스는 누구보다도 탁월했다. 그뿐만 아니라 키루스는 다른 온갖 방법으로 사람들의 마음을 사는 것에도 탁월했는데, 이제 나는 이에 대해 말해보려고 한다. 키루스가 벌어들이는 수입은 누구보다 월등히 많았지만, 사람들에게 하사하는 선물도 누구보다 월등히 많았다. 키루스는 사람들에게 많은 선물을 하사했는데, 이런 관습은 오늘날까지도 왕들 사이에서 이어져 오고 있다.

[8] 이 페르시아 왕보다 더 자신의 친구들을 큰 부자로 만들어준 사람이 누가 있는가? 이 페르시아 왕보다 더 자신의 측근들을 아름다운 옷으로 장식해준 사람이 누가 있는가? 팔찌, 목걸이, 황금이 박힌 말 고삐처럼 누구나 알아볼 수 있는 왕의 하사품을 준 왕이 이 페르시아 왕 말고 누가 있는가? 이는 왕이 하사하지 않으면 누구도 가질 수 없는 것들이었다.

[9] 이렇게 많은 선물을 하사해 형제나 부모나 자녀보다도 그를 더

사랑하게 만든 사람이 이 페르시아 왕 말고 누가 있는가? 여러 달이 걸리는 먼 곳까지 가서 적을 응징할 수 있는 사람이 이 페르시아 왕 말고 누가 있는가? 제국을 무너뜨리고 복속시킨 백성들로부터 죽을 때까지 "아버지"로 불린 사람이 키루스 말고 누가 있는가? 이 모든 일이 가능했던 것은 키루스라는 이름이 약탈자가 아니라 은인의 이름이었기 때문이다.

[10] 우리는 키루스가 선물을 주는 방법을 통해 이른바 왕의 눈과 왕의 귀를 얻었다는 사실도 알게 되었다. 그는 유익한 정보를 알려주는 자들에게 큰 상을 내렸기 때문에, 주의 깊게 보고 들어 왕에게 유익한 것을 알아낸 뒤 전해주려 하는 사람들이 많았다.

[11] 그래서 사람들은 왕의 눈과 귀가 많다고 믿었다. 하지만 키루스가 한 사람만 선택해 자신의 눈으로 삼았을 것이라고 생각하면 오산이다. 한 사람이 보고 듣는 것은 얼마 되지 않는다. 게다가 어느 한 사람에게만 이 일을 맡긴다면 다른 모든 사람에게는 이 일에 신경 쓰지 말라고 명령하는 것과 같다. 게다가 오직 한 사람만 왕의 눈이라면, 사람들은 그 사람이 왕의 눈이라는 것을 알고 그 사람만 경계하게 된다. 그래서 이 페르시아의 왕은 그렇게 하지 않았다. 자기에게 유익한 것을 들었거나 보았다고 하는 모든 사람의 말을 들었다.

[12] 사람들은 왕의 눈이 많고 왕의 귀가 많다고 믿었기 때문에, 어디에서나 왕이 듣고 있기라도 한 것처럼 왕에게 좋지 않은 것을 말하기를 두려워했고, 어디에서나 왕이 보고 있기라도 한 것처럼 왕에게 좋지 않은 일을 하는 것도 두려워했다. 그래서 감히 키루스를 조금이라도 욕하는 사람은 아무도 없었다. 도리어 모든 사람이 자기가 있는 곳에는 어디든지 왕의 눈과 귀가 있는 것처럼 말하고 행동했다. 많은 사람이 이렇게 왕의 눈과 귀가 되려고 했던 이유는 키루스가 다른 사람에게서 작은 것을 받더라도 기꺼이 후하게 보답하고자 했기 때문이다.

[13] 키루스는 세상에서 가장 큰 부자였으므로 사람들에게 선물을 후하게 준 것은 이상한 일도 놀랄 일도 아니다. 하지만 왕인데도 불구하고 친구들의 마음을 얻고 정성껏 돌보고 배려하는 데도 탁월했다는 것은 언급할 만한 가치가 있다. 키루스가 친구들의 마음을 얻는 일을 다른 사람들보다 못하는 것을 가장 부끄럽게 여겼다는 사실은 누구나 알고 있었다.

[14] 사람들은 키루스가 좋은 목자가 하는 일과 좋은 왕이 하는 일은 똑같다고 말한 것을 기억한다. 즉, 키루스는 목자가 양들을 이롭게 사용하고자 한다면 양들을 행복하게 해주어야 하는 것처럼(이를테면 양들이 행복을 안다고 했을 때), 왕도 자신에게 속한 성들과 주민들을 이롭게 사용하고자 한다면 그들을 행복하게 해주어야 한다고 말했다는 것이다. 이런 소신을 지니고 있었다면 그가 모든 사람의 마음을 얻는 일에 최고가 되려는 욕심을 가졌다는 것은 어쩌면 당연한 일이다.

[15] 한번은 크로이소스가 키루스에게 어느 누구보다 많은 황금을 쌓아둘 수 있는 위치에 있는데도 사람들에게 그렇게 많이 나누어 주다 보면 가난해질 것이라고 경고했다. 그러자 키루스는 자신의 소신이 옳다는 것을 아주 훌륭하게 증명해 보인 일화가 전해진다.

[16] 크로이소스에게 그런 경고를 들은 키루스는 이렇게 말했다. "만일 내가 왕위에 있으면서 당신이 충고한 대로 지금까지 내게 들어온 황금을 그대로 모아두었다면 지금 내가 얼마나 많은 돈을 가지고 있을 것이라고 생각합니까?"

크로이소스가 아주 큰 금액을 제시하자 키루스가 말했다. "크로이소스, 그렇다면 당신이 가장 신임하는 사람을 여기 있는 히스타스파스와 함께 보내십시오. 히스타스파스, 당신은 내 친구들의 집을 돌면서 내가 어떤 일을 하는데 돈이 필요하다고 전하십시오. 실제로 내가 돈이 좀 필요하기도 하니까요. 그리고 친구들에게 각자 내게 어느 정도의 돈을 내어줄 수 있는지 액수를 적어 밀봉한 후에 봉투들을 크로이소스의 시종에게 주어 여기로 가져오게 하십시오."

[17] 키루스는 자신이 말한 것을 서신으로 써서 밀봉한 후에 자신의 친구들에게 가져다주라고 히스타스파스에게 주었는데, 그 서신에는 모두에게 히스타스파스를 자신의 친구로 대하라는 말도 썼다. 히스타스파스가 키루스의 친구들의 집을 돌고 그 친구들이 적은 금액이 적혀 있는 봉투들을 크로이소스의 시종이 가져왔을 때, 히스타스파스가 말했다. "키루스 왕이시여, 폐하께서는 이제부터 저를 부자로 대하셔야 합니다. 폐하의 서신 덕분에 저는 이렇게 많은 선물을 받았습니다."

[18] 키루스가 말했다. "크로이소스, 이 사람이 가져온 것만으로도 우리는 이미 보물창고 하나를 얻은 것입니다. 나의 친구들이 나를 위해 내겠다고 한 금액이 적혀 있는 봉투들도 살펴보시고, 내가 돈이 필요할 때 어느 정도의 돈이 마련될 수 있는지 계산해보십시오."

크로이소스가 그 금액을 계산해보니, 앞서 키루스가 그동안 수입을 다 모았다면 보물창고에 있을 것이라고 말한 금액과는 비교할 수 없을 정도로 많았다.

[19] 모든 것이 분명해지자 키루스가 이렇게 말했다. "크로이소스, 내게도 보물창고들이 있다는 것을 이제 아시겠습니까? 당신은 내게 이 재물들을 모아놓으면 좋았을 것이라고 충고했지만, 그렇게 했다면 나는 사람들을 고용해 그 재물들을 지켜야 했을 것이고, 그 재물들 때문에 시기와 미움을 받게 되었을 것입니다. 반면, 내가 나의 친구들을 부자로 만들어준다면, 나는 그들이 나의 보물창고들이 되어줄 뿐만 아니라, 그들은 내가 나의 보물창고들을 지키기 위해 고용할 사람들보다도 나와 우리의 공동 이익을 지킬 더 믿을 만한 사람들이 되어줄 것이라고 믿습니다.

[20] 내가 당신에게 말해줄 것이 한 가지 더 있습니다. 신들은 사람

들의 영혼 속에 재물에 대한 욕심을 집어넣어 우리 모두를 가난하게 만들었기 때문에, 나 자신도 거기에서 벗어나 초연할 수 없고 다른 사람들과 마찬가지로 재물에 대한 욕심이 있다는 것입니다. 크로이소스.

[21] 하지만 내게는 대다수의 사람들과 다른 점이 있다고 생각합니다. 사람들은 자신에게 필요한 정도보다 지나치게 많은 재물을 모아서 땅에 묻어두기도 하고 썩히기도 하고 세어보고 무게를 달아보고 보존하고 지키느라 노심초사합니다. 그들은 집 안에 그토록 많은 재물을 가지고 있지만, 배가 터질까 봐 다른 사람보다 더 많이 먹을 수도 없고, 숨이 막힐까 봐 다른 사람보다 더 많은 옷을 입을 수도 없습니다. 그러니 자신에게 필요한 정도보다 지나치게 많은 재물은 골칫거리일 뿐입니다.

반면, 내가 섬기는 신들은 내게 언제나 차고 넘치게 많은 재물을 얻게 해주십니다. [22] 나는 내가 보기에 필요 이상으로 많은 재물을 얻었을 때는 나의 친구들의 필요를 채워주는 데 씁니다. 내게 필요하지도 않은 재물로 사람들에게 은혜를 베풀고 부자가 되게 해주어 호의와 우의를 얻으면 나는 안전과 명성이라는 열매를 거둡니다. 안전과 명성은 아무리 많이 가져도 썩지도 않고 해롭지도 않습니다. 명성은 크면 클수록 더 위대하고 고귀하고 가벼워서, 흔히 명성을 지닌 사람들의 마음을 편안하게 해줍니다.

[23] 이것도 알아야 합니다, 크로이소스. 나는 많은 재물을 소유하고 그 재물을 지키고 있는 사람이 행복한 사람이라고 생각하지 않습니다. 만일 그것이 사실이라면, 성벽을 지키는 병사들이야말로 성에 있는 모든 것을 지키고 있기 때문에 가장 행복한 사람들일 것입니다. 나는 정당하게 많은 재물을 얻어 고귀한 일에 많은 재물을 사용하는 사람이 행복한 사람이라고 믿습니다.”

키루스는 이렇게 말했을 뿐만 아니라, 자신의 말을 그대로 실천했다는 것은 두말할 필요가 없다.

[24] 이외에도 키루스는 대부분의 사람들이 건강하게 지낼 때 나중에 자신들이 건강하게 살아갈 것을 대비해 여러 가지 필요한 것을 준비하고 재물을 모으지만, 나중에 자신들이 병 들었을 경우를 대비해 그때 필요한 것은 전혀 준비하지 않는다는 것을 알았다. 그래서 그는 이 문제를 자기가 해결해야겠다고 생각해, 돈을 아낌없이 써서 최고의 의사들을 모았다. 그리고 의사들이 유용하다고 말하는 수많은 의료 장비와 약과 먹을 것과 마실 것을 모아 자신의 왕궁에 보관해두었다.

[25] 키루스는 자기가 보살펴야 하는 사람들 중에서 누군가가 병이 들었을 때마다 그 사람을 회복시키기 위해 무엇이 필요한지 조사해 필요한 것을 아낌없이 지원했다. 또한 고용한 의사들이 자신이 보관해둔 의료품을 가지고 가서 그 사람을 치료해주었을 때마다 그들에게 감사를 표시했다. [26] 이 방법은 키루스가 마음을 얻고 싶어 한 사람들에게 자기가 최우선순위가 되기 위해 생각해낸 많은 방법 중 하나였다.

키루스는 사람들에게 고귀하고 훌륭한 일을 행하는 것을 앞다투어 하려는 마음을 고취하기 위해 상을 내걸고 경쟁시키는 여러 가지 시합들도 시행했다. 그래서 사람들로부터 그러한 미덕을 함양하는 데 힘쓰는 군주라는 칭송을 받았다. 하지만 그러한 시합들은 귀족들 사이에 경쟁심만이 아니라 분쟁과 분열도 초래했다.

[27] 키루스는 민사상의 다툼이나 시합 판정과 관련된 다툼에서 재판을 받고 싶어 할 때는 당사자들이 모두 동의하는 재판관을 세워야 한다는 것을 사실상의 법으로 정했다. 따라서 소송 당사자들은 어느 쪽이든 가장 힘 있는 사람, 특히 자신의 가장 친한 친구들을 재판관으로 세우고자 했다. 또한 재판에서 진 사람은 재판에서 이긴 사람들에게 앙심을 품었고, 자기에게 유리한 판결을 내려주지 않은 재판관들을 미워했다. 반면, 재판에서 이긴 사람들은 자기가 옳고 정당해 재판에서 이

긴 것이라 여겼으므로 아무에게도 감사할 필요가 없다고 생각했다.

[28] 사람들이 살아가는 곳이라면 어디에서도 그러하듯이, 여기에서도 사람들은 키루스의 총애를 독차지하려고 서로를 시기했다. 그래서 대부분의 사람들은 서로 협력해 모두에게 좋은 일을 하기보다는 각자 자기에게 좋은 일만 하고자 했다. 이것은 키루스가 가장 힘 있는 사람들이 서로를 사랑하는 것이 아니라 오직 키루스만 사랑하도록 만들기 위해 이런 방법들을 고안해 시행한 것임을 분명하게 보여준다.

제3장

[1] 이제 우리는 키루스가 자신의 왕궁을 나와서 바빌론 성내를 처음으로 행차했을 때 어떻게 했는지 말해보려고 한다. 위풍당당하고 위엄 있는 행차 자체가 신민들이 그의 통치를 얕잡아 보지 못하게 하려고 그가 고안해낸 기법들 중 하나였던 것으로 생각되기 때문이다.

먼저 그는 행차에 앞서 페르시아인과 동맹 중에서 관직을 맡고 있는 사람들을 왕궁으로 불러들여 메디아풍의 옷을 주었다. 이때 처음으로 페르시아인이 메디아풍의 옷을 입었다. 키루스는 메디아풍의 옷을 다 나누어 주고 나서 왕궁을 나가 신들을 위해 따로 마련된 성소에서 함께 제를 올리고 싶다고 말했다.

[2] "그러니 여러분은 이 의상을 차려입고 해 뜨기 전까지 왕궁으로 오십시오. 페르시아인 페라울라스가 여러분에게 지정해주는 곳에 서서 내가 앞서 가면 정해진 순서대로 나를 따르십시오. 여러분 중에서 지금 우리가 시행하려고 하는 것보다 우리의 행차를 더 훌륭하게 만들어줄 방법을 아는 분은 제를 올리고 돌아온 후에 내게 말해주십시오. 모든 것은 여러분이 보기에 가장 훌륭하고 고귀한 방식으로 행해지는

것이 마땅합니다."

[3] 키루스는 귀족들에게 매우 아름다운 의상을 나누어 준 뒤에, 이번에는 다른 메디아풍의 옷들을 가져오게 했다. 자주색, 검은색, 붉은색, 진홍색 등 여러 색깔로 된 외투를 그동안 많이 만들어놓았다. 키루스는 의상을 지휘관들에게 나누어 주고 나서, "내가 여러분을 차려입게 해준 것처럼," 그들의 친구들을 의상을 차려입게 하라고 지시했다.

[4] 그 자리에 있던 사람들 중 누군가가 물었다. "키루스시여, 당신은 언제 차려입으실 것입니까?"

키루스가 대답했다. "내가 여러분도 차려입게 했는데 설마 나 자신이 차려입지 않겠습니까? 나의 친구들인 여러분에게 어울리도록 잘 차려입을 것이니 걱정하지 마십시오. 내게 있는 어떤 의상을 차려입는다고 해도 나는 고귀하고 아름답게 보일 것입니다."

[5] 지휘관들은 각자의 자리로 가서 친구들을 불러다가 메디아풍의 옷으로 차려입게 했다. 키루스는 페라울라스가 이 일을 잘해줄 것이라고 믿었다. 평민 출신이었지만 그는 영리했고, 미적 감각도 있었고, 어떤 것을 배치하는 데도 뛰어났고, 키루스를 기쁘게 해주고자 하는 마음도 강했다. 그는 전에 각자의 전공에 따라 포상하자고 한 키루스의 제안을 지지한 인물이기도 했다. 그래서 키루스는 그를 왕궁으로 불러들여 자신의 행차를 어떤 식으로 진행해야 그에게 호의적인 사람들에게 위풍당당하게 보이고, 그에게 적대적인 사람들에게는 최대한 두려움을 불러일으킬지 상의했다.

[6] 두 사람이 함께 머리를 맞대고 궁리한 끝에 행차에 관한 구체적인 방법을 확정했다. 그 후 키루스는 페라울라스에게 이튿날 행해질 행차를 자신들이 최선이라고 생각한 방식으로 진행하라고 지시했다.

키루스가 말했다. "이번 행차와 관련해 자네의 지시를 따르라고 모든 사람에게 말해두었네. 하지만 그들이 자네의 지시에 한층 더 기꺼이 따르도록 하려면 이 외투들을 가져가서 창병대 지휘관들에게 주고, 이 기병대 외투들은 기병대의 지휘관들에게 주며, 다른 외투들은 전차대 지휘관들에게 주게."

[7] 페라울라스는 그 외투들을 가지고 지휘관들에게 갔다. 그를 본 지휘관들은 이렇게 말했다. "페라울라스, 자네는 지휘관들인 우리에게 이렇게 하라 저렇게 하라 지휘하는 것을 보면 참 대단한 사람이네."

페라울라스가 말했다. "제우스 신에게 맹세하건대, 절대로 그렇지 않습니다. 저는 대단한 사람도 아니거니와 사실은 짐꾼일 뿐입니다. 제가 지금 두 벌의 외투를 가져왔는데, 그중 한 벌은 당신의 것이고, 다른 한 벌은 다른 사람의 것입니다. 하지만 당신은 이 두 벌의 외투 중에서 마음에 드시는 것을 선택할 수 있습니다."

[8] 그러자 외투를 받아 든 지휘관은 페라울라스에 대한 시기심은 잊어버리고, 즉시 어느 쪽 외투를 선택하는 것이 좋을지 조언해달라고 부탁했다.

페라울라스는 어느 쪽 외투를 선택하는 것이 좋은지 조언해주고 나서 말했다. "제가 당신에게 선택권을 드린 것이 마음에 들지 않는다면, 이후에 제가 다시 왔을 때는 다른 식으로 섬기겠습니다."

페라울라스는 키루스가 지시한 대로 외투를 나누어 준 후에, 즉시 왕의 행차를 최대한으로 위엄 있고 장엄하게 보이기 위한 세부적인 일에 착수했다.

[9] 이튿날 해가 뜨기 전까지 모든 준비가 갖춰졌다. 병사들은 왕이 행차할 도로 양쪽에 도열해 있었다. 오늘날까지도 왕이 행차하는 곳마다 이렇게 병사들이 도열해 있다. 병사들이 도열해 있는 곳의 안쪽으로는 고위층이 아닌 사람은 아무도 들어갈 수 없었다. 말썽을 일으키는 자를 때리기 위해 채찍을 든 일종의 경찰 병력도 배치되어 있었다. 왕궁 문 앞에는 4,000명의 창병이 양쪽으로 각각 2,000명씩 나뉘어 4열

횡대로 도열해 있었다.

[10] 기병들은 모두 말에서 내려 두 손을 메디아풍 외투 소매 속에 넣은 채로 각자의 말 옆에 도열해 있었다.⁷² 오늘날에도 병사들은 왕 앞에서 이런 자세를 취한다. 페르시아 기병대는 도로의 오른쪽에 도열해 있었고, 동맹군 기병대는 도로의 위쪽에 도열했으며, 전차대도 마찬가지로 도로의 좌우편에 절반씩 배치되어 있었다.

[11] 왕궁 문이 활짝 열리자, 가장 먼저 제우스 신을 포함해 수도승들이 정해준 신들에게 제물로 바쳐진 대단히 아름다운 황소 네 마리가 어깨를 맞대고 등장했다. 페르시아인은 신들의 일과 관련해서는 다른 일보다 훨씬 전문가를 의지해야 한다고 생각하기 때문이다.

[12] 황소 뒤에는 태양신에게 바쳐진 말들이 등장했다. 그 뒤에는 제우스 신에게 바칠 전차가 등장했고, 이 전차를 끄는 백마들은 황금으로 된 화환과 장식으로 치장되어 있었다. 그 뒤에는 태양신에게 바쳐진 전차가 등장했다. 앞에서와 마찬가지로 이 전차를 끄는 백마들은 황금으로 된 화환과 장식으로 치장되어 있었다. 그 뒤에는 또 하나의 전차, 즉 세 번째 전차가 등장했고, 이 전차를 끄는 말들은 자주색 천으로 덮여 있었다. 그 뒤로는 불이 타오르고 있는 큰 제단을 든 사람들이 등장했다.

[13] 그런 후에 드디어 키루스가 전차를 타고 왕궁으로부터 등장했다. 그는 머리에 높이 솟은 왕관을 썼고, 흰색이 섞인 자주색 상의(흰색이 섞인 자주색 옷은 왕만 입을 수 있었다), 진홍색으로 물들인 바지, 온통 자주색으로 된 메디아풍의 외투를 입었다. 또한 왕관 주위로는 머리띠를 하고 그의 친척들도 동일한 표지를 했는데, 이 표지는 오늘날까지도

---

72 병사들로 하여금 소매 속에 두 손을 넣은 자세를 취하게 한 것은 왕을 공격해 암살하려는 위험을 방지하기 위한 것이다. Xenophon, *Hellenica*, 2.1.8을 참조하라.

그대로 유지되고 있다.

[14] 키루스의 두 손은 소매 밖으로 나와 있었다. 키루스 옆에서 전차를 모는 병사의 키도 컸지만 키루스보다는 작았다. 그 병사가 키루스보다 실제로 작았는지, 아니면 어떤 다른 방법을 이용해 작아 보이게 했는지는 우리로서는 알 수 없지만, 키루스는 그 병사보다 훨씬 더 커 보였다. 키루스를 본 사람들은 모두 땅에 엎드렸다. 그들이 이렇게 한 것은 일부가 그렇게 하라고 지시를 받았기 때문이기도 했지만, 대다수의 사람들이 이 행렬의 장엄함에 압도당한 데다가 키루스가 위대하고 위엄 있게 보여 넋이 나갔기 때문이기도 하다. 페르시아인이 키루스 앞에서 이렇게 땅에 엎드려 예를 표한 것은 이번이 처음이었다.

[15] 키루스의 전차가 움직이자 4,000명의 창병들이 선두에 서서 행진했다. 그중 2,000명은 키루스의 전차 양옆에서 줄지어 따라갔고, 키루스를 섬기는 300명 정도 되는 내시들이 예복을 입고 단창을 든 채 말을 타고 그 뒤를 따랐다.

[16] 다음으로는 키루스가 개인적으로 기르는 200마리쯤 되는 말들이 황금으로 된 고삐와 수놓은 덮개를 장착하고 뒤따랐고, 그 뒤로는 2,000명의 창병이 따랐다. 그 뒤로 페르시아의 최초 기병대인 1만 명의 기병들이 사방으로 100명씩 정사각형 대형을 갖추고서 지휘관인 크리산타스를 선두로 행진했다.

[17] 그 뒤로는 1만 명으로 이루어진 또 다른 기병대가 히스타스파스를 선두로 앞에서 말한 최초의 기병대와 동일한 대형을 이루어 행진했다. 그 뒤로는 다타마스가 이끄는 1만 명의 기병대가 동일한 대형을 이루어 행진했고, 그 뒤로는 가다타스가 이끄는 1만 명의 기병대가 동일한 대형을 이루어 행진했다.

[18] 그 뒤로는 메디아, 아르메니아, 히르카니아, 카두시아, 스키타이의 기병대가 행진했다. 기병대의 행렬 뒤로는 페르시아인 아르타바

타스가 이끄는 기병대가 4열 종대로 행진했다.

[19] 키루스가 지나가자, 수많은 사람이 접근 금지선에서 그의 전차를 따라오면서 각자의 고충을 탄원했다. 그래서 키루스는 사람들의 탄원을 듣기 위해 자신의 내시들 중 세 명씩 자신의 전차 좌우에 배치했다. 그렇게 한 후에 내시들에게 사람들이 자기에게 무슨 할 말이 있는 경우에는 기병대 지휘관들에게 자신의 고충을 이야기하면 자기에게 전달해줄 것이라고 사람들에게 알리도록 지시했다. 그러자 사람들은 각자 어떤 지휘관에게 자신의 고충을 말할지 생각하면서 키루스를 떠나 기병대 지휘관들에게 갔다.

[20] 키루스는 자신의 친구들 중에서 대중으로부터 많은 사랑을 받고 싶어 하는 사람들을 한 사람씩 불러서 이렇게 말했다. "행렬을 따라오는 사람들 중에서 전혀 중요하지 않은 탄원을 하는 것으로 보이는 사람에게는 주의를 기울이지 말고, 누군가가 정의와 관련된 것을 탄원하는 것으로 보이면 내게 알려주어 함께 그 탄원을 해결할 방안을 논의해봅시다."

[21] 행진 중에 사람들은 키루스가 부르면 있는 힘을 다해 달려왔기 때문에, 이것은 키루스의 통치권을 강화시켜주었고, 키루스에 대한 사람들의 복종심이 대단하다는 사실을 보여주는 것이기도 했다. 하지만 행동거지가 다소 서툰 다이페르네스라는 사람은 명령을 받자마자 즉각 달려가는 것은 자유민답지 못하다고 생각했다. [22] 이것을 안 키루스는 다이페르네스를 부른 후에 그가 와서 자기와 이야기하기도 전에 내시를 보내 이제 자기에게 오지 않아도 된다는 말을 전하게 했다. 이후로는 그를 부르지 않았다.

[23] 반면, 다이페르네스보다 더 늦게 오라는 전갈을 받은 사람이 다이페르네스보다 더 빨리 오자, 키루스는 행진에 사용된 말들 중 한 필을 그에게 하사하고, 내시 한 명을 붙여 그 사람이 어디로 가자고 하

든지 말에 태워 모셔 가라고 지시했다. 이것을 본 사람들은 그 사람을 왕이 총애하는 사람으로 여겼기 때문에, 이전보다 훨씬 더 많은 사람이 그 사람에게 잘 보이려고 했다.

[24] 행렬이 성소에 이르자 제우스 신에게 제를 올리고 황소를 불살라 제물로 바쳤다. 이어서 태양신에게도 제를 지내고 말을 불살라 제물로 바쳤다. 그다음 수도승들이 지시한 대로 대지의 신에게 제물을 바쳤고, 뒤이어 아시리아의 수호신들에게도 제를 올렸다.

[25] 신들에게 제를 올리는 일이 끝나자, 그 지역이 기마 경주에 적합한 장소라는 것을 안 키루스는 대략 1킬로미터쯤 떨어진 곳에 반환점을 정하고 민족별로 전속력으로 말을 달리는 시합을 하게 했다. 페르시아 기병들 가운데 섞여 시합을 벌인 키루스는 그동안 기마술에 각별한 관심을 기울여 훈련해온 덕분에 큰 격차로 우승했다. 메디아 기병 중에는 키루스에게서 말을 하사받은 아르타바주스가 우승했고, 한때 키루스의 적이었던 아시리아 기병 중에서는 가다타스가, 아르메니아 기병들 중에서는 티그라네스가, 히르카니아 기병 중에서는 기병대 지휘관의 아들이 우승했다. 스키타이 기병 중에서는 한 하급 병사가 다른 병사들을 전체 거리의 절반 가까이 격차를 벌이며 우승했다.

[26] 키루스는 그 젊은 병사에게 그의 말과 왕국 하나를 맞바꾸지 않겠느냐고 물었다. 그러자 젊은 병사가 대답했다. "저는 저의 말을 왕국 하나와 맞바꾸고 싶지는 않고, 저의 말을 용사에게 드리고 그의 감사 인사를 받고 싶습니다."

[27] 키루스가 말했다. "네가 눈을 감고 던져도 반드시 용사를 맞힐 수 있는 곳을 네게 보여주겠다."

스키타이 병사는 "그곳을 제게 보여주시면 제가 이 흙덩이를 던지겠습니다"라고 말하면서 흙덩이 하나를 집어 들었다.

[28] 키루스는 자신의 친구들이 모여 있는 곳을 그에게 보여주었다.

그러자 젊은 병사는 눈을 감고 흙덩이를 던졌고, 흙덩이는 키루스의 명령을 전하려고 말을 타고 가던 페라울루스에게 맞았다. 하지만 흙덩이에 맞은 페라울루스는 아무 일도 없었다는 듯 돌아보지도 않고 키루스가 지시한 곳으로 계속 말을 타고 갔다.

[29] 눈을 뜬 스키타이 병사는 자기가 누구를 맞혔는지 물었다.

키루스가 말했다. "제우스 신에게 맹세하건대, 여기 있는 사람들 중에는 아무도 맞지 않았다."

젊은 병사가 말했다. "여기에 있는 사람들 중에는 아무도 맞지 않았다는 것은 분명합니다."

키루스가 말했다. "제우스 신에게 맹세하건대, 그렇다. 너는 저기에서 전차들 옆으로 빠르게 말을 타고 달려가는 사람을 맞혔다."

젊은 병사가 물었다. "그런데 왜 전혀 돌아보지도 않습니까?"

[30] 키루스가 대답했다. "미쳐서 그런 것 같다."

이 말을 들은 젊은 병사는 그 사람이 도대체 누구인지 알아보기 위해 갔다가, 페라울라스의 턱이 흙과 피로 뒤범벅이 되어 있는 모습을 발견했다. 그가 던진 흙덩이가 코에 맞는 바람에 코피가 났던 것이다. [31] 젊은 병사는 그에게 다가가서 자기가 던진 흙덩이에 맞았느냐고 물었다.

페라울라스가 대답했다. "네가 보고 있는 그대로다."

그러자 젊은 병사가 말했다. "그렇다면 제가 당신에게 이 말을 드리겠습니다."

페라울라스가 물었다. "무슨 이유로?"

스키타이 병사는 전후사정을 설명하고 나서 마지막으로 이렇게 말했다. "제 생각에는 제가 맞힌 분이 용사임이 틀림없습니다."

[32] 페라울라스가 말했다. "나보다 더 부유한 사람에게 너의 말을 주는 것이 더 현명한 일이겠지만, 네가 준다면 사양하지는 않겠다. 그리

고 네가 던진 흙덩이에 내가 맞도록 해주신 신들에게 이 말을 선물한 것을 후회하지 않게 해주시라고 기원하겠다. 이제 내 말을 타고 돌아가라. 조만간 내가 너를 찾아가겠다."

이렇게 두 사람은 자신들의 말을 서로 맞바꾸었다.

[33] 카두시아 기병들 중에서는 라티네스가 우승했다.

키루스는 전차병들도 민족별로 시합하게 해 우승자들에게는 술잔과 함께 신들에게 제를 올리고 연회를 할 수 있도록 황소들을 주었다. 키루스는 이 시합에도 참가해 우승해 받은 상 가운데 황소는 자기가 가졌지만 술잔은 페라울라스에게 주었다. 이 행사의 총책임자가 되어 왕궁을 출발해 행렬이 끝날 때까지 왕의 행차를 훌륭하게 이끈 공로가 그에게 있다고 생각했기 때문이다.

[34] 키루스가 처음으로 시작한 왕의 행차는 왕이 제를 올리지 않는 경우에 이 행렬에서 제물로 사용될 가축들이 제외된다는 것만 빼고는 오늘날까지도 이어지고 있다. 이 행차의 모든 순서가 끝난 후에 그들은 다시 성으로 돌아가 각자의 거처로 복귀했다. 집이 있는 사람들은 자기 집으로 돌아갔고, 집이 없는 사람들은 군영의 막사로 돌아갔다.

[35] 페라울라스는 자기에게 말을 준 스키타이 병사를 자기 집으로 초대해 후하게 대접하고 많은 선물도 주었다. 그는 식사를 할 때 키루스에게서 받은 술잔들을 가득 채워 그 병사를 위해 건배했고, 술을 다 마신 후에는 술잔들을 그 병사에게 선물로 주었다.

[36] 스키타이 병사는 그 집에 아름답고 멋진 침구와 가재도구도 많고 하인들도 많은 것을 보고 물었다. "페라울라스여, 당신은 고향에서도 부자셨습니까?"

[37] 페라울라스가 대답했다. "자네는 내가 고향에서 부자였냐고 물은 것인가? 나는 영락없이 맨손으로 일해 먹고살아가는 사람들 중 한 명이었네. 내 아버지는 힘든 노동을 하며 가족을 부양하느라 어려운

형편이었으면서도 나를 소년 학교에 보내 교육을 시키셨네. 그러다가 내가 일할 나이가 되고 아버지는 스스로 일해 가족을 부양할 수 없게 되자, 나를 자신이 경작해오던 땅으로 데려가서 일을 하게 하셨지.

[38] 그렇게 해서 나는 아버지가 살아계신 동안 아주 작은 땅에서 곡식을 경작해 아버지를 부양했네. 그 땅은 척박하지 않고 도리어 아주 정직한 땅이었지. 거기에 어떤 곡물의 종자를 뿌리면 그 땅은 정말 정직하고 공정해 내가 뿌린 종자만이 아니라 여분의 곡식까지도 내게 돌려주었네. 수확은 많지 않았지만 풍년일 때는 뿌린 것의 두 배까지도 거둘 수 있었지. 나는 고향에서 그런 식으로 살았네. 그러니 지금 자네의 눈에 보이는 이 모든 것은 키루스께서 주신 것이라네."

[39] 스키타이 병사가 말했다. "다른 이유들도 많겠지만, 손으로 일해 근근이 살아가야 했을 정도로 찢어지게 가난한 사람이 이렇게 부자가 되었다는 한 가지 사실만으로도 당신은 정말 축복받은 사람입니다. 왜냐하면 당신은 돈에 굶주렸다가 이렇게 부자가 되셨으니, 당신에게는 부자가 되신 것이 남들보다 훨씬 더 큰 기쁨을 가져다줄 것이기 때문입니다."

[40] 페라울라스가 말했다. "스키타이 젊은이, 자네는 내가 지금 더 많이 가지고 있으니 전보다 더 즐겁게 살아갈 것이라고 생각하는가? 사실 지금 나는 전에 가난했을 때보다 더 즐겁게 먹고 마시고 잠자지 못한다는 사실을 자네는 알지 못하는군. 내가 이렇게 부자가 됨으로써 얻은 것이 한 가지 있네. 그것은 내가 이전보다 더 많은 사람을 돌봐주어야 하고, 사람들에게 더 많은 것을 베풀어야 하며, 더 많은 것에 신경을 써야 한다는 것이네.

[41] 지금은 내게 딸린 식솔들이 많아서 내게 먹을 것을 달라고 하는 사람들도 많고, 마실 것을 달라고 하는 사람들도 많고, 입을 옷을 달라고 하는 사람들도 많고, 의사를 불러달라고 하는 사람들도 많네.

내게 와서 자기 양들을 이리가 물어갔다거나, 자기 황소가 절벽에서 떨어졌다거나, 자신의 가축들이 병에 걸렸다고 하소연하는 사람들도 있네. 그러니 가진 것이 별로 없었던 지난날보다도 많은 것을 가지고 있는 지금 나는 더 괴로운 삶을 살아가고 있다고 생각하네."

[42] 스키타이 병사가 말했다. "하지만 제우스 신에게 맹세하건대, 모든 일이 순조롭게 잘 풀려나가기만 한다면, 제가 보기에는 당신이 지닌 많은 것이 저보다는 당신에게 훨씬 더 많은 행복을 가져다줄 것이 분명합니다."

페라울라스가 말했다. "스키타이 젊은이, 재물을 지니고 있을 때 느끼는 즐거움도 크지만, 재물을 잃었을 때 느끼는 괴로움도 크다네. 나중에 자네는 내 말이 무슨 말인지 알게 될 것이네. 재물이 많아서 잠을 안 자도 즐거운 부자도 없지만, 재물을 잃어버리고도 잠을 잘 수 있는 부자도 없네. 가지고 있던 재물을 잃어버리는 것은 부자들에게 몹시 괴로운 일이기 때문이네."

[43] 스키타이 병사가 말했다. "하지만 제우스 신에게 맹세하건대, 당신도 아시다시피 사람은 어떤 것을 얻어서 너무 기쁘면 잠이 오지도 않는 법입니다."

[44] 페라울라스가 말했다. "자네 말이 맞네. 부자들이 재물을 얻고 나서 자신이 그대로 다 소유할 수 있다면, 분명히 가난한 사람들보다 훨씬 행복할 것이네. 하지만 스키타이 젊은이, 많이 가진 사람은 신들과 친구들과 식객들을 위해 많은 재물을 써야 하네. 그리고 재물을 소유하는 데 큰 기쁨을 느끼는 사람은 재물을 쓸 때 큰 괴로움을 느낀다는 것을 명심하게."

[45] 스키타이 병사가 말했다. "제우스 신에게 맹세하건대, 저는 재물을 쓰는 것에 괴로움을 느끼는 그런 부류의 사람이 아닙니다. 저는 많이 벌어서 많이 쓰는 것이 행복이라고 생각합니다."

[46] 페라울라스가 말했다. "그렇다면 신들 앞에서 말하건대, 자네가 스스로 아주 행복하면서도 나까지 행복하게 해줄 수 있는 좋은 방법이 있네. 여기 있는 모든 재산을 나 대신 자네가 관리하면서 자네가 원하는 대로 사용하게. 그리고 나를 식객으로, 아니 식객보다도 한참 못하게 대접해주게 나는 자네가 내게 해주는 것으로 만족할 것이네."

[47] 스키타이 병사가 말했다. "농담하지 마십시오."

하지만 페라울라스는 진지하게 말하는 것이라고 맹세까지 했다. "그리고 나는 키루스께서 내게 주신 다른 특권들, 즉 키루스의 왕궁에 출근하거나 전쟁에 나가는 것을 하지 않아도 되는 특권들까지 자네에게 주겠네. 그래서 자네가 해야 할 그런 의무들을 내가 다 할 테니, 자네는 이 집에서 살면서 재물을 관리만 해주면 되네. 또한 내가 키루스의 왕궁으로 출근하거나 전쟁에 나가서 얻게 된 것들이 있다면, 자네에게 주어 자네가 더 큰 재물을 마음대로 관리할 수 있게 해주겠네. 오직 자네는 재물과 관련해 신경 써야 하는 일들에서만 나를 해방시켜주게. 자네가 나를 해방시켜준다면 나는 자네가 키루스 왕과 내게 큰일을 해주는 것이라고 생각하네."

[48] 이런 대화를 서로 나누고 나서 그들은 그렇게 하기로 합의했다. 스키타이 젊은이는 많은 재물을 관리하며 자기 마음대로 쓸 수 있게 되어 자기가 행복해졌다고 생각했다. 페라울라스는 자신의 재산을 관리해줄 사람을 얻게 되어 자기가 원하는 일들을 할 수 있는 시간적인 여유를 갖게 되어 아주 행복해졌다고 믿었다.

[49] 원래 사람들을 좋아하는 성품을 지니고 있던 페라울라스는 사람들을 섬기고 돌보는 것이야말로 가장 즐겁고 유익한 일이었다. 그는 모든 살아 있는 존재들 중에서 인간은 가장 감사할 줄 아는 최고의 존재라고 생각했다. 그가 보기에 칭찬을 받는 사람은 보답으로 칭찬해준 사람을 진심으로 칭찬해주고, 은혜를 입은 사람은 보답으로 그 은혜를

갚으려 하고, 호의를 입은 사람은 보답으로 호의를 베푼 사람을 호의적으로 대하고, 누가 자기를 사랑해준다는 것을 알면 그 사람을 싫어하지 못한다. 또한 다른 어떤 살아 있는 존재들보다도 인간은 부모가 살아 계실 때만이 아니라 죽은 후에도 부모의 은혜에 보답하려고 애쓰는 반면, 다른 살아 있는 것들은 인간에 비해 감사할 줄도 모르고 무정하다고 생각했다.

[50] 그래서 페라울라스는 자신이 지닌 재물 때문에 생기는 온갖 염려들에서 해방되어 친구들을 돌보고 섬기는 일에 전념할 수 있게 되어 크게 기뻤다. 스키타이 젊은이는 많은 재물을 관리하면서 자기가 원하는 대로 쓸 수 있게 되어 크게 기뻤다. 스키타이 젊은이는 자기가 관리해야 할 재물이 점점 늘어나 더욱더 시간적인 여유가 없었다. 하지만 페라울라스가 계속 더 많은 재물을 가져왔기 때문에 그를 좋아했고, 페라울라스는 스키타이 젊은이가 모든 것을 맡아 관리해주었기 때문에 그를 좋아했다. 두 사람은 이런 식으로 살아갔다.

제4장

[1] 키루스는 신들에게 제를 올리고 나서 승전을 축하하는 연회를 베풀었을 때, 친구들 중에서 자기가 잘되고 강성해지기를 진심으로 바라고 온 마음을 다해 자기를 공경하는 사람들을 초대했다. 그는 그런 친구들 외에도 메디아의 아르타바주스, 아르메니아의 티그라네스, 히르카니아 기병대 지휘관 고브리아스도 함께 초대했다.

[2] 가다타스는 키루스의 시중을 드는 내시들을 이끄는 총책임자로 왕궁 내의 모든 살림살이를 총괄했다. 키루스가 다른 사람들을 초대해 함께 식사할 때 그는 자리에 앉지도 않고 모든 시중을 들었다. 하지

만 식사에 초대된 다른 사람들이 없는 경우에는 키루스와 함께 식사했는데, 그가 키루스와 함께 있는 것을 기뻐했기 때문이다. 가다타스는 그런 일들을 한 덕분에 키루스에게서 큰 선물을 많이 받았을 뿐만 아니라, 키루스에게 잘 보이고자 하는 다른 사람들로부터도 좋은 선물을 많이 받았다.

[3] 키루스는 자신이 식사에 초대한 사람들이 오면 각자 자기가 원하는 자리에 앉히지 않았다. 가장 크게 예우해야 할 사람을 자신의 왼쪽 자리에 앉게 했는데, 불시에 공격을 받았을 때 왼쪽이 오른쪽보다 더 방어하는 데 취약하다고 생각했기 때문이다. 두 번째로 크게 예우할 사람을 자신의 오른쪽 자리에 앉게 했고, 초대한 사람들이 많은 경우에는 다시 그런 기준에 따라 왼쪽과 오른쪽에 번갈아 앉게 했다.

[4] 키루스는 이런 식으로 자기가 각각의 사람을 어느 정도로 예우하는지 분명히 알게 하는 것이 좋다고 생각했다. 왜냐하면 가장 크게 예우를 받아야 할 사람이 특별한 예우나 상을 받지 못한다는 것을 사람들이 알게 된다면, 사람들은 키루스에게 더 큰 예우를 받기 위해 경쟁하고자 하지 않을 것임이 분명하기 때문이다. 반면, 가장 크게 예우를 받아야 할 사람에게 실제로 누가 보아도 금방 알 수 있을 만큼 가장 큰 예우를 해준다면, 모든 사람이 가장 큰 예우를 받기 위해 아주 치열하게 경쟁할 것이 분명했다.

[5] 그래서 키루스는 사람들이 모였을 때 각자가 배정받아 앉거나 서 있는 자리를 통해 자기가 누구를 가장 신임하고 크게 예우하는지 분명하게 알 수 있게 했다. 그러면서도 각자에게 계속 어느 자리를 고정적으로 배정해주지는 않았다. 도리어 훌륭한 일을 한 사람은 예우해 더 영예로운 자리에 앉게 하고, 잘못한 사람은 예우를 낮추어 덜 영예로운 자리에 앉게 하는 것을 관례로 삼았다. 또한 가장 영예로운 자리에 앉은 사람에게 자기가 가장 좋은 것을 하사하지 않는 일은 그의 명예를

실추시키는 짓이라 생각해 가장 좋은 것을 아낌없이 주었다. 우리가 알고 있듯이, 키루스 때 시작된 이러한 관습은 오늘날까지도 계속 이어지고 있다.

[6] 여러 사람이 초대를 받아 왕궁에서 키루스와 함께 식사할 때, 고브리아스는 수많은 사람을 다스리는 인물의 식탁에 온갖 것이 차려져 있어 놀란 것이 아니라, 그토록 어마어마한 성공을 거둔 키루스가 혼자서 온갖 산해진미를 즐겨도 되는데도 도리어 그 자리에 앉아 있는 사람들에게 먹어보라고 권하는 수고를 아끼지 않는 모습에 놀랐다. 게다가 고브리아스는 키루스가 식사에 초대받지 않아서 그 자리에 없는 친구들에게까지도 자기가 먹어야 할 산해진미를 보내는 모습도 자주 보았다.

[7] 식사가 끝났어도 식탁에는 많은 음식이 남아 있었고 키루스는 그 음식을 모두 자신의 친구들에게 돌리라고 지시했다. 이를 본 고브리아스는 이렇게 말했다. "키루스시여, 이전에는 제가 당신은 최고의 장군이라는 점에서 모든 사람 중에서 가장 뛰어나다고 생각했습니다. 그런데 이제 보니 신들에게 맹세하건대, 당신은 장군보다도 사람들을 사랑해 후히 베푸는 것에 더 뛰어나신 분이십니다."

[8] 키루스가 말했다. "제우스 신에게 맹세하건대, 그건 맞는 말씀입니다. 나는 장군으로서 전쟁을 지휘하는 것보다 사람들에게 베푸는 것에 훨씬 더 큰 기쁨을 느낍니다."

고브리아스가 물었다. "어째서 그렇습니까?"

키루스가 대답했다. "장군일 때는 어쩔 수 없이 사람들에게 피해를 입히는 일을 할 수밖에 없는 반면, 사람들에게 베풀 때는 좋은 일만 할 수 있기 때문입니다."

[9] 식사를 끝내고 술을 마실 때 히스타스파스가 키루스에게 물었다. "키루스시여, 제가 당신에게 알고 싶은 것을 여쭈어도 괜찮겠습니까?"

키루스가 대답했다. "물론입니다. 제우스 신에게 맹세하건대, 당신이 내게 묻고 싶은 것이 있는데도 입을 다물고 있다면 도리어 나는 화가 날 것입니다."

히스타스파스가 말했다. "그렇다면 당신이 저를 부르셨을 때 제가 오지 않은 적이 있었는지 말씀해주십시오."

키루스가 대답했다. "그런 말도 안 되는 말은 하지 마십시오."

"제가 마지못해 복종한 적이 있습니까?"

"그런 적은 단 한 번도 없었습니다."

"당신이 제게 명령을 내리셨을 때, 제가 복종하지 않은 적이 있었습니까?"

키루스가 대답했다. "그 점에 대해서도 당신은 잘못한 것이 전혀 없었습니다."

"제가 무슨 일을 할 때 열심히 즐겁게 일하지 않은 것을 보신 적이 있으십니까?"

키루스가 대답했다. "한 번도 본 적이 없습니다."

[10] 히스타스파스가 말했다. "그런데 신들에게 맹세하건대, 왜 당신은 크리산타스를 저보다 더 영예로운 자리에 앉게 하라는 명령서를 하달하셨습니까?"

키루스가 말했다. "정말 알고 싶습니까?"

히스타스파스가 대답했다. "물론입니다."

"내가 사실을 말해도 화내지 않을 것입니까?"

[11] 히스타스파스가 대답했다. "당신이 저를 부당하게 대하지 않으셨다는 사실을 알게 된다면 도리어 저는 기쁠 것입니다."

키루스가 말했다. "첫째, 여기 있는 크리산타스는 내가 사람을 보내 부르지 않아도 됩니다. 그는 우리를 위해 자기가 해야 할 일이 있을지 모른다고 생각해, 내가 부르기도 전에 먼저 와 있기 때문입니다. 둘째,

그는 내가 지시한 일만 하는 것이 아니라, 자기가 생각하기에 우리를 위해 하면 좋을 것 같은 일까지 스스로 찾아서 합니다. 예를 들어, 우리가 동맹들에게 무엇인가 말해야 할 때마다, 그는 자기가 생각하기에 내가 그들에게 어떻게 말하면 좋을지 내게 조언해줍니다. 내가 동맹들에게 어떤 것을 말하고 싶어 하지만 내 입으로 말하는 것이 망설여질 때마다, 그는 마치 그것들이 자신의 생각인 것처럼 가서 말해주곤 합니다. 그러니 이런 것들만 놓고 보아도 그가 심지어 나 자신보다도 내게 더 나은 사람이라는 것이 분명하지 않습니까? 마지막으로, 그는 언제나 지금 자기에게 있는 재산만으로 이미 충분하다고 말하면서도, 어떻게 해야 내 재산을 더 늘려서 나를 이롭게 할지 늘 궁리합니다. 그러니 그는 내가 잘되는 것을 나 자신보다도 훨씬 더 기뻐하고 즐거워하는 것이 분명합니다."

[12] 그러자 히스타스파스가 말했다. "키루스시여, 헤라 여신[73]에게 맹세하건대, 저는 제가 이 질문을 당신께 드리기를 잘했다는 생각이 듭니다."

키루스가 물었다. "그것이 무슨 말씀입니까?"

히스타스파스가 대답했다. "앞으로는 저도 당신이 하신 것처럼 해야겠다는 생각이 들었기 때문입니다. 다만 한 가지, 당신이 그렇게 하신 것이 잘한 일이어서 저는 아주 기쁜데, 그 기쁨을 제가 어떤 식으로 표현해야 하는지, 그러니까 박수를 쳐야 하는지 웃어야 하는지, 아니면

---

73 "헤라 여신"은 그리스신화에 나오는 올림포스 12신 중 한 명이다. 주신 제우스의 정실부인으로 결혼생활의 수호신이다. 바람기 많은 남편 제우스의 숱한 애정 행각으로 질투심에 불타는 복수의 화신이 되어 제우스와 관계한 많은 여성과 그 자식들에게 시련과 박해를 가했다. 헤라는 머리에 왕관을 쓰고 손에 왕의 홀을 들고 있는 여왕의 모습으로 주로 표현된다. 헤라 여신에게 맹세한 것은 그 맹세를 어긴 경우에는 "복수"를 해도 좋다는 의미로 보인다.

다른 무언가를 해야 하는지는 잘 모르겠습니다."

그러자 아르타바주스가 말했다. "페르시아 춤을 추어야 하지 않겠습니까?"

이 말에 그 자리에 있던 사람들이 모두 웃음을 터뜨렸다.

[13] 술자리가 무르익자 키루스는 고브리아스에게 물었다. "고브리아스, 당신이 처음으로 우리에게 왔던 때에 비해 지금은 여기 있는 내 친구들 중 한 사람에게 당신의 딸을 주고 싶은 마음이 더 생기지 않습니까?"

고브리아스가 되물었다. "저의 진심을 말해도 되겠습니까?"

키루스가 대답했다. "제우스 신에게 맹세하건대, 물론입니다. 거짓된 대답을 듣기 위해 질문하는 법은 없으니까요."

고브리아스가 말했다. "지금은 그렇게 하고 싶은 마음이 훨씬 더 커졌다는 것이 확실합니다."

키루스가 물었다. "그 이유를 말씀해줄 수 있습니까?"

[14] "말씀드리겠습니다."

"그러면 말씀해주십시오."

"제가 전에는 그들이 역경과 위험을 기꺼이 감수하는 모습을 보았지만, 지금은 성공해 많은 좋은 것을 지니고 있는데도 절제하며 살아가는 모습을 보고 있기 때문입니다. 키루스시여, 저는 역경을 고귀하게 견뎌내는 사람을 찾는 것보다 성공해 많은 좋은 것들을 가지고 있으면서도 고귀하게 살아가는 사람을 찾는 것이 더 어렵다고 생각합니다. 사람들은 대체로 성공해 잘되면 오만방자해지고 어렵고 힘들 때는 절제하기 때문입니다."

[15] 키루스가 말했다. "히스타스파스, 고브리아스께서 말씀하시는 것을 잘 들었습니까?"

히스타스파스가 대답했다. "제우스 신에게 맹세하건대, 아주 잘 들었습니다. 고브리아스께서 제게 많은 술잔을 보여주는 것이 아니라 그런 말씀을 많이 하신다면, 제가 그의 사윗감이라는 점을 훨씬 더 잘 아시게 될 것입니다."

[16] 고브리아스가 히스타스파스에게 말했다. "내게는 그런 말들이 기록되어 있는 책이 많이 있네. 자네가 내 딸을 아내로 맞이한다면, 내가 그 책들을 자네에게 아낌없이 주겠네. 하지만 내 술잔들은 자네가 가지고 싶어 하지 않는 것 같으니, 여기 있는 크리산타스에게 줄지도 모르겠네. 어차피 자네는 식탁에서도 크리산타스보다 서열이 낮지 않은가."

[17] 키루스가 말했다. "히스타스파스를 비롯해 여기 있는 사람들 가운데 누구라도 결혼하고 싶은 사람이 있으면 내게 말하십시오. 여러분이 결혼하는 데 내가 아주 큰 도움이 된다는 사실을 여러분도 나중에 알게 될 것입니다."

[18] 고브리아스가 물었다. "결혼시켜야 할 딸이 있는 경우에는 누구에게 말해야 합니까?"

키루스가 대답했다. "그런 경우도 내게 맡겨주십시오. 나는 그런 문제를 아주 잘 알기 때문입니다."

[19] 크리산타스가 물었다. "어떤 문제에 대해 잘 아신다는 말씀입니까?"

"누가 누구와 결혼해야 좋을지를 잘 안다는 것입니다."

크리산타스가 말했다. "그렇다면 어떤 여자가 제 아내로 가장 잘 어울리는지 신들 앞에서 말씀해주십시오."

[20] 키루스가 말했다. "먼저 당신은 키가 작으니 아내가 될 여자도 키가 작아야 합니다. 만일 키가 큰 여자와 결혼한다면 자네는 서 있는 아내와 입맞춤하고 싶을 때 강아지처럼 껑충 뛰어야 하기 때문입니다."

크리산타스가 말했다. "그 말씀이 옳습니다. 게다가 저는 위로 잘

뛰지도 못하니까요."

[21] 키루스가 말했다. "다음으로 당신에게는 뭉툭한 코를 지닌 여자가 어울립니다."

"그건 또 왜 그렇습니까?"

키루스가 대답했다. "당신이 매부리코이고, 장담하건대 매부리코에는 뭉툭한 코가 가장 잘 어울리기 때문입니다."

크리산타스가 말했다. "지금 저처럼 배부르게 식사한 사람은 식사를 하지 않아 배가 홀쭉해진 사람과 어울린다는 말씀이십니까?"

키루스가 대답했다. "제우스 신에게 맹세하건대, 그렇습니다. 배불리 먹어서 배가 튀어나온 사람에게는 식사를 하지 않아 배가 들어간 사람이 잘 어울립니다."

[22] 크리산타스가 말했다. "그렇다면 무뚝뚝한 왕에게는 어떤 아내가 어울릴 것 같은지도 말씀해주실 수 있습니까?"

이 말을 들은 키루스와 모든 사람이 웃음을 터뜨렸다.

[23] 모두가 웃고 있는 동안, 히스타스파스가 말했다. "키루스시여, 제가 왕이신 당신에게서 가장 부러워하는 것이 바로 그 점입니다."

키루스가 물었다. "내게서 어떤 점이 가장 부럽다는 것입니까?"

"무뚝뚝하면서도 웃음을 주실 수 있다는 점입니다."

키루스가 말했다. "당신이 이런 말들을 많이 해 재치 있는 사람으로 정평이 나서, 그 소문이 당신이 결혼하고 싶은 여자의 귀에 들어간다면 당신은 힘들이지 않고 결혼하게 될 것입니다."

그들은 이런 농담을 주고받으며 환담을 나누었다.

[24] 술자리가 끝난 후에 키루스는 여성용 장신구들을 티그라네스에게 하사하면서, 원정길 내내 남편과 함께한 그의 용기 있는 아내에게 주라고 명령했다. 아르타바주스에게는 황금으로 된 술잔을 하사했고, 히르카니아 왕에게는 말을 비롯해 다른 좋은 선물을 많이 하사했다. 고

브리아스에게는 딸의 남편감을 주겠다고 말했다.

[25] 그러자 히스타스파스가 말했다. "그렇다면 저를 그에게 주셔서, 저로 하여금 좋은 말이 많이 쓰여 있는 책들을 그에게서 받게 해주십시오."

키루스가 물었다. "당신은 그의 딸이 지닌 재물에 걸맞은 재물을 갖고 있습니까?"

히스타스파스가 대답했다. "제우스 신에게 맹세하건대, 제가 갖고 있는 재물은 그녀가 가진 재물보다 몇 배는 더 많을 것입니다."

키루스가 물었다. "당신의 그 많은 재물이 어디에 있습니까?"

히스타스파스가 대답했다. "저의 친구이신 당신이 앉아 계신 바로 여기에 있습니다."

고브리아스가 말했다. "저는 그것으로 충분합니다." 그런 후에 즉시 오른손을 앞으로 뻗으며 "키루스시여, 그를 제 사윗감으로 주십시오"라고 말했다.

[26] 키루스가 히스타스파스의 오른손을 잡아 고브리아스의 손 위에 놓자, 고브리아스는 히스타스파스의 손을 잡았다. 키루스는 히스타스파스에게 많은 좋은 선물을 주어서 그의 아내가 될 여자에게 보내게 했다. 그리고 크리산타스를 자기 쪽으로 끌어당겨 입맞춤을 했다.

[27] 아르타바주스가 말했다. "키루스시여, 당신이 제게 하사하신 술잔은 크리산타스에게 주신 선물과는 달리 황금으로 만들어진 것이 아닙니다."

키루스가 말했다. "그러면 당신에게도 황금으로 된 선물을 주겠습니다."

아르타바주스가 언제 주실 것이냐고 묻자 키루스가 "30년 후"라고 대답했다.

아르타바주스가 말했다. "제가 그때까지 기다릴 것이니 당신은 그 선물을 준비해 제게 주실 때까지 돌아가시면 안 됩니다."

연회는 이렇게 끝났다. 그들이 자리에서 일어서자 키루스도 함께 일어나 그들을 문 앞까지 배웅했다.

[28] 이튿날 키루스는 자원해 동맹군이 되었던 병사들 중 자기 옆에 머물러 있겠다고 한 사람들만 남겨놓고 동맹군을 해산해 모두 집으로 돌아가게 했다. 자기 옆에 머물러 있겠다고 한 병사들에게는 땅과 집을 주었다. 이 땅과 집은 그때 남아 있기로 한 자들에게서 태어난 자손들이 지금도 소유하고 있다. 남아 있기로 한 자들은 대부분 메디아인과 히르카니아인이었다. 키루스는 집으로 돌아가겠다고 한 지휘관들과 병사들에게도 많은 선물을 주었기 때문에 그들은 아무 불평 없이 돌아갈 수 있었다.

[29] 그런 다음 사르디스에서 얻은 전리품을 자신의 장병들에게 나누어 주었다. 사단장들과 그들의 부관들에게는 각자 전공에 따라 전리품을 선별해 주었고, 나머지는 각급 지휘관들과 병사들에게 주었다. 사단장들에게 각자의 전공에 따라 나누어 줄 때는 그 전공에 대한 판단은 각자에게 맡겼다.

[30] 또한 사단장들에게는 자신의 휘하에 있는 지휘관들의 전공을 평가해 전리품을 배분하게 했다. 마지막으로 분대장들에게는 자기 분대에 속한 병사들이 세운 전공에 따라 전리품을 나누어 주게 했다. 이렇게 하여 모든 장병이 자신의 정당한 몫을 받았다.

[31] 각자에게 주어진 전리품을 받아 든 병사들 중에서 어떤 사람들은 키루스에 관해 "우리 한 사람 한 사람에게 이렇게 많은 몫을 주신 것을 보니 그의 몫은 정말 어마어마하겠어"라고 말했다. 그리고 어떤 사람들은 "키루스께서는 치부하는 것을 좋아하지 않으셔서 갖는 것보다 주는 것에서 더 큰 기쁨을 느끼는 분이야. 그러니 그의 몫이 어마어마할 것이라는 말은 터무니없지"라고 말했다.

[32] 키루스는 자기에 관해 이런 소문들이 나돈다는 사실을 알고서, 친구들과 측근들을 소집해 이렇게 말했다. "친구 여러분, 지금까지 나는 자기에게 실제로 있는 것보다 더 많은 재산을 갖고 있는 것처럼 보이려 하는 사람들을 많이 보아왔습니다. 그 사람들이 그렇게 행세하는 이유는 재산을 많이 소유하고 있어야 더 자유민답게 보일 것이라 생각하기 때문입니다. 하지만 내 생각에는 그 사람들은 자신들이 바라는 것과 정반대되는 결과를 초래할 것으로 보입니다. 왜냐하면 나는 많은 재산을 갖고 있으면서도 자신의 친구들은 돕지 않는 사람들을 자유민답지 않게 인색하고 쩨쩨하다고 생각하기 때문입니다.

[33] 반면, 자신의 재산이 얼마나 되는지 다른 사람들이 모르게 하고 싶어 하는 사람들도 있습니다. 내 생각에는 그런 사람들도 친구들에게 못된 짓을 하는 것입니다. 왜냐하면 그의 친구들은 형편이 어려워 도움이 절실히 필요할 때조차도, 그들의 재산이 얼마나 되는지 알지 못해 자신의 사정을 말하지 못하고 궁핍의 고통을 고스란히 견딜 수밖에 없는 경우가 비일비재하기 때문입니다.

[34] 따라서 나는 자신의 재산이 어느 정도인지 투명하게 공개하고 자기가 지닌 재산에 걸맞게 훌륭하고 고귀한 일들에 힘쓰는 것이 가장 올바른 처신이라고 생각합니다. 그러므로 나는 내가 가진 재산 중에서 보여줄 수 있는 것은 여러분에게 보여주고, 보여줄 수 없는 것은 설명해주어 나의 전체 재산을 공개하려고 합니다."

[35] 키루스는 이렇게 말하고 나서, 자신이 지닌 많은 좋은 것을 그들에게 보여주었다. 자신의 재산 중에서 보여주기 쉽지 않은 것은 말로 설명해주었다. [36] 그리고 나서 끝으로 이렇게 말했다.

"여러분은 이 모든 것을 나의 것인 동시에 여러분의 것이라고 생각해야 합니다. 왜냐하면 내가 이 재산을 모아놓은 것은 나 혼자 다 써버리기 위한 것이 아니라(그렇게 할 수도 없겠지만), 언제든지 여러분 중에서 어떤 공을 세운 사람이 있을 때 상을 주거나, 누구라도 어떤 것이 필요할 때 내게 와서 자기가 필요한 것을 가져가게 하려는 것이기 때문입니다."

제5장

[1] 바빌론의 상황이 안정되어 자기가 성을 비워도 아무 문제가 없겠다는 판단이 서자, 키루스는 페르시아로 갈 준비를 했고 다른 사람들에게도 그렇게 준비하라는 명령을 내렸다. 필요한 준비가 충분히 되었다고 생각했을 때, 키루스는 페르시아를 향해 출발했다.

[2] 지금부터 우리는 키루스가 이 여정을 위해 수행하는 사람들도 아주 많았고 짐들도 아주 많이 가지고 가야 했음에도 불구하고 얼마나 질서정연하게 진을 치고 해체하는 것을 반복했는지, 그리고 신속하게 목적지에 도착하기 위해 어떻게 했는지 살펴볼 것이다. 왕이 진을 치는 곳마다, 왕을 수행하는 사람들도 여름이든 겨울이든 각자가 묵을 막사를 가져가서 진을 쳤기 때문이다.

[3] 먼저 키루스는 동쪽으로 자신의 막사를 치도록 규칙으로 정해놓았다. 다음으로는 왕의 막사로부터 어느 정도 거리를 띄워 친위대 창병들의 막사를 칠 것인지 정했다. 그런 뒤에는 오른쪽에 빵 굽는 사람들, 왼쪽에 요리사들, 다시 오른쪽에는 말들, 왼쪽에는 짐을 실어 나르는 짐승들을 배치했다. 키루스는 다른 모든 것도 그런 식으로 배치해, 그를 수행하는 사람은 누구나 전체 야영지에서 각자의 위치를 알고 있었다.

[4] 진을 해체해 다시 짐을 꾸릴 때는, 각자가 자신이 사용한 짐을 꾸려놓으면 짐꾼들이 짐승들 위에 그 짐을 싣게 했다. 모든 짐꾼은 짐

을 실어 나르는 짐승들을 끌고 동시에 각자에게 정해진 곳으로 갔고, 모든 사람이 짐을 실어 나르는 짐승들 위에 자신의 짐을 실을 수 있었다. 그래서 막사 하나의 짐을 꾸리는 데 필요한 시간이면, 모든 막사를 해체해 짐을 실어 나르는 짐승들에 실을 수 있었다.

[5] 짐을 풀어서 진을 칠 때도 마찬가지였다. 진을 치는 데 필요한 모든 것이 동시에 준비될 수 있도록 각자가 해야 할 일이 정해져 있었다. 그래서 막사 하나를 치는 데 필요한 시간에 모든 막사를 치고, 진을 치기 위해 해야 하는 모든 일을 끝낼 수 있었다.

[6] 보급을 담당한 모든 사람에게 각자의 위치가 정해져 있었던 것과 마찬가지로, 병사들도 부대별로 각자의 위치가 정해져 있어 자신의 위치를 분명하게 알고 있었다.

[7] 키루스는 살림을 꾸려나갈 때도 질서정연해야 한다고 생각했다. 누구든지 자기에게 어떤 것이 필요할 때 자기가 어디를 가야 그것을 구할 수 있는지 알게 했다. 하지만 키루스는 전쟁에서 군대를 제때 사용할 수 있게 해놓는 것이 더 시급하고, 차질이 빚어져 늦어지면 더 큰 대가를 치러야 한다는 것을 알고 있었기 때문에, 군대를 부대별로 질서정연하게 배치하는 것이 훨씬 더 중요하다고 생각했다. 전쟁에 필요한 모든 것이 제때 사용될 수 있도록 준비해놓는 것이야말로 전쟁에서 최우선순위가 되어야 한다는 사실도 알고 있었다. 그래서 군대를 부대별로 질서정연하게 배치하는 데 가장 많이 신경 썼다.

[8] 키루스는 진의 정중앙이 가장 안전한 곳이라고 생각했기 때문에, 먼저 자신이 있을 막사를 진의 정중앙에 두었다. 다음으로는 언제나 그러했듯이 자신이 가장 신임하는 사람들의 막사를 양쪽에 두었고, 그 주위에 기병대와 전차대를 빙 둘러 배치했다.

[9] 키루스는 기병대와 전차대도 안전한 곳에 배치해야 한다고 생각했다. 기병대와 전차대는 적이 공격해 왔을 때 즉시 싸울 수 있는 전

력이 아니고, 실제로 전투가 가능하도록 무장하는 데 꽤 많은 시간이 필요하기 때문이다.

[10] 키루스와 기병대의 오른쪽과 왼쪽으로는 경무장 보병대가 자리를 잡았고, 키루스와 기병대의 앞쪽과 뒤쪽으로는 궁수대가 자리를 잡았다.

[11] 중무장 보병대와 큰 방패로 무장한 병사들은 전체 부대 주위에 마치 성벽처럼 빙 둘러 포진시켰다. 기병들이 안전하게 무장하려면 강력한 부대가 앞에서 견고하게 지켜줄 필요가 있었기 때문이다.

[12] 키루스는 중무장 보병과 경무장 보병과 궁수에게 즉시 전투할 수 있는 태세를 갖춘 상태로 잠을 자게 했다. 밤중에라도 필요한 경우에는 중무장 보병은 적이 쳐들어왔을 때 즉시 백병전을 치를 준비가 갖춰져 있어야 했다. 궁수와 창병도 접근하는 적군을 향해 즉시 중무장 보병의 머리 위로 화살을 쏘고 창을 던질 준비가 갖춰져 있어야 했다.

[13] 모든 지휘관들의 막사에는 군기도 걸게 했다. 키루스의 영리한 부관들은 성에 있을 때는 성의 지리를 훤히 꿰뚫고 있었다. 특히 유력 인사들의 집이 어디 있는지 잘 알고 있었던 것처럼, 이 야영지에서는 모든 지휘관의 막사 위치를 알고 있었고, 각각의 지휘관이 사용하는 군기가 어떤 것인지도 알고 있었다. 그래서 키루스가 어느 지휘관이 필요해 불렀을 때, 부관들은 일일이 수소문해 그 지휘관의 막사를 찾을 필요가 없었고, 그 지휘관이 있는 막사로 곧장 말을 타고 달려갈 수 있었다.

[14] 각 부대의 위치가 뒤죽박죽되어 있지 않고 명확히 구분되어 있었기 때문에, 어느 부대가 질서정연하게 잘 돌아가고 있고 어느 부대가 키루스의 명령대로 돌아가고 있지 않은지 더 분명하게 드러났다. 이처럼 모든 것이 정비되자, 키루스는 밤이든 낮이든 자신의 진을 공격해 오는 적군은 제 발로 덫에 뛰어드는 꼴이 될 것이라고 보았다.

[15] 키루스는 전술과 관련해서는 밀집대형을 옆으로 넓게 펼치거나, 앞뒤로 길게 펼치거나, 앞뒤로 길게 늘어선 진을 밀집대형으로 바꾸는 것을 자유자재로 할 수 있고, 적이 오른쪽이나 왼쪽이나 뒤쪽 중 어느 쪽에서 공격해 오든 적절하게 대처할 수 있는 것만으로는 충분하지 않다고 생각했다. 즉, 그는 필요에 따라 전군을 여러 부대로 나누어 각 부대를 가장 효율적으로 사용할 수 있는 곳에 배치해 임무를 수행하게 하다가, 전군이 하나로 모여야 하는 상황이 생겼을 때는 아주 신속하게 집결할 수 있는 것도 전술의 한 부분이 되어야 한다고 생각했다. 키루스는 전술가라면 이 모든 것을 할 줄 알아야 한다고 믿었고 자신도 이 모든 것에 힘썼다.

[16] 키루스는 행군 중에는 늘 상황에 따라 대열에 변화를 주어 행군하게 했지만, 야영을 할 때는 대체로 앞에서 말한 것과 같은 방식으로 진을 쳤다.

[17] 행군을 하다가 메디아 근방에 이르자, 키루스는 원래 예정되어 있던 노선에서 조금 방향을 바꿔 키악사레스에게 갔다. 서로 인사를 나눈 다음 키루스는 키악사레스에게 먼저 바빌론에 그를 위한 저택과 집무실을 마련해두었으니 언제든 와서 그 장소를 사용하라고 말하고 나서 많은 좋은 선물을 주었다.

[18] 선물을 받은 키악사레스는 자기 딸을 오게 했는데, 그녀는 황금으로 된 왕관, 팔찌, 목걸이, 아름다운 메디아풍의 옷을 가져왔다. [19] 그녀가 키루스에게 왕관을 씌워주자 키악사레스가 말했다. "키루스, 이 아이가 바로 내 딸인데 이 딸을 네게 주겠다. 너의 아버지는 내 아버지의 딸과 결혼했고, 그렇게 해서 태어난 게 바로 너다. 이 딸은 네가 어릴 때 우리 집에 머물러 있는 동안 자주 돌봐주었던 바로 그 아이다. 사람들이 이 아이에게 나중에 누구와 결혼하겠냐고 물을 때마다, 이 아이는 '키루스요'라고 대답하곤 했다. 또한 내게는 나의 왕위를 물려줄

아들이 없으니 내 딸과 함께 메디아 전체를 결혼 지참금으로 주마."

[20] 키악사레스가 이렇게 말하자 키루스가 대답했다. "외삼촌, 저는 외삼촌의 가문과 따님과 선물이 마음에 들기는 하지만, 아버지와 어머니의 허락을 받고 나서 외삼촌의 제안을 받아들이고 싶습니다."

키루스는 이렇게 말하고는 키악사레스와 그의 딸이 기뻐할 것이라고 생각하는 온갖 선물을 주었고, 그런 후에 다시 페르시아를 향해 길을 떠났다.

[21] 키루스는 행군을 계속해 페르시아의 국경에 이르렀을 때, 군대를 거기에 남겨두고 자신의 친구들과 함께 페르시아의 수도로 갔다. 그는 모든 페르시아인이 신들에게 제를 올리고 잔치를 벌이기에 충분할 정도로 많은 짐승을 가져갔다. 아버지와 어머니, 친구들에게 어울리는 선물도 가져갔고, 대신들과 원로들과 귀족들에게 어울리는 선물도 가져갔다. 또한 그는 모든 페르시아 남자와 여자에게도 선물을 주었는데, 키루스의 뒤를 이은 왕들이 페르시아에 올 때마다 모든 페르시아인에게 선물을 주는 관습은 오늘날까지도 이어져 오고 있다.

[22] 얼마 후에 캄비세스는 국가의 중대사를 논의하려고 페르시아의 원로들과 대신들을 소집했다. 키루스도 함께 부른 후에 이렇게 말했다. "페르시아의 원로와 대신 여러분, 나는 여러분의 왕이기 때문에 당연히 여러분이 잘되기를 바라고, 키루스는 나의 아들이기 때문에 당연히 키루스도 잘되기를 바랍니다. 그래서 나는 여러분과 키루스에게 둘 다 좋을 것이라고 생각되는 바를 솔직하게 말하도록 하겠습니다.

[23] 지난날 여러분은 키루스에게 군대를 주고 총사령관으로 임명함으로써 큰 명예와 좋은 기회를 주었습니다. 키루스는 여러분의 도움과 신들의 도우심으로 페르시아인을 모든 사람의 입에서 회자되는 유명한 민족으로 만들어주었고, 아시아 전체에서 가장 영예로운 민족으로 만들어주었습니다. 그와 함께 원정에 나간 귀족들은 큰 부자가 되었고,

병사들도 많은 돈과 재물을 보수로 받았습니다. 또한 키루스는 기병대를 창설해 페르시아인을 평원의 지배자로 만들었습니다.

[24] 따라서 여러분과 키루스가 이후로도 계속 이런 식으로 해나간다면, 서로가 서로를 아주 잘되게 해줄 것입니다. 하지만 키루스가 현재의 성공에 기고만장해져 다른 민족들을 다스리듯 페르시아인을 다스리려고 하거나, 여러분이 키루스의 권력을 시기해 그를 왕위에서 끌어내리고자 한다면, 장담하건대 여러분과 키루스는 어느 쪽도 잘될 수 없을 것입니다.

[25] 그런 불상사가 일어나지 않고 모든 일이 잘되게 하려면, 여러분과 키루스가 함께 신들에게 제를 올리고 신들을 증인으로 삼아 서약하는 것이 좋겠습니다. 즉, 키루스는 누군가가 페르시아의 영토를 침략하거나 페르시아의 법을 무너뜨리려고 하는 경우에는 온 힘을 다해 페르시아를 돕겠다고 서약하고, 페르시아인인 여러분은 누군가가 키루스를 왕위에서 끌어내리려고 하거나 키루스의 신민들 중 누군가가 반역하는 경우에는 키루스의 지시를 따라 키루스를 돕겠다고 서약하는 것입니다.

[26] 내가 살아 있는 동안에 페르시아의 왕은 나일 것이지만, 내가 죽고 키루스가 살아 있다면 분명히 페르시아의 왕은 키루스여야 합니다. 키루스가 페르시아에 와 있을 때는 지금 나처럼 그가 여러분을 대표해 신들에게 제를 올리는 것을 신성한 법으로 삼아야 합니다. 반면, 그가 여기에 있지 않을 때는 내 생각에 우리 왕족 중 여러분이 보기에 가장 적임자로 여겨지는 한 사람을 선택해 신들에게 제를 올리는 이 신성한 일을 주관하는 것이 좋겠습니다."

[27] 캄비세스가 이렇게 말하자, 키루스와 페르시아의 원로들과 대신들도 동의했다. 당시 그들이 신들을 증인으로 삼아 이런 서약을 맺은 뒤에 오늘날까지도 페르시아인과 그들의 왕은 계속 그렇게 하고 있다.

서약을 맺은 후 키루스는 페르시아를 떠났다.

[28] 키루스는 바빌론 성으로 돌아가는 도중에 메디아로 가서 키악사레스의 딸과 결혼했다. 키루스의 아버지와 어머니가 그 결혼에 찬성했기 때문이다. 키악사레스의 딸이 지닌 뛰어난 미모는 오늘날까지도 사람들의 입에 회자되고 있다. 일부 저술가들은 키루스가 어머니의 자매와 결혼했다고 말하지만, 그것이 사실이라면 키루스는 나이 많은 여자와 결혼한 것이 된다. 결혼식을 올린 키루스는 즉시 자신의 신부를 데리고 메디아를 떠났다.

제6장

[1] 바빌론으로 돌아온 키루스는 자신이 복속시킨 나라들에 총독을 파견하기로 했다. 하지만 총독이 파견된 나라의 요새들에 주둔해 있는 지휘관과 각 지역을 담당한 수비대의 지휘관은 오직 자신의 명령에만 따르게 했다. 어느 총독이 자신이 지닌 재물과 많은 사람을 믿고 오만방자해져서 자신의 명령에 불복종하는 일이 생길 것을 내다보고, 이에 대비해 즉시 그 나라에 있는 자신의 직속 부대를 동원해 제압할 수 있게 했다.

[2] 키루스는 먼저 모든 주요 지휘관들과 관리들을 불러 모아놓고 미리 이러한 조치를 공식적으로 말해주었다. 그래서 총독으로 부임할 사람들이 모든 전후사정을 미리 알고서 부임할 나라로 가게 했다. 이렇게 하면 총독으로 부임할 사람들이 이러한 조치를 쉽게 받아들일 수 있을 것이라고 생각했다. 만일 그들이 총독으로 부임하고 나서 나중에 이런 사정을 알게 된다면, 자기가 그들을 불신해 이런 조치를 취한 것이라고 오해해 감정이 안 좋아질 것이라고 보았기 때문이다.

[3] 키루스는 그들을 불러 모아놓고 이렇게 말했다. "친구 여러분, 우리는 여러 나라를 복속시킨 후에 나라마다 수비대들과 지휘관들을 주둔시켜놓았습니다. 나는 그 나라들을 떠날 때마다 수비대 지휘관들에게 요새를 지키는 일 외에는 다른 일에 일체 신경 쓰지 말라고 지시해두었습니다. 이 지휘관들은 주어진 임무를 지금까지 훌륭하게 수행해왔기 때문에, 그들에게 계속 그 임무를 맡길 것입니다. 하지만 나는 우리가 복속시킨 나라들에서 살아가고 있는 사람들을 다스리고, 공물을 받고, 수비대 장병들에게 보수를 지불하고, 그밖에 필요한 온갖 일을 처리하게 하려고 그 나라들에 총독을 파견할 생각입니다.

[4] 총독으로 가지 않고 여기에 남아 있는 분들도 종종 그 나라들로 보내 어떤 일을 할 수도 있기 때문에, 여러분에게도 그 나라들에 있는 땅과 집을 주겠습니다. 여러분은 그 나라들로 갈 때마다 그 집에 머물면서 사람들에게 공물을 가져오게 하면 됩니다."

[5] 키루스는 이렇게 말하고 나서, 자신이 복속시킨 모든 나라에 있는 집과 하인들을 많은 친구들에게 나눠 주었다. 이렇게 하여 오늘날 그들의 자손들은 왕을 모시고 왕 옆에서 살아가면서도, 그때 그들에게 주어져서 여러 나라에 산재해 있는 땅은 오늘날까지도 여전히 그들의 자손이 소유하고 있다.

[6] 키루스가 말했다. "총독으로 갈 사람들은 각자 자신이 부임한 나라에서 생산되는 좋은 것을 잊지 않고 다시 여기로 보내, 우리가 각지에서 생산되는 좋은 것을 나눠 가질 수 있게 해야 하므로, 그런 일에 적합한 사람들을 신중하게 골라야 합니다. 무슨 일이 생겨서 총독들이 위험에 빠졌을 때는 우리가 지켜줄 것이므로, 이렇게 하는 것은 총독들에게 부당한 일이 아니라 서로가 상부상조하는 일입니다."

[7] 키루스는 이렇게 이 문제에 관한 논의를 매듭짓고는, 자기가 말한 조건 아래에서 여러 나라에 총독으로 가고 싶어 하는 친구들 중에서

가장 적임자라고 생각되는 사람들을 골라 총독으로 파견했다. 메가비주스는 아라비아에, 아르타바타스는 카파도키아에, 아르타카마스는 대(大)프리지아에, 크리산타스는 리디아와 이오니아에, 아두시우스는 카리아인의 요청에 따라 카리아에, 파르누쿠스는 아이올리스와 헬레스폰트에 있는 소(小)프리지아에 총독으로 갔다.

[8] 킬리키아, 키프로스, 파플라고니아는 바빌론 원정에 자원해 참여한 것을 고려해 총독을 따로 파견하지 않았지만, 이 나라들에도 공물은 바치라고 명령했다.

[9] 이때 키루스가 정한 사항은 오늘날까지도 계속되고 있다. 즉, 제국의 여러 나라에 있는 요새에 주둔한 수비대는 왕의 직속 부대이고, 수비대의 지휘관들은 왕이 직접 임명한 자들로 왕의 명령만 받게 되어 있다.

[10] 키루스는 총독들을 파견하면서 부임한 나라에서 모든 것을 자기가 지금까지 보여준 것을 그대로 본떠서 행하라고 지시했다. 따라서 총독들은 먼저 함께 간 동맹군과 페르시아인으로 기병대와 전차대를 창설했다. 다음으로는 땅과 관직을 하사받은 자들은 매일 총독부로 출근해 총독이 시키는 일을 하게 했다. 또한 키루스가 그렇게 한 것처럼, 총독들도 자신의 자녀들을 총독부에서 자체적으로 교육시켰다. 그리고 총독부에 있는 자신의 측근들과 병사들을 이끌고 사냥을 나가서 총독 자신과 그의 측근들과 병사들이 군사훈련을 할 수 있게 했다.

[11] 키루스는 총독으로 부임할 사람들에게 이렇게 말하기도 했다. "자신에게 주어진 권력에 비해 가장 많은 전차대와 최정예 기병대를 보유한 총독에게는 나와 페르시아의 훌륭한 동맹이자 공동 수호자라는 영예로운 칭호를 내리겠습니다. 그런 총독은 나와 함께 있거나 여러분과 함께 있을 때 가장 영예로운 자리에 앉게 될 것입니다. 그런 총독의 식탁을 나의 식탁과 동일하게 푸짐하게 차려 먼저 자신의 가솔들을 배

불리 먹인 후에, 남은 음식을 그의 친구들에게 보내거나 어떤 공을 세운 사람들에게 상으로 나누어 주게 할 것입니다.

[12] 총독부 내에 공원을 만들고 들짐승들을 키워 여러분도 반드시 먼저 훈련을 하고 나서 음식을 먹을 것이고, 말도 반드시 훈련을 시킨 후에 먹이를 주십시오. 나도 한 인간이고, 한 인간의 힘만으로는 여러분에게 있는 좋은 것을 지켜줄 수 없습니다. 내가 여러분을 지켜주려면 나도 용맹해야 하고, 나와 함께하는 사람들도 용맹해야 합니다. 마찬가지로 여러분이 나의 동맹이 되려면 여러분 자신도 용맹해야 하고, 여러분과 함께하는 사람들도 용맹해야 합니다.

[13] 지금 내가 여러분에게 내린 지시들 중에는 노예들에게나 해당되는 지시는 단 하나도 없다는 것을 명심하십시오. 따라서 나는 내가 여러분에게 내린 모든 지시를 나 자신도 지키려 애쓸 것입니다. 이렇게 내가 여러분에게 나를 본받으라고 명령하고 있는 것처럼, 여러분도 여러분의 휘하에 있는 사람들에게 여러분을 본받으라고 가르칠 수 있어야 합니다."

[14] 당시 키루스가 이렇게 정한 사항들은 오늘날까지 그대로 이어져, 모든 수비대는 왕의 직속 부대로 운영되고 있고, 모든 총독부도 키루스가 정한 대로 운영되고 있으며, 모든 관청과 집도 크든 작든 그런 식으로 운영되고 있다. 사람들이 모였을 때는 최고의 예우를 받아야 할 사람이 가장 영예로운 자리에 앉고, 모든 국정은 왕의 측근인 소수의 사람들에게 집중되어 있다.

[15] 키루스는 이렇게 총독이 해야 할 일을 지시하고, 총독으로 부임하게 될 사람들 각자에게 군대를 주어 파견하면서, 다음 해에 원정을 떠나기 위해 병력과 무기와 말과 전차를 검열할 것이니 만반의 준비를 하라고 미리 일러두었다.

[16] 키루스가 처음 시작했다고 알려진 검열도 오늘날까지 계속 이

어져오고 있다. 해마다 왕이 파견한 사람들이 군대를 이끌고 여러 나라를 돌아다니면서, 도움이 필요한 총독에게는 도움을 주고 오만방자하게 전횡을 일삼는 총독은 따끔하게 질책해 정신을 차리게 했다. 총독이 공물을 바치고 주민들을 돌보는 일을 게을리 하거나, 땅을 경작하는 것을 소홀히 하거나, 중앙에서 하달된 지시를 제대로 수행하지 않는 경우에는 이 모든 것을 바로잡는 일도 했다. 만약 자신이 바로잡을 수 없을 때는 왕에게 보고했고, 보고를 받은 왕은 직무를 태만히 한 총독에 대해 조치를 내렸다.

사람들은 왕을 대신해 여러 나라를 순찰하는 사람이 오는 것을 두고서, "왕의 아들" 또는 "왕의 형제" 또는 "왕의 눈"이 온다고 말했다. 하지만 그들은 어디에 있든지 왕이 어디로 가라고 명령하면 즉시 따라야 했기 때문에, 어떤 때는 이 사람들이 나타나지 않는 곳도 있었다.

[17] 우리는 키루스가 거대한 제국을 통치하려고 고안해낸 또 다른 제도도 알고 있다. 이 제도를 활용해 키루스는 아무리 멀리 떨어져 있는 곳도 무슨 일이 일어나고 있는지 신속히 알 수 있었다. 말 한 필이 지쳐서 쓰러지지 않는 범위 내에서 하루에 어느 정도의 거리를 달릴 수 있는지 파악한 다음, 그 거리마다 역참을 설치해 말들과 말을 돌보는 사람들을 배치했다. 또한 역참마다 관리들을 두어 문서나 서신을 받고 보내는 일과 지친 말과 사람을 다른 말과 사람으로 교대하는 일을 하게 했다.

[18] 이 파발 제도는 밤에도 멈추지 않았다. 낮에 달려온 파발은 밤에 달릴 파발로 교대되어 밤에도 계속 운영되었기 때문에, 사람들은 파발이 두루미보다 빠르다고 말할 정도였다. 사람들의 말이 거짓이 아니라면, 파발은 세상에서 가장 빠른 연락망이었을 것이다. 모든 것을 최대한 신속하게 파악해 일을 처리할 수 있다는 장점을 지니고 있었다.

[19] 해가 바뀌자 키루스는 자신의 군대를 바빌론에 집결시켰다. 기

병이 12만 명이었고, 낫을 장착한 전차가 2,000대였으며, 보병이 60만 명이었다. [20] 키루스는 바빌론에 집결한 자신의 군대를 이끌고 원정을 시작해 시리아에서 인도양에 이르기까지 이 세상에서 사람이 살고 있는 모든 나라를 복속시켰다. 그다음에는 이집트로 원정을 가서 이집트를 복속시켰다.

[21] 키루스의 제국은 동쪽으로는 인도양에 닿았고, 북쪽으로는 흑해에 접했고, 서쪽으로는 키프로스와 이집트에 이르렀고, 남쪽으로는 에티오피아에 미쳤다. 이 제국의 경계 바깥에는 어떤 곳은 더위 때문에, 어떤 곳은 추위 때문에, 어떤 곳은 물로 되어 있어서, 어떤 곳은 물이 없어서 사람이 살 수 없는 곳들이었다.

[22] 키루스는 자신의 제국 내에 거처를 정해, 겨울의 일곱 달 동안에는 따뜻한 바빌론에서 지냈고, 봄의 세 달 동안에는 수사에서 지냈으며, 한여름의 두 달 동안에는 엑바타나에서 지냈다.[74] 이렇게 키루스는 일 년 내내 따스하면서도 선선한 봄철의 기후 속에서 살았다.

[23] 사람들은 키루스를 헌신적으로 섬겼기 때문에, 모든 민족이 자기 땅에서 나는 특산물이나 자신들이 기른 짐승들이나 자신들의 기술로 만든 물건들 중에서 가장 좋은 것을 키루스에게 보내지 않으면 자신들에게 손해라고 생각했고, 키루스를 기쁘게 해드리면 자신들도 부자가 될 것이라고 생각했다. 어떤 사람이 어떤 것을 많이 가지고 있어 여분의 것을 키루스에게 보내면, 키루스는 그 사람에게 부족한 것이 무엇인지 알아내 꼭 필요한 것을 보답으로 주었기 때문이다.

---

74 "엑바타나"는 메디아의 수도였다. "엑바타나"는 알반드산 아래에 있어 시원했기 때문에 페르시아 제국에서 여름 궁전으로 사용되었다.

제7장

[1] 이런 식으로 오랜 세월 잘 지내고 있던 키루스는 나이가 많이 들어 자신의 재위 기간 중 일곱 번째로 페르시아에 갔다. 당연히 아버지의 어머니는 이미 오래전에 돌아가셨기 때문에, 키루스는 관례에 따라 신들에게 제를 올리고, 페르시아인을 위해 전통 축제를 열어 모든 사람에게 선물을 베풀었다.

[2] 키루스는 왕궁에서 잠을 자면서 꿈을 꾸었다. 꿈에서 사람 모습을 하고 있었지만 사람이라고 하기에는 큰 위엄을 갖춘 어떤 존재가 다가와서, "키루스야, 너는 머지않아 신들에게로 오게 될 것이니 준비하라"라고 말했다. 꿈을 꾸고 나서 잠이 깬 키루스는 자기가 죽을 때가 가까웠다는 것을 직감했다.

[3] 그래서 즉시 페르시아인의 관습대로 키루스는 제물들을 잡아서 산꼭대기로 올라가 조상 대대로 섬겨온 제우스 신과 태양신을 비롯한 여러 신에게 제를 올리며 이렇게 기원했다. "조상 대대로 섬겨온 제우스 신과 태양신을 비롯한 여러 신이시여, 많은 훌륭한 일을 이루게 해주신 것에 감사하는 마음으로 이 제물을 바치오니 받아주십시오. 신들께서는 제물과 하늘과 새를 통한 길조와 상서로운 전조와 신탁을 통해 제가 무엇을 해야 하고 하지 않아야 하는지 보여주셨습니다. 제가 이렇게 신들께 큰 감사를 드리는 것은 신들께서 지금까지 저를 돌봐주셔서 모든 일이 잘되게 해주셨을 뿐만 아니라, 제가 성공한 후에도 인간으로서 본분을 뛰어넘는 생각을 조금도 품지 않게 해주셨다는 것을 알기 때문입니다. 이후로도 저의 자녀들, 저의 아내, 저의 친구들, 저의 조국에 복을 베푸시고, 제게는 신들께서 주신 삶에 걸맞은 죽음을 주시기를 빕니다."

[4] 키루스는 신들에게 제를 지내고 기원을 마친 후에 집으로 돌아

와 편히 쉬고 싶어 몸을 누웠다. 목욕할 시간이 되자 담당자들이 와서 목욕을 하셔야 한다고 말했지만, 키루스는 편히 쉬고 싶다고 말했다. 식사 시간이 되자 담당자들이 키루스 옆에 식사를 차렸다. 키루스는 먹고 싶은 생각은 없었지만 목이 마른 것 같아 음료는 기분 좋게 마셨다.

[5] 이튿날에도 사흘째 되는 날에도 똑같은 일이 반복되자 키루스는 아들들을 불렀다. 마침 아들들은 아버지를 따라 페르시아에 와 있었다. 키루스는 자신의 친구들과 페르시아의 대신들도 불렀다. 모두 모이자 그는 이렇게 말했다.

[6] "나의 아들들과 여기 계신 내 모든 친구들이여, 나의 인생은 이제 끝나가고 있습니다. 나는 여러 가지를 통해 그것을 분명하게 알고 있습니다. 내가 죽으면 여러분은 나에 대해 행운을 타고 나서 늘 축복만 받은 사람이라고 말할 것임에 틀림없습니다. 어릴 때는 아이들이 가장 좋아하는 것을 누렸고, 청년 때는 청년들이 가장 좋아하는 것을 누렸으며, 어른이 되었을 때는 어른들이 가장 좋아하는 것을 누렸기 때문입니다. 세월이 가도 나의 힘은 늘 점점 커졌기 때문에 노년에도 청년 시절보다 더 약해졌다고 생각해본 적이 없었습니다. 내가 얻으려고 하던 것 중에 얻지 못한 것은 아무것도 없었습니다.

[7] 나는 내 친구들이 나 때문에 행복해진 반면, 내 적군은 나 때문에 노예가 된 것을 보았습니다. 나는 존재감이 미미했던 나의 조국을 아시아에서 가장 대우받는 나라로 만들어놓았습니다. 내가 이룩해놓은 것들 중에서 지금까지 그대로 보존해오지 않은 것은 단 하나도 없습니다. 지난 세월 나는 바라던 대로 살아왔습니다. 그럼에도 불구하고 언젠가는 힘든 일을 보거나 듣거나 겪을 수 있다는 염려를 늘 품고 살아왔기 때문에, 스스로를 대단한 사람으로 여겨 오만방자해지거나 지나치게 기쁨에 겨워하지 않을 수 있었습니다.

[8] 이제 내가 죽어도 신들께서 주신 내 아들들은 계속 살아 있을

것이고, 내 조국과 내 친구들도 계속 축복받는 삶을 살게 될 것입니다. [9] 나는 사람들에게 영원히 기억될 것이니 나를 축복받은 자라고 말하는 것이 옳지 않겠습니까? 하지만 내가 누구에게 왕위를 물려주고자 하는지도 이제 분명히 밝혀두지 않으면 안 됩니다. 그렇게 하지 않으면 이 문제를 둘러싸고 다툼이 일어나게 될 것이기 때문입니다.

내 아들들아, 나는 너희를 똑같이 사랑한다. 그러나 왕이 처리해야 할 모든 일을 숙고해 이끌어나가는 데는 너희 중에 가장 먼저 태어나 경험이 풍부한 장남이 적임자라고 생각한다.

[10] 나도 길을 걷거나 앉거나 말을 할 때 형제들만이 아니라 시민들 가운데서도 연장자에게 양보하라고 교육을 받았다. 아들들아, 나도 처음부터 너희에게 나이가 적은 사람은 나이가 많은 연장자를 공경해야 한다고 가르쳤다. 따라서 나는 대대로 내려오는 관습과 법에 근거해 왕위 문제를 정한 것이니 너희는 받아들여라.

[11] 그러므로 캄비세스,[75] 신들께서 네게 왕위를 주시고 나도 내 힘이 닿는 한에서 왕위를 줄 것이니 너는 받으라. 타나옥사레스,[76] 네게는 메디아와 아르메니아의 총독직을, 세 번째로 카두시아의 총독직도

75　여기에서 언급된 "캄비세스"는 캄비세스 2세(재위 530-522년)를 가리킨다. 키루스의 아버지는 캄비세스 1세다. "캄비세스 2세"는 키루스와 카산다네(기원전 538년에 죽음) 사이에서 태어난 장남이다. 카산다네는 메디아의 왕 키악사레스의 딸이 아니라, 우리에게 알려져 있지 않은 인물인 아케메네스 왕족 파르나스페스의 딸이다. 캄비세스 2세는 기원전 525년경에 이집트를 복속시켰고, 이후로 402년까지 이집트 제27왕조는 페르시아의 지배를 받았으며, 페르시아 왕은 이집트의 파라오도 겸했다.

76　키루스의 차남인 "타나옥사레스"는 바르디야 또는 스메르디스로 더 잘 알려져 있다. 키루스 사후에 그는 메디아, 아르메니아, 카두시아의 총독이 되어 다스렸다. 형인 캄비세스 2세는 기원전 525년경에 이집트 원정을 떠나기 전에 동생인 타나옥사레스가 자신의 왕위를 찬탈할 것을 염려해 그를 죽였다. 하지만 일설에 따르면, 타나옥사레스는 형을 따라 이집트 원정을 갔다가 형의 미움을 사서 수사로 쫓겨났다. 그 후 가우마타와 공모해 형의 왕위를 찬탈했지만, 제국을 몇 달 동안 다스리다가 가우마타에게 죽임을 당했다.

주겠다. 나는 네 형에게는 더 넓은 제국과 왕이라는 칭호를 물려주는 반면, 네게는 이 총독직을 줌으로써 좀 더 걱정 없이 살아갈 수 있는 행복을 물려주는 것이라고 믿는다.

[12] 나는 네가 인간으로서 누릴 수 있는 즐거움에서 부족함이 있을 것이라고 생각하지 않는다. 도리어 너는 인간으로 누릴 수 있는 모든 즐거움을 누리게 될 것이다. 이루기 힘든 일들에 몰두하고, 많은 일을 걱정하며, 업적을 시기해 어떻게든 무너뜨리려고 하는 사람들 때문에 마음 편히 쉴 수도 없고, 음모를 꾸미기도 하고, 음모에 당하기도 하는 것은 총독직에 있는 너보다는 왕에게 일어날 수밖에 없는 일들이다. 그리고 그런 일들이 기쁘고 행복하게 사는 삶을 방해한다는 것을 너는 알아야 한다.

[13] 캄비세스, 왕위를 지켜주는 것은 왕이 가지고 있는 황금 홀이 아니다. 왕에게 가장 참되고 확실한 홀은 믿을 만한 친구들이라는 사실을 너도 잘 알고 있다. 하지만 자연에서 나는 것들이 모든 사람에게 언제나 동일한 것과는 달리, 천성적으로 믿을 만한 사람들도 모든 사람에게 언제나 동일할 것이라고 생각해서는 안 된다. 도리어 각자가 사람들을 자기가 믿을 만한 사람들로 만들어야 한다. 믿을 만한 사람들은 힘이나 강제를 통해서는 결코 얻을 수 없고 잘해주는 것을 통해 얻을 수 있다.

[14] 다른 사람들을 왕국의 공동 수호자들로 만들려고 한다면, 먼저 같은 뿌리에서 나온 사람들로부터 시작해야 한다. 같은 나라 사람들이 다른 나라 사람들보다 더 친밀하고, 함께 밥을 먹는 사람들이 따로 밥을 먹는 사람들보다 더 친밀하다. 하물며 같은 씨에서 태어나서 같은 어머니의 양육을 받으며 같은 집에서 자라나서 같은 부모의 사랑을 받고 어머니와 아버지가 같은 사람들이 누구보다도 가장 친밀하지 않겠느냐?

[15] 따라서 너희 두 사람은 너희를 형제로 태어나게 하셔서 형제 간의 친밀함을 이끌어주신 신들의 축복을 결코 헛되게 하지 말라. 그 축복 위에 우애를 더함으로써 형제간의 친밀함을 더욱 견고하게 쌓아가야 한다. 그렇게 한다면 다른 누구도 뛰어넘을 수 없는 최고의 우애가 될 것이다. 형제를 위하는 것은 곧 자기 자신을 위하는 것이다. 형제가 잘되었을 때 가장 큰 이득을 보는 사람은 바로 그의 형제가 아니겠느냐? 형제가 큰 권력을 지니고 있을 때 사람들로부터 가장 큰 공경을 받게 될 사람도 바로 그의 형제가 아니겠느냐? 형제가 위대한 인물이 되었을 때 사람들이 해를 끼치기를 가장 꺼리고 두려워할 사람도 바로 그의 형제가 아니겠느냐?

[16] 그러니 타나옥사레스, 너는 누구보다도 형에게 복종하고 누구보다도 열심히 형을 도와야 한다. 형이 잘되든지 못되든지 너는 그 영향을 가장 많이 받게 될 사람이기 때문이다. 다음과 같은 사항도 명심해두어라. 다른 사람에게 잘해주었을 때보다 형제에게 잘해주었을 때 가장 많은 것을 기대할 수 있지 않겠느냐? 다른 사람을 도와주었을 때보다 형제를 도와주었을 때 형제가 가장 든든한 우군이 되어주지 않겠느냐? 다른 사람을 자기 형제보다 더 사랑한다면, 정말 부끄러운 일이 아니겠느냐? 다른 모든 사람보다도 형제를 존중하는 것이 더 고귀한 일이 아니겠느냐? 캄비세스, 형제들이 서로를 자신의 마음에 최우선순위에 둘 때만 다른 사람들의 시기는 개입할 여지가 없을 것이다.

[17] 내 아들들아, 조상 대대로 섬겨온 신들 앞에서 말하건대, 너희가 지금 나를 조금이라도 기쁘게 해주고 싶은 마음이 있다면, 서로를 존중해주어라. 너희는 지금은 잘 실감하지 못하겠지만, 이제 곧 나는 인간의 삶을 끝낼 것이고 더 이상 존재하지 않을 것이다.

내가 살아 있는 지금도 너희는 내 혼을 본 적이 없고, 내 혼이 이루어놓은 일들을 통해서만 내 혼이 존재한다는 것을 알 뿐이다. [18] 억울하게 죽은 사람들의 원혼이 그들을 죽인 사람들에게 공포를 불러일으키고, 그 악인들에게 피의 복수자들을 보낸다는 것을 너희는 생각해본 적 있느냐? 죽은 자들의 혼은 살아 있는 사람들의 일을 전혀 주관할 수 없는데, 살아 있는 사람들이 죽은 자들을 계속 공경할 것이라고 너희는 생각하느냐?

[19] 내 아들들아, 몸은 언젠가는 죽게 되어 있지만 자기 안에 혼이 있는 동안에는 살아 있는 것처럼, 혼도 몸 안에 있는 동안에는 살아 있지만 몸에서 벗어나면 죽는다고 사람들은 말한다. 하지만 사실 나는 아직은 그것이 진실인지는 잘 모르겠다. [20] 따라서 나는 몸 안에 있는 혼에는 지성이 있지만, 몸으로부터 분리된 혼에는 지성이 없다는 것도 확신하지 못한다. 몸으로부터 분리되어 몸과 뒤섞여 있는 상태에서 벗어나 홀로 순수하게 존재하게 된 혼은 도리어 가장 지성적인 존재가 될 것이다. 인간이 죽어서 분해되면, 혼을 제외한 다른 모든 구성요소는 각각 자신과 동일한 물질로 되돌아간다. 하지만 혼만은 우리에게 있을 때나 우리에게서 떠나갔을 때나 우리의 눈으로 볼 수 없다.

[21] 인간이 하는 일들 중에서 죽음과 가장 비슷한 일은 잠을 자는 것이다. 인간이 잠들어 있을 때 인간의 혼은 가장 신적인 모습을 드러내고 미래의 모습을 보여주는 것이 분명하다. [22] 인간이 잠들어 있을 때 인간의 혼은 몸으로부터 가장 자유롭기 때문이다.

내가 생각한 대로 혼이 몸을 떠나고 나서도 죽지 않고 살아 있는 것이라면, 너희는 내 혼을 부끄럽게 하지 않기 위해서라도 내가 너희에게 부탁한 것들을 행하라. 반대로 내가 생각한 것들이 사실이 아니어서 혼이 몸 안에 머물러 있다가 몸과 함께 죽는 것이라면, 신들을 두려워해서라도 불경하거나 사악한 일을 행하지 말고 그런 생각조차 하지 말라. 신들은 영원히 존재하고, 모든 것을 보고 있고, 모든 것을 할 수 있는 존재이기 때문이다. 말로 표현할 수 없을 정도로 지극히 아름답고 거대한 우주의 질서 전체를 하나로 묶어 아무런 결함이나 손상 없이 영원무궁토록 보존하는 존재이기 때문이다.

[23] 신들 다음으로 너희는 영원히 대대로 태어나는 인류 전체를 존중해야 한다. 신들이 너희를 어둠 속에 감추지 않으므로 너희가 하는 일은 언제나 모든 사람에게 드러날 것이다. 너희가 하는 일들이 깨끗하고 불의가 없다면 너희를 모든 사람 가운데서 힘 있는 자로 만들어줄 것이다. 반대로 너희가 불의한 음모를 꾸미면서 서로를 해치고자 한다면 너희는 모든 사람 가운데서 신의를 잃게 될 것이다. 가장 크고 깊은 우애가 있어야 할 형제들이 서로를 해치려 하는 것을 본 사람들은 더 이상 너희를 믿을 수 없다.

[24] 지금까지 나는 너희에게 형제가 서로를 어떻게 대해야 하는지 말했고, 너희에게 충분한 교훈이 되었기를 바란다. 하지만 내 말이 너희에게 충분한 교훈이 되지 않았다면, 너희는 지난날에 일어난 일들로부터 배워야 한다. 지난 일들이야말로 최고의 교훈이다. 부모는 일생 동안 자녀에게 친구로 살아가고, 형제도 일생 동안 형제에게 친구로 살아가는 것이 보통이지만, 일부는 서로에게 정반대로 살아가기도 한다. 그러므로 너희는 이 두 가지 인생 중 어느 쪽으로 살아가는 것이 이로운지 잘 숙고해 올바른 선택을 해야 한다.

[25] 이제 이것으로 충분할 것 같다. 내 아들들아, 내가 죽으면 내 몸을 금이든 은이든 어떤 것으로도 단장하지 말고, 내 몸이 가능한 한 신속하게 땅으로 돌아갈 수 있게 해주어라. 흙은 온갖 아름답고 좋은 것을 낳아주고 길러주니 내 몸이 흙으로 빨리 돌아가서 뒤섞이는 것보다 더 큰 축복이 어디 있겠느냐? 지금까지 나는 다른 사람들에게 좋은 일을 하려고 살아왔으니 죽어서도 좋은 일을 하는 흙의 일부가 된다면 기쁠 것 같다.

[26] 내 혼이 내 몸의 모든 곳에서 떠나가고 있는 것으로 보아 이제

떠날 때가 된 것 같구나. 이 자리에 있는 사람들 중에서 내가 아직 살아 있는 동안 나의 오른손을 잡거나 내 눈을 마주치고 싶은 사람은 누구든지 가까이 오게 하라. 하지만 내 아들들아, 내가 죽어서 내 몸이 천으로 덮인 후에는 아무도 내 몸을 보지 못하게 하고, 심지어 너희조차도 내 몸을 보지 않기를 부탁한다.

[27] 모든 페르시아인과 동맹을 나의 장례식에 초대해 나와 함께 기쁨을 나누게 하라. 이제 나는 신들과 함께하든 존재하지 않든 모든 해악으로부터 벗어나게 될 것이기 때문이다. 경사가 생긴 사람의 집에서 벌이는 잔치에 온 사람들을 대접하듯이 모든 예를 갖추어 후히 대접하라.

[28] 마지막으로 너희의 친구들에게 잘하는 것이 너희의 적군을 벌하는 것임을 명심하라. 나의 사랑하는 아들들아, 잘 있어라. 너희 어머니에게도 작별 인사를 전하라. 여기 있는 친구들과 여기에 있지 않은 친구들에게 작별 인사를 전합니다."

키루스는 이렇게 말하고 나서 거기 있던 모든 사람에게 오른손을 들어 작별 인사를 한 후에 스스로 자신의 얼굴에 천을 덮고 생을 마감했다.

제8장

[1] 키루스의 제국이 아시아의 모든 나라 중에서 가장 훌륭하고 광대했다는 것은 그 제국 자체가 증명한다. 키루스의 제국은 동쪽으로는 인도양, 북쪽으로는 흑해, 서쪽으로는 키프로스와 이집트, 남쪽으로는 에티오피아에 이르렀기 때문이다. 키루스의 제국은 이처럼 거대했지만, 키루스 한 사람의 판단으로 다스려졌다. 그는 자신의 신민을 마치 자신의 자식처럼 귀하게 여기며 보살폈고, 신민들은 키루스를 아버지

처럼 여기며 공경했다.

　[2] 하지만 키루스가 죽자마자 그의 아들들은 서로 불화해, 곧 제국 내의 나라들과 민족들이 반기를 들어 모든 것이 악화되었다. 내가 말한 것이 사실임을 증명하기 위해 나는 먼저 신들에 대한 그들의 태도부터 살펴보려고 한다. 이전에는 왕과 신하들은 자신들이 오른손을 들어 신들에게 맹세한 경우에는 그 맹세를 굳게 지키려 했고, 아무리 지독한 흉악범에게조차도 맹세를 지키려 했다.

　[3] 만일 그들이 그런 사람들이 아니었고, 그런 사람들이라는 평판을 얻지 못했다면, 단 한 사람도 그들을 믿지 않았을 것이다. 그런데 지금은 단 한 사람도 그들을 믿지 않는데, 그 이유는 그들이 신들에게 불경하다는 것이 알려졌기 때문이다. 소(小)키루스[77]와 함께 원정에 참가한 장군들이 만일 페르시아 왕들이 이렇게 신들에게 불경하다는 것을 알았더라면 소키루스를 믿고 출정하지는 않았을 것이다. 하지만 그들은 페르시아 왕들에 대한 이전의 좋은 평판을 믿고 출정했다가 왕 앞으로 끌려가 참수를 당했다.[78] 그 원정에 참가한 야만인들 중 다수도 페르

---

[77] "소키루스"는 페르시아 제국 다리우스 2세의 아들로, 기원전 408-401년에 페르시아의 왕자이자 장군이자 리디아 및 이오니아의 총독이었다. 기원전 401년에 자신의 형인 아르타크세르크세스 2세에게서 페르시아 왕위를 찬탈하려다가 싸움에 져서 죽었다. 크세노폰은 『소아시아 원정기』에서 소키루스와 그리스 용병의 퇴각에 관한 이야기를 들려준다.

[78] 기원전 401년에 페르시아 왕 아르타크세르크세스 2세의 아우 소키루스가 형의 왕위를 찬탈하기 위해 바빌론으로 쳐들어가려고 그리스인 용병을 모집했다. 이때 소키루스는 피시디아인을 상대로 싸울 것이라고 말했기 때문에, 그리스인 용병들은 자신들이 페르시아 왕 아르타크세르크세스 2세의 대군과 싸울 것임을 알지 못하고 이 원정에 참가했고, 타르소스에 이르러서야 그 사실을 알고 원정을 계속하기를 거부한다. 하지만 스파르타의 장군 클레아르코스의 설득으로 원정을 계속한다. 소키루스가 쿠낙사 전투에서 전사한 후에, 클레아르코스와 네 명의 장군과 많은 지휘관은 아르타크세르크세스 2세의 사주로 이오니아의 총독 팃사페르네스의 초대를 받아 연회장에 갔다가 체포되어 왕 앞에서 처형을 당했다.

시아 왕의 이런저런 맹세들을 믿고 참전했다가 그 맹세들에 속아 넘어가서 죽임을 당했다.

[4] 다음과 같은 일들은 페르시아의 현재 상황이 더욱 나빠져 있다는 것을 보여준다. 예컨대, 전에는 왕을 위해 목숨을 걸거나 나라나 민족을 복속시키거나 왕을 위해 어떤 고귀하고 훌륭한 일을 한 사람들은 칭송을 얻고 상을 받았다. 하지만 지금은 자신의 아버지인 아리오바르자네스[79]를 배신한 미트라다테스나, 자신의 처자식과 친구들의 자녀들을 이집트 왕에게 볼모로 넘긴 레오미트레스[80] 같이 왕에게 이득이 되는 일이라면 아무리 중대한 맹세까지도 어기는 자들이 가장 큰 상을 받고 높은 관직에 올라 출세한다.

[5] 이런 일들을 통해 우리는 아시아에 있는 사람들이 모두 불경하고 불의한 자들로 변질되었다는 것을 알게 된다. 왕과 고관들도 그런 부류의 사람들이고, 그들의 통치를 받고 있는 사람들도 그런 부류의 사람들이다. 이렇게 지금은 이전보다 더 불법이 판치게 되었다.

[6] 다음과 같은 일들은 그들이 돈 문제와 관련해 이전보다 정직하지 못하고 불의해졌다는 것을 보여준다. 그들은 큰 잘못을 저지른 사람들만이 아니라 아무 잘못도 하지 않은 사람들도 잡아들여 정당한 근거도 없이 돈을 내라고 강요한다. 그래서 많은 재물을 가지고 있는 것으

---

79 "아리오바르자네스"는 기원전 407-362년에 소프리지아의 총독이었다. 기원전 362년에 서부 아나톨리아 지역의 총독들을 이끌고 페르시아 제국의 아르타크세르크세스 2세 (재위 기원전 약 404-358년)에 맞서 반란을 주도했다. 하지만 그의 동생이자 카파도키아와 리카오니아의 총독 "미트라다테스"의 배신으로 실패하고 죽임을 당했다.

80 "레오미트레스"는 페르시아 귀족으로, 함께 반란을 일으킨 서부 아나톨리아 지역 총독들의 위임을 받아 이집트의 파라오 타코스에게 지원을 요청하러 가서, 500달란트와 50척의 전함을 주고 자신의 처자식과 여러 총독의 자녀들을 볼모로 잡혔다. 하지만 이집트에서 돌아온 그는 막대한 부와 높은 관직을 얻기 위해 총독들을 초대해 체포하고 아르타크세르크세스 2세에게 넘겼다.

로 여겨지는 사람들은 큰 범죄를 저지른 사람들 못지않게 늘 두려움에 떨며 살아간다. 큰 범죄를 저지른 자들이 권력자들의 눈에 띄지 않으려는 것처럼, 부자들도 왕의 군대에 지원하는 것을 꺼린다.

[7] 이렇게 페르시아인 사이에서는 신들에 대한 불경과 사람들에 대한 불의가 횡행하기 때문에, 페르시아인과 전쟁을 벌이는 자들은 누구든지 전투 한번 벌이지 않고도 자기들 마음대로 그들의 나라를 뒤집어놓을 수 있다. 이 점에서도 지금 페르시아인의 상태는 이전보다 훨씬 못하다.

[8] 다음으로 내가 말하고자 하는 것은 지금 페르시아인은 전과는 달리 자신의 신체를 돌보지 않는다는 것이다. 예컨대, 전에는 침을 뱉지도 않고 코를 풀지도 않는 것이 그들의 관습이었다. 신체의 수분을 밖으로 배출하는 것을 꺼렸기 때문이 아니라, 힘든 일을 해 수분을 땀으로 배출함으로써 신체를 튼튼하게 하고자 했기 때문이다. 물론 그들은 지금도 계속 침을 뱉지도 않고 코를 풀지도 않는다. [9] 하지만 힘든 일을 해 수분을 땀으로 배출하려고 하는 사람은 아무도 없다.

그들은 전에는 하루에 한 끼만 먹고서 온종일 활동하고 고된 일을 했다. 물론 지금도 여전히 하루에 한 끼만 먹는다. 하지만 최대한 이른 시간에 아침 식사를 하고 나서, 그때부터 쉬지 않고 최대한 늦게 잠자리에 들 때까지 온종일 먹고 마시는 것을 그치지 않는다.

[10] 연회장에는 요강을 들여오지 않는 것이 관습이었다. 몸과 정신을 가누지 못할 정도로 술을 너무 많이 마시면 안 된다고 생각했기 때문이다. 오늘날에도 여전히 연회장에 요강을 들여오지 않지만, 그들이 술을 너무 많이 마셔 똑바로 서서 걸어 나갈 수 없게 되었을 때마다 요강을 들여오는 것이 아니라, 반대로 그들 자신이 실려 나가기 때문이다.

[11] 그들은 행군하는 동안에는 아무것도 먹거나 마시지 않았다. 먹고 마심으로써 생기는 필연적인 생리 현상이 나타나지 않게 하는 것

이 관습이었다. 오늘날에도 그러한 관습은 여전히 행해지고 있다. 하지만 지금은 행군하는 시간이 아주 짧아 생리 현상을 참는 것이 전혀 문제가 되지 않는다.

[12] 전에는 사냥을 자주 나갔기 때문에 사냥만으로도 사람과 말을 훈련시키기에 충분했다. 하지만 아르타크세르크세스[81]와 그의 측근들은 술을 많이 마셔 체력이 약해지자, 이전처럼 스스로 사냥을 나가지도 않고 다른 사람들을 내보내 사냥하게 하지도 않았다. 도리어 누군가가 신체를 단련하는 것을 좋아해 자신의 기병들과 함께 자주 사냥을 나가기라도 하면, 왕과 그의 측근들은 그 사람이 잘난 체하는 것으로 여기며 대놓고 시기하고 미워한다.

[13] 귀족의 자제들을 왕궁에서 교육시키는 관습도 여전히 지속되고 있다. 하지만 기마술을 배우고 훈련하는 것은 폐지되었다. 기마술을 갈고닦아 자신의 솜씨를 뽐낼 기회가 어디에서도 주어지지 않기 때문이다.

전에는 왕궁에서 소년들이 정의와 관련한 판례들을 듣고서 정의가 무엇인지 배웠지만, 그런 것은 완전히 무너져버렸다. 지금은 소년들이 소송했을 때 뇌물을 더 많이 준 쪽이 이긴다는 것을 너무나 잘 알기 때문이다.

[14] 전에는 소년들이 땅에서 자연적으로 나는 것의 효능을 배웠기

---

81 여기에서 언급된 "아르타크세르크세스"는 기원전 338-336년에 아케메네스 왕조 시대의 페르시아 제국을 통치한 아르타크세르크세스 4세를 가리키는 것으로 보인다. 그는 우유부단하고 어리석어 절대로 페르시아 제국의 왕위에 오르지 못할 것이라고 생각되었다. 하지만 궁정의 실권을 쥐고 있던 환관 바고아스가 기원전 338년에 아르타크세르크세스 3세를 독살하고 왕자들도 모조리 살해했지만, 왕위와는 거리가 먼 것으로 여겨졌던 그만이 살아남을 수 있었다. 그는 바고아스에 의해 왕으로 추대되어 아르타크세르크세스 4세가 되었지만 실권은 바고아스가 장악하고 있었다. 그는 바고아스를 제거하려다가 도리어 바고아스에게 왕자와 함께 독살되었다.

때문에, 몸에 좋은 것은 사용하고 몸에 나쁜 것은 피할 수 있었다. 물론 지금도 소년들은 그런 것을 배우지만, 이제는 다른 사람들에게 최대한 큰 해악을 입히기 위해 배울 뿐이다. 그곳은 세상에서 독극물로 인해 가장 많은 사람이 죽거나 불구가 되는 곳이기 때문이다.

[15] 오늘날 그들은 키루스 시대보다 훨씬 더 나약하다. 당시에 그들은 페르시아인에게 물려받은 교육과 절제력을 여전히 지닌 채 메디아풍의 옷과 사치를 즐겼다. 하지만 지금은 페르시아인에게 물려받은 강인함은 사라지고 메디아인의 나약함만 남아 있다.

[16] 나는 그들의 나약함에 관해 좀 더 자세하게 짚고 넘어가려고 한다. 먼저 그들은 푹신푹신한 침구를 사용하는 것으로 만족하지 않고, 딱딱한 바닥 위에 양탄자를 깔아 저항을 없앤 후에 푹신한 양탄자 위에 침대의 기둥들을 세운다.

식단과 관련해서도 전에 먹던 것을 없애지도 않고 여전히 빵을 주식으로 먹긴 하지만, 새로운 요리를 개발해내는 전문가들을 두고 있고 빵과 함께 먹는 고기나 다른 요리도 새로 개발해내고 있다.

[17] 그들은 겨울에 머리와 몸과 다리에 두꺼운 옷을 입는 것으로 만족하지 않고, 소매를 길게 해 손을 덮는 것도 모자라 두 손에는 장갑을 끼고 다닌다. 여름에는 나무와 바위 밑 그늘로 만족하지 않고, 하인들을 자기 옆에 세워 인위적으로 또 다른 그늘을 만든다.

[18] 그들은 가능한 한 많은 술잔을 갖고 있어야 위신이 선다고 생각한다. 그래서 술잔을 얻기 위해 불의한 짓을 자행하지만, 자신들이 하는 짓을 부끄러워하지 않는다. 불의하고 추악한 방법으로 이득을 얻는 풍조가 만연해 있기 때문이다.

[19] 전에 그들은 어디를 가든 걸어서 가는 모습을 보이지 않는 것이 관습이었다. 그렇게 한 이유는 자기가 말을 잘 타는 사람처럼 보이기 위해서였다. 하지만 오늘날 그들은 말을 타는 것보다는 푹신푹신한

곳에 앉는 것에 더 관심이 많기 때문에 말안장에 얹는 천이 침대에 까는 천보다 더 많다.

[20] 이러하니 그들의 군사력도 모든 점에서 이전보다 못한 것은 두말할 필요도 없지 않겠는가? 전에는 땅을 소유한 지주들이 자신의 재산으로 기병의 비용을 댔고, 전쟁이 나면 그 기병이 출전했으며, 그들은 전쟁에 나가서 나라를 지키는 일을 하며 나라에서 보수를 받았다. 하지만 지금은 전쟁이 나면 부자들은 평소에 자기 집에서 부리던 문지기, 빵 굽는 자, 요리사, 술 따르는 자, 목욕할 때 수발드는 자, 요리를 내오는 자, 식탁을 치우는 자, 잠자리를 준비하는 자, 아침 기상 때 수발드는 자, 얼굴과 다른 곳들을 화장해주는 미용사 같은 사람들을 내보낸다. 국가 권력자들은 이런 자들로 기병대를 조직해 싸우게 하고 보수를 지급한다.

[21] 이렇게 군대를 만들면 병력은 많겠지만 전쟁을 하는 데는 전혀 도움이 되지 않는다. 현실이 그것을 잘 보여준다. 영토를 침략한 적군은 아무런 저항도 받지 않고 자유롭게 땅을 헤집고 다니며 뒤집어놓기 때문이다.

[22] 키루스는 적과 먼 거리에서 대치해 서로 활을 쏘고 창을 던지는 식으로 전투하는 방식을 폐기했다. 대신 말과 병사를 흉갑으로 무장시키고 모든 병사에게 창을 지급해 백병전을 벌이는 방식을 채택했다. 하지만 지금은 먼 거리에서 활을 쏘거나 창을 던지지도 않고 백병전을 벌이지도 않는다. [23] 보병들은 키루스 때처럼 여전히 방패와 칼과 창을 들고 전쟁터에 나간다. 하지만 그들은 이제 백병전을 벌이려고 하지 않는다.

[24] 키루스가 만든 낫이 장착된 전차들도 지금은 원래의 용도로 사용되고 있지 않다. 키루스는 전차병을 예우하고 선망의 대상이 되게 만들어 중무장한 적군 속으로 뛰어들게 했다. 하지만 지금의 지휘관들

은 전차병의 중요성을 전혀 알지 못한다. 숙련된 전차병이든 숙련되지 않은 전차병이든 별 차이가 없다고 생각한다. [25] 물론 숙련되지 않은 전차병도 전차를 몰 수 있다. 하지만 그들은 적진 속으로 뛰어 들어가지 못하고 그 전에 튕겨져 나가거나 스스로 전차에서 뛰어내린다. 이렇게 전차병이 사라진 전차들은 오히려 적군보다 아군에게 더 큰 피해를 입힌다.

[26] 그들이 설령 어떻게 전쟁을 해야 하는지 안다고 해도 자신의 힘으로 전쟁을 하려고 하지는 않는다. 그들은 내부에서 서로 전쟁을 벌일 때든, 그리스인들이 침공해 올 때든 그리스인 용병 없이는 전쟁을 하려 하지 않는다. 그리스군에 맞서 전쟁을 벌어야 할 때조차도 그리스인 용병을 앞세워 전쟁을 해야 한다고 생각하는 것이다.

[27] 이제 나는 하고자 하는 것을 해냈다고 생각한다. 나는 지금의 페르시아인이나 그들과 함께하고 있는 민족들이 이전에 비해 신들께 불경하고, 가족이나 친척 간에 우애가 깊지 못하고, 다른 사람에게 불의하게 행하고, 전쟁에서 용맹하지 않다는 것을 증명했다고 여기기 때문이다. 내 말과 반대되는 생각을 가지고 있는 사람은 그들이 하는 짓을 잘 살펴보면 내 말이 옳다는 사실을 분명히 알게 될 것이다.

해제

박문재

이 책의 저자인 크세노폰(기원전 약 430-354년)은 그리스의 모든 도시국가가 아테네 진영과 스파르타 진영으로 나뉘어 서로 싸우던 펠로폰네소스 전쟁(기원전 431-404년)이 시작될 때 태어나서, 이 전쟁에서 패권을 잡은 스파르타가 만티네이아 전투(기원전 362년)에서 패해 패권을 상실하고 몰락한 지 10여 년 후에 죽었다.

크세노폰은 청년 시절에 소크라테스(기원전 약 469-399년)의 제자이자 친구였고, 자신이 존경한 소크라테스로부터 분명히 영향을 받았다. 하지만 그의 사상은 우리가 지금까지 많이 접한 소크라테스, 플라톤, 아리스토텔레스로 이어지는 전통과는 분명히 거리가 있다. 소크라테스, 플라톤, 아리스토텔레스가 진리와 정의와 미덕을 중심으로 정통적인 철학을 추구했다면, 군사 전략가였던 크세노폰은 실용적인 정의와 미덕을 추구했기 때문이다. 그는 사람들을 진정으로 잘되게 하는 것이 무엇인지 고민했다는 점에서 사리사욕을 추구한 당시의 소피스트들과도 달랐다.

소크라테스에서 시작해 플라톤, 아리스토텔레스로 이어지는 철학자들의 글을 읽다 보면, 진리와 정의와 미덕을 바르게 제시하는 데는 탁월하지만, 플라톤 자신도 『국가』에서 인정하듯이 다소 이상적인 경향을 띤다. 반면, 크세노폰은 그러한 이상을 실현하려면 어떻게 해야 하는지에 모든 관심을 기울인다. 1만 명의 그리스 용병을 이끈 군사 전략가이자 지휘관으로서, 정의와 미덕은 말로 되는 것이 아니라 생사를 건 전쟁 같은 인간의 삶 속에서 실제로 이루어내는 문제라고 여겼다.

크세노폰이 쓴 『키루스의 교육』은 이러한 사상이 생생하게 녹아 있는 저작이다. 따라서 이 책을 제대로 이해하려면 그의 생애와 저작을 먼저 이해해야 한다. 그리고 이 책 자체를 이해하려면 주인공인 키루스 시대 전후에 소아시아 지역(또는 아나톨리아)과 메소포타미아 지역의 국제 정세를 알아야 한다.

I. 크세노폰의 생애와 저작

1. 크세노폰의 생애

크세노폰은 기원전 430년경에 아테네의 에르키아 구역에서 기병 용병으로 활동하며 부유해진 가문에서 태어났다. 그의 아버지 그릴루스도 기병 용병이었다. 그는 청년 시절에 소크라테스의 문하에서 배웠고 소크라테스와 친밀하게 교류했다. 이 사실은 크세노폰이 쓴 『소아시아 원정기』에 나오는 두 사람의 대화 속에 분명하게 나타난다.

기병 용병이자 군사 전략가의 피를 타고난 크세노폰은 소크라테스와 어울려 철학을 논하는 것으로는 만족할 수 없었던 것 같다. 마침 그가 30세가 되던 기원전 401년에 페르시아 왕 아르타크세르크세스 2세의 아우 소(小)키루스가 형의 왕위를 찬탈하기 위해 바빌론으로 쳐들어가려고 그리스인 용병을 모집했다.

크세노폰은 자신이 용병에 참가해도 되겠느냐고 소크라테스에게 물었고, 소크라테스는 신에게 물어보라고 했다는 내용이 『소아시아 원정기』에 나온다. 하지만 크세노폰은 자신이 원정에 참여해야 하느냐 마느냐를 묻지 않고, 어느 신에게 기원하고 제를 올려야 원정을 성공적으로 마치고 무사히 돌아올 수 있는지 물었다고 한다.

그는 1만 명에 달하는 그리스인 용병의 일원으로 소키루스의 군대에 참가했다. 이 때문에 자신의 스승인 소크라테스가 재판을 받고 사형을 당한 기간 동안 아테네를 떠나 있었다. 하지만 바빌론 근방에서 벌어진 쿠낙사 전투에서 소키루스가 전사하자, 1만 명의 그리스 용병대를 이끌고 눈이 쌓인 아르메니아에서 흑해 연안을 지나 소아시아까지 2년 만에 귀환했다. 이 이야기를 담은 것이 『소아시아 원정기』다. 그리스어로 '진군'을 뜻하는 '아나바시스(anabasis)'라는 제목을 지닌 『소아시아 원정기』는 고대 세계에서 군사 지도자로서 자신의 경험을 겸손하게 회고하고 성찰한 독특한 저작이다.

이때 소키루스는 피시디아인을 상대로 싸울 것이라고 말했기 때문에, 그리스인 용병들은 페르시아 왕 아르타크세르크세스 2세의 대군과 싸우리라는 것을 알지 못한 채 이 원정에 참가했다. 그러다가 타르소스에 이르러서야 그 사실을 알고 원정을 계속하기를 거부한다. 하지만 스파르타의 장군 클레아르코스의 설득으로 원정을 계속하게 된다. 이 내용은 이 책의 제8권 제8장에도 언급된다.

결국 소키루스에게 속아 원정을 나갔다가 소키루스가 죽고 스파르타의 장군 클레아르코스를 비롯한 1만 그리스 용병대의 지휘관들도 페르시아 왕 아르타크세르크세스 2세의 계략에 말려 죽게 되자, 크세노폰은 1만 그리스인 용병대를 이끄는 세 명의 지휘관 중 한 명으로 선출된다.

크세노폰은 궁지에 몰린 1만 그리스인 용병대를 이끌고 혹독한 장정에 돌입한다. 기아에 허덕이며 사막을 건너고 눈 덮인 아르메니아의 산악을 넘어 비교적 안전한 흑해 연안의 그리스 식민지로 귀환한 것이다. 그리스인 용병대는 페르시아군 및 그 동맹군의 추격과 공격 속에서도 크세노폰의 전략을 따라 마침내 6개월 후에 흑해 연안에 있는 트라브존에 도달한다. 그들이 힉소스의 테케스산 위에서 흑해를 내려다보며 "바다다, 바다다"(그리스어로 "탈랏타, 탈랏타")라고 환호했다는 이야기는 유명하다.

『소아시아 원정기』는 기원전 399년에 미시아에 있는 페르가몬에 스파르타의 장군 팀브론이 도착하는 것으로 끝이 난다. 팀브론의 원정은 그가 쓴 『그리스 역사』(그리스어로 '헬레니카')에 기록되어 있다. 그는 팀브론의 지휘로 그리스인 용병대와 함께 미시아의 여러 지역을 점령했지만 라리사 공략에 실패하자, 스파르타 당국은 팀브론 대신 데르킬리다스를 보낸다. 데르킬리다스의 지휘 아래 그리스인 용병대는 라리사를 비롯해 아홉 개의 성을 점령한다.

기원전 396년에 새로 임명된 스파르타의 왕 아게실라오스가 에페소스로 와서 군대의 지휘권을 데르킬리다스에게서 넘겨받는데, 이때 크세노폰와 아게실라오스가 처음으로 만난 것 같다. 기원전 394년에 크세노폰은 아게실라오스와 그의 군대가 스파르타로 귀환하는 것을 막는 아테네 연합군과 코로네아 전투에서 싸운 후에, 스파르타로 돌아와 7년간의 원정을 마감한다. 그리고 크세노폰은 스파르타 편에 섰다는 이유로 아테네에서 추방되지만, 스파르타 왕으로부터 스킬루스에 있는 영지를 받고 거기에서 23년 동안 살면서 여러 저작을 써냈다. 이곳의 생활은 그가 집필한 『경영론』, 『사냥술』, 『기마술』 같은 글에 잘 나타나 있다.

기원전 371년에 반(反)스파르타 진영의 엘리스가 스킬루스를 점령했기 때문에, 크세노폰은 코린토스로 옮겨 갔고 기원전 354년에 거기에서 죽었다. 하지만 그의 무덤은 스킬루스에 남아 있다.

2. 크세노폰의 저작

크세노폰은 고대의 위대한 저술가 중 한 명으로 인정받아왔다. 그의 저작들은 일찍부터 아티카 산문의 모범으로 여겨지면서 지금까지 모두 보존되어 있다. 고대 그리스의 철학자들의 전기를 쓴 디오게네스 라에르티오스는 크세노폰은 필치가 유려해 "아티카의 무사 여신"으로 알려져 있었다고 말한다.

크세노폰의 저작은 크게 두 부류로 나뉜다. 하나는 소크라테스와 관련된 저작들이고, 다른 하나는 용병 지휘관이자 군사 전략가로서 자신의 경험을 담은 저작들이다.

(1) 소크라테스와 관련된 저작들

먼저 크세노폰은 소크라테스의 문도이자 친구로서, 대화편인 『향연』, 『경영론』(오이코노미코스), 『히에론』, 소크라테스에게 바치는 헌사인 『회상』, 소크라테스가 재판에서 자신을 변론한 것을 나름대로 기록한 『소크라테스가 배심원 앞에서 행한 변론』을 썼다.

『향연』은 아테네의 귀족이자 정치가였던 칼리아스가 범(凡)아테네 대회에서 우승한 아우톨리코스를 환영하려고 베푼 연회에 소크라테스와 몇몇 친구들이 모여 대화한 내용을 기록한 형식으로 되어 있다. 각자가 가장 자랑스러워하는 것이 이날의 대화 주제였다. 대화에서는 아름다움, 욕망, 지혜, 미덕 등이 다루어진다. 크세노폰은 이 저작에서 향연에 걸맞게 놀이와 진지함을 조화시켜 이 주제들을 다루어나간다.

『경영론』은 주로 가정 경영과 농업을 다룬 저작이다. 이 책에서는 남녀의 특징과 상호관계, 농촌 생활과 도시 생활, 노예 제도, 종교, 교육 등의 주제를 다룬다. 크세노폰은 『키루스의 교육』에서도 전쟁과 관련해 경영의 중요성을 강조한다.

『히에론』은 기원전 474년에 시라쿠사의 참주 히에론과 서정시인 시모니데스 간의 대화를 다룬 저작이다. 이 저작의 주제는 "참주의 삶이 평민의 삶보다 더 즐거운가"인데, 이 두 부류의 삶을 다 살아본 히에론은 결코 그렇지 못하다고 주장한다. 이 주제도 『키루스의 교육』 저변에 흐르고 있다.

소크라테스가 남긴 대화들을 모아놓은 『회상』은 소크라테스 관련 저작들 중에서 가장 길고 유명한 저작이다. 크세노폰이 소크라테스의 언행을 예시로 들어 논평하면서 소크라테스를 변호하는 내용으로 되어 있다.

『소크라테스가 배심원 앞에서 행한 변론』은 소크라테스가 아테네 청년들의 도덕을 부패시켰다는 죄목과 신들에게 불경죄를 저질렀다는 죄목으로 재판을 받으면서 배심원 앞에서 행한 변론을 담고 있다. 변론에서 소크라테스는 불의한 박해에 굴복해 살아남아 여생을 보내는 것은 할 짓이 못 된다고 말한다.

(2) 정치 및 군사와 관련된 저작들

크세노폰은 아테네 시민으로 태어났지만 아테네의 전통적인 숙적인 스파르타와 가깝게 지냈다. 용병과 군사 지도자로서 스파르타 왕과 장군들의 지휘 아래 이오니아, 소아시아, 페르시아 등지에서 활동한 것, 스파르타 왕 아게실라오스와의 친분, 아테네로부터의 추방, 아테네 민주주의에 대한 반감과 스파르타 질서에 대한 호감 등이 종합적으로 작용한 것으로 보인다.

그래서 크세노폰은 스파르타와 관련해 아게실라오스 왕의 전기인 『아게실라오스』, 『스파르타인의 정치체제』를 썼고, 앞에서 소개한 『소아시아 원정기』, 아케메네스 왕조의 페르시아 제국을 세운 키루스를 다룬 『키루스의 교육』을 썼다. 또한 『기마술』, 기병대 장교가 할 일들을 적은 『기병술』, 개를 이용한 사냥법을 적은 『사냥술』, 아테네가 재정과 경제 위기를 어떻게 헤쳐 나가야 하는지를 다룬 『방법』도 썼다. 투키디데스의 『펠로폰네소스 전쟁사』의 마지막 문장에 이어서 기원전 411-362년의 그리스 역사를 다룬 『그리스 역사』도 썼다.

『아게실라오스』는 크세노폰이 모든 시민적·군사적 미덕의 가장 탁월한 모범으로 생각해 대단히 존경했던 스파르타 왕 아게실라오스의 일대기를 담고 있는 작품이다.

『스파르타인의 정치체제』는 고대 스파르타의 제도, 관습, 실천을 서술하면서, 스파르타가 적은 인구에도 불구하고 강대국이 된 이유를 설명한다.

『기마술』은 어떻게 말을 선별하고 돌보고 훈련시켜야 하는지 다루고, 『기병술』은 기병대 지휘관이 해야 할 일을 다룬다. 『사냥술』은 사냥의 중요성과 유익을 강조하며, 개를 이용한 여러 가지 사냥 기술을 설명한다. 이 세 권의 소책자는 크세노폰의 부유한 기병 가문의 유산인 것으로 보이며, 이러한 내용들은 『키루스의 교육』을 쓰는 데 큰 자원이 되었다.

『방법』은 큰 재정적인 위기에 처한 아테네가 어떻게 해야 위기에서 벗어날 수 있는지 아테네의 최고 통치기관에 조언하는 내용으로 되어 있다. 이 소책자는 크세노폰이 기원전 355년에 마지막으로 쓴 저작으로 여겨진다. 여기에서 크세노폰은 다른 국가들을 약탈하고 착취하는 제국주의가 아니라 아테네 자체의 생산력과 평화를 기반으로 한 새로운 유형의 제국주의를 주창한다. 이러한 그의 사상은 『키루스의 교육』

에도 그대로 반영되어 있다.

『그리스 역사』는 앞에서 이미 말했듯이 투키디데스의『펠로폰네소스 역사』가 끝나는 기원전 411년부터 기원전 362년까지, 즉 펠로폰네소스 전쟁 말기부터 스파르타가 주도권을 잡고 페르시아를 공략하고 만티네이아 전투에서 패권을 상실할 때까지에 해당하는 그리스의 역사를 다룬다.

II. 키루스 시대의 국제 정세

『키루스의 교육』을 이해하기 위해 우리가 다음으로 살펴봐야 할 것은 키루스가 속해 있던 페르시아인의 나라와 주변국들, 그리고 이 책의 배경이 되고 있는 메소포타미아 지역과 소아시아(아나톨리아) 지역의 국제 정세다.

키루스는 안샨 왕국의 왕자였다. 안샨 왕국은 티그리스강 동쪽 자그로스산맥 일대에 있는 이란고원에 위치해 있었다. 안샨 왕국은 여러 왕국의 연방 국가 체제를 이루고 있던 엘람 제국(기원전 약 2700-539년)에 속한 한 왕국이었다. 『키루스의 교육』에서 하나의 삽화 같은 존재로 등장해 강렬한 인상을 남기는 수사 왕 "아브라다타스"와 그의 왕비 "판테이아"도 엘람 제국에 속한 한 국가인 수사의 왕과 왕비다.

서남아시아 또는 고대 근동의 지리를 살펴보면, 티그리스강과 유프라테스강 유역의 메소포타미아를 중심으로, 동쪽으로는 이란고원 일대의 엘람(고대 바빌로니아어로 "동방"이라는 뜻)이 자리 잡고 있었고, 서쪽으로는 아나톨리아라고도 하는 소아시아가 있었으며, 남쪽으로는 아라비아반도가 있었다.

1. 안샨 왕국

안샨 왕국은 기원전 1000년경부터 지금의 이란 북서부 아제르바이잔에 살고 있던 페르시아인이 기원전 700년경에 남쪽으로 이주해, 당시 엘람 제국에 속해 있던 안샨(지금의 페르세폴리스에서 서쪽으로 50킬로미터 떨어진 지역)에 정착하면서 시작되었다. 그러다가 엘람 제국이 신아시리아 제국(기원전 934-609년)에 패해 힘을 잃자, 키루스의 증조부인 테이스페스가 안샨을 차지하고 안샨 왕국을 세웠다. 그가 죽은 뒤에는 차남인 아리아라메스는 북부를, 장남인 키루스 1세는 남부를 차지했다. 키루스 1세는 페르시아인을 통합했고, 그의 아들이자 이 책의 주인공 키루스의 아버지인 캄비세스 1세(재위 기원전 600-559년)는 메디아 왕 아스티아게스(재위 기원전 585-550년)의 공주 만다네와 결혼해 "키루스"를 낳는다. 당시에는 메디아가 이 지역의 패권을 쥐고 있었고, 안샨 왕국은 메디아의 속국이었다. 『키루스의 교육』에서 키루스가 메소포타미아, 소아시아, 엘람 지역을 제패하게 된 시발점은 메디아 왕이자 키루스의 외삼촌인 키악사레스가 신바빌로니아 제국의 침공 소식을 듣고 안샨 왕국에 지원병을 요청한 것이었다.

페르시아인은 아리아인으로 이란 민족의 일파다. 아리아인은 인도유럽어족의 중심을 이루는 인도이란어 계열의 언어와 『아베스타』, 『베다』 등의 문헌들에 전해지는 신화와 종교와 문화를 동질적으로 가지고 있는 집단이다. 중앙아시아의 투란 일대에서 유목 생활을 하다가 기원전 20세기경에 이동을 시작했다. 일부는 이란고원에 정착해 아베스타 시대의 고대 이란 문명을 이루었고, 일부는 인도로 남하해 베다 시대의 고대 인도 문명을 이루었으며, 일부는 스키타이인처럼 중앙아시아 일대에 정착했다가 유럽과 중국 방면으로 이동하기도 했다.

2. 메디아 왕국

메디아인은 기원전 1000년경에 같은 이란 민족인 페르시아인과 함께 이란고원으로 이주해, 메디아인은 이란고원의 서북부에, 페르시아인은 서남부의 파르사 지방(현재의 파르스 주)에 정착했다.

메디아인은 이란 민족의 일파인 마다족 또는 마타이족으로 우르미아호 남쪽에서 말을 사육한 유목민이었다. 그들은 엑바타나(오늘날의 하마단)를 중심으로 메디아 왕국을 세웠고, 기원전 6세기에는 흑해의 남부 연안과 아란 지방(오늘날의 아제르바이잔공화국)에서 페르시아를 포함한 중앙아시아와 아프가니스탄에 이르는 대제국을 건설했다. 메디아는 키루스 대왕에 의해 페르시아 제국과 병합되기 전까지 이란 지역에서 최강대국이었다.

그리스의 역사가 헤로도토스에 따르면, 기원전 8세기경 데이오케스(재위 기원전 728-675년)가 메디아 왕국을 엑바타나에 세웠다. 메디아 왕국은 한때 스키타이인 때문에 쇠퇴하다가 키악사레스 1세(재위 기원전 625-585년) 때 스키타이인의 세력을 무너뜨렸고, 기원전 609년에는 바빌로니아인들과 연합해 신아시리아 제국을 멸망시켰다. 키악사레스 1세는 할리스강에 이르는 아나톨리아 전 지역, 지금의 테헤란에 이르는 서부 이란 전체, 파르스를 포함한 남서부 이란 전체를 지배했다. 키악사레스 1세의 뒤를 이어 메디아의 왕이 된 인물은 바로 키루스의 외할아버지인 아스티아게스(재위 기원전 585-550년)이고, 그의 뒤를 이어 왕이 된 인물은 키루스의 외삼촌인 키악사레스 2세다. 『키루스의 교육』에는 키악사레스 2세가 키루스에게 자신의 공주를 주면서 그의 후계자로 삼았다는 내용이 나온다. 즉, 키악사레스 2세가 죽으면서 메디아 왕국은 자연스럽게 키루스가 세운 아케메네스 왕조의 페르시아 제국에 흡수되었다.

3. 신아시리아 제국

『키루스의 교육』의 배경이 된 시대에 메소포타미아 지역과 소아시아 지역을 장악하고 있던 나라는 신아시리아 제국(기원전 934-609년)을 멸망시킨 신바빌로니아 제국(기원전 626-539년)이다. 키루스는 신바빌로니아 제국을 멸망시키고 아케메네스 왕조의 페르시아 제국(기원전 550-330년)을 연다. 하지만 『키루스의 교육』에는 신바빌로니아 제국에 관한 언급이 없고 신바빌로니아 제국을 "아시리아"로 지칭하며 신바빌로니아 제국의 왕을 "아시리아 왕"으로 부르기 때문에, 우리는 신아시리아 제국도 살펴봐야 한다.

아시리아는 티그리스강 상류 지역을 가리키는 말이다. 따라서 원래 "아시리아"는 메소포타미아 북부 전체를 가리키고, 메소포타미아 남부는 "바빌로니아"로 지칭되었다. 아시리아인은 자신들의 본토를 아람어로 '베트 나흐라인', 즉 "두 개의 강(티그리스강과 유프라테스강) 사이에 있는 지역"으로 불렀다. 이 명칭은 그리스어의 '메소포타미아'(Μεσοποταμία, "강들 사이의 지역"이라는 뜻)의 어원으로 여겨진다.

아시리아인은 셈족에 속한 민족으로 아람어를 사용했다. 그들은 기원전 25세기에 북부 메소포타미아에 정착해 작은 왕국을 세웠고, 샴시 아다드 1세(재위 기원전 1813-1781년)가 앗수르를 중심으로 왕국을 확장하면서 힘을 키워나갔다. 이렇게 아시리아인이 세운 왕국은 아카드인이 세운 여러 왕국과 공존하다가 한때는 아카드 제국(기원전 2334-2154년)에 흡수되기도 했지만, 나중에는 니네베를 중심으로 고대 메소포타미아 문명의 일부인 아시리아 제국(기원전 1200-609년)을 건설했다.

신아시리아 제국은 티글라트 필레세르 3세(재위 기원전 745-727년) 때 전성기를 맞이해 이집트의 제25왕조를 위협할 정도로 강력한 제국이었다. 아시리아의 거대한 영토는 잘 훈련된 강력한 군대, 조직화된

관료 제도, 완비된 역참 제도 등을 통해 통치되었고, 특히 기병과 전차를 갖춘 강력한 군사력을 보유하고 있었다. 하지만 억압적인 통치와 무거운 세금으로 속국들의 반발을 샀다. 결국 아슈르바니팔(재위 기원전 669-627년)이 죽은 후에 내분이 일어나자, 기원전 625년에 신바빌로니아 왕국(칼데아 왕국)을 세운 나보폴라사르(재위 기원전 625-605년)와 메디아 왕국으로 이루어진 연합군의 공격을 받고, 기원전 612년에 니네베의 함락과 더불어 멸망했다.

4. 신바빌로니아 제국

기원전 20세기에 셈족의 아모리인이 메소포타미아 지역으로 이주해 바빌론을 중심으로 주변 왕국들을 정복하고, 고(古)바빌로니아 제국(기원전 1895-1595년)을 세웠다. 기원전 1595년에 히타이트 왕 무르실리 1세가 고바빌로니아 제국을 멸망시킴으로써 카사이트 왕조 시대가 시작되어 기원전 1019년까지 이어졌다. 이때부터 바빌로니아는 기원전 612년에 나보폴라사르가 신아시리아 제국을 무너뜨리고 신바빌로니아 제국을 건설할 때까지 900여 년 동안 완전히 힘을 잃고 지냈다.

아시리아의 전성기를 이끈 군주 아슈르바니팔이 죽은 지 1년 후인 기원전 627년에 아시리아 제국이 내전에 휘말리기 시작하자 나보폴라사르 아래에 반란을 일으킨 칼데아인은 결국 기원전 612년에 니네베를 함락시키고 바빌론을 수도로 하는 칼데아인의 왕국 신바빌로니아를 건국했다. 이것이 기원전 626년부터 기원전 539년까지 존재한 칼데아인의 신바빌로니아 제국이다. 아모리인이 주축이 된 고바빌로니아 제국과 달리 칼데아인이 주축이 되었기 때문에 칼데아 제국이라고도 불린다.

칼데아는 주로 우르 중심의 바빌로니아 지방을 가리키는 그리스식 명칭이고, 칼데아인은 고바빌로니아를 세운 아모리인과 마찬가지로 셈족에 속한다.

이후 신바빌로니아 제국은 기원전 604년경에 네부카드네자르 2세 때 이스라엘 왕국을 정복하고 바빌론의 성문과 바빌론의 공중정원 같은 건축물을 건설하는 등 전성기를 맞이했지만, 네부카드네자르 2세가 죽은 후에 쇠퇴하기 시작한 신바빌로니아 제국은 결국 기원전 539년에 이 책의 주인공인 키루스 2세에게 멸망당한다.

키루스를 상대한 신바빌로니아 제국의 왕은 나보니두스(재위 기원전 556-539년)와 섭정이었던 그의 아들 벨샤자르(재위 기원전 550-539년)다. 『키루스의 교육』에 따르면, 나보니두스는 제1차 연합군을 거느리고 키루스와 싸우다 전사하고, 벨샤자르는 바빌론 성에서 연회를 하다가 바빌론 성을 관통하는 강의 수로를 따라 입성한 키루스군에게 죽임을 당한다.

5. 아케메네스 왕조의 페르시아 제국

아케메네스 왕조의 페르시아 제국(기원전 550-330년)을 실질적으로 세운 사람은 이 책의 주인공인 키루스 대왕(키루스 2세)이다. 이 왕조의 시작을 기원전 550년으로 정한 것은 헤로도토스가 자신의 『역사』에서 안샨 왕국의 왕 키루스가 기원전 550년에 메디아를 멸망시켰다고 기록했기 때문이다. 하지만 키루스가 바빌론을 함락해 신바빌로니아 제국을 멸망시킨 것은 기원전 539년이었기 때문에, 사실상 이해가 페르시아 제국의 원년이라고 할 수 있다. 하지만 어떤 사람들은 아케메네스 왕조의 기원을 기원전 691년 테이스페스가 안샨 왕국을 세워 아케메네스 왕조라고 지칭한 것에서 찾기도 한다. 그렇게 본다면, 키루스 대왕은 테이스페스, 키루스 1세, 캄비세스 1세의 뒤를 이어 제4대 왕이라고 할 수 있다.

키루스 대왕이 죽은 후에 왕위에 오른 캄비세스 2세(재위 기원전 530-522년)가 이집트 원정을 나간 사이에, 메디아의 제관이었던 가우마타가 왕위를 찬탈하려 했다. 이 소식을 듣고 이집트에서 돌아오던 캄비세스 2세는 이집트의 시와에서 죽는다. 하지만 아케메네스 왕조의 왕족이었던 다리우스 1세(재위 기원전 521-486년)가 이집트에서 군대를 이끌고 돌아와 가우마타를 죽이고 왕위에 오른다. 이리하여 다리우스 1세와 그를 계승한 크세르크세스 1세(재위 486-466년) 시대에 아케메네스 왕조는 전성기를 누린다.

하지만 아르타크세르크세스 1세 때부터 왕족 내부에 파벌이 형성되면서 제국이 분열되기 시작했고, 그의 뒤를 이은 크세르크세스 2세는 소그드인에게 암살당했으며, 후계자였던 다리우스 2세도 정통성을 지니고 있지 않았다. 다리우스 2세의 장남 아르타크세르크세스 2세(재위 기원전 약 404-358년)가 왕이 되자, 그의 동생이자 리디아와 이오니아의 총독인 소키루스(키루스 3세, 기원전 401년에 죽음)가 반란을 일으켰다가 죽임을 당한다. 이때 크세노폰이 그리스인 용병으로 참전했다가 나중에 소키루스에게 속아 곤경에 처한 1만 그리스인 용병대를 이끌고 그리스로 귀향한다.

아르타크세르크세스 2세의 뒤를 이어 다리우스 3세가 즉위할 무렵, 마케도니아의 알렉산드로스 대왕이 그리스군을 이끌고 헬레스폰트 해협(다르다넬스해협)을 건너 페르시아 제국을 쳐들어왔다. 페르시아 제국은 기원전 331년에 다우가메라 전투에서 패하고 다리우스 3세가 자신의 부하인 베수스에게 암살당하면서, 아케메네스 왕조의 페르시아 제국은 멸망하고 아케메네스 왕조의 영토 전체는 알렉산드로스 대왕의 수중에 들어갔다.

6. 소아시아 지역

메소포타미아 지역의 남부는 소아시아 또는 아나톨리아라 불렀다. 소아시아는 아시아 대륙의 서쪽 끝에 있는 반도이고, 흑해, 마르마라해, 에게해, 지중해로 둘러싸여 있다. 지금 터키 영토의 97퍼센트를 차지했고, 나머지 3퍼센트는 아나톨리아반도와 마주보고 있는 유럽의 발칸반도에 있었다. 북쪽 흑해 연안에는 폰투스산맥, 남쪽 지중해 연안에는 토루스산맥이 동서로 뻗어 있고, 그사이에 평균 해발고도 800미터인 아나톨리아고원이 내륙의 대부분을 차지한다. 동부에는 티그리스강과 유프라테스강, 그 수원지인 아라라트산(해발고도 5,185미터)이 있다.

기원전 1680년경에 이 반도의 고원 지대를 중심으로 히타이트 왕국이 일어나 패권을 장악하고 있다가 기원전 1200년경에 쇠퇴하자, 그후에는 프리지아 왕국이 일어났고 기원전 700년경에는 리디아와 카리아 같은 왕국들이 출현했다.

소아시아의 서부와 북서부의 해안 지역과 레스보스섬 등이 있는 지역은 특히 아이올리스라고 하는데, 이 지역에는 그리스의 아이올리스인이 세운 그리스 식민지들이 있었다. 아이올리스인은 원래 그리스 본토 테살리아 지역에 살다가, 기원전 2000년대 말에 일부는 중부 그리스의 보이오티아로 옮겨 갔고, 일부는 레스보스섬과 소아시아 북서부 해안으로 이주했다. 또한 펠로폰네소스반도 북부의 에이길리우스 지방에 정착해 살아가던 그리스의 이오니아인도 일부는 아티카로 옮겨 갔고, 일부는 소아시아 해안의 이오니아 지역으로 이주해 그리스인 식민 도시들을 이루고 살아갔다.

III. 『키루스의 교육』

1. 『키루스의 교육』의 집필 동기와 사상

기원전 380년경에 집필된 『키루스의 교육』은 크세노폰의 저작들 중에서 가장 유명한 대작이다. 그리스어로는 '퀴루 파이데이아'(Κύρου παιδεία, "키루스의 교육")이고, 라틴어로는 '키로파이디아'(Cyropaedia)로 알려져 있다.

『키루스의 교육』은 우리가 앞서 살펴본 크세노폰의 인생과 철학이 모두 녹아들어 있다. 이 저작은 크세노폰이 아케메네스 왕조의 페르시아 제국 창시자인 키루스 대왕의 전기라는 형식을 빌려 자신의 철학을 제시한다. 크세노폰이 청년 때 소크라테스의 문도로서 그와 교류하며 익힌 철학이 스며들어 있고, 기병 용병 가문의 일원으로 소키루스의 원정에 1만 그리스인 용병대에 참여해 그들을 무사히 퇴각시킨 군사 전략가로서 그의 경험이 녹아들어 있다.

『키루스의 교육』을 쓴 동기는 이 책의 서론이라고 할 수 있는 제1권 제1장에 나와 있다. 거기에서 크세노폰은 먼저 고대 그리스의 도시 국가들에서 채택하고 있던 온갖 정치체제 중에서 어느 하나가 특별히 낫다고 말할 수 없을 정도로 모두가 난맥상을 보였다고 지적한다. 그런 후에 사람들을 행복하게 해주는 것은 정치체제보다는 인물이라는 결론을 내리고는 아케메네스 왕조의 페르시아 제국을 건설한 키루스 대왕을 그런 인물로 제시한다.

크세노폰과 마찬가지로 소크라테스의 제자였던 플라톤은 『국가』(원제인 '폴리테이아'[πολιτεία]는 "정치체제"를 의미한다)에서 많은 정치체제 중 어느 것이 우월한지 논의하면서, 지혜를 완벽하게 갖춘 사람이 통치자로 다스리는 정치체제인 왕도정치(王道政治)를 제시한다. 그런 의미에서 크세노폰은 플라톤이 철학적으로 제시한 이상적인 왕(철인, 哲人)을 실천적으로 구현한 인물을 키루스로 본 것이라고 말할 수 있다. 소크라테스의 사상을 철학적으로 발전시킨 것이 플라톤이었다면, 실천적으로 보여준 것은 크세노폰이었는지도 모른다.

그렇다면 『키루스의 교육』에서 그려진 키루스 대왕의 모습이 과연 왕도정치를 실천하는 철학자 왕의 모습이라고 할 수 있을까? 우리는 그렇다고 말할 수도 있고 그렇지 않다고 말할 수도 있겠지만, 플라톤과 크세노폰의 강조점이 서로 달랐다는 점만은 분명하다. 따라서 플라톤이 철학자 왕의 모습을 현실에서 구체적으로 묘사했다고 하더라도 크세노폰이 그린 키루스 대왕의 모습은 아니었다고 말하는 것이 옳다. 그렇다면 그 차이점은 어디에 있을까? 플라톤은 인간의 행복을 진리를 직관하는 삶에서 찾았던 반면, 크세노폰은 시민들이 각자의 몫을 받아 절제하는 가운데 정의롭고 즐겁게 살아가는 것에서 찾았다. 이것은 단지 이상과 현실이라는 관점에서 설명될 수 있는 것이 아니고 가치관의 근본적인 차이라 할 수 있다.

2. 『키루스의 교육』의 역사성

『키루스의 교육』은 키루스라는 인물의 전기라는 형식을 빌려, 자애로운 군주가 되어 신민의 존경을 받으며 다스리도록 훈련받은 이상적인 군주의 모습을 그린 역사 소설로 평가받는다. 크세노폰이 역사적 사실을 있는 그대로 기술한 것이 아니라는 점은 분명하지만, 이 저작이 고전적인 장르 구분 중에서 어느 장르에 속하는지 결정하는 것은 어려운 문제다.

먼저 헤로도토스의 『역사』에서는 이렇게 기록한다.

아스티아게스가 만다네를 낳을 때 그녀가 눈 오줌이 아시아를 물바다로 만드는 태몽을 꾸었고, 주술사들은 그녀가 낳은 아들에 의해 아스티아게스가 폐위당할 것을 의미한다고 해몽해주었다. 그래서 아스티아게스는 자신의 속국인 안샨 왕국의 힘없고 점잖았던 왕인 캄비세스 1세를 그녀와 결혼시킨다. 얼마 후에 아스티아게스는 또다시 만다네가 임신했는데, 그녀의 태에서 포도나무가 자라서 온 세계를 뒤덮는 꿈을 꾼다. 겁에 질린 아스티아게스는 만다네가 낳은 아이인 키루스를 죽이기 위해 자신의 시종인 하르파구스를 메디아로 보낸다. 하지만 하르파구스는 왕의 피를 타고난 아이를 죽이기 싫어서 키루스를 몰래 빼돌려 양치기로 살아가게 한다. 나중에 안샨 왕국의 왕이 된 키루스는 기원전 550년에 메디아와 전쟁을 벌이지만 패배할 위기에 처한다. 그러나 하르파구스의 배신으로 파사르가다이 전투에서 자신의 외할아버지인 아스티아게스를 물리치고 메디아 왕국을 멸망시킨다.

하지만 『키루스의 교육』에는 키루스가 어릴 적에 메디아 왕국으로 가서 머물며 외할아버지인 아스티아게스의 사랑을 독차지했고, 나중에 자신의 외삼촌인 키악사레스의 요청으로 페르시아 지원군을 이끌고 총사령관이 되어 키악사레스와 함께 신바빌로니아 제국을 멸망시켰으며, 키악사레스의 공주와 결혼해 메디아 왕국의 후계자가 되는 것으로 나온다.

다음으로는 키루스 시대에 메소포타미아 전체와 소아시아 지역을 장악하고, 이란고원 지대의 박트리아까지 복속시킨 것은 신바빌로니아 제국이었다. 이런 상황에서 신바빌로니아 제국의 나보니두스는 메디아만 복속시키면 이란고원 전체도 장악할 수 있다고 생각해 메디아 침공

계획을 세운다. 따라서 키루스가 상대한 것은 신바빌로니아 제국의 왕이었던 나보니두스와 그의 아들이자 섭정이었던 발샤자르였다.

그런데도 『키루스의 교육』에서 크세노폰은 여전히 바빌로니아인들이 아시리아의 지배 아래 있고 아시리아 왕이 바빌론에서 이 모든 지역을 통치하고 있던 것으로 묘사한다. 따라서 나보니두스와 벨샤자르는 일관되게 "아시리아 왕"으로 지칭된다.

이 모든 것은 크세노폰이 『키루스의 교육』을 자신의 정치사상을 전개하는 저작으로 생각했다는 사실을 보여준다. 키루스를 주인공으로 세운 이유는 제국을 건설하고 수많은 사람과 민족과 나라를 통치했음에도 불구하고 모두가 기꺼이 키루스에게 복종하고 칭송했기 때문이다. 그 비결이 무엇인지 연구하고 나름대로 깨달은 것을 이 책에 썼다. 사실 이 책에 쓴 많은 내용은 소크라테스와 자신의 기병 가문과 용병 지휘관으로서 자신이 경험으로 얻은 지식과 교훈인 것으로 보인다.

3. 『키루스의 교육』의 줄거리

총 여덟 권으로 구성되어 있는 이 책의 줄거리는 다음과 같다.

키루스는 페르시아인의 나라이자 부족 연맹체인 안샨 왕국의 왕자로 태어나 어려서부터 페르시아인 교육을 받는다. 소년반에 들어가 "정의 학교"에서 정의가 무엇인지 배우고 군사 교육을 받는다. 소년반을 거의 마칠 무렵에 외할아버지인 메디아 왕 아스티아게스에게 가서 여러 해 머물며 기마술을 익히고 메디아인의 사랑을 독차지한다.

다시 페르시아로 돌아온 키루스는 소년반의 나머지 과정을 마치고, 청년반과 장년반에 들어가 계속 훈련을 받는다. 어느 날 아스티아게스의 뒤를 이어 메디아 왕이 된 키악사레스는 아시리아가 메디아를 침공하려고 하니 키루스를 총사령관으로 한 지원병을 보내달라고 페르시아에 요청한다.

키루스는 3만 명의 페르시아군을 이끌고 메디아로 간다. 메디아에서 군대를 훈련시키고 무기와 군장을 마련하는 등 전투 준비를 거의 마치고 나서, 메디아의 속국이었다가 반기를 든 아르메니아를 먼저 평정해 충분한 군비를 마련하는 동시에 아르메니아군과 칼데아인 용병을 확보한다.

이렇게 모든 준비를 마친 키루스는 키악사레스와 함께 선제적으로 아시리아 영토로 진격해 들어가서, 아시리아 왕(나보디두스)이 이끄는 제1차 아시리아 연합군을 무찌르고, 히르카니아를 동맹군으로 얻으며, 이후로 큰 역할을 하게 되는 아시리아의 영주 고브리아스를 얻는다. 또한 고브리아스의 도움으로 아시리아의 또 다른 영주인 가다타스를 얻고, 그밖에도 아시리아의 속국이었던 여러 나라를 동맹군으로 얻는다.

키루스는 군대를 재정비한 후 소아시아 지역에 집결해 있던 40만 명이 넘는 제2차 아시리아 연합군을 격파한 뒤, 리디아의 왕 크로이소스를 굴복시키고 수도 사르디스를 점령한다. 그런 다음 세계 최고의 부를 자랑하던 사르디스와 크로이소스에게서 얻은 전리품과 새롭게 가담한 동맹군을 이끌고 마지막 결전지인 바빌론으로 향한다.

키루스는 바빌론 성을 포위하는 전략을 쓸 것처럼 하다가, 바빌론 성 주위에 깊게 참호를 파서 성을 관통하는 깊은 강물을 끌어들인다. 그러고는 수위가 낮아진 강의 수로를 따라 성으로 진입해 축제를 맞아 연회를 벌이고 있던 아시리아 왕(벨샤자르)을 죽이고 바빌론 성을 점령한다.

마침내 키루스는 바빌론 성안에 있는 왕궁에서 제국을 다스리고, 아버지인 캄비세스 1세에게서 물려받은 안샨 왕국으로 갔다가 그곳에서 숨을 거둔다.

IV. 텍스트

『키루스의 교육』을 번역할 때 사용한 대본은 Xenophon, *Xenophontis opera omnia*, vol. 4. (Oxford, Clarendon Press: 1910)이다. 번역본으로는 Wayne Ambler, *The Education of Cyrus* (Ithaca and London, Cornell University Press: 2001), Walter Miller, *Cyropaedia* (Cambridge, Harvard University Press: 1914), 이은종 역, 『키로파에디아』 (주영사, 2012), 이동수 역, 『키루스의 교육』 개정판 (한길사, 2015) 등을 참고했다.

절 번호는 [1], [2], [3]과 같이 대괄호 안에 표기했다. 그리스어로 된 모든 고유명사는 국립국어원 외래어 표기법을 따랐고, 그 밖의 다른 그리스어는 원래의 발음대로 표기했다.

크세노폰 연보

기원전 539년 키루스가 신바빌로니아 제국을 멸망시키고,
아케메네스 왕조의 페르시아 제국을 세움

530년 키루스가 죽음

469년? 소크라테스가 태어남

431년 펠로폰네소스 전쟁이 발발함

430년? 크세노폰이 태어남

427년? 플라톤이 태어남

404년 펠로폰네소스 전쟁이 끝남

401년 크세노폰이 소키루스의 원정에 용병으로 참여함

399년 소크라테스가 죽음

398년 크세노폰이 1만 그리스인 용병대를 이끌고 귀환한 후에
팀브론에서 스파르타의 용병으로 참전함

396년 크세노폰이 스파르타 왕 아게실라오스의 소아시아 원정에
용병으로 참전함

394년 크세노폰이 스파르타 왕 아게실라오스의 용병으로 코노네아 전투에
참전해 아테네 연합군을 격파한 탓에 아테네에서 추방됨
아게실라오스에게서 영지를 받고 스킬루스에 정착해
23년 동안 살면서『키루스의 교육』등 여러 저작을 집필함

371년 스파르타가 레욱트라 전투에서 테바이에 패하고,
스킬루스가 아테네 연합군의 수중에 넘어가자 코린토스로 이주함

362년 스파르타가 만티네이아 전투에서 패해 완전히 힘을 상실함

354년? 크세노폰이 코린토스에서 죽음

347년? 플라톤이 죽음

옮긴이 박문재

서울대학교 법과대학 법학과와 장로회신학대학교 신학대학원 및 동 대학원을 졸업했으며,
독일 보쿰 대학교에서 수학했다. 고전어 연구 기관인 비블리카 아카데미아(Biblica Academia)
에서 고대 그리스어와 라틴어 원전들을 공부했다. 대학 시절에는 역사와 철학을 두루 공부
했으며, 전문 번역가로서 30년 이상 인문학과 신학 도서를 번역해왔다.

역서로는 『자유론』(존 스튜어트 밀), 『프로테스탄트 윤리와 자본주의 정신』(막스 베버), 『실낙원』
(존 밀턴) 등이 있고, 라틴어 원전을 번역한 책으로 『고백록』(아우구스티누스), 『철학의 위안』
(보에티우스), 『유토피아』(토머스 모어) 등이 있다. 그리스어 원전에서 옮긴 아우렐리우스의
『명상록』과 『소크라테스의 변명·크리톤·파이돈·향연』, 『아리스토텔레스 수사학』, 『아리
스토텔레스 시학』, 『이솝우화 전집』 등은 매끄러운 번역으로 독자들의 호평을 받고 있다.

현대지성 클래식 51

키루스의 교육

1판 1쇄 발행 2023년 6월 1일

발행인 박명곤　**CEO** 박지성　**CFO** 김영은
기획편집 채대광, 김준원, 박일귀, 이승미, 이은빈, 이지은, 성도원
디자인 구경표, 임지선
마케팅 임우열, 김은지, 이호, 최고은
펴낸곳 (주)현대지성
출판등록 제406-2014-000124호
전화 070-7791-2136　**팩스** 0303-3444-2136
주소 서울시 강서구 마곡중앙6로 40, 장흥빌딩 10층
홈페이지 www.hdjisung.com　**이메일** main@hdjisung.com
제작처 영신사

ⓒ 현대지성 2023

"Inspiring Contents"
현대지성은 여러분의 의견 하나하나를 소중히 받고 있습니다.
원고 투고, 오탈자 제보, 제휴 제안은 main@hdjisung.com으로 보내주세요.

"인류의 지혜에서 내일의 길을 찾다"
현대지성 클래식

현대지성 클래식 살펴보기